Baedeker

Allianz Reiseführer

Tunesien

www.baedeker.com

Verlag Karl Baedeker

TOP-REISEZIELE ★★

Entdecken Sie Tunesien: Spuren der Karthager, faszinierende Mosaike und Bauwerke der Römer, arabische Altstädte mit berühmten Moscheen, Ribats und lebhaften Souks. An den Küsten feinsandige Strände oder Felsen und im Süden erschlossene Wüste, grüne Oasen und berberische Architektur.

← *Detail des Fassadenschmucks des Höhenheiligtums in Chemtou*

DIE BESTEN BAEDEKER-TIPPS

Von allen Baedeker-Tipps in diesem Buch haben wir hier die interessantesten für Sie zusammengestellt. Erleben und genießen Sie Tunesien von seiner schönsten Seite!

! Einer der schönsten Strände
Einer der schönsten und einsamsten Strände erstreckt sich an der Spitze der Halbinsel Cap Bon, nur eine knappe Autostunde vom viel besuchten Hammamet entfernt. ► **Seite 113**

! Tunesien verstehen
Das Sympathie-Magazin berichtet über das Alltagsleben und vermittelt Hintergrundinformationen, eine ideale Reisevorbereitung. ► **Seite 129**

! Fast bühnenreif
Richtig Feilschen will gelernt sein. Bei welchem Preis wahren sowohl Händler als auch Kunde ihr Gesicht? ► **Seite 142**

! Wüstentouren
Douz ist Ausgangspunkt für Ausflüge in die Wüste. Das Angebot reicht von Kurztripps bis zum mehrtägigen Kameltrekking in den Grand Erg Oriental.
► **Seite 184**

! Tunesiens größtes Säugetier
Der Nationalpark bietet Lebensraum für interessante Pflanzen; in den Wintermonaten machen Zugvögel aus Europa Quartier. Mit etwas Glück begegnet man auch Wasserbüffeln. ► **Seite 196**

! Überblick
Von hier genießt man den schönsten Blick auf römische Straßen, Thermen, Tempel, Theater und antike Villen. ► **Seite 200**

! Festival de l'Epervier
Buntes Treffen von Falknern mit ihren Vögeln ► **Seite 206**

! Rosen aus Sand
Schöne, aber zerbrechliche Exemplare und Mineralien auf dem Marché des roses de sable ► **Seite 230**

! Markt in Midoun
Bereits am Donnerstag, am späten Nachmittag, beginnen die Vorbereitungen zu dem schönsten Bauernmarkt auf Djerba.
► **Seite 243**

! Gou-Gou
Die Männer in ihren gelben Röcken und roten Hauben entlocken ihren Trommeln Geräusche, die an ein Gewitter erinnern. Dazu wird ausgelassen getanzt.
► **Seite 246**

! Festival du Sahara
Jedes Jahr ist Douz vier Tage lang der Mittelpunkt Tunesiens. Dann treffen sich hier Bewohner aus der nördlichen Sahara, um ihr Können zu zeigen. ► **Seite 258**

! Erfrischung mit Meerblick
Nach einem Medinabummel lädt das stimmungsvolle maurische Café am Fuß der Kasbah ein. ► **Seite 290**

! Handgewebte Seidenstoffe
Die bunten Seidenstoffe aus Mahdia sind in ganz Tunesien bekannt. ► **Seite 301**

! Mit Führer
Mit einem Guide in die Wohnhöhlen in Matmata ► **Seite 316**

! Nicht nur für Tauchprofis
Von der Marina starten Bootstouren zu den Kuriat-Inseln. ► **Seite 325**

Sonnenuntergang vor den Kerkennah-Inseln

Tintenfisch-Festival
Festlicher Höhepunkt auf den Kerkennah ist das Festival du Poulpe. ▶ **Seite 343**

Besonders schöne Souvenirs
Ausgesuchte Antiquitäten, Schmuck, erlesene Stoffe und mehr ▶ **Seite 352**

Unter Wasser
Mit seiner reichen Unterwasserwelt gehört Tabarka zu den schönsten Tauchrevieren im Mittelmeer. ▶ **Seite 356**

Festival des Ksour Sahariens
Zu diesem Fest treffen sich Berberstämme aus dem gesamten Süden Tunesiens. ▶ **Seite 361**

Riesen der Vorzeit
Einst war das Dahar-Bergland bevorzugtes Weide- und Jagdgebiet von Dinosauriern. Heute bevölkern Exemplare aus Stein- und Kunststoff einige Felsen. ▶ **Seite 363**

Hotel Sangho Tataouine
Das letzte und vermutlich schönste Quartier auf dem Weg in den Süden ▶ **Seite 367**

Wie ein Nomade
Unter Palmen und in Zelten übernachten – fast wie die Nomaden ▶ **Seite 369**

Besuch einer Ziegelei
Tozeurs Altstadt ist Weltkulturerbe. Hier erfährt man einiges über die Herstellung der Lehmziegel und über die verwendeten Ornamente. ▶ **Seite 380**

Nefta
Bevor man in das »Kairouan des Südens« eintaucht, empfiehlt sich ein Blick über die Stadt mit ihren vielen Kuppeln, Minaretten und Palmwipfeln. ▶ **Seite 383**

Tagsüber fasten, abends festen
Während des Ramadan finden zahlreiche Theater-, Musik- und Tanzveranstaltungen statt. ▶ **Seite 404**

Fast wie im Traum
Einen traumhaften Blick auf den Jachthafen und aufs Meer hat man von der Terrasse des Café Sidi Chabâane. ▶ **Seite 420**

Nur wenige Autostunden von der Mittelmeerküste entfernt lädt die Wüste ein.

► **Seite 257, 317, 361**

HINTERGRUND

PREISKATEGORIEN

► **Hotels (Doppelzimmer)**
Günstig: bis 60 €
Komfortabel: 60 bis 120 €
Luxus: über 120 €

► **Restaurants (ein Hauptgericht)**
Preiswert: bis 9 €
Erschwinglich: bis 20 €
Fein & teuer: ab 20 €

PRAKTISCHE INFORMATIONEN

TOUREN

REISEZIELE VON A BIS Z

In Tunis treffen Morgenland und Abendland aufeinander. In der Medina, z. B. in der Werkstadt eines Hutmachers, taucht man in die Welt des Orients ein.

▸ **Seite 401**

Sie konnten den Untergang der berühmtesten Stadt Nordafrikas nicht verhindern: die Hauptgötter Karthagos, Baal, dargestellt als Halbmond und Sonnenscheibe, und seine Gemahlin Tanit.
▸ **Seite 210**

Nach den Phöniziern kamen die Römer. Tunesien wurde die »Kornkammer Roms«. An diese Zeit erinnern großartige Baudenkmale wie der Kapitolstempel in Dougga.
▸ **Seite 249**

Hintergrund

KNAPP, VERSTÄNDLICH GESCHRIEBEN UND SCHNELL NACHZULESEN: WISSENSWERTES ÜBER TUNESIEN, ÜBER LAND UND LEUTE, WIRTSCHAFT, POLITIK, GESCHICHTE, KUNST, KULTUR UND ALLTAGSLEBEN.

BALKON AFRIKAS

»Auf dem rauhen, prächtigen Boden Afrikas ist die Schönheit dieses Landes einzigartig«, schrieb Isabelle Eberhardt, die Tunesien, als Mann verkleidet, Ende des 19. Jh.s bereiste.

Und der einstige Präsident Habib Bourguiba nannte es »Balkon Afrikas«. Von der Richtigkeit beider Aussagen kann sich der Besucher auch heute noch überzeugen, der nach nur zwei bis drei Flugstunden aus Mitteleuropa hier ankommt. Man ist hier zwar schon in Afrika, aber noch ganz nahe an Europa: Tunesien ist das nördlichste Land Afrikas und doch nur 140 km von Europas »Stiefelspitze« Sizilien entfernt. Es nimmt den östlichen Teil des Maghreb ein, dem außer Marokko, Algerien und Tunesien noch Libyen sowie Mauretanien angehören. Im Norden und im Osten ist es vom Mittelmeer umgeben, im Westen grenzt es an Algerien, im Südosten, in der nördlichen Sahara, an Libyen. Fast das ganze Jahr über scheint die Sonne, Felsklippen und vor allem kilometerlange, sanft ins Meer abfallende Sandstrände bestimmen die ca. 1300 km lange Küstenlinie. Im Hinterland der Nordküste erheben sich bewaldete Berge, im Süden schließen Olivenhaine und die Sahara mit malerischen Oasen und Palmenhainen sowie Sanddünen und Salzpfannen an.

Tunis
Jugendstil-Theater in der Neustadt

Toleranz und Gastfreundschaft

Doch nicht nur die abwechslungsreiche Landschaft fasziniert. Eine Reise in das junge Land – erst 1957 wurde es ein souveräner Staat – ist für viele Besucher die erste Begegnung mit der arabischen Welt. Dafür ist Tunesien sehr gut geeignet, beherrscht es doch wie kein anderes Land den Spagat zwischen islamischer Tradition und fast europäischer Freizügigkeit. Im Laufe seiner 3000-jährigen Geschichte haben Numider, Phönizier, Karthager, Römer, Byzantiner, Araber, Türken, Spanier und zuletzt Franzosen das Land geprägt. Bevor es im 7. Jh. arabisch wurde, war es numidisch, phönizisch, römisch und christlich. Daraus resultiert nicht nur sein Selbstverständnis, Mittler zwischen islamischer, afrikanischer und europäischer Welt zu sein,

← *Cap Bon*

Mahdia
Am Ende der Halbinsel markiert ein Leuchtturm das Cap Africa. Hier befindet sich ein schiitischer Friedhof und im alten Hafen liegen Fischerboote vor Anker.

In der Medina
In den Altstädten der modernen Städte Tunis, Sousse, Sfax u. a. hat sich ein Stück Orient erhalten mit labyrinthischen Gassen, Souks und verschleierten Frauen.

Sidi Bou Saïd
Die Terrasse des Cafés Sidi Châabane im blau-weißen Künstlerstädtchen schwebt 100 m über dem Mittelmeer.

Sbeïtla

Durch den Antoninus-Pius-Bogen in die Vergangenheit: Das Forum mit den drei Tempeln für Jupiter, Juno und Minerva in der Römerstadt Sufetula ist hervorragend erhalten.

Kairouan

Die älteste arabische Stadt in Afrika und vierte heilige Stätte des Islam. Mit ihrer ummauerten Altstadt, schattigen Souks, prächtigen Karawansereien, Palästen und Moscheen, darunter auch die sog. Barbiermoschee, zieht sie viele Besucher an.

Douirat

Die kleine, weiße Moschee hebt sich markant von den Ruinen der verlassenen Berberstadt ab.

und seine Toleranz gegenüber allen drei monotheistischen Weltreligionen, sondern auch die sprichwörtliche tunesische Gastfreundschaft.

Tunesien erleben

Acht Jahrhunderte vor Christus kamen Phönizier aus dem heutigen Syrien und Libanon und gründeten Karthago. Das Zentrum einer neuen Großmacht im westlichen Mittelmeer wurde Rivale Griechenlands, Todfeind Roms und in den drei Punischen Kriegen zerstört. Als römische Provinz Africa reichte es mit seinen Weizenfeldern und Olivenhainen bis an die Dünen der Sahara. Dreitausend Jahre Zivilisation spiegeln sich wider in Überresten aus phönizischer Zeit, großartigen römischen Baudenkmälern und kunstvollen Mosaiken, in Kairouan, der vierten heiligen Stadt des Islam, in zahlreichen Medinas tunesischer Großstädte, in einigen Bergdörfern im wenig besiedelten Süden, in der Ghriba, der bedeutenden jüdischen Synagoge auf Djerba, und in den zahlreichen volkskundlichen Museen, in denen an die langjährige Tradition erinnert wird.

Djerba
Am Strand von Aghir werden Badeträume wahr.

Tunesiens touristische Infrastruktur reicht vom Super-Luxushotel über All-Inclusive-Anlagen bis zum einfachen Zimmer in einer Herberge und egal für welche Kategorie Sie sich entscheiden, das Preis-Leistungsverhältnis ist bekanntermaßen sehr gut. In Sachen Freizeitgestaltung bleibt kein Wunsch offen, man kann sonnenbaden, schwimmen, tauchen, segeln, surfen, wandern oder trekken, golfen, reiten (zu Pferd, zu Esel oder zu Dromedar), sich mit dem Fallschirm über den Strand ziehen lassen, Wüstenfestivals besuchen, mit dem Heißluftballon über den Salzsee schweben, sich mit Kalligrafie oder der arabischen Sprache beschäftigen ... Auch hinsichtlich kulinarischer Genüsse hat Tunesien einiges zu bieten. Versäumen Sie keinesfalls den Besuch eines typischen Restaurants. Unbedingt versuchen sollten Sie das Nationalgericht Couscous, das in vielerlei Variationen angeboten wird und zu dem einige hervorragende Weine munden – denn obwohl Tunesien ein islamisches Land ist, hat der Weinbau hier Tradition. Und da Tunesien ein sicheres Reiseland ist und die Straßen in gutem Zustand sind, empfiehlt es sich, die Vielseitigkeit des Landes auf eigene Faust und mit dem Mietwagen kennenzulernen. In diesem Sinne: As-salam-aleikum in Tunesien!

Zahlen und Fakten

Tunesien ist ein recht junges Land: Erst 1957 wurde es – zum zweiten Mal in seiner fast dreitausend Jahre alten Geschichte – zur Republik. Im Folgenden finden Sie einige Informationen über die landschaftliche Vielfalt des nördlichsten Landes Afrikas, seine Bewohner, Staat, Verwaltung und Wirtschaft.

Naturraum

Landschaftliche Vielfalt

Tunesien hat die Gestalt eines »Seepferdchens, das mit dem Kopf im Grünen, dem Bauch im Wasser liegt und mit dem Hinterteil im Sand badet«. Dieses Bild von W.-U. Cropp drückt die landschaftliche Vielfalt Tunesiens aus, in der sich nicht nur die Geologie, sondern auch klimatische Faktoren, insbesondere die nord-südliche Abnahme der Niederschläge, widerspiegeln. Vier **Großlandschaften** lassen sich unterscheiden: das vom mediterranen Klima geprägte nordtunesische Bergland mit seinen felsigen Steilküsten, die Küstenzone des Sahel südlich von Cap Bon mit weiten Buchten und Sandstränden, die zentraltunesische Steppe südlich der Dorsale und westlich des Sahels und schließlich die Steppen- und Sandwüstenlandschaften Südtunesiens im Randbereich zur Sahara.

Nordtunesisches Bergland

Durch die winterlichen Schneefälle tragen die kalten Gipfel Schneehauben und man fühlt sich in die Alpen versetzt. Wie die Pyrenäen, die Alpen und die Karpaten gehört auch das Atlasgebirge geologisch zum kühnen Faltenwurf von Gebirgszügen, die das Mittelmeer weithin umgeben. Der Nordwesten Tunesiens wird von den nach Südwest/Nordost orientierten Ketten des **Tell**- und des **Sahara-Atlas** beherrscht, die hier zusammenlaufen, sich nach Osten stark aufgliedern und an Höhe verlieren. Parallel zur felsigen Nordküste erstrecken sich von der algerischen Grenze im Westen bis zur Lagune von Bizerte im Osten die Gebirgszüge der **Kroumirie**. Sie setzen sich nordöstlich im **Mogod-Bergland** fort, das im Cap Blanc ins Meer abbricht. Die Kroumirie erreicht Höhen von durchschnittlich 700 bis 800 m, der Mogod nur noch 300 bis 400 m. Die aus weichen tertiären Kalken mit darüberliegenden Sandsteindecken aufgebauten Bergrücken sind durch die Erosionskraft von starken Niederschlägen teils erheblich zerschnitten. Die Kroumirie, das feuchteste Gebiet Tunesiens, trägt dichte Korkeichenwälder, während der Niederschlag im Mogod nur für den Bewuchs mit Machia, im östlichen Bereich nur mit Steppenheide, ausreicht.

? WUSSTEN SIE SCHON ...?

- Im Gegensatz zu der rein geografischen Bezeichnung Nordafrika stammt der Ausdruck Maghreb von der einheimischen Bevölkerung und bedeutet »Land des Sonnenuntergangs vor dem Ozean«. Zusammen mit dem etwa in der Wüste zwischen Libyen und Ägypten beginnenden Machrek, dem östlichen Teil, bildet er die arabische Welt, wobei Tunesien als Maghreb el edna, der »nahe Westen«, Algerien als Maghreb el awsat, der »mittlere Westen«, und Marokko als Maghreb el aqsa, der »ferne Westen«, bezeichnet wird.

Medjerda

Südlich der Bergketten schließt die Talsenke des Oued Medjerda an. Mit seinen Nebenflüssen ist er der einzige ganzjährig wasserführende

← Hier geht es in die Medina von Sfax, der zweitgrößten Stadt Tunesiens.

Naturräume

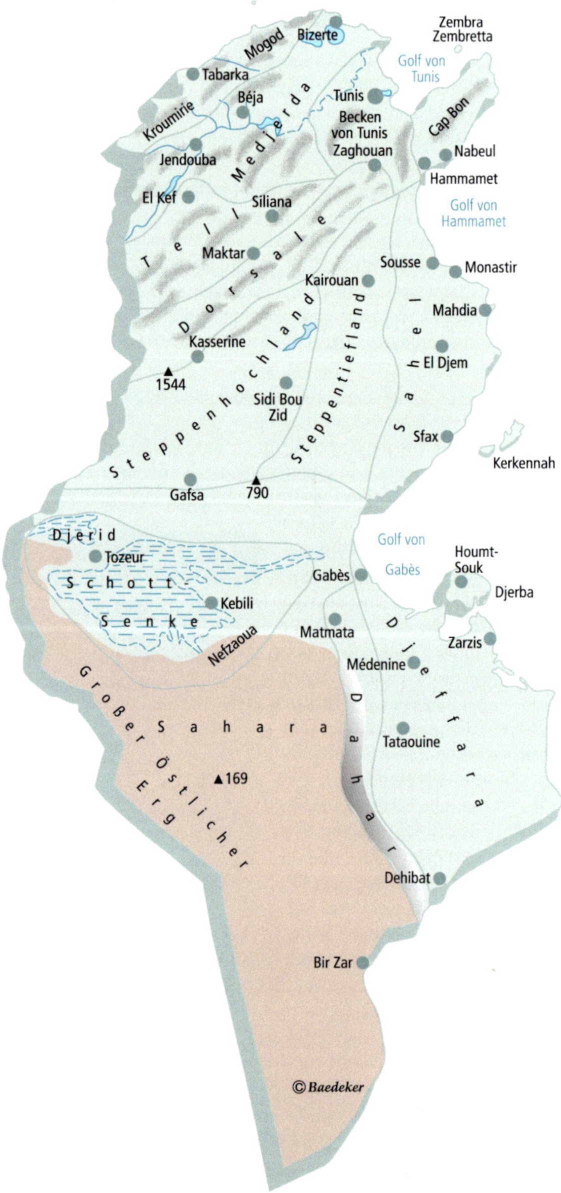
Zembra
Zembretta
Bizerte
Mogod
Golf von Tunis
Tabarka
Tunis
Béja
Kroumirie
Medjerda
Becken von Tunis
Cap Bon
Zaghouan
Nabeul
Jendouba
Hammamet
El Kef
Siliana
Golf von Hammamet
Tell
Maktar
Dorsale
Sousse
Monastir
Kairouan
Mahdia
Kasserine
El Djem
1544
Sidi Bou Zid
Steppenhochland
Steppentiefland
Sahel
Sfax
Kerkennah
Gafsa
790
Djerid
Golf von Gabès
Houmt-Souk
Tozeur
Gabès
Djerba
Schott-Senke
Kebili
Matmata
Nefzaoua
Zarzis
Médenine
Djeffara
Großer Östlicher Erg
Sahara
Dahar
Tataouine
169
Dehibat
Bir Zar
© Baedeker

Fluss Tunesiens. Seit jeher war sein fruchtbares Tal bedeutendes Kulturland, in römischer Zeit sogar ein Teil der so genannten Kornkammer Roms. Getreidefelder nehmen weite Bereiche der von zahllosen Flussmäandern durchströmten Ebene ein. Die Talhänge tragen reiche Obstkulturen und Olivenhaine, während in Küstennähe Garten- und Weinkulturen, im Deltabereich auch bewässerte Spezialkulturen hinzukommen.

Dorsale

Jenseits des Medjerda markieren die Bergrücken der Dorsale auf 220 km Länge den Übergang vom mediterranen Norden zu den dürregeplagten Niederungen Mittel- und Südtunesien. Nahe der algerischen Grenze erreichen sie im Djebel Chambi 1544 m, im Djebel Mdilla 1378 m und im Djebel Semmama 1314 m die größten Höhen des Landes. Im Osten verlieren die Dorsale deutlich an Höhe, um in der Halbinsel Cap Bon auszulaufen. Auffällig ist die starke Zertalung in Einzelmassive und ausgedehnte Hochflächen, die von Tafelbergen, den Kalâat, überragt werden. Teilweise sind die Gesteine stark verwittert (Karst). Großformen dieser für den Mittelmeerraum typischen Verwitterungsform sind ausgedehnte Senken (Poljen), die wegen ihrer fruchtbaren Böden landwirtschaftlich intensiv genutzt werden. Nach dem Talbecken des Medjerda ist diese Region das bedeutendste Getreideanbaugebiet Tunesiens.
Auf der Südabdachung der Dorsale verläuft die ökologisch und agrarklimatisch wichtige Grenze von 400 Liter Jahresniederschlag. Sie trennt die Gebiete mit rentablen Getreideanbau im Norden von den Trockenlandschaften im Süden mit Steppenvegetation und wenigen Baumkulturen. Hier wirkt sich neben den geringen Regenfällen auch ihre große Unzuverlässigkeit von Jahr zu Jahr negativ aus. Die berühmten sieben fetten und sieben mageren Jahre des Alten Testaments beschreiben diesen Umstand am Südrand des Mittelmeerraumes in drastischer Weise.

Sahel

Der den Dorsale östlich vorgelagerte Küstenbereich um Sousse und Sfax ist der Sahelgürtel (Sahel = arabisch für Grenze). Er wird in den feuchten Kernraum von Sousse im Norden mit endlosen Olivenbaumhainen und den trockneren Sahel von Sfax im Süden (Halfagras- und Artemisiasteppen; seit einigen Jahren auch große Olivenbaumhaine) unterteilt. Seit der Antike ist der 20 bis 50 km breite Küstenstreifen eine intensiv genutzte Kulturlandschaft. Schon damals gelang es, die geringen Wasservorräte durch besondere Techniken bestens zu nutzen.

Zentraltunesische Steppe

Südlich der Dorsale dehnen sich von der algerischen Grenze im Westen bis zum Sahel im Osten weite Steppenlandschaften, die von Trockentälern, den Wadis, durchzogen sind. Eine markante Kette nordsüdlich verlaufender Schichtkämme trennt das Gebiet in ein westliches Steppenhochland, das bis auf 700 bis 800 m ansteigt, und ein östliches Steppentiefland, das auf 100 bis 200 m Meereshöhe liegt.

Die grüne Kroumirie: Berge, Wiesen und Korkeichenwälder

Während im Westen Halfagrasflächen dominieren, bestimmen im Osten Steppenheide und -gräser, durchsetzt von zahlreichen Becken und Salztonsenken, das Landschaftsbild. Im südlichen Abschnitt liegen die für die Wirtschaft so wichtigen Phosphatvorkommen.

Südtunesisches Steppen- und Wüstenland

Südtunesien liegt bereits am Rand der Sahara (arabisch = wasserloses Meer). Eintönige Geröllwüsten und Sandmeere beherrschen das Bild. Südlich von Tamerza, Gafsa und Meknassy senkt sich das Land zur gewaltigen Niederung der Schotts, die sich von Algerien bis in den Süden Tunesien hineinzieht. Die unterhalb des Meeresspiegels liegende Senke wird von großen Salzseen, den Schotts (Chott = arabisch; Chott el Rharsa, Chott el Djerid, Chott el Fadjadj), eingenommen. Da die Wadis der Salztonniederung nicht genügend Wasser zuführen, trocknet sie im Sommer aus. Strahlend weiße Salzkrusten bleiben zurück. In den Wintermonaten ist die Senke von mehr oder weniger überkrusteten Wasserlachen bedeckt, die sich nur selten zu geschlossenen Seen vereinigen.
Wasser führende Ton- und Lehmschichten, die an die Oberfläche treten, und künstliche Bewässerungssysteme ließen am Rand der Schotts zahlreiche **Oasen** entstehen. Mit ihren fruchtbaren Gärten und großen Dattelpalmhainen bilden sie einen auffälligen Kontrast zu den öden Wüstengebieten der Umgebung. Südöstlich der Schottdepression zieht aus Algerien der **Große Östliche Erg** (Grand Erg Oriental) herein. Aus seinem Dünenmeer erhebt sich im Osten das südtunesiche Stufenland mit der Hochebene des **Dahar**. Wie ein schmaler Finger schiebt sich das bis zu 600 m hohe Kalkplateau, das

Felsküste im Norden des Landes, hier das Cap Blanc bei Bizerte

auch der Lebensraum der Berber ist, von Süden zwischen den Erg und die parallel zur Küste verlaufende **Djeffara-Ebene**. Dieser aus Ton- und Sandsteinserien bestehenden Niederung ist die Insel Djerba vorgelagert.

Küsten

Tunesiens Mittelmeerküste ist rund 1300 km lang. Felsige Küstenabschnitte findet man vor allem an der Nordküste um Tabarka sowie in östlicher Richtung über Cap Negro, Sidi Mechrig und Cap Serrat bis zum kleinen Ort Bechateur. Auch nördlich von Sousse, bei Hergla, an der äußersten Spitze des Cap Bon und auf den dem Cap vorgelagerten Inseln Zembra und Zembretta sind die Strände steinig und abweisend.

Drei weite Buchten gliedern die Ostküste: der Golf von Tunis, der Golf von Hammamet und der Golf von Gabès. Mit ihren breiten Sandstränden, die früher fremden Eroberern leichten Zugang boten, sind die beiden letzten Buchten die beliebten Fremdenverkehrszentren des Landes.

◄ Inseln

Vor der Nordküste trifft man auf die Inselgruppe La Galite. Nur eine ist bewohnt; eine andere ist Schutzgebiet. Im Golf von Tunis, vor Cap Bon, liegen die Inseln Zembra und Zembretta (seit 1974 Nationalpark). Im Süden des Golfs von Hammamet, auf der Höhe von Monastir, liegen die Kuriat-Inseln, weiter südlich, vor Sfax, die untereinander mit einem Damm verbundenen Inseln Kerkennah, die ihrerseits von einem Kranz winziger Eilande umgeben ist. Djerba, die größte aller Inseln, bildet den südlichen Abschluss der Inselkette im Golf von Gabès.

Flüsse Der einzige ganzjährig Wasser führende Fluss ist der Medjerda. Er entspringt im algerischen Atlas, fließt 361 km durch Nordtunesien und mündet bei Ghar el Melh ins Mittelmeer. Die Flusstäler südlich der Dorsale sind fast immer ausgetrocknet. Nach starken Niederschlägen können sie zu reißenden Strömen werden. Die meisten dieser Wadis münden in abflusslose Becken, wo sich wegen der hohen Verdunstung Salzsümpfe (arabisch = Sebkhas) bilden.

Pflanzen und Tiere

Natürliche Vegetation Fast zur Hälfte ist Tunesien ein Mittelmeerland mit entsprechenden Pflanzen und Tieren. Die Wüste bildet die Grenze zwischen europäischer und afrikanischer Vegetation. Knochenfunde und Felszeichnungen aus vorgeschichtlicher Zeit im Hoggar- und Tassili-Massiv (Algerien) belegen, dass die Sahara in der Alt- und Mittelsteinzeit, vor 500 000 bis vor 7 000 Jahren, ein fruchtbares Land war, in dem Büffel, Elefant, Nashorn und Giraffe heimisch waren.

Flora

Im Norden Ursprünglich war der Pflanzenwuchs in Tunesien aufgrund des feuchten, kühlen Klimas urwaldartig dicht. Die Abholzung der Wälder in punischer und römischer Zeit, später die Ausdehnung der Ackerflächen und Überweidung haben die Vegetation grundlegend verändert. Heute bestimmt im Norden typische mediterrane Kulturlandschaft mit Getreidefeldern, Weinanbau und Olivenhainen das Bild. Von den ältesten kultivierten Pflanzen wachsen heute noch die Feige (Ficus Carica), der Weinstock (Vitis Vinifera) und der Johannisbrotbaum (Ceratonia Siliqua). Die Olivenbäume (Olea Europaea) wurden bereits von den Phöniziern mitgebracht, den häufig anzutreffenden Feigenkaktus (Opuntio Ficus Indica) brachten die Spanier erst im 16. Jh. aus Mittelamerika her.

Von dem einst dichten Baumbestand im Norden ist nicht allzuviel übrig geblieben. Die einzige Ausnahme bildet die **Kroumirie**. Im regenreichsten Gebiet Tunesiens finden sich heute noch ausgedehnte natürliche Stein- und Korkeichen- sowie Aleppokiefernwälder. Aber bereits im östlich anschließenden **Mogod-Gebirge** ist nur die im gesamten Mittelmeerraum bekannte, niedrig wachsende Garigue (v. a. stark duftende Gewächse wie Thymian, Lavendel, Minze) sowie die Macchia geblieben, ein 2 bis 4 m hoch wachsendes, immergrünes Hartlaubgestrüpp, durchsetzt mit Myrthe, wilden Oliven, Ladanstrauch, Erdbeerbaum und Baumheide. Selbst auf dem Cap Bon, dessen einstige Wälder vor den Toren Karthagos sich als Schiffsbaumaterial regelrecht anboten, findet sich heute v. a. dieser Bewuchs. Nördlich von Tunis, im Mündungsgebiet des Medjerda und am südlichen Ufer des Ichkeul-Sees gibt es ausgedehnte Sumpflandschaften.

Olivenbäume bei Dougga

In der **Zentraltunesischen Steppe** wachsen nur noch Pflanzen, die Hitze, Wasserknappheit und nächtliche Kälte aushalten. Dazu zählen vor allem Halfagras (Stipa Tenacissima), sowohl auf Feldern als auch wild, ein Exportgut, aus dem u. a. Papier hergestellt wird, Akazienbüsche und -bäume sowie verschiedene Palmen- und Kakteenarten, insbesondere die Feigenkakteen. Sie bilden regelrechte »Inseln« und werden gerne als natürliche Hecken verwendet. In der steppenhaften weiten Ebene um Kairouan wachsen Halfagras-Monokulturen, die im Küstenstreifen zwischen Hammamet im Norden und Sfax im Süden von Olivenbaumhainen abgelöst werden.

Der **Oliven- oder Ölbaum**, Olea Europaea, gehört neben der Dattelpalme zu den wichtigsten Nutzpflanzen Tunesiens (rund 30 Mio. Bäume). Um 600 v. Chr. wurde er von phönizischen Kaufleuten nach Tunesien gebracht und noch heute wird er nach den Vorschriften des Karthagers **Mago** angepflanzt: Die einzelnen Bäume werden schachbrettartig, im Abstand von 22 m eingesetzt. Nach zwanzig Jahren kann ein 8 bis 10 m hoher Baum – je nach Niederschlagsmenge – zwischen vier und acht Kilo Öl einbringen. Die Früchte werden im November von Leitern aus gepflückt und als Öl oder konservierte Frucht exportiert. Die Maische wird zu Viehfutter, Dünger oder Seife verarbeitet.

In der Wüste

Die Wüste macht mit 45 000 km² ein Viertel der tunesischen Fläche aus. Hier wachsen Pflanzen, die Wasserlosigkeit, sengende Sonne und den teilweise hohen Salzgehalt im Boden aushalten können, wie Agaven, Disteln, Kakteen und Dornsträucher. Entlang der Oueds, die Feuchtigkeit speichern können, trifft man auf Tamarisken (Tamarix), Oleander (Nerium Oleander) und Dattelpalmen (Phoenix Dactylifera), die mit ihren Wurzeln tief in den Boden eindringen können. Die von den Römern »dunkle Flecken im Fell des Leoparden« genannten Oasen sind aufgrund künstlicher Bewässerung blühende Gartenlandschaften. In einer sog. **Drei-Etagen-Kultur** wachsen v. a. Dattelpalmen, im »Stockwerk« darunter Obstbäume und darunter wiederum Gemüse, Tabak und Getreide. Zunehmender Grundwassermangel und Erosion tragen jedoch zur stetigen Ausbreitung der Wüste bei.

Dattelernte in Nefta

Mit Aufforstung, Dünenwällen und künstlichen Bewässerungsmaßnahmen versucht man diese Entwicklung aufzuhalten.

Die **Dattelpalme** (Phoenix Dactylifera), die ursprünglich aus Persien und Arabien stammt, wird im Süden Tunesiens millionenfach angepflanzt. Sie kann bis zu 200 Jahre alt werden und ist eingeschlechtlich. Damit sie Früchte tragen, müssen die weiblichen Palmen im Frühjahr von Hand bestäubt werden. Dazu werden die kleinen, gelben männlichen Fruchtstände auf die weiblichen Fruchtstände gebunden. Auf diese Art können rund 200 weibliche Palmen von einer männlichen Palme befruchtet werden.

Eine Palme kann, je nach Sorte, zwischen 30 und 100 kg Datteln pro Erntejahr erbringen. Sie ist sowohl Grundnahrungsmittel wie auch Handelsware. Exportiert wird nur die **Deglat en Nour** (Finger des Lichts) genannte Spitzenqualität. Aus den Palmenkernen werden Kaffeeersatz und Viehfutter gewonnen, der Stamm zu Möbeln, Dachbalken und Fournieren verarbeitet, aus den Fasern Seile gedreht. Die langen, verzweigten und zusammengebundenen Palmblätter dienen als Palisadenschutz vor der sich ausdehnenden Wüste. Großer Beliebtheit erfreut sich auch der **Palmensaft** (Laghmi oder Legami), der innerhalb von 24 Stunden zum Palmenwein wird. Bei seinem Genuss sollte sowohl die berauschende als auch die auf die Verdauung schlagende Wirkung bedacht werden.

Fauna

Im Norden

Auch die Fauna Tunesiens ist seit der Antike drastisch reduziert worden. Starke Besiedelung, Abholzung und Klimaveränderungen ließen schon vor langer Zeit Löwen, Leoparden, Elefanten, Strauße und Bären aus dem ganzen nördlichen Afrika verschwinden. Die Punier und vor allem die Römer stellten ihnen rücksichtslos nach, verbliebene Restbestände wurden während der französischen Protektoratszeit vernichtet. Fast ausgestorben sind Strauß, Panther, Wasserbüffel, Atlas- oder Berberhirsch, Mähnen- oder Muffelschaf, Wald- und Wüstenfuchs, gestreifte Hyäne, Berggazelle, Trappe, Mönchsrobbe und Wüstenwaran. Seit 1957, dem Jahr der Unabhängigkeit, bemüht sich

der tunesische Staat deshalb, die bedrohte Umwelt durch die Einrichtung von Naturschutzgebieten zu schützen.
Im Sumpfgebiet um den **Ichkeul-See** soll der bis ca. 20 Exemplare ausgestorbene Wasserbüffel überleben, Tunesiens größtes Säugetier, etwa 1,80 m hoch und 1200 kg schwer. Im bewaldeten Nordwesten, zwischen Tabarka und Ghardimaou zeigt sich ab und zu wieder der sehr scheue Atlashirsch; auch leben hier große Herden von Wildschweinen, deren Frischlinge eine willkommene Beute der Goldschakale sind. In höheren Bergregionen hausen die Ginsterkatze und der Rotfuchs, im Medjerda-Tal Fischotter, Stachelschwein und Tunesiens kleinstes Säugetier, die knapp vier Zentimeter große Zwergspitzmaus. Im Gebiet des Djebel Chambi lebt vereinzelt und gesetzlich geschützt das Mähnen- oder Muffelschaf, ein weitläufiger Verwandter der Ziege. Es trägt ein schweres, nach außen gebogenes Gehörn sowie die vom Kinn bis über die Brust hinabreichende, namengebende Halsmähne. Zwei wichtige Refugien für bedrohte Tierarten sind die **Galite-Inseln** vor der Nordküste sowie die dem Cap Bon vorgelagerten Inseln **Zembra** und **Zembretta** mit den letzten Mönchsrobbenkolonien im gesamten Mittelmeerraum.

Im Süden

Weiter südlich trifft man bisweilen nachts auf die Springmaus, die, wenn sie auf ihren langen Hinterbeinen steht und sich mit dem Schwanz abstützt, an ein Känguru erinnert. Sie gilt bei Menschen und Tieren gleichermaßen als Delikatesse und lebt sehr versteckt. In den Halfagrassteppen lebt die gestreifte Hyäne in Höhlen. Sie ernährt

Als Nutztier ist das Dromedar aus Südtunesien nicht wegzudenken.

sich von Kabylhunden sowie Ziegen und Eseln, die sich verklettert haben. Am Rand der Sahara trifft man mit viel Glück auf den großohrigen Fennek, den Wüstenfuchs, mittlerweile ebenfalls gesetzlich geschützt, da der Handel mit ihm überhand nahm. Auch die ehemals weit verbreiteten Gazellen sind heute eine Seltenheit geworden. Dorkasgazellen und Addaxantilopen kommen vereinzelt nur noch in den saharischen Südgebieten vor. Neben Ziegen, Schafen, Eseln und Maultieren ist vor allem das Dromedar (Camelus Dromedarius) ein mittlerweile zwar seltener gewordenes, jedoch aus Tunesiens Süden nicht wegzudenkendes Nutztier. Die im Gegensatz zum zweihöckerigen Kamel einhöckerigen Dromedare (Verbreitungsgebiet Nordafrika und Südwestasien) sind über Jahrtausende hinweg die (Über-)Lebensgrundlage der Sahara-Nomaden gewesen. Die rund 3 m langen, 2,20 m schulterhohen Tiere wurden vor etwa 2000 Jahren aus Arabien eingeführt. Sie sind ausgesprochen genügsam und können 14 Tage lang ohne Wasser auskommen, um dann 150 l Wasser auf einmal zu trinken. Den mageren Winter kann der Pflanzenfresser mit einfachsten Dornenpflanzen bestreiten; im Sommer bietet die kurzzeitig grüne Sahelzone einen Ausgleich für die ermangelten Nährstoffe. Ein weiteres Merkmal dieser Gattung ist ihr Paßgang, d. h. beide Beine einer Körperseite werden gleichzeitig bewegt. Das Dromedar dient vereinzelt immer noch den Nomaden als Fortbewegungs- und Transportmittel. Es kann Lasten bis zu 250 kg tragen und bis zu 40 km am Tag damit zurücklegen. Erst der Lkw bietet dem Wüstenschiff ernsthafte Konkurrenz.

Dromedar ►

Vögel

Jedes Jahr überwintern Millionen Zugvögel in Tunesien. An den Binnenseen und Sebkhas sowie auf dem Cap Bon leben außer den zahlreichen Singvögelarten Waldohreulen, Bussarde, Falken und Sperber. Im Nordwesten Tunesiens trifft man auf zahlreiche Störche und nirgendwo in Nordafrika gibt es so viele Graugänse wie am Ichkeul-See. Ein sehenswertes Schauspiel liefern die **Flamingos**, die ab Mitte Dezember u. a. in den Schotts am Rand der Sahara brüten. Nach der Mauser beginnt die Balz. Sie endet vor der eigentlichen Paarung mit dem so genannten Flügelgruß. Gebrütet wird auf 30 cm hohen Schlammnestern, die wie Baumstümpfe aus dem sumpfigen Boden der Schotts herausragen.

Schlangen

Von den 22 Schlangenarten in Tunesien sind nur fünf giftig. Im Hügelland des Nordens lebt die Levanteotter; in Zentraltunesien die afrikanische Wald- oder Schwarzweiße Kobra, mit 2,5 m wohl die längste ihrer Gattung; Horn- und Sandviper kommen im heißen Süden vor. Sie leben v. a. auf dem Boden, einige graben sich in den Sand ein. Die Hornviper erkennt man an den aufrechten Schuppen über den Augen. Vipern tragen ein dunkles Zickzackband längs der Rückenmitte. Der weit verbreiteten harmlosen Vipernatter wird häufig ihre Zeichnung zum Verhängnis: man verwechselt sie mit einer giftigen Viper.

Skorpione

Die Skorpione gehören zur Gruppe der Arachniden (Gliederspinnen) und zeichnen sich durch einen mit der Brust zusammengewachsenen Kopf und einen gegliederten Unterkörper aus. Der aus mehreren getrennten Gliedern geformte Schwanz endet in einem giftigen, zum Kopf hin gebogenen Stachel. Von den zehn in Tunesien bekannten Skorpionarten sind zwei ganz besonders gefährlich.

Der Skorpion sucht die Nähe der Menschen, lebt unter Steinen, in trockenem Abfall, tagsüber ruht er, nachts ist er auf Futtersuche (Insekten, v. a. Spinnen), dabei gerät er leicht in Wohnräume. Besonders aktiv ist er während der Monate Juni bis Ende September. Der Skorpion greift nicht vorsätzlich an, sticht aber, sobald er sich bedroht fühlt. Der gefährlichste Skorpion ist der Androctonus Australis. Er wird 10 cm lang, seine Farbe ist ein graues Gelb, die Unterseite dunkler, die länglichen Scheren fast schwarz. Man trifft ihn vor allem in dem Gebiet zwischen Tataouine im Süden, Gafsa im Westen sowie Kairouan und Sousse im Norden. Der Buthus Occitanus ist feingliedriger und wird nicht größer als 7,5 cm. Sein Körper einschließlich der Scheren ist strohgelb, zum Hinterteil wird er etwas dunkler. Sein Stich ist ebenfalls sehr gefährlich. Im Gebiet zwischen Hammamet und Le Kef im Norden und der Sahara im Süden ist er verbreiteter als der erstgenannte. Sofortmaßnahmen nach einem Skorpionstich ►S. 125.

Umwelt

Bereits im Jahr der Unabhängigkeit verabschiedete die Regierung ein umfassendes Schutzprogramm für die Natur. Mit der Gründung von **Nationalparks** wurde in den 1980er-Jahren begonnen; die wichtigsten sind Bou Hedma (►Reiseziele von A bis Z, Gafsa), Djebel Chambi (►Sbeïtla), Lac Ichkeul (►Bizerte), Zembra und Zembretta (►Cap Bon) und die Galite-Inseln (►Tabarka; mehr Informationen gibt es beim Fremdenverkehrsamt, ►Auskunft, und bei der Forstverwaltung, Direction des Forêts, Tunis, 30, Rue Alain Savary).
Zu den Aufgaben des 1992 gegründeten Umweltschutzministeriums gehören u. a. die staatliche Unterstützung der Einrichtung von Nationalparks, Naturreservaten und Schutzgebieten sowie strengere Jagdgesetze; Wiederaufforstungsprogramme, der Bau von Bewässerungssystemen und Dünenbefestigungen, um die Ausdehnung der Wüste aufzuhalten; die Erneuerung von Kläranlagen und Wasseraufbereitungsanlagen in allen Touristik- und Industriezonen.
Zu den dringlichsten Problemen des Landes gehört die **Wasserversorgung**, vor allem in der Sahararegion. Aufgrund immer tieferer Brunnenbohrungen sowie steigender Wasserentnahmen ist der Grundwasserspiegel hier deutlich abgesunken. Die Auswirkungen sieht man in den Oasen von Tozeur und Douz, wo die Palmenhaine auszutrocknen drohen. Auch als Tourist sollte man daher mit dem kostbaren Wasser sparsam umgehen.

Klima

Während der gebirgige Norden und die Küstenregion vom Mittelmeerklima mit dem typischen Wechsel von Sommertrockenheit und Winterfeuchte geprägt ist, lassen die Dürregebiete Mittel- und Südtunesiens bei anhaltend extremer Regenarmut, großen tages- und jahreszeitlichen Temperaturunterschieden und der spärlichen Vegetation den lebensfeindlichen Hauch der Sahara schon deutlich spüren. Hauptgrund für eine Tunesienreise ist wohl der beständige Sonnenschein, der mit durchschnittlich 2800 bis 3200 Stunden pro Jahr oder 60 bis 75 % der astronomisch möglichen Zeit, das Doppelte von Deutschland, erreicht (► Praktische Informationen, Reisezeit).

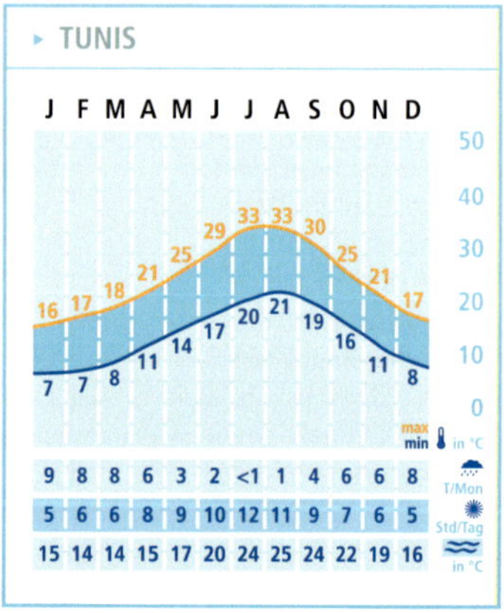

Niederschläge Von Norden nach Süden nehmen die Niederschläge kontinuierlich ab. Durchschnittlich 1500 Liter/m² pro Jahr fallen im Bergland der Kroumirie 200 bis 400 Liter in den Trockensteppen Mitteltunesiens und weniger als 100 Liter in den Sandwüsten des Großen Östlichen Erg. Besonders hier, aber auch in den landwirtschaftlich gerade noch nutzbaren Steppengebieten, geht der geringe Regen zudem noch sehr unregelmäßig nieder. Absolute Dürrejahre sind keine Seltenheit und ihre Zahl dürfte durch die Klimaerwärmung weiter zunehmen. Nach Tozeur am Chott el Djerid verirren sich in einem normalen Jahr nur an 22 Tagen Regenwolken, in den äußersten Süden Tunesiens lediglich an sieben, und zwar durchaus auch mal im Sommer. Nicht selten ist das mit heftigen Gewittern, erheblichen Regenmengen und sogar Hagel verbun-

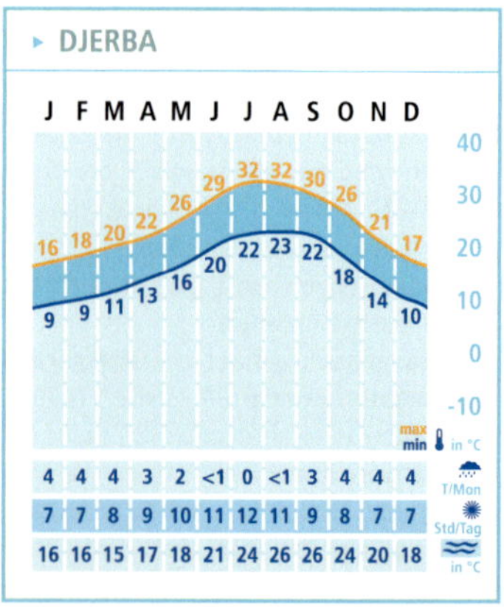

den. In kurzer Zeit können dann ausgetrocknete Flussbetten (Oueds oder Wadis) zu reißenden Strömen werden. Oktober bis Dezember/Januar sind die feuchtesten Monate des Jahres, besonders im nördlichen Bergland. In Mittel- und Südtunesien sowie an der Küste beträgt das Regenrisiko selbst dann höchstens 25 % (Tunis), muss also niemanden von einer Herbst- oder Winterreise abhalten.

Temperaturen

Bei praktisch ununterbrochenem Sonnenschein erreichen die Tageshöchsttemperaturen von Juni bis September im Seewindbereich der Küste durchschnittlich 30 bis 33 °C, landeinwärts bis zu 40 °C (Juli/August). Weht der Schirokko aus der Sahara herüber (►unten), kann das Thermometer im Binnentiefland kurzzeitig auf 50 °C klettern (abs. Max Gafsa 53 °C). Und auch am Meer ist es dann kaum kühler (abs. Max. Djerba 48 °C). Eine zusätzliche Belastung für den Körper ist die Schwüle, die bei auflandigen Winden zwischen Juni und Oktober besonders im Küstenbereich aufkommt. Im Landesinneren leidet hauptsächlich die Chott-Senke darunter: Hier schafft die Kombination von Hitze und Feuchtigkeit durch die hohe Verdunstung aus den Salztümpeln unerträgliche Bedingungen. Der Winter ist in den Niederungen und im Küstenbereich bei mittleren Höchsttemperaturen von 14 bis 17 °C (niedrigere Werte im Binnenland) mild, deutlich kühler wird es im höheren Bergland. Während die Nachttemperaturen an der Küste durch das noch warme Mittelmeer kaum unter 10 °C fallen, sind landeinwärts und besonders im Bergland Nachtfröste häufig ein Thema.

► TOZEUR

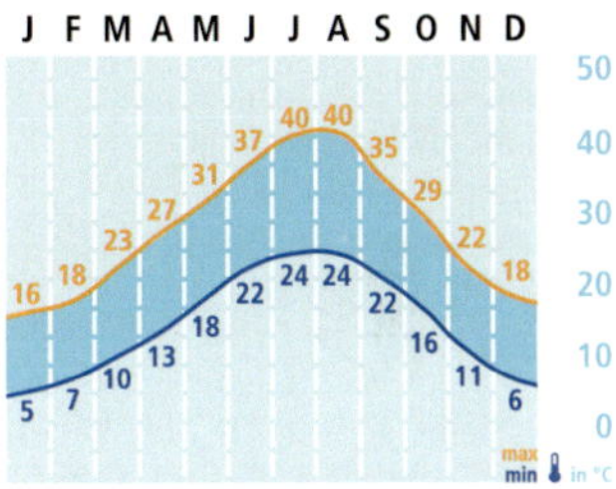

	J	F	M	A	M	J	J	A	S	O	N	D
T/Mon	1	1	2	1	1	<1	0	<1	1	2	2	1
Std/Tag	7	8	9	10	11	12	12	12	10	8	7	7

Wassertemperaturen

Das Mittelmeer erreicht an der Ostküste und auf Djerba durchschnittlich Anfang Juni, an der Nordküste erst Mitte Juni badefreundliche 20 °C. Die Maxima von 25 bis 26 °C werden im August gemessen, an den Stränden von Djerba auch noch im September.

Schirokko

Der Schirokko, in Tunesien **Chehili**, örtlich auch Saharan genannt, ist ein Wüstenwind, der auf der Vorderseite ostwärts ziehender Tiefdruckgebiete heiße, stauberfüllte Saharaluft nach Norden lenkt. Dabei können die Temperaturen in kürzester Zeit um 10 Grad in die Höhe schnellen, wobei die relative Luftfeuchtigkeit auf 10 bis 15 % sinkt. Bei starkem Wind wird die Sicht durch aufgewirbelten Staub und Sand erheblich behindert. Die plötzliche Erwärmung dörrt das ohnehin unter Wassermangel leidende Land zusätzlich aus, sodass selbst trockenresistente Pflanzen geschädigt werden. Dazu kommt die abschleifende Wirkung der Sandpartikel. Im Frühjahr und Sommer sind Schirokkowetterlagen mit durchschnittlich zwei bis vier Tagen pro Monat am häufigsten (Gafsa durchschnittlich 14 Tage/Jahr).

Bevölkerung

Besiedelung

Tunesien zählt rund 9,9 Mio. Einwohner (2003) mit durchschnittlich 54,3 Einwohner je km². Die Bevölkerung ist jedoch nicht gleichmäßig verteilt. Zum einen herrscht ein deutliches Nord-Süd-Gefälle, zum anderen ein Stadt-Land-Gefälle. Im Norden leben rund 50 % der Gesamtbevölkerung auf 20 % der Landesfläche. Weitere 20 % leben im tunesischen Sahel um Sousse und Sfax auf 10 % der Fläche. Die übrige Bevölkerung verteilt sich über die restlichen 70 % der Landesfläche, wobei die Dichte von Norden nach Süden stark abnimmt. Der äußerste Süden der Sahara ist fast vollkommen unbesiedelt. Mit wenigen Ausnahmen liegen sämtliche Städte in den Küstengebieten. Größte Stadt ist Tunis mit rund 1,7 Million Einwohnern (mit Vororten; 2004), im Großraum Tunis leben etwa 3 Mio. Menschen.

? WUSSTEN SIE SCHON ...?

- Vor allem im Norden des Landes und in den größeren Städten begegnet man vielen europäisch gekleideten Frauen. Im Süden und auf dem Land tragen viele Frauen einen weißen, bodenlangen Umhang (Sefsari), der zugleich das Gesicht halb verdeckt. Die bei den Männern einst weit verbreiteten Chechias (auch Sheshias), die roten Filzkappen, sind seltener geworden. Aber immer noch ist nach ihnen eine Straße in der Medina von Tunis benannt. Im Souk ech Chechia gibt es viele auf ihre Herstellung und ihren Verkauf spezialisierte Läden.

Bevölkerungswachstum

Das jährliche Bevölkerungswachstum Tunesiens liegt bei 1,2 %. 1870 besaß Tunesien eine geschätzte Einwohnerzahl von 1,5 Millionen. 1906 gab es bereits 2 Mio. Tunesier und heute sind es 9,9 Millionen. Aber die wirtschaftliche Entwicklung konnte nicht mit dem Bevölkerungswachstum Schritt halten. Die Protektoratsmacht Frankreich verhinderte eine Industrialisierung des Landes. Tunesien war für Frankreich Rohstofflieferant und als solcher hatte der Agrarsektor zu lange die wichtigste Rolle im Wirtschaftsleben des Landes gespielt. Die Schere zwischen Bevölkerungsexplosion und wirtschaftlicher Stagnation öffnete sich immer stärker, sodass Tunesien zum Entwicklungsland wurde.

Ethnische Zusammensetzung

Neben kleinen Minderheiten von Franzosen, Italienern und Maltesern besteht die tunesische Bevölkerung zu etwa 95 % aus Arabern und arabisierten Berbern. Die ursprünglichen Bewohner Tunesiens waren Berber, deren Geschichte und Herkunft nach wie vor im Dunkeln liegt (►Baedeker Special S. 32). Sie wurden im Lauf der Jahrtau-

Zahlen und Fakten Tunesien

Lage

- Nördlichstes Land Afrikas, nur 140 km von Sizilien entfernt
- zwischen 37° 20' und 30° 10' nördlicher Breite sowie zwischen 7° 30' und 12° östlicher Länge. Größte Nord-Süd-Ausdehnung (897 km) zwischen Cap Blanc und Bordj el Khadra, größte Ost-West-Ausdehnung (330 km) zwischen der Insel Djerba und Nefta

Größe

- 163 610 km^2 (etwa halb so groß wie Deutschland, fast doppelt so groß wie Österreich); im Westen grenzt es an Algerien, im Südosten an Libyen, im Norden und Osten ans Mittelmeer
- Höchste Erhebung: 1544 m im Djebel Chambi nahe der algerischen Grenze
- Tiefste Stelle: 17 m unter dem Meeresspiegel im Chott el Gharsa

Bevölkerung

- 9,9 Mio., davon rund 900 000 im Ausland (v. a. in Europa)
- Bevölkerungsdichte: 54,3 Einw./km^2 (Deutschland: 229 Einw./km^2)
- Größte Ballungsräume: Tunis (rund 1,7 Mio.; Großraum ca. 3 Mio.), Sfax (330 000), Sousse (300 000), Gabès (110 000), Bizerte (107 000), Djerba (101 000), Kairouan (100 000)

Staat und Verwaltung

- Präsidialrepublik
- Staatsoberhaupt: Zine el-Abidine Ben Ali
- Volksvertretung und Legislative: Einkammerparlament
- Verwaltungsgliederung: 23 Gouvernorate (arabisch Wilaya) mit 136 Délégations (Kreise, arabisch Mutamadia)

Wirtschaft

- Bruttoinlandsprodukt: 2530 $ pro Kopf
- Anteil am BIP: Landwirtschaft 12 %, Industrie 28 %, Dienstleistungen 60 %
- Haupthandelspartner: Frankreich, Italien, Deutschland (EU gesamt: 85 %)

Sprache

- Staats- und Amtssprache: Arabisch
  Umgangssprache: Tunesisch, ein westarabischer Dialekt
  Handels- und zweite Amtssprache: Französisch

Wappen und Flagge

- Im Schildhaupt des 1963 eingeführten Wappens ist eine punische Galeere abgebildet. Der Wahlspruch »Ordnung, Freiheit, Gerechtigkeit« steht über den beiden Feldern mit den Symbolen Waage (Gerechtigkeit) und Löwe (Ordnung). Über dem Schild ist die Kreisscheibe abgebildet mit Halbmond und Stern, den in der gesamten islamischen Welt verbreiteten Symbolen, die auch auf der tunesischen Flagge zu sehen sind.

Die Berberinnen in Südtunesien, hier in ihren farbenfrohen Stoffen, sind traditionell mit mehr Rechten und Freiheiten ausgestattet als die Araberinnen.

HERKUNFT UNBEKANNT

3000 Jahre bevor die Phönizier die tunesische Küste erreichten, siedelten in Nordafrika bereits Menschen, deren Herkunft nach wie vor im Dunkeln liegt.

In der Antike hatten sie viele Namen: In Tripolitanien nannte man sie Libyer, in der angrenzenden Sahara Garamanten, in Tunesien Machlyer, im algerischen Atlas Numidier, in Marokko Mauren und in der Westsahara Mauretanier. Die Rede ist von den **Berbern**, die sich selber »Imazighen« nennen (Amazigh in der Einzahl), die Freien. Ihre Herkunft leiten sie aus einer Legende ab: Der südarabische König Afriqus aus dem Geschlecht der Himjariter und Sabäer zog zur Zeit Moses oder etwas früher vom Jemen aus bis nach Nordafrika und eroberte es. Ein Teil seiner himjaritischen Truppen vermischte sich mit den nordafrikanischen Völkergruppen und die daraus hervorgegangenen Nachkommen waren die großen **Berberstämme** der Masmuda, Sanhadsha und Zenata. Die Berber Südtunesiens gehören zu den Zenata. Ihr zusammenfassender Name Berber geht auf das griechische Bárbaroi (= Stammler; lat. barbarus = ungebildet, roh) bzw. das altindische Barbarah zurück, das über das arabische Berbri zu dem heutigen Begriff führte und auch in den deutschen Sprachgebrauch einging.

Mischung vieler Kulturen

Die Berber sind kein homogenes Volk. Ihrerseits schon aus verschiedenen Stämmen hervorgegangen, vermischten sie sich stark mit verschiedenen ethnischen Gruppen, daher weisen sie semitische, hamitische, negride und indoeuropäische Merkmale wie auch Züge der Turkvölker auf. So kommt es, dass viele Forscher in den Berbern keine ethnische, sondern vielmehr eine sprachliche Gemeinschaft sehen. Ihre Sprache zählt zur hamito-semitischen Sprachfamilie, zu der außerdem noch das Altägyptische (das heute noch von den Kopten gesprochen wird), die semitischen Sprachen (Hebräisch,

Aramäisch und Arabisch), einige Sprachen in Kamerun, Tschad und Nigeria sowie die kuschitischen Sprachen (in Teilen Somalias und Äthiopiens gesprochen) gehören. Sie wird in arabischer Schrift geschrieben. Nur die Tuareg und die Kabylen in Nordalgerien haben eigene Schriftzeichen, die Tifinagh, bewahrt.

Stammesorganisation

Die Berber sind alle nach derselben Sozialstruktur organisiert: Ein **Stamm** (Kabila oder Taqbilt) besteht aus bis zu 15 Fraktionen. Jede Fraktion setzt sich aus mehreren Sippen oder Großfamilien (**Clan**) zusammen. Leiter ist der jeweils älteste Stammesangehörige. Alle Ältesten der Familie eines Clans bilden die Ratsversammlung (**Djemâa**) mit einem gewählten Vorsteher. Die Clans einer Fraktion richten ebenfalls eine Ratsversammlung mit gewähltem Vorsteher ein und das Gleiche gilt für die Fraktionen eines Stammes. Während der Stamm nur in Notzeiten oder bei Kriegen geschlossen auftritt, trifft sich eine Fraktion regelmäßig. Die einzelnen männlichen Mitglieder sind in der Djemâa gleichgestellt. So liegt ursprünglich eine demokratische Organisationsform vor, zumindest was die Männer betrifft. Aber auch die Frauen sind bei den Berbern mit mehr wirtschaftlichen und sozialen Rechten und Freiheiten ausgestattet als bei den Arabern und obwohl die Berber auch Muslime sind, zeigen sich mehr Frauen in der Öffentlichkeit unverschleiert.

Lebensgewohnheiten

Die wenigsten Berber waren sesshaft. Als Nomaden zogen sie mit ihren Herden von Weideplatz zu Weideplatz. Sie bauten ihre Unterkünfte aus Stein, gruben sie in Tuffstein oder Kreideböden (Wohnhöhlen), flochten sie aus Buschwerk oder webten aus Schaf-, Kamel- und Ziegenhaar ihre bis zu 30 m² großen Nomadenzelte (diese Mischung macht das Zelt bei Trockenheit luftdurchlässig, bei Regen schwillt die Faser an und macht es dicht). Dass sie kein einheitliches Volk sind, erklärt auch die verschiedenen Lebensgewohnheiten, Riten und einst 4000(!) Dialekte – heute soll es immerhin noch 1200 verschiedene berberische Dialekte geben, die noch von insgesamt etwa 10 Millionen Menschen, hauptsächlich in Marokko, gesprochen werden.

Schwierige Untertanen

Gemeinsam war den Berbern jedoch – außer der Sprache – ein ausgeprägter Hang zum Partikularismus, der einen dauerhaften Zusammenschluss zu einem einheitlichen Staatsgebilde verhinderte. Diese Eigenschaft machte es den fremden Eroberern »leicht«, die Herrschaft über die Berber zu erlangen. Eine Ausnahme war Masinissa (►Berühmte Persönlichkeiten). Allerdings lösten die selbstbewussten Untertanen immer wieder Unruhen aus. Die frühesten sind aus der 2. Hälfte des 5. Jh.s v. Chr. gegen die Karthager überliefert, weshalb die militärisch überlegenen römischen, später arabischen und türkischen Eroberer die Berber in immer entfernter gelegene Gebiete im Süden des Landes zurückdrängten. Seit 600 ist das Dahar-Bergland ihr Rückzugsgebiet. Nach blutigen Auseinandersetzungen vollzogen sich seit dem 7. Jh. die Arabisierung und Islamisierung der Berber. Heute gibt es in Tunesien schätzungsweise nur noch knapp 2 % »reine« Berber, die v. a. im Süden der Dahar-Berge und auf der Insel Djerba leben (sowie dicht hinter der libyschen Grenze in Zouara). Dass gerade die Djerbi sich so lange und erfolgreich gegen ihre Arabisierung zur Wehr setzen konnten, lag sicher auch an ihrer Religion. Im Gegensatz zu den orthodoxen Moslems sind sie Ibaditen (►S. 40) und dieser Umstand wirkt wie eine Klammer.

Verlust der Kultur

Heute ist in Südtunesien die Arabisierung abgeschlossen. Von der nomadischen Kultur ist viel verloren gegangen. Erhalten geblieben sind die Höhlenwohnungen, z. B. in Matmata, und die Ksour im Südosten des Landes. Auch in der Webkunst und in der Keramik, in der Bearbeitung von Leder, Holz und Metall sowie in der Schmuckherstellung kommt der sog. Berberstil noch zum Ausdruck. Eine gute Gelegenheit, den Berberstil kennenzulernen, bieten die Wüstenfestspiele sowie der Besuch des Museums von Douz.

Inselalltag auf Djerba: Frauen in ihrer Fouta auf dem Markt in Houmt-Souk

sende durch eine Vielzahl fremder Völker – Phönizier, Römer, Vandalen, Araber, Andalusier, Juden, Türken, Spanier, Schwarzafrikaner und schließlich Franzosen – ethnisch überlagert und assimiliert.

Araber

Die ersten Araber kamen im 7. Jh. n. Chr.; als zweite Gruppe drangen im 11. Jh. die arabischen Beni-Hillal-Nomaden ein. Sie besaßen eine patriarchalische Stammesstruktur und waren Anhänger der islamisch-sunnitischen Religion. Mit dem Beginn der Reconquista im 13. Jh. wanderte eine große Zahl islamischer Europäer nach Nordafrika ein. Die Mehrheit ließ sich in Marokko nieder, viele jedoch auch in Tunesien. Da sie v. a. aus der Oberschicht stammten und gebildet waren, wurden sie bald mit Aufgaben innerhalb der Reichsverwaltung betraut und verstärkten auf diese Weise den arabischen Einfluss auf Sprache, Kultur und Denkweise der Nordafrikaner. Anfang des 17. Jh.s kam es zu einer letzten größeren Einwanderungswelle von Andalusiern, die sich zum größten Teil als Bauern niederließ. Diesmal erlebte die tunesische Landwirtschaft einen wichtigen Aufschwung.

Juden

Zu den ältesten Minderheiten auf tunesischem Boden gehören die Juden. Die ersten Juden verließen Jerusalem bereits 588 v. Chr., als

Nebukadnezar die Stadt eingenommen und den Tempel Salomons zerstört hatte, die zweite Gruppe, nachdem der römische Kaiser Titus 70 n. Chr. Jerusalem zerstören ließ. Sie schlossen sich verschiedenen Berberstämmen an, die bereits zum Judentum bekehrt waren. Die größte Gruppe stellten jedoch die spanisch-andalusischen Juden, die im 13./14. Jh., im 16. Jh. und zu Beginn des 17. Jh.s zusammen mit den spanischen Moslems einwanderten, nachdem ein Befehl des spanischen Königs allen Andersgläubigen nur die Wahl zwischen dem Übertritt zum christlichen Glauben oder der Auswanderung gelassen hatte. In der Nähe von Tunis und auf der Insel Djerba gab es schon sehr früh jüdische Gemeinden. Im 11. Jh. wurde ihnen in Tunis ein eigenes Viertel zugewiesen (Hara). Sie mussten jedoch eine bestimmte Kleidung (Käppchen) tragen, eine Sondersteuer bezahlen und durften keinen Grundbesitz erwerben. Da sie nicht zu allen Berufen zugelassen waren, mussten sie ihre Tätigkeiten auf jene beschränken, die den Moslems verboten oder nicht angesehen waren: Geldverleih (gegen Zinsen im Islam verboten), Goldschmiedehandwerk (verboten wegen der Beschäftigung mit Metallen, denen geheimnisvolle Kräfte nachgesagt wurden), Händler- und Ärzteberufe. Sie gelangten durch diese Berufe zu einigem Wohlstand und riefen dadurch, aber auch durch ihre religiöse Sonderrolle, Neid und Habgier hervor. So kam es im Laufe der Jahrhunderte immer wieder zu Einschränkungen ihrer Rechte, Übergriffen und Pogromen. Erst 1857, unter französischem Druck, besserte sich ihre Situation, als eine gewisse Gleichstellung der nichtislamischen Bevölkerung bestimmt wurde. 1881, mit Errichtung des französischen Protektorats, wurden den Juden eigene Organisationen und die Errichtung von Schulen gestattet. 1956, bei Erlangung der Unabhängigkeit, lebten noch rund 85 000 Juden in Tunesien. Die Gründung des Staates Israel 1948 und der arabisch-jüdische Konflikt im Sechs-Tage-Krieg 1967 führten zu großen Auswanderungswellen. Nach unterschiedlichen Quellen leben heute noch zwischen 3000 und 8000 Juden in dem Land.

Städtisches Leben

Das Leben in der Stadt spielt in Tunesien eine übergeordnete Rolle. Schon in punischer Zeit war der übermächtige **Stadtstaat Karthago** Mittelpunkt und Zentrum des gesamten Landes. Hier konzentrierten sich die Staatsmacht sowie das wirtschaftliche und kulturelle Leben. Das Umland hatte nur als Zulieferer von Rohstoffen und Nahrungsmitteln Bedeutung. Dieses krasse Gefälle verstärkte sich noch unter römischer Herrschaft. Die übermächtige Stellung von Karthago wurde weiter ausgebaut und auch auf dem Land konzentrierte sich das wirtschaftliche und kulturelle Leben in von den Römern gegründeten städtischen Zentren wie Thysdrus (El Djem) oder Sufetula (Sbeïtla). Nur den Stadtbewohnern kam denn auch das Privileg zu, römische Staatsbürger zu sein. Die Überbetonung des städtischen Lebens bestand nach der arabischen Invasion Tunesiens weiterhin fort. Politisches, religiöses und geistig-kulturelles Leben spielte sich ausschließ-

Mit Kindern kommt man überall und schnell in Kontakt.

lich in den Städten ab. Als Gegenleistung gestand man der Landbevölkerung militärischen Schutz bei feindlichen Übergriffen zu, da ein intaktes Hinterland für die Überlebensfähigkeit der Städte unabdingbar war.

Sozialordnung

Die traditionelle Sozialordnung hat sich seit der Kolonialzeit stark gewandelt. Zwar bestimmen die Achtung der islamischen Normen, die Bande der Großfamilie, der Respekt vor der älteren Generation und die Trennung zwischen »öffentlicher Männerwelt« und »privater Frauenwelt« noch immer das Denken und Handeln vieler Tunesier, nicht zu übersehen ist jedoch, dass zumindest die wohlhabenden Tunesier heute weitgehend europäisiert sind. Und auch bei der Mittelschicht ist die Verbundenheit mit den traditionellen Denk- und Lebensweisen spürbar lockerer geworden. Auch die Situation der Frau hat sich geändert. Ihre Gleichberechtigung ist heute gesetzlich garantiert, die Mehrehe ist verboten und die gesetzliche Scheidung möglich. Immerhin sind heute über 50 % aller tunesischen Schüler weiblichen Geschlechts.

Religion · Islam

Staatsreligion

Staatsreligion in Tunesien ist der Islam der orthodoxen sunnitischen Richtung, zu dem sich rund 98 % der Bevölkerung bekennen. Daneben gibt es eine Minderheit von Katholiken, Protestanten und Juden.

Entstehung

Der Islam, zu dem sich rund ein Fünftel der Weltbevölkerung bekennt, ist die jüngste der großen monotheistischen Weltreligionen. Er wurde von Mohammed Ibn Abdallah, später Prophet Mohammed genannt, einem um 570 in Mekka geborenen Kaufmann, begründet. Seine vielen Handelsreisen mit Karawanen durch weite Teile Arabiens und sein tiefes religiöses Interesse ermöglichten ihm die Kenntnis der Religionen seiner näheren und weiteren Umgebung. So enthält die von ihm entwickelte Lehre Gedanken des Judentums, des Christentums, der persischen Religion, aber auch der Religionen der verschiedenen arabischen Stämme. In Medina gründete er die erste muslimische Gemeinde. Nur fünfzehn Jahre nach dem Tod Mohammeds setzte die Islamisierung des Maghreb ein, als arabische Reiter über Ägypten nach Westen vorrückten und bei Sufetula (Sbeïtla) von einem byzantinischen Heer nicht aufgehalten werden konnten.

Monotheismus Die zentrale Botschaft des Islam ist die Lehre von der Einheit und Einzigkeit Gottes (Allahs). Diesem einen mächtigen und allwissenden Schöpfergott Allah steht der Mensch gegenüber. Sein Schicksal (Mektoub, Kismet) liegt in der Hand Allahs, ist von diesem vorbestimmt und vom Menschen selbst nicht zu ändern. In dieser Auffassung liegt auch ein gewisser Fatalismus begründet: So hört man in Gesprächen häufig »Inschallah« (»wenn Gott will«). Diese Glaubensauffassung wird auch im Namen deutlich: »Islam« bedeutet »völlige Hingabe an Gott« bzw. »an Gottes Willen«.

Propheten Die zweite fundamentale Aussage des Islam ist die Lehre von der Vermittlung der Aussagen und Gesetze Gottes durch Propheten, denen sich Gott offenbart hat. Als Propheten betrachtet der Islam Gestalten aus dem Alten (Abraham, Isaak, Moses) und dem Neuen Testament (Jesus, Johannes der Täufer). Mohammed wird als letzter und zugleich wichtigster Prophet angesehen.

Koran Der Koran, die heilige Schrift des Islam, enthält in seinen 114 Suren oder Abschnitten die Offenbarungen Gottes an den Propheten Mohammed. Diese sind nicht inhaltlich, sondern ihrer Länge nach angeordnet, sodass Suren mit Lobpreisungen Gottes, mit Schilderungen der Hölle und des Paradieses oder mit Regeln und Geboten für das Verhalten im täglichen Leben unsystematisch einander abwechseln. Für die Berber verfasste Ibn Toumert zu Beginn des 12. Jh.s die erste Übersetzung des Korans.

Sunna ► Ergänzt wird der Koran durch die Sunna, eine Sammlung von Berichten über den Propheten Mohammed, in der sein Lebensweg (zum Teil auch der seiner Gefährten), seine Handlungsweisen und seine Aussprüche beschrieben werden, die im Leben eines Moslems als Richtschnur dienen. Die Auslegungen der Sunna wurden gesammelt und bilden zusammen mit Koran und Sunna die Scharia, das religiös begründete islamische Recht. (Scharia ►)

Islamische Zeitrechnung Das islamische Jahr folgt dem Mondkalender (im Gegensatz zum gregorianischen Kalender, der die Sonne als Bezugspunkt hat), dessen Jahr zwischen 353 und 355 Tage zählt. Die Zeitrechnung beginnt mit dem Jahr 622 n. Chr., dem Jahr der Flucht Mohammeds aus Mekka, Hedschr oder Hidschra genannt.

Innenhof der Sidi-Oqba-Moschee in Kairouan

Sunniten

Der Islam kennt zwei große Richtungen: Sunniten und Schiiten. Die Sunniten stützen sich auf den Koran und die Sunna (Schiiten erkennen die Sunna nicht an). Im Gegensatz zu den Schiiten erkennen sie auch die gewählten Nachfolger des Propheten, die nicht von ihm abstammen, als rechtmäßige Leiter der Gemeinde an. Heute sind alle tunesischen Muslime Sunniten der malekitischen Glaubensrichtung einer orthodoxen Schule innerhalb des sunnitischen Glaubens.

Schiiten

Die Abspaltung der Schiiten begann mit Ali, dem Vetter und Schwiegersohn Mohammeds, der 656 vierter Kalif (= Nachfolger Mohammeds) wurde. Er verfügte, dass nur leibliche Verwandte des Propheten dessen Nachfolger sein können. Demzufolge betrachtete er sich selbst als ersten rechtmäßigen Nachfolger des Propheten. Die von Ali direkt abstammenden Führer, die so genannten Imame, werden von den Schiiten (arabisch Schiat Ali = Partei Alis) als Heilige verehrt.

Kharedjiten

Von den Schiiten spalteten sich 657 die Kharedjiten (= die Ausziehenden) ab. Sie hielten Ali seinen Gegnern gegenüber für zu kompromissbereit und vertraten die Ansicht, dass die Blutsverwandtschaft nicht entscheidend für das Kalifenamt sei, sondern einzig und allein die religiöse Würdigkeit, die jeder Gläubige erlangen könne. Auf der Flucht vor ihren traditionalistischen Glaubensbrüdern waren die eher demokratisch gesinnten und der Askese verpflichteten Anhänger auf Djerba angekommen. Hier fanden sie v. a. bei den Berbern, die sich trotz ihrer Bekehrung zum Islam benachteiligt fühlten, Unterstützung. Nach ihrer militärischen Zerschlagung im 10. Jh. entwickelten sich unterschiedliche Ableger dieser Glaubensrichtung,

Ibaditen ► u. a. die gemäßigten Ibaditen auf Djerba (hier v. a. im Westen der Insel), in Algerien (dort Mozabiten genannt) sowie in Oman.

Fünf Pfeiler des Islam Aus dem Koran leiten sich die fünf Hauptgebote des Islam ab, auch fünf Pfeiler oder fünf Säulen des Islam genannt: Glaubensbekenntnis (Schahada, ähnlich dem ersten Gebot der Christen), Gebet (Salat), Almosengabe (Sakat), Fasten (Saum) und Pilgerreise nach Mekka (Hadsch). Weitere wichtige religiöse Vorschriften sind das Verbot von Alkohol, Schweinefleisch, Glücksspiel und Geldverleih gegen Zins sowie das Gebot, nur Fleisch von geschächteten Tieren und weder Blut noch Speisen, in denen Blut verarbeitet wurde, zu essen.
Koran und Sunna regeln auch das Verhältnis zwischen den Geschlechtern. Der Koran sieht eine Gleichstellung der Geschlechter nicht vor. Die Frau ist dem Mann untergeordnet (Suren 4, 33 u. a.). Er hat sie aber zu beschützen, zu ernähren und darf sie nicht schlecht behandeln. Die Suren 4,4 und 4,25 bis 4,27 erlauben dem Mann vier Ehefrauen und daneben noch eine unbegrenzte Zahl von Konkubinen und Sklavinnen, solange seine rechtmäßigen Ehefrauen dabei weder materiell noch sexuell benachteiligt werden. Da nicht zuletzt aus materiellen Gründen (Brautpreis, Hochzeitsfeier u. a.) für die meisten Moslems eine Ehe mit mehreren Frauen ohnehin nicht möglich war, ist seit 1956 in Tunesien wie in den meisten arabischen Staaten die Einehe zur Vorschrift geworden.

Salat, Gebet Die Salat ist das Pflichtgebet, das der gläubige Moslem fünfmal täglich verrichten muss. Er wird dazu durch den Gebetsruf (Adhan) des Muezzin aufgerufen, und zwar bei Anbruch der Morgendämmerung, am Mittag (12.00 Uhr), am Nachmittag (15.00 Uhr), gleich nach Sonnenuntergang und zwei Stunden danach. Zur Vorbereitung gehören die Reinigung von Gesicht, Mund, Händen und Füßen (für die rituelle Waschung findet sich im Moscheenhof stets ein Brunnen; falls kein Wasser zur Verfügung ist, kann die Reinigung auch symbolisch erfolgen), saubere Kleidung – Schuhe werden grundsätzlich ausgezogen – und ein sauberer Gebetsplatz, geschaffen durch das Auslegen eines Teppichs, einer Decke oder notfalls eines Kleidungsstückes, sowie die stumme Erklärung des Gläubigen, dass er ein Gebet verrichten will. Zum Gebet wendet er sich in Richtung der heiligen Stadt Mekka und nimmt während des Gebetes nacheinander festgelegte Körperhaltungen ein:
1. Aufrecht stehend, die Hände in Schulterhöhe nach vorn geöffnet (mit den Daumen hinter den Ohrläppchen), spricht er: »Alláhu ákbar« (= »Gott ist groß«).

? WUSSTEN SIE SCHON ...?

- Eine Moschee muss der Moslem nur zum Mittagsgebet am Freitag besuchen. In den Moscheen ist die Gebetsrichtung (Quibla oder Kibla) an einer besonderen Nische (Mihrab) zu erkennen. Ansonsten bestimmt der Gläubige die Gebetsrichtung nach Mekka nach dem Sonnenstand selbst. Islamische Gebete schließen weder Bitten noch Wünsche ein.

2. Weiterhin aufrecht stehend, mit herabhängenden Armen oder die rechte Hand etwa in Körpermitte über die linke gelegt, spricht er die erste Koransure (Fatiha) und danach weitere Suren oder Verse.
3. Mit einer Verbeugung, die Hände auf die Knie gestützt, spricht er Lobpreisungen Allahs.
4. Es folgen weitere Lobpreisungen in Prosternationshaltung, wobei die Stirn den Boden berührt.
5. Nach jedem zweiten und nach dem letzten Gebetsteil spricht er, am Boden knieend, das Glaubensbekenntnis mit auf dem Knie ausgestrecktem Zeigefinger der rechten Hand.
6. Zum Abschluss des Gebetes grüßt der Gläubige, weiterhin knieend, über die rechte und die linke Schulter blickend, die Schutzengel bzw. die anderen Mitbetenden.

Einheit von Religion und Staat

Die Glaubensbeziehungen zwischen einem Moslem und Allah bedürfen keiner Vermittlung durch eine Priesterschaft. Die Einhaltung der Glaubensregeln und -vorschriften wird im Islam durch die Glaubensgemeinschaft selbst überwacht. Die Religionsausübung ist nicht institutionalisiert wie in der christlichen Kirche. Vielmehr sind Staat und Religion im Islam von jeher eine untrennbare Einheit, deren politische Führer bei den Schiiten, legitimiert durch die Abstammung von Mohammed, alle weltliche und geistliche Macht auf sich vereinen. Daneben befanden sich Legislative, Exekutive und Judikative häufig in den Händen von Richtern (**Khadhis**), die wie viele hohe Staatsbeamte hoch gebildete Gelehrte (**Ulema**) waren, welche sowohl Recht als auch Theologie des Islam studiert hatten: Das Amt des Richters war somit immer auch Organ des Islam.
Im Vergleich zur politischen Führung, die im späten Islam weitgehend auf eine repräsentative Funktion beschränkt blieb, gewannen die Ulema für das praktische religiöse Leben insofern an Bedeutung, als sie Koran und Sunna theologisch immer wieder neu auslegten und mit ihren Deutungen das religiöse und weltliche Leben beeinflussen konnten.

Integristen

Islamische Fundamentalisten, so genannte Integristen, gewinnen in Nordafrika zunehmend an Einfluss, so auch in Tunesien. Bei den ersten Parlamentswahlen seit der Absetzung Bourguibas (1987) im April 1989 errangen die auf der Liste der Unabhängigen aufgestellten Fundamentalisten 14 % der Stimmen. Der Putschversuch gegen die tunesische Regierung im Mai 1991 wird den Mitgliedern der islamistischen Nahda-Bewegung zugeschrieben. Es gibt ernst zu nehmende

Kunstvolle Verzierungen mit Henna sollen Glück bringen.

Stimmen, die betonen, dass der Zenit dieser »Aufbruchsbewegung« noch nicht erreicht ist. Ihre gegen die Öffnung des Landes nach Westen und die damit verbundene Aushöhlung der islamischen Grundsätze gerichtete Politik scheint wie auch ihr Antikapitalismus v. a. bei den Jugendlichen und den Armen große Hoffnungen zu wecken. Vielleicht bietet sie auch Identifikationsmöglichkeiten in einer Zeit, die stark vom Wandel betroffen ist, wobei das Ziel oder der Endpunkt der Entwicklung im Unklaren liegen. Vorläufiges Ergebnis dieser Entwicklung ist jedenfalls ein stärkeres islamisches Selbstbewusstsein mit einer Betonung der islamischen Identität. Dazu gehören auch junge, durchaus europäisch gekleidete Frauen mit Kopftüchern. Selbst das arabische Fernsehen schließt sich an und unterbricht das Programm für die täglichen Gebete. Die Frage nach der Zukunft des Landes und der Entwicklung der Fundamentalisten ist stark von der Lösung der wirtschaftlichen und sozialen Probleme Tunesiens abhängig. Inwieweit da der Islam Alternativen zum westlichen Entwicklungsmodell anbieten kann, bleibt abzuwarten.

Unorthodoxe Glaubensvorstellungen

Der Islam kennt nur Allah als einzigen Gott. Dennoch haben im Volksglauben weitere übernatürliche Elemente Eingang gefunden. Dazu gehören Engel, Teufel (Schaitan) und Geister (Dschunn/Djinn). Die Geister sind meist bösartiger Natur. Wie der Gläubige keine Priester benötigt, so bedarf der Mensch nicht der Hilfe und Vermittlung der guten Geister und Engel, um Wohlwollen und Segen Allahs zu erringen und in das Paradies zu gelangen; dazu muss er die im Koran geoffenbarten Gebote und Regeln Gottes einhalten. Der Einfluss des Teufels oder der bösen Geister können ihn daran hindern, ihm also durchaus schädlich werden. Der orthodoxe sunnitische Islam lehnt diese »Abweichungen« strikt ab und erkennt nur den Koran in seiner gelehrten Auslegung als Weg zu Gott an.

Sufismus

Vor allem ab dem 13. Jh. fanden mystische Elemente in vielen arabischen Ländern starke Verbreitung. Ihre Anhänger gründeten heilige Orden und Bruderschaften (Zaouias), welche sich häufig zu einflussreichen Sekten entwickelten. Dieser Mystik, »Tasawwuf« genannt, hängen die »Sufis« an, benannt nach Sufi, dem Wollkleid (Büßergewand) ihrer Anhänger. Das Ziel der Sufis ist es, den Handlungsspielraum des orthodoxen Islam zu verbreitern und durch spirituelle Übungen eine mystische Einswerdung mit Allah zu erlangen. Sie entwickelten daher besondere Wege zur geistigen Versenkung (Askese, Buß- und Fastenübungen, ekstatische Tänze, Selbstkasteiungen), aber auch fanatisch-religiöse Vorstellungen.

Heiligenverehrung

Überall stehen die kleinen, weißen Gebäude, Marabout oder Koubba genannt. Ihre Kuppel symbolisiert den Himmel, der quadratische Unterbau die Erde. Hierher kommen Pilger, gedenken des Toten, feiern ihn und erbitten durch seine Vermittlung die Erfüllung ihrer Wünsche sowie die Teilhabe an seiner Heil bringenden göttlichen Wirkkraft (Baraka). Die Verehrten sind Familien- und Stammesangehörige, die vorbildlich gelebt haben, legendäre Personen, v. a. Gründer und Vertreter der heiligen Schulen, Orden und Bruderschaften, Marabout (arabisch) oder Igourramen (berberisch) genannt.

Baraka

Der Glaube an die Baraka ist ein zentraler Gedanke im mystischen Islam. Diese Heil bringende Kraft besitzen nicht nur die Heiligen selbst – so natürlich Mohammed und seine Nachkommen –, sondern auch viele Dinge, welche die Heiligen besaßen und berührten, die Plätze, wo sie wohnten, schließlich auch ihre Grabstätten. Indem der Gläubige diese Plätze aufsucht oder die Gegenstände berührt, geht die Baraka auf ihn über. Selbst in bestimmten Pflanzen, Quellen und Gegenständen befindet sich die Baraka und kann von den Gläubigen durch Tragen oder Auflegen empfangen werden. Nicht nur schützt sie vor Unglück, dem bösen Blick und anderer böser Zauberei, sondern bringt dem Träger insgesamt Glück. Zu den Objekten, denen die Baraka anhaftet und die unsichtbare Bedrohungen fern halten sollen, gehören Amulette. Bronze und Silber z. B. haben Baraka, Gold dagegen nicht, es bringt sogar Unglück. Daher tragen Berberfrauen Bronze- oder Silberamulette, u. a. in Form eines stilisierten Auges oder einer Hand. Der nach der Tochter des Propheten genannten **Hand der Fatima** wird eine besonders große Baraka zugeschrieben, außerdem symbolisiert sie die magische Zahl fünf (Chamsa = fünf). Diese und andere Ornamente wie Rauten und Dreiecke zieren manchmal auch Hauseingänge und -wände oder werden in Teppiche eingewoben.

Henna Auch der für ihre keimtötenden Eigenschaften bekannten Hennapflanze wird eine besondere Baraka zugesprochen. Mit der aus ihr gewonnenen Farbe färben sich die Berberfrauen Hand- und Fußflächen, Finger- und Zehennägel sowie die Haare. Mit Kalkmilch vermischt, ergibt sie eine ockerfarbene Paste, die in Musterform auf Gesicht, Arme und Beine aufgetragen wird und die Trägerin vor allem Unheil, insbesondere dem bösen Blick, schützen soll.

Christentum

Die Geschichte der christlichen Kirche Tunesiens hängt zunächst mit der Stadt Karthago zusammen. Zur Zeit des frühchristlichen Kirchenschriftstellers Tertullianus (rund 160 – 220 n. Chr.) besaß die Christengemeinde Karthagos bereits eine ausgebildete Organisation. Die Bischöfe von Karthago waren Metropoliten, d. h. Vorsteher der Kirchenprovinz Africa proconsularis. Mit der Eroberung durch die Vandalen (ab 439) kam das christliche Leben in Nordafrika weitgehend zum Erliegen. Erst 1884 wurde Karthago wieder als katholische Erzdiözese errichtet. 1964 wurde sie dem Staatsgebiet der Republik Tunesien angeglichen und in eine Territorial-Prälatur (unmittelbar dem Papst unterstehendes Gebiet) umgewandelt. Lebten bis zur Unabhängigkeit noch rund 280 000 Katholiken (überwiegend Franzosen) in Tunesien, sind es heute gerade noch 15 000. Daneben gibt es noch zahlenmäßig kleinere andere christliche Gemeinden, die mit den Katholiken in ökumenischem Sinn zusammenarbeiten.

? WUSSTEN SIE SCHON ...?

- Henna wird aus den Blättern des gleichnamigen Strauches (Lawsonia inermis) hergestellt. Die Farbe entsteht erst durch Fermentation. Dazu müssen die getrockneten und zerriebenen Blätter mit warmem Wasser angerührt werden. Nach sechs bis acht Stunden geht Henna mit eiweißhaltigen Stoffen wie Haut, Haaren oder Wolle eine dauerhafte Verbindung ein.

Bildungswesen

Schulwesen nach 1956 Seit der Unabhängigkeit Tunesiens wurden im Bildungsbereich erhebliche Fortschritte erzielt und auch heute steht ein Drittel des Haushalts für die Bildung zur Verfügung. Waren 1958 nur 23 % der Sechs- bis Elfjährigen eingeschult worden, betrug die Quote 2003 bereits 96 %. Die Zahl der Hochschüler verdreifachte sich im Zeitraum 1975 bis 2003 auf ca. 78 000. Jedoch garantieren heute weder Abitur noch Universitätsabschluss eine sichere Anstellung.

Es besteht eine allgemeine Schulpflicht vom sechsten bis zum vierzehnten Lebensjahr, die Bildungseinrichtungen sind unentgeltlich. Auch wenn die **Analphabetenrate** in erheblichem Maß gesunken ist, bleibt der Anteil der weiblichen Analphabeten und die Quote unter der ländlichen Bevölkerung sehr hoch. Während 1990 34,7 % aller Personen im Alter über 14 Jahren als Analphabeten ausgewiesen waren, betrug der Anteil in Landgemeinden über 60 %. Auffällig ist der Anteil der weiblichen Analphabeten, der 2003 ca. 21,2 % betrug. Das Schulsystem ist nach französischem Vorbild aufgebaut. Die Grundschulausbildung dauert in der Regel sechs, die Sekundarausbildung sieben Jahre und beginnt mit dem zwölften Lebensjahr.

◂ Sprache

Ab den 1970er-Jahren wurde in den ersten drei Grundschuljahren ausschließlich Arabisch gesprochen. Seit Beginn des Schuljahres 1986/1987 wird von der zweiten Grundschulklasse an Französisch gesprochen und in der höheren Ausbildung wird es fast ausschließlich verwendet. Neuerdings wird in der Sekundarstufe als Wahlfach außer Englisch und Italienisch auch Deutsch angeboten.

◂ Universitäten

Universitäten befinden sich in Tunis (seit 1960) und seit 1986 in Sfax und Sousse. Jedoch fehlen noch immer Studienplätze, sodass über 10 000 tunesische Studenten im Ausland, v. a. in Frankreich, USA, Marokko, Belgien und Algerien, studieren.

Staat und Verwaltung

Staatsgründung

Am 20. März 1956 beendete ein Vertrag das 1881 begonnene französische Protektorat. Mit der Absetzung des letzten Husseinitenbey am 25. Juli 1957 wurde Tunesien zur Republik erklärt.

Verfassung

Tunesien, arabisch El Djumhuriya et Tunisiya, französisch République Tunisienne, ist seit 1957 eine demokratische Republik mit einem Präsidialregime. Nach französischem Vorbild hat der Präsident weit gehende Machtbefugnisse. Er ist Staatsoberhaupt und Regierungschef, ernennt den Ministerrat und den Premierminister, bestimmt die Richtlinien der Politik und hat das Recht, Gesetzentwürfe abzulehnen. Als Oberbefehlshaber der Streitkräfte kann er jederzeit über das Militär verfügen und den Ausnahmezustand verhängen.
Volksvertretung und Legislative liegen bei dem alle fünf Jahre gewählten Einkammerparlament mit 125 Vertretern.
Der Islam ist Staatsreligion. Bereits 1956 wurden die Scharia-Gerichte, die religiöse Gerichtsbarkeit, abgeschafft und ein nach französischem Vorbild geschaffenes Rechtswesen eingeführt. Das Verbot der Polygamie und der Verstoßung der Frau gehören ebenfalls zu den bereits 1957 verabschiedeten Neuerungen. In der am 1.6.1959 verabschiedeten Verfassung wurde schließlich die Gleichberechtigung der männlichen und weiblichen Bürger Tunesiens verankert.

Verwaltung

Tunesien ist ein von der Landeshauptstadt Tunis aus zentralistisch verwaltetes Land, welches in 24 Gouvernorate (arabisch Wilaya) gegliedert ist. Die Gouvernorate bestehen aus 136 Délégations (arabisch Mutamadia; Kreise), die ihrerseits in rund 1 113 Municipalités (arabisch Scheikate; Gemeinden) untergliedert sind.

Tunesien Gouvernorate

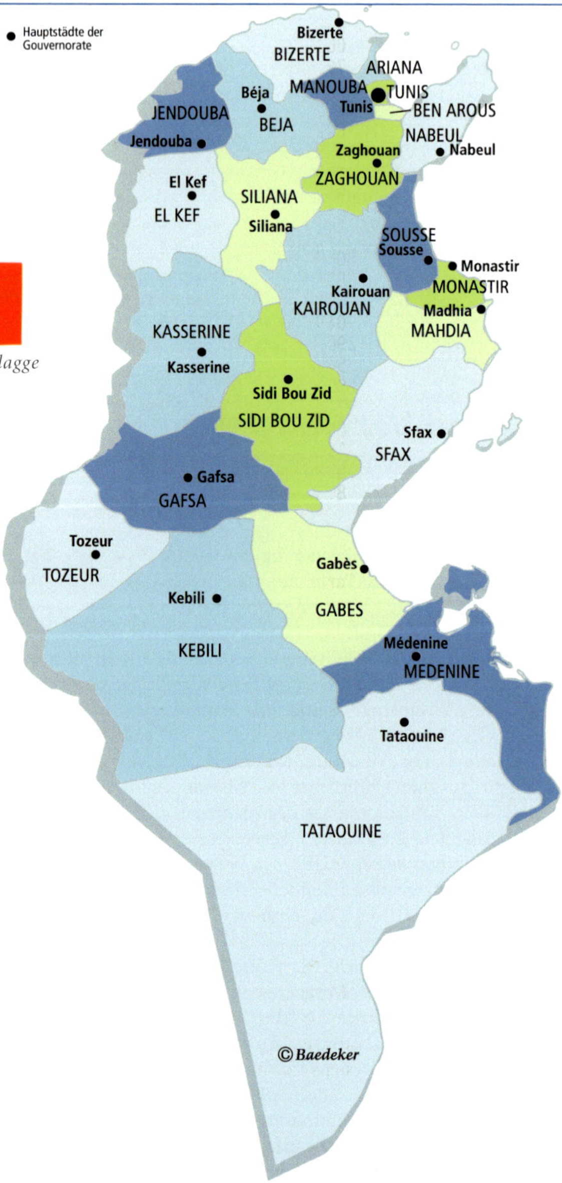

Tunesische Flagge

Gouvernorat	Fläche	Einwohner	pro km²
Tunis Stadt	346	985 300	2848
Tunis Ariana	498	424 600	853
Manouba	1060	337 000	318
Tunis Ben Arous	761	509 000	669
Nabeul	2788	696 500	250
Zaghouan	2768	161 500	58
Bizerte	3685	525 400	143
Béja	3558	305 200	86
Jendouba	3102	417 000	134
El Kef	4965	258 900	52
Siliana	4631	234 300	51
Kairouan	6712	547 000	81
Kasserine	8066	413 100	51
Sidi Bou Saïd	6994	396 500	57
Sousse	2621	547 000	209
Monastir	1019	457 900	449
Mahdia	2966	379 200	128
Sfax	7545	858 300	114
Gafsa	8990	324 500	36
Tozeur	4719	97 900	21
Kebili	22 084	143 700	7
Gabès	7175	343 500	48
Médenine	8588	433 900	51
Tataouine	38 889	143 900	4

Parteien

Staatstragende Partei ist seit 1964 die von Habib Bourguiba gegründete sozialistische Destour-Partei, die 1988 ihren Namen in Konstitutionelle Demokratische Sammlung (Rassemblement Constitutionnel Démocratique, RCD) änderte. Bei den letzten Parlamentswahlen 2004 erhielt sie 152 von 189 Sitzen.
Unter den oppositionellen Gruppierungen sind hervorzuheben: Mouvement de la Rénovation-Ettajdid (MR; 3 Sitze), Parti Social-Libéral (PSL; 2), die Bewegung demokratischer Sozialisten (Mouvement des Démocrates Socialistes, MDS; 14), die Vereinigte Einheitspartei (Parti de l'Union Populaire, PUP; 7), die Union Démocratique Unioniste (UDU; 7), die Partei der progressiven Demokraten und die linkssozialistisch ausgerichtete Bewegung der Volkseinheit (Mouvement d'Unité Populaire, MUP). Die Partei der religiösen Fundamentalisten (Mouvement de Tendence Islamique, MTI), die sich in Partei der Wiedergeburt, Nahda, umbenannte, ist verboten.

Gewerkschaften

Die Einheitsgewerkschaft UGTT (Union Générale Tunisienne du Travail) zählt rund 400 000 Mitglieder in 23 angeschlossenen Einzelgewerkschaften. 1983 kam es zur Abspaltung der UNTT (Union Nationale des Travailleurs Tunisiens). Wichtig sind auch die vier Frauenorganisationen Tunesiens mit über 60 000 Mitgliedern.

Internationale Organisationen

Tunesien ist Mitglied der Vereinten Nationen, der Organisation für afrikanische Einheit OAU sowie der Arabischen Liga. Der Europäischen Union ist Tunesien (wie Marokko und Algerien) assoziiert. Außerdem ist Tunesien Mitglied der Organisation erdölexportierender arabischer Länder (OAPEC), in einer gemeinsamen Wirtschaftskommission mit Algerien und Marokko sowie seit 1989 der Maghreb-Union mit Marokko, Algerien, Libyen und Mauretanien.

Außenpolitik Tunesien sieht sich selber als Brückenkopf und Mittler zwischen dem europäischen Westen, Afrika und der islamischen Welt. Durch seine Beziehungen zu Marokko, Algerien und Libyen versucht Tunesien innerhalb der Arabischen Liga zu vermitteln. Den aus dem Libanon evakuierten PLO-Kämpfern bot das Land bis zum Umzug nach Gaza 1994 Asyl, gleichzeitig befürwortete es aber auch Verhandlungen mit Israel. Enge wirtschaftliche und kulturelle Beziehungen unterhält Tunesien mit Frankreich, Deutschland, Italien und den USA. Die Beziehungen zum Nachbarland Libyen sind nicht ganz spannungslos. 1985 wies Libyen nach dem Ölpreisverfall 40 000 tunesische Fremdarbeiter aus. Die Beziehungen wurden abgebrochen und die Grenzen geschlossen. Mittlerweile haben die beiden Staaten den Streit beigelegt. Sogar die Frage des umstrittenen Festlandsockels wurde einvernehmlich geregelt. Mit seinem anderen Nachbarn Algerien hat Tunesien Grenzstreitigkeiten, die noch aus der Kolonialzeit stammten, friedlich beigelegt.

Wirtschaft

Die Wirtschaftspolitik Tunesiens folgte seit der Unabhängigkeit drei verschiedenen Strömungen. Auf eine sozialistische Phase in den 1960er-Jahren folgte ab 1970 eine stark liberalistische, die die Entstehung eines ungleich verteilten Wohlstandes begünstigte. Auf dem Höhepunkt der »Brot-« oder auch »Couscous-Revolte« im Januar 1984, als die Auswirkungen der weltweiten Wirtschaftskrise Tunesien erreichten, wurde die dritte wirtschaftspolitische Phase, die eine Verständigung zwischen den beiden vorherigen Extremen herbeiführen wollte, beendet. Seit dieser Zeit herrscht eine gewisse Stabilität und man versucht einen eigenen wirtschaftspolitischen Weg zu finden. Nach den Kriterien des Internationalen Währungsfonds ist Tunesien ein Schwellenland, das ökonomisch zwischen der Dritten Welt und den reichen Industrienationen steht. Allerdings hat es den Ehrgeiz, ein Industrieland zu werden. Nach Libyen, Gabun und Südafrika ist Tunesien viertreichstes Land Afrikas, sein Pro-Kopf-Einkommen liegt über dem der Türkei. Es ist auch das einzige südöstliche Mittelmeerland, in dem die Mittelklasse rund zwei Drittel der Bevölkerung ausmacht. Aber der bescheidene Wohl-

? WUSSTEN SIE SCHON ...?

- Ein tunesischer Kellner verdient (ohne Trinkgelder) etwa 250 TND (circa 150 Euro) im Monat, ein Lehrer kommt auf etwa 380 TND, ein (selbstständiger) Arzt auf rund 800 TND. Eine einfache Mahlzeit bekommt man ab 6 Euro.

stand ist nach wie vor ungleich verteilt (5 % leben mit 22 % des Nationaleinkommens, steigende Tendenz) und auch das Gefälle zwischen Nord- und Südtunesien sowie zwischen Stadt und Land ist sehr hoch. Die **Arbeitslosigkeit** besträgt 16 %. Tatsächlich dürften es um die 25 und mehr Prozent sein. Davon sind v. a. Jugendliche und ländliche Gebiete besonders betroffen: Gut zwei Drittel der Arbeitslosen sind jünger als dreißig Jahre und sie sind es, die im Straßenbild am meisten auffallen, da sie Stunde um Stunde in Cafés oder irgendwo im Schatten verbringen.

Landwirtschaft

Tunesien ist seit frühester Zeit ein Agrarland und auch heute noch ist die Landwirtschaft der wichtigste Wirtschaftszweig des Landes. Zwar sank der Beitrag zum Bruttosozialprodukt von 21 % (1976) auf etwa 12 % (2003), dennoch ist über ein Viertel der Bevölkerung in der Landwirtschaft beschäftigt und rund die Hälfte der Gesamtbevölkerung ist von ihr abhängig, wenn man die Fischerei und die Verarbeitung landwirtschaftlicher Produkte hinzurechnet.

Tomatenernte auf dem Cap Bon

Rund die Hälfte des Staatsgebietes wird land- und forstwirtschaftlich genutzt. Den ersten Rang nimmt das Ackerland mit 3,5 Mio. ha ein, wobei rund 3 % der Fläche künstlich bewässert werden. Danach folgen 3 Mio. ha Weideland und 1,5 Mio. ha Dauerkulturen, hauptsächlich Dattelpalmen- und Ölbaumhaine. Im nördlichen Küstengebiet und im ganzjährig Wasser führenden und durch Stauseen gespeisten Medjerda-Tal liegen die wichtigsten Getreideanbaugebiete des Landes und die meisten der landwirtschaftlichen Großbetriebe. Außerdem wird Kork gewonnen sowie Viehzucht betrieben. Im östlichen Küstengebiet werden vorwiegend Oliven, Zitrusfrüchte, Wein, Obst und Frühgemüse angebaut und Viehzucht betrieben. In der zentralen Savannenregion wächst im Norden Getreide, in der mittleren und südlichen Region Halfagras für Zellulose- und Papierherstellung sowie als Futter und Flechtmaterial. Auf den Küstenbereich um Sousse und Sfax konzentriert sich die Ölbaumkultur. In der Viehzucht wird – je weiter südlich man kommt – das Rind durch das Schaf ersetzt.

Oasenwirtschaft Die Oasen gehören nicht nur in Tunesien zu den am intensivsten bearbeiteten Anbaugebieten. In den ganzjährig grünen Oasen gedeihen Palmen und, wenn es die Bewässerung zulässt, in der so genannten **Drei-Etagen-Kultur** unter den Palmen Obstbäume (Feigen, Aprikosen, Pfirsiche, Granatäpfel), Trauben und Bananen und in deren Schatten bodenbedeckender Gemüseanbau, Getreide oder Futterpflanzen. Die ehemals v. a. auf Selbstversorgung ausgerichteten Oasen waren einst wichtige Wirtschaftszentren im Saharahandel. Mit der französischen Kolonialzeit änderte sich jedoch sehr viel. Mit der zunehmenden Bedeutung von Städten, neu gegründeten Industriezentren und der besonderen Förderung der Küstenorte verlor der Saharahandel stark an Gewicht und die Oasen wurden vernachlässigt. Abwanderungswellen, Aufgabe der arbeitsaufwendigen Drei-Etagen-Wirtschaft und die Verarmung der Kleinbauern, die teilweise zuerst die Wasserrechte und dann ihren Besitz verkaufen mussten, um ihre Schulden zu bezahlen, sind nur ein paar von vielen Problemen.

Der jüngst »entdeckte« Oasen-Tourismus hat viel Hoffnungen, aber auch neue Probleme hervorgerufen, zuallererst den immer größer werdenden Druck auf die knappen Wasserreserven.

Bewässerung ► Nicht nur das Überleben der Oasen ist abhängig vom Wasser. In ganz Tunesien zeugen Stauseen, Wasserleitungs- und komplizierte Wasserverteilungssysteme, Bohrungen, Brunnen und Schöpfwerke von dem dauernden Kampf ums Wasser. Langfristig werden v. a. im Norden und in der Landesmitte Hügel und Hänge wieder aufgeforstet, damit der Boden das Regenwasser besser aufnehmen kann. Im Süden wurde in den letzten Jahren eine große Anzahl von Brunnen mit einer Tiefe von 2000 – 2500 m gebohrt, werden alte Wasserkanäle unter die Erde gelegt und alte Bewässerungssysteme erneuert. Die Bemühungen um eine Verbesserung der Oasenlandwirtschaft stecken jedoch noch in den Anfängen.

Foggara-System ► Wasser aus regenreichen Gebirgsgegenden oder in tiefen Erdschichten wird angestochen und über ein teilweise sehr langes, unterirdisches Wasserleitungssystem (leicht geneigte Stollen) zu den Oasen gebracht. Diese Kanäle wurden früher meist von Sklaven in harter Handarbeit angelegt. Ihre Wartung und Erhaltung ist auch heute noch sehr aufwendig und gefährlich. Allerdings liegt ihr Vorteil gegenüber offenen Kanälen in der geringeren Wasserverdunstung. Heute noch benutzte Foggaras gibt es in der Nefzaoua-Oase sowie in El Guettar bei Gafsa.

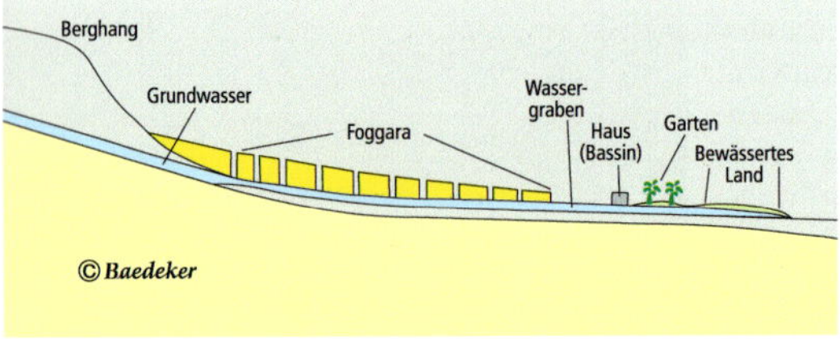

Landwirtschaftliche Produkte Wichtigstes landwirtschaftliches Produkt ist das **Olivenöl**: Von rund 30 Mio. Bäumen in der Gegend um Sousse und Sfax werden rund

100 000 Tonnen Öl gewonnen und exportiert. Nach Griechenland ist Tunesien weltweit zweitgrößter Olivenölexporteur.
Weniger für den Export als für den eigenen Verbrauch wichtig ist der **Getreideanbau**, jedoch sind dem Ertrag durch die unzuverlässig fallenden Niederschläge relativ enge Grenzen gesetzt. Haupterzeugnis der Oasen sind die **Datteln**: Von etwa 3 Mio. Dattelpalmen werden rund 50 000 Tonnen Datteln geerntet, exportiert werden nur die »Deglet en Nour«, eine Dattelart namens »Finger des Lichts«. In den Korkeichenwäldern des westlichen Küsten-Tells, der Kroumirie, werden außerdem jährlich etwa 7000 Tonnen **Kork** gewonnen.

Prognose

Nach mehreren aufeinander folgenden Dürrejahren hat die Landwirtschaft Tunesiens mit großen Problemen zu kämpfen. Auch erschweren die Besitzverhältnisse in der Landwirtschaft tief greifende Reformen. Großgrundbesitzer und staatliche Güter kontrollieren einen Großteil der fruchtbaren Region, ihnen steht eine Vielzahl an Kleinbetrieben gegenüber (83 % der Betriebe verfügen über weniger als 20 ha Fläche), die nicht über die finanziellen Mittel verfügen, neue Bearbeitungsmethoden einzuführen. Mit der Erschließung weiterer Wasserressourcen durch den Bau von Staudämmen und Bewässerungsperimetern, dem Ausbau der Viehwirtschaft, aber auch durch eine weitere Dezentralisierung der Landwirtschaftsverwaltung und die Vergabe von günstigen Krediten v. a. an Kleinbauern wird versucht, den wachsenden sozialen Druck (Landflucht und Arbeitslosigkeit) zu mildern und der z. T. daraus resultierenden Zunahme der radikalen islamischen Fundamentalisten zu begegnen. Auch sollen die vor allem Mitte der 1960er-Jahre enteigneten Betriebe wieder einer intensiveren Nutzung zugeführt werden.

Bodenschätze

Das Land besitzt Erdöl-, Erdgas- und Phosphatvorkommen, Eisen-, Blei- und Zinkerze. Wichtigster Devisenbringer sind Erdöl und Phosphat. Immerhin stammen 20 bis 25 % der Exporterlöse vom Erdöl, obwohl die Fördermenge von 5,1 Mio. Tonnen pro Jahr kaum größer ist als diejenige der Bundesrepublik Deutschland. Doch sind die Erdölfelder bei El Borma und Kasserine fast erschöpft. Zum Ölausfuhrhafen des Landes hat sich Skhira (zwischen Sfax und Gabès) entwickelt, hier endet eine Pipeline aus den Ölfeldern Algeriens. Erdgas wird auf der Halbinsel Cap Bon, im Raum Sfax, im Golf von Gabès und bei El Borma gefördert.
Wichtigster Bodenschatz Tunesiens sind die Phosphatvorkommen. In sechs Minen wird Phosphat abgebaut, die zwei wichtigsten sind die in Metlaoui und Kalâat. Pro Jahr werden rund 6 Mio. Tonnen gefördert, damit nimmt Tunesien in der Weltproduktion den vierten Rang ein und erzielt damit 15 % seiner Exporterlöse.

Industrie

Die Industrialisierung Tunesiens hat in den letzten zehn Jahren große Fortschritte gemacht. 2003 wurden etwa 28 % des Bruttosozialproduktes vom produzierenden Gewerbe erbracht. Im Vordergrund stehen heute der Textil- und Bekleidungssektor. Nächstgrößere Branchen sind das Nahrungsmittelgewerbe sowie die Metallverarbeitung. Vorherrschend sind Klein- und Mittelbetriebe. Größere Betriebe sind lediglich das ISUZU-Montagewerk in Kairouan, das BUS-Montagewerk in Sousse (STIA) sowie das Reifenwerk (STIP) in Ouardanine, Zuckerraffinerien in Béja und Bou Salem, Baustoffwerke in Tunis, Bizerte und El Hamma du Gabès, ein Stahlwerk bei Menzel-Bourguiba, Phosphataufbereitungsanlagen in Gabès und Sfax sowie Erdölraffinerien in Bizerte und Gabès. Durch steuerliche Anreize (Befreiung von Zöllen, Umsatzsteuer, Steuernachlässe) werden in- und ausländische Investoren angelockt. Die verarbeitende Industrie hat zugenommen, wobei Textilien und Leder (ein Schwerpunkt deutscher Investitionen) entscheidenden Anteil haben.

Handwerk Das traditionelle Handwerk hat in Tunesien – wie in allen arabischen Ländern – nach wie vor eine große wirtschaftliche Bedeutung. Darunter spielt v.a. die Herstellung von Teppichen und Decken die wichtigste Rolle. Die Technik des Knüpfens stammt ursprünglich aus Asien, war aber bereits im 13. Jh. in Nordafrika bekannt. In vielen Städten Tunesiens werden Teppiche produziert, das Zentrum aber ist das Gebiet um Kairouan, wo die Teppiche entweder in Heimarbeit oder in speziellen Werkstätten hergestellt werden. Drei Teppicharten werden unterschieden: der geknüpfte Teppich (Zerbiya), der gewebte und anschließend bestickte Teppich (Mergoum) sowie der gewebte Wandteppich (Klim oder Kelim), der von den Beduinen aus der Region von Gafsa und Sfax stammt und heute in Oudref bei Gabès gefertigt wird.

Teppichknüpferei ►

Keramik ► Das Töpferhandwerk ist in Guellala auf Djerba und in Nabeul verbreitet. Von hier aus wird das ganze Land mit Wandkacheln, Essgeschirr, Vasen, Kerzenhaltern, Blumentöpfen u.a. beliefert. Auf Djerba wird schönes **Schmuckhandwerk** nach alten Vorbildern angefertigt. Auch Messing- und Kupferarbeiten findet man mittlerweile im ganzen Land; die v.a. im Süden angebotenen Messingwaren werden nur für Touristen hergestellt, die in Gabès und Médenine angebotenen Kupfererzeugnisse haben dagegen eine lange Tradition. **Flechtarbeiten** wie Läufer und Einkaufstaschen aus Halfagras sind im ganzen Land zu finden. In Gabès werden Stühle und kleine Tische aus Rohr, im Gebiet der Schotts, in Tozeur und Nefta aus Dattelpalmenholz sowie in Tabarka aus Korkeichenholz angefertigt.

Fischerei Trotz der über 1300 km langen Küste ist Tunesiens Fischerei bislang noch wenig entwickelt. Es herrschen traditionelle Fangmethoden vor, die überwiegend kleinen Boote können nur in Küstennähe fischen. In den letzten Jahren wurden Fischereihäfen jedoch ausgebaut und die Küstenfischereiflotte vergrößert und modernisiert. Für den Export sind v.a. Thunfisch (am Cap Bon, bei Sidi Daoud), Makrelen und Sardinen wichtig. Die einst bedeutende **Schwammtaucherei** hat dagegen stark abgenommen.

Fischer im Hafen von Tabarka

Verkehr

Aus der Protektoratszeit übernahm Tunesien ein **gut ausgebautes Verkehrsnetz**. Vor allem der Norden ist gut ausgebaut, zwischen den größeren Städten und zum westlichen Nachbarn Algerien bestehen gute Straßen- und eine Schienenverbindung. Nach Süden hin und von der Küste landeinwärts nimmt die Verkehrsdichte ab. Eine Autobahn von Tunis über Hammamet und Sousse nach M'Saken ist fertiggestellt. Die Weiterführung nach Sfax befindet sich im Bau. Die Verbindung von Tunis nach Bizerte ist seit 2004 in Betrieb. Die großen **Handelshäfen** sind Tunis, La Goulette, Rades, Bizerte, Sfax, Sousse, Gabès und der Erdölhafen Skhira, der auch das algerische Erdöl von Edjeleh umschlägt, sowie Zarzis im Süden. Weiterhin gibt es 22 kleinere, nur regional bedeutende Häfen. Die sechs internationalen **Flughäfen** des Landes sind: Tunis-Carthage (fast 3 Mio.-Fluggäste jährlich), Djerba, Monastir-Skanès, Tozeur, Tabarka und Sfax.

Tourismus

Seit Beginn der 1970er-Jahre hat sich der Fremdenverkehr zu einem der wichtigsten Wirtschaftszweige der tunesischen Volkswirtschaft entwickelt. 2005 kamen mehr als 5,5 Mio. ausländische Besucher, davon knapp 1 Mio. aus Deutschland. Gegenwärtig bietet der Tourismus rund 75 000 direkte Arbeitsplätze im Hotel- und Reisegewerbe, indirekt beschäftigt er sogar 233 000 Menschen (Dienstleistungen, Baugewerbe etc.). Die Zahl der Hotelbetten verdoppelte sich seit Anfang der 1980er-Jahre auf rund 260 000 Betten (2003). Sämtliche großen Zentren besitzen eigene Hotelfachschulen.

Djerba, Plage de la Séguia: feinsandige, sanft ins Meer abfallende Sandstrände

Zur Sicherung des Tourismus will Tunesien den Ruf eines »Billigreiseziels« loswerden und stattdessen auf einen »sanften Tourismus« für Kunst- und Kulturinteressierte sowie für Naturfreunde setzen. So werden u. a. die archäologisch interessanten Stätten, die historischen Sehenswürdigkeiten und das tunesische Kulturgut stärker ins touristische Angebot einbezogen. Die klassischen Urlaubsorte sollen zu Gunsten der weniger entwickelten entlastet werden, u. a. wurde die Bettenkapazität in der Sahara-Region erweitert, im Nordwesten des Landes entstand das neue Tourismuszentrum Tabarka. Mit Gesundheitstourismus (u. a. Thalassotherapie), Golfplätzen, erweiterten Wassersportmöglichkeiten sowie neuen Fünfsterne-Luxus-Hotels sollen neue Besuchergruppen ins Land geholt werden.

Prognose

Tunesien versucht, den industriellen Anschluss an Europa zu finden. Die Gründung der **Maghreb-Union** 1989 ist dazu ein wichtiger Schritt. Die gemeinsame Wirtschaftskommission mit Algerien und Marokko zielt auf eine Verbesserung der wirtschaftlichen Zusammenarbeit. Bislang beträgt der Handel der Maghreb-Länder untereinander weniger als 5 % ihres Handelsvolumens. Tunesien selber bereitet sich auf die »Nacherdölzeit« vor. Rückständige Gebiete werden gefördert und stärker einbezogen, so soll z. B. die Konzentration von 65 % aller Industrie- und Gewerbegebiete im Raum Tunis abgebaut und so eine der Ursachen für die Landflucht eingedämmt werden. Günstige Kredite sollen die Modernisierung von Kleinbetrieben in der Landwirtschaft und im Handwerk ermöglichen; die Erschließung neuer Energiequellen wird unterstützt. Weitere Schwerpunkte sind die Berufsbildung und die Schaffung neuer Arbeitsplätze, v. a. in der Industrie und im Fremdenverkehr.

Seit der Absetzung Habib Bourguibas 1987 wird Tunesien von **Ben Ali** regiert und von seiner Partei dominiert. Er öffnete die tunesische Wirtschaft ausländischen Investoren und der auf diese Art gestärkte Mittelstand gehört zu seinen wichtigsten Stützen im Lande. Auch im Umweltschutz, in der Bildungspolitik und in den Anstrengungen bezüglich einer Geburtenkontrolle verzeichnet Tunesien im Vergleich zu anderen Ländern Nordafrikas Fortschritte. Ein wichtiges Problem ist die politische Öffnung, die Ben Ali schon 1988 versprochen hat. Bei den jüngsten Präsidentschaftswahlen 2004 wurde er mit 94,5 % der Stimmen wiedergewählt. Gegenkandiaten waren zwar zugelassen, hatten aber – wie vorauszusehen – kaum Chancen. Von einer eigentlichen Opposition im europäischen Sinn kann nicht die Rede sein. Auch hapert es bei der Meinungsfreiheit. Zwar sind alle europäischen Fernsehsender zu sehen, aber die lokalen Zeitungen unterliegen der Zensur. Tunesische Andersdenkende im In- und Ausland weisen auf Defizite bei der Achtung der Menschenrechte hin. Dem hält die Regierungsseite entgegen, dass ohne strikte Kontrolle die Gefahr des islamischen Fundamentalismus unbeherrschbar wäre. Und in der **Ablehnung des Fundamentalismus** sind sich Opposition und Regierung auch einig. Zu sehr schrecken die Geschehnisse in Algerien, wo in den vergangenen Jahren im Kampf zwischen Fundamentalsten und Staatsführung Tausende ums Leben gekommen sind. Dennoch lehrt gerade die Erfahrung von Algerien, dass da, wo eine glaubwürdige Opposition verboten ist, radikale islamische Fundamentalisten das Versagen des Staates um so mehr ausnützen und ihre Anhängerschaft und ihren Einfluss verstärken.

Geschichte

Das tolerante, mediterran-europäisch beeinflusste Land war schon vieles andere, bevor es im siebten Jahrhundert arabisch wurde: numidisch, phönizisch, römisch, christlich. Dies verdeutlicht ein kurzer Abriss über die wechselvolle, über dreitausendjährige Geschichte Tunesiens.

Vor- und Frühgeschichte

vor ca. 1 Mio. Jahre	Beginn der menschlichen Besiedlung Nordafrikas
12 000 – 1300 v. Chr.	Zwei große Kulturgruppen sind nachweisbar.
ab 5000 v. Chr.	Aus der Zentralsahara wandern Stämme nach Norden; aus dem Völkergemisch gehen die Berber hervor.

Beginn der Besiedlung

Die Besiedlung Nordafrikas begann schätzungsweise vor ca. 1 Mio. Jahre. Erste Spuren menschlichen Lebens gibt es aber erst aus der frühen Altsteinzeit (500 000 v. Chr.), auch Acheuléen genannt. Zu dieser Zeit war das Gebiet der heutigen Sahara ein grünes, blühendes Savannenland und Lebensraum einer bunten Tierwelt, wie sie heute noch in den Savannen Afrikas beobachtet werden kann. Das Großwild (Antilope, Nashorn, Elefant, Flusspferd) ernährte nicht sesshafte Jägergruppen vom Typ des Homo erectus. Feucht- und Trockenperioden, den europäischen Eiszeiten folgend, wechselten einander ab.
Aus der mittleren Altsteinzeit (Mittelpaläolithikum bzw. Moustérien), stammen Skelettreste eines Menschen vom Typ des Neandertalers. Mit Stielen versehene Steinwerkzeuge aus der jüngeren Altsteinzeit (Jungpaläolithikum bzw. Atérien; ca. 40 000 v. Chr.) wurden am Cap Blanc, in Monastir und vor kurzem bei Bordj Khanguet Oum Ali, nördlich des Chott el Fadjadj, gefunden.

12 000 bis 1300 v. Chr.

Im weiteren Verlauf lassen sich zwei große Kulturgruppen unterscheiden: in der nördlichen Küstenregion das Ibéromaurusien und vom Nordrand der Chotts bis in die Gegend von Tebessa die bekanntere Capsien-Kultur, benannt nach dem Hauptfundort Capsa, dem heutigen Gafsa. Die vermutlich negroiden Menschen dieser Gegend, Sammler und Jäger, hinterließen so genannte Escargotières, bis zu 40 m lange und 25 m breite »Schneckenhaufen« – Abfallhaufen und Grabstätten – mit einer Fülle von Tierknochen und Schneckengehäusen, Holzasche und Steinwerkzeugen.
Ab 5000 v. Chr. setzte in Nordafrika, leicht verspätet, die Jungsteinzeit ein. Funde wie Obsidian-Spitzen aus Italien sowie Zeugnisse der Megalithkultur beweisen, dass bereits Seefahrt betrieben wurde und Kontakte mit Europa bestanden. Ein neuer, hellhäutiger und grazilerer Menschentypus tauchte an der Küste auf. Gleichzeitig wanderten Stämme aus der Zentralsahara nach Norden, vermutlich auf der Flucht vor einer Trockenperiode. Sie wurden von den Griechen später als Libyer, Garamanten, Numider, Nubier, Gätuler und Nasamonen bezeichnet. Aus diesem Völkergemisch gingen die **Berber** hervor.

←1954 in Tunis: Die Menschen demonstrieren für die Unabhängigkeit ihres Landes von der französischen Kolonialmacht.

Keramikfunde zeigen, dass mit Ackerbau und Viehzucht begonnen wurde und erste feste Siedlungen entstanden. Aschefunde zeugen von Brandrodung zur Gewinnung von Ackerflächen. Die nachhaltige Landschaftszerstörung setzte also nicht erst mit den Karthagern ein.

Antike

ca. 1100 – 146 v. Chr.	Phönizier und Karthager
146 v. Chr. – 439 n. Chr.	Römische Herrschaft
439 – 533	Vandalen und Byzantiner

Phönizier und Karthager ca. 1100 bis 146 v. Chr. ►

Etwa um 3000 v. Chr. ließen sich die semitischen Phönizier oder auch Phöniker (von griechisch phoinios = purpur; nach der Farbe ihrer Stoffe; der Name Punier stammt von den Römern) vom Persischen Golf kommend, an der syrischen Küste nieder. Als im 12. Jh. v. Chr. Ägypten, Kreta und Mesopotamien ihre beherrschende Rolle verloren, wurden sie die neue Handelsmacht des Mittelmeeres. Sie bauten ein weitverzweigtes Handelsnetz auf. Aus ihren Umschlagsplätzen wuchsen Kolonien, die sich zu selbstständigen Stadtstaaten entwickelten. Bereits im 12. Jh. wurde Utica gegründet, 814 folgte Karthago, dem Mythos zufolge durch Elissa, Tochter des Königs von Tyros, die bei Vergil Dido heißt (►Berühmte Persönlichkeiten).

Republik Karthago ►

Karthago entwickelte sich rasch. Im 5. Jh. hatte es das numidische Hinterland unterworfen und war mit rund 400 000 Einwohnern die größte und wohl auch reichste Stadt am Mittelmeer.

Phönizier und Karthager haben zwar keine schriftlichen Quellen hinterlassen, man geht jedoch davon aus, dass in Karthago eine aristokratische Verfassung herrschte mit dem Hauptgott **Baal-Ammon** (Herr des Räucheraltars, Sonnengott). Dieser wurde zunehmend von seiner Gattin **Tanit**, einer Fruchtbarkeits- und Mondgöttin, verdrängt. Weiter folgten Eshmun (Gott der Heilkunst) und Melkart (Sohn von Baal und Tanit) sowie lokale oder von Ägyptern und Griechen übernommene Gottheiten. Zu den wissenschaftlichen Leistungen der Phönizier, die von den Karthagern fortgeführt wurden, gehören die erste Alphabetschrift (Ugarit im heutigen Syrien), umfassende Neuerungen in der Landwirtschaft (u. a. Oliven- und Weinanbau) sowie eine großartige Schiffsbau- und Navigationskunst. Ab dem 6. Jh. geriet Karthago mit Griechenland, welches in der Zwi-

? WUSSTEN SIE SCHON ...?

- Den Phöniziern verdanken wir die Erfindung des Alphabets, aus dem das aramäische, althebräische, arabische, griechische und lateinische Alphabet hervorgegangen ist. Auch die Beherrschung der Schiffsbaukunst, der Hochseeschifffahrt, Glasherstellung und Purpurfärberei sowie die Verbreitung der Weinrebe und des Olivenbaums gehen auf die Phönizer zurück.

Der Dritte Punische Krieg endet mit der Zerstörung Karthagos durch die Römer.

schenzeit ebenfalls zu einer Großmacht herangewachsen war, zunehmend in Konflikt. In seiner Not verbündete sich Karthago mit den Römern. Nach dem Sieg wurden die beiden ehrgeizigen Bündnispartner jedoch zu Feinden. Der Kampf um die Oberherrschaft in den berühmten drei Punischen Kriegen endete mit der Vernichtung Karthagos im Jahr 146 vor Christus. Im Ersten Punischen Krieg (264 – 241 v. Chr.) erlitt Karthago eine schwere Niederlage. Im Zweiten Punischen Krieg (218 – 201 v. Chr.) überschritt **Hannibal** mit 50 000 Mann, 12 000 Reitern und 37 Elefanten den Ebro, zog quer durch Südfrankreich und überwand unter großen Verlusten die Alpen. Mit gallischen Söldnern fügte er den Römern empfindliche Niederlagen zu. 211 belagerte er Rom. In der Zwischenzeit eroberte Scipio Africanus die gesamte spanische Küste und landete im Frühjahr 204 bei Ghar el Melh (Porto Farina). Er verband sich mit dem Numiderfürsten Masinissa und marschierte gegen Karthago. Als Hannibal nach 15-jähriger Abwesenheit nach Afrika zurückkehrte, trafen sie in der Schlacht von Zama (202 v. Chr.) aufeinander, in welcher Hannibal unterlag. Karthago verlor seine außerafrikanischen Besitzungen, seine Flotte, seine Kriegselefanten und musste hohe Reparationen an Rom zahlen. Ohne römische Genehmigung sollte es keinen Krieg führen düfen, auch keinen defensiven.

◀ Punische Kriege

Karthagos innere Autonomie währte jedoch nicht lange. Masinissa, Verbündeter Roms im Kampf gegen Hannibal, eroberte nach und nach das numidische Hinterland und errichtete ein Königreich, welches große Teile Tunesiens und des heutigen Algeriens umfasste. Damit geriet er in Konkurrenz mit Karthago. Als sich Karthago unerlaubt gegen einen Angriff Masinissas zur Wehr setzte, brach der Dritte Punische Krieg (149 – 146 v. Chr.) aus. Rom sandte Truppen nach Karthago, welches sofort die Kapitulation anbot und alle Waffen auslieferte. Dennoch verlangte Rom die Selbstzerstörung der Stadt und die Aussiedlung aller Bewohner. Als sich Karthago weigerte, diese Bedingungen zu erfüllen, kam es zum Kampf, der mit der **völligen Vernichtung Karthagos** endete. Die überlebenden und nicht versklavten Punier flohen in andere Küstenstädte oder ins Landesinnere. Hier bewahrten sie ihre Sprache und Sitten trotz römischer Einflüsse noch lange, sie wurden die Träger der sog. neopunischen Kultur, einer Mischung karthagischer, numidischer und römischer Elemente.

Numider Die Numider (numidia = latinisierte Form der griechischen Bezeichnung für Nomaden) gehörten zur nordafrikanischen Urbevölkerung, von den Griechen wurden sie Libyer genannt. Sie gliederten sich in verschiedene größere Stammesverbände: Im Westen herrschten an der Küste die Mauri, am Rand der Wüste die Gaetuli, das Gebiet des heutigen Algerien bis nach Tunesien wurde von den Masaesyli und Massyli besiedelt, die zusammengefasst als Numider bezeichnet wurden. Ihre Schrift hat sich bei den Tuaregs sowie den Kabylen erhalten, ihre Sprache in den Berberdialekten. Unter **Masinissa** (► Berühmte Persönlichkeiten) entwickelte sich das erste berberische Großreich, welches zunächst noch den Puniern tributpflichtig war. Als Verbündeter Roms im Kampf gegen Hannibal siegreich, erlebte es einen raschen politischen und wirtschaftlichen Aufstieg. Schließlich beherrschte Masinissa ein Gebiet von der marokkanisch-algerischen Grenze bis Karthago, mit dem sich Konflikte anbahnten. Nach dem Sieg über Karthago sicherte sich Rom das fruchtbare Gebiet um die ehemalige punische Hauptstadt, welches zur römischen Provinz Africa ernannt wurde, mit Utica als neuer Hauptstadt. Die westlich angrenzende Region wurde Masinissa überlassen, dessen Einfluss sich in die Regionen des heutigen Algerien und Marokko verlagerte.
Unter Masinissas Nachfolgern wurde das Großreich geteilt. Jughurta, sein ehrgeiziger Großneffe, geriet in Konflikt mit Rom; er versuchte, ein neues numidisches Großreich aufzubauen. Als er 104 v. Chr. in Rom hingerichtet wurde, fiel sein Reich an den Maurenkönig Bocchus. Von nun an war es mit der westlichsten Region Nordafrikas, mit Mauretanien, verbunden.
Als **Cäsar** im Bürgerkrieg Pompejus und die mit ihm verbündeten Numider schlug, reorganisierte er die Verwaltung Nordafrikas: Neben die alte Provinz, Africa vetus, trat das westnumidische Reich als Africa nova. Die beiden Provinzen wurden schließlich unter Augustus als Africa proconsularis zusammengefasst. Mauretanien wurde von Juba II., einem in Rom erzogenen Berberkönig verwaltet. Dieser förderte Handel, Gewerbe und Wissenschaften. Sein Sohn und Nachfolger wurde 40 n. Chr. auf Befehl des römischen Kaisers Caligula er-

mordet. Nach der Niederschlagung eines Berberaufstandes wurde Mauretanien in die Provinzen Mauretania Caesariensis (Algerien) und Mauretania Tingitana (Marokko) aufgeteilt und damit das letzte der numidischen und mauretanischen Königreiche beendet.

Römische Herrschaft

◄ 146 v. Chr. bis 439 n. Chr.

Bereits die Gracchen hatten 123 v. Chr. Pläne gemacht, Nordafrika wirtschaftlich zu erschließen. Einige Jahrzehnte später wurden altgediente römische Soldaten im Nordwesten Tunesiens angesiedelt. Zur planmäßigen Kolonisierung der Provinz Africa proconsularis kam es jedoch erst unter Augustus. Im Süden der Provinz wurde eine Limesanlage errichtet und damit das Gebiet gegen drohende Nomadenüberfälle geschützt. Zahlreiche Städte wurden neu gegründet, einige punische Siedlungen übernommen und mit gewissen Rechten ausgestattet, Karthago wurde wieder aufgebaut. Vor allem die **Veteranensiedlungen** wurden zu Zentren einer weitgehenden sprachlichen und kulturellen Romanisierung. Die arme Landbevölkerung blieb dagegen bei den libysch-berberischen Dialekten, die z. T. heute noch in den Berberdialekten und in den Volksliedern zu erkennen sind.

◄ Kornkammer Roms

Africa proconsularis entwickelte sich zur Kornkammer Roms. Zeitweise stammten 75 % des römischen Weizenbedarfs aus Nordafrika.

Das berühmte Mosaik stellt das Leben auf einem römischen Landgut bei Karthago in der Spätantike dar (Bardo-Musum, Tunis).

Römisches Tunesien *Africa Proconsularis*

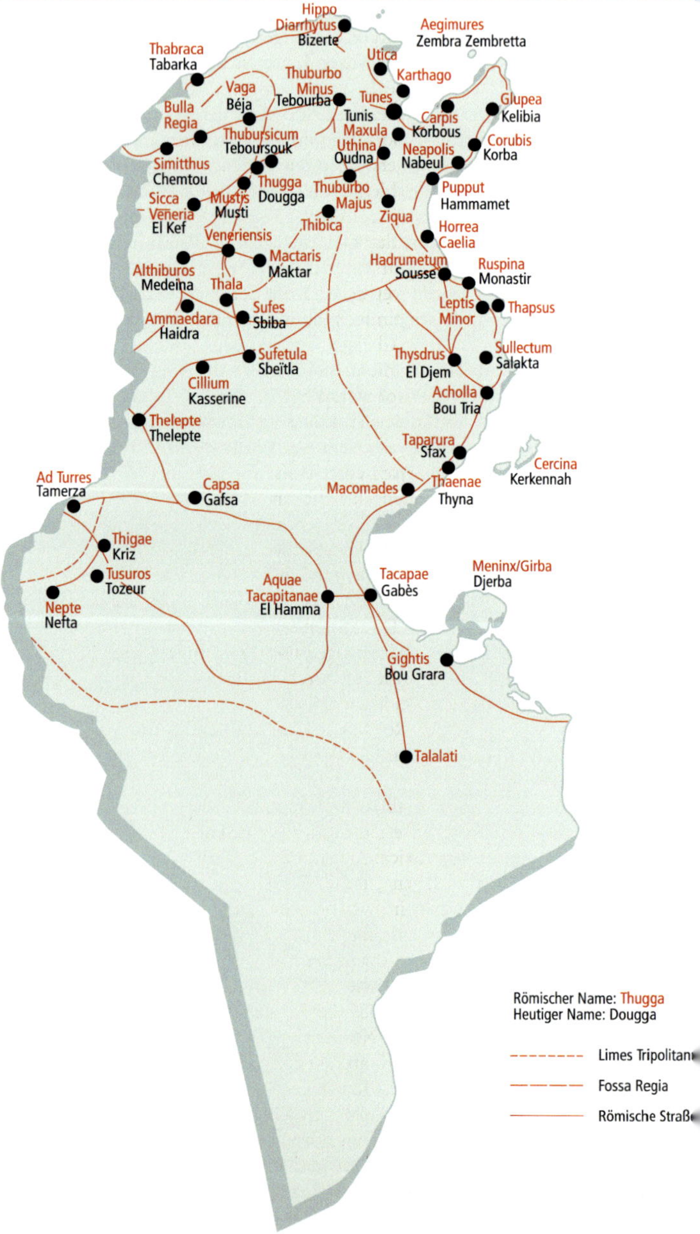

Die dadurch entstandene Bodenerschöpfung führte zum Anbau von Oliven, Wein und Obst. 212 n. Chr. wurde allen freien Bewohnern des Reiches das römische Bürgerrecht verliehen. Die Provinz zählte zu den reichsten des römischen Imperiums. In den größeren Städten entstanden großzügig angelegte und reich verzierte Prachtbauten. Über 80 % der Bevölkerung lebten jedoch sehr bescheiden als Kaufleute, Handwerker, Bauern oder Sklaven. Letztere wurden allmählich durch Coloni, Kleinbauern, ersetzt, die gegen die Leistung bestimmter Frondienste Agrarland erhielten.
Die Krise des römischen Reiches im 3. Jh. n. Chr. blieb auch in der Provinz nicht ohne Folgen. Stark erhöhte Steuern und die Verdrängung der Berber in unfruchtbare Wüstengegenden führten zu Aufständen. Trotz oder gerade wegen der Krise setzte sich die **Christianisierung** fort. Die erste Gemeinde ist ab 180, der erste Bischof **Tertullianus** ab 197 belegt. Trotz Christenverfolgungen ließ sich die Ausbreitung des Christentums nicht aufhalten. Zu Beginn des 4. Jh.s sammelten sich unter Bischof **Donatus** die stark dem Märtyrerkult verhafteten und die römische Autorität ablehnenden **Donatisten**, denen sich bald die Mehrheit der verarmten numidischen Landbevölkerung anschloss. Sie forderten eine strikt egalitäre Gesellschaftsordnung und eine streng an den christlichen Idealen ausgerichtete Lebensführung. Ihr »radikaler« Flügel begann im 4. Jh. mit Erhebungen und Plünderzügen, die zur staatlichen Ächtung der Donatisten führten. 411 scheiterte ein Verständigungsversuch mit den Christen unter **Augustinus**, einem algerischen Berber (►Berühmte Persönlichkeiten). Die Gruppe der Donatisten wurde gewaltsam zerschlagen und als Ketzer mit Entschiedenheit verfolgt. Vermutlich liegt in dieser Zerstrittenheit der christlichen Kirche einer der Gründe für den schnellen Erfolg des Islam in Nordafrika.
Der Zerfall des römischen Reiches 395 in West- und Ostrom läutete auch das Ende der römischen Herrschaft über Nordafrika ein.

Vandalen
◄ 439 – 647

Über Schlesien, Ungarn, Gallien und Spanien gelangten westgermanische Vandalen unter Geiserich nach Nordafrika. 429 eroberten sie Tanger, 439 die Provinz Africa. Als arianische Christen standen sie in Opposition zur katholischen Kirche. Für eine kurze Zeit wurde ihr Staat zur führenden Macht im westlichen Mittelmeer, 455 führten sie von hier den Plünderungszug nach Rom. Bald nach Geiserichs Tod begann das Vandalenreich zu zerfallen; von innen schwächten Berber- und Bauernaufstände sowie wirtschaftlicher Niedergang, von außen Invasionen das Reich. 533 landete der oströmische Feldherr Belisar mit 5000 Soldaten in Nordafrika. In einem kurzen Feldzug beendete er den Vandalenstaat, an den nur noch einige blonde nordafrikanische Berber erinnern. Karthago wurde zum Exarchat Ostraums. Der Versuch Ostroms, ein neues Weltreich zu schaffen, war jedoch nur von kurzer Dauer. Aufgrund des wachsenden Drucks der Berberstämme im Hinterland blieb der Einfluss der byzantinischen Herrschaft auf die Küstengebiete beschränkt.

Unter dem Banner des Propheten

ab 647	Araber erobern die byzantinische Provinz; 671 Gründung von Kairouan.
ab 800	Herrschaft der Aghlabiden
12.–16. Jh.	Almohaden und Hafsiden
1574–1881	Türken und Husseiniten

Arabische Eroberung

Ab 647 Die ersten islamischen Vorstöße unternahmen die über Ägypten einfallenden Araber 647 nur fünfzehn Jahre nach dem Tod Mohammeds. Byzantiner und Berber leisteten zunächst erfolgreich Widerstand. Schließlich erkauften sie sich den Abzug der Araber. Die Eroberung der byzantinischen Provinz erfolgte ab 670 unter Oqba Ibn Nafi im Auftrag des Omaijaden-Kalifen Muawiya. Ausgangspunkt war die 671 gegründete neue Hauptstadt des von den Arabern Ifriqiya genannten Landes, Kairouan, heute die vierte Heilige Stadt des Islam. Der Widerstand der Byzantiner gegen die fremden Eindringlinge war wenig erfolgreich. Die Berber wehrten sich jedoch entschieden gegen die Eroberer, zunächst unter der Führung des Stammesfürsten Kasila und noch einmal unter der sagenumwobenen Prophetin La Kahena oder El Kehina (► Berühmte Persönlichkeiten). Nach deren Tod 702 setzte eine umfassende Arabisierung und Islamisierung ein. Insbesondere die Berberstämme schlossen sich aus Opposition gegen die herrschenden Schiiten den Kharedjiten (► Religion) an. Aufstände und Rebellionen beherrschten das Land.

Abbasiden Nach dem gewaltsamen Ende der Omaijaden-Dynastie durch die Abbasiden-Kalifen erfolgte die Verwaltung der Provinz Ifriqiya von Bagdad aus. Da die Aufstände in der Provinz nicht endeten, wurde Ibrahim Ibn al Aghlab, ein gelehrter und militärisch erfahrener Anhänger der Abbasiden, mit ihrer militärischen Niederschlagung betraut. Zur Belohnung wurde er zum Emir, Statthalter über Ifriqiya, ernannt. Als Anerkennung für weitere Dienste sowie im Austausch für Tributzahlungen wurde das ursprünglich zeitlich befristete Amt in ein erbliches umgewandelt; so begann mit Ibrahim Ibn al Aghlab die gleichnamige Dynastie (800–909). Er wählte Kairouan als neue Hauptstadt des nun erstmals eigenständigen Staates, dessen Gebiet das heutige Tunesien, den tripolitanischen Küstensaum bis Barka sowie das östliche Algerien umfasste. Seinen Regierungssitz ließ er südlich von Kairouan, in Al Abbasiya, errichten. Später entstand die südwestlich von Kairouan gelegene Residenzstadt Reqqada (876). Eine erfolgreiche Verschmelzung der zahlenmäßig überlegenen einheimischen Bevölkerung mit den arabischen Eroberern begann, Wirtschaft

Aghlabiden
ab 800 ►

und Kultur entwickelten sich. Seit den Vandaleneinfällen ungenutzte Bewässerungsanlagen wurden wieder instand gesetzt, eine rege Bautätigkeit setzte ein. Eroberungszüge gegen Sizilien, Malta, Süditalien und Sardinien brachten außenpolitische Erfolge, die auch zur Stabilisierung nach innen beitrugen.

Fatimiden
◄ 909 – 973

Die schiitischen Fatimiden eroberten Anfang des 10. Jh.s Kairouan und gründeten ihre eigene Dynastie. Neue Hauptstadt wurde das an der Küste gelegene, schwer einnehmbare Mahdia. Von ihren Vorgängern übernahmen die Fatimiden weitgehend die Verwaltung des Reiches. Und trotz blutiger Kharedjiten-Aufstände entwickelte sich unter ihrer Herrschaft ein lebhafter Handel, Glas-, Keramik- und Textilproduktion blühten auf. Mit missionarischem Eifer eroberten sie 969 Ägypten und übersiedelten 973 endgültig nach Kairo.

Ziriden
◄ 973 – 1159

◄ Invasion der Beni Hillal

Die Herrschaft über Ifriqiya übertrugen sie den berberischen Ziriden (973 – 1159), die ihre eigene Dynastie gründeten und 1048 die Tributzahlungen an Kairo einstellten. Zur »Bestrafung« sandten die Fatimiden den kriegerischen, aus Oberägypten kommenden Stamm der Beni Hillal nach Tunesien. Die **»Hunnen des Islam«** genannten Nomaden zogen plündernd und zerstörend durch das Land, Felder wurden verwüstet, Städte dem Erdboden gleich gemacht. In der Folge sank das Land wieder auf die Stufe von Nomadenwirtschaft, Tunesien verfiel. Im Landesinneren behaupteten sich Lokaldynastien, fremde Eroberer überfielen Küstenstädte. Mitte des 12. Jh.s brachte der Normannenkönig **Roger II.** einen großen Teil der Küste unter seine Herrschaft.

Almohaden und Hafsiden
◄ 12. – 16. Jh.

1160 eroberte ein Heer der marokkanischen Almohaden unter Abd el Moumin das verödete Ifriqiya. Unter der gleichnamigen Dynastie wurde der Maghreb erstmals in seiner Geschichte zusammengeschlossen. Von ihrer Hauptstadt Marrakesch aus verwalteten die Almohaden ein Großreich, das sich von Spanien bis nach Tripolitanien erstreckte. Dabei stützten sie sich auf berberische, türkische und sogar christliche Hilfstruppen. Wirtschaft und Kultur blühten wieder auf. Als im 13. Jh. in ihrem Großreich Unruhen ausbrachen, übergaben sie die Verwaltung einem Vertreter der berberischen Hafsiden. Diese begründeten eine eigene Dynastie und regierten das Land von 1207 bis 1574 von der neuen **Hauptstadt Tunis** aus. Unter ihrer Herrschaft entstanden die gedeckten Souks (Einkaufsstraßen) um die Große Moschee herum, wurde die Kasbah in eine Zitadelle und ein Residenzschloss umgebaut. Als in Spanien die Reconquista einsetzte, wanderten viele moslemische und jüdische Flüchtlinge aus Spanien ein und trugen zur wirtschaftlichen und kulturellen Entwicklung bei. 1270 wurde der französische König **Ludwig IX.** ebenso abgewehrt wie Angreifer aus der Wüste. Nach Unruhen im 14. Jh. setzte nochmals eine stabile Phase ein. Ganz besonders wirtschaftlich ertragreich waren die gegen christliche Schiffe vorgehenden Piratenflotten. Im

16. Jh. führten Nachfolgestreitigkeiten sowie zunehmende Unzufriedenheit mit der Hafsidenverwaltung zu Aufständen und einem neuerlichen Niedergang.

Kampf um das westliche Mittelmeer

Spanier, Türken und Husseiniten

1534 eroberten türkische Korsaren Tunis. Der bedrängte Hafside bat **Karl V.** um Hilfe. 1535 landete dieser mit seiner Spanischen Flotte und vertrieb die Türken. Tunesien gehörte nun für kurze Zeit zur spanischen Einflusssphäre. Bereits 1574 eroberten die Türken Tunis und das Land wurde für die nächsten 300 Jahre eine **osmanische Provinz**. Die Verwaltung wurde einem aus Istanbul eingesetzten Statthalter, dem Pascha, übertragen. Unterstützung erhielt er vom Dey genannten Kommandanten der Truppen sowie vom Bey, dem für die Eintreibung der Steuern zuständigen Zivilbeamten. 1587 erhoben sich die Janitscharen, eine türkische Elitetruppe, und setzten ihren gewählten Oberbefehlshaber, den Dey, an die Spitze der Verwaltung. Mit der Unterstützung der Janitscharen sowie der türkischen Korsaren herrschte nun eine Art Militäraristokratie über das Land, dessen Haupteinnahmen die nach wie vor höchst einträgliche Piraterie, Lö-

1574–1881 ►

Schlacht bei Tunis 1535: Spanier und Türken kämpfen um ihren Einfluss.

segeld sowie ein sich ausbreitender Handel waren. Dies führte zu einem gewissen wirtschaftlichen Aufschwung v. a. einiger Küstenstädte, der durch eine weitere Welle Andalusien-Flüchtlinge, die neue Anbaumethoden und Industrien wie die Seidenweberei mitbrachten, nochmals verstärkt wurde. Vor dem Hintergrund starker innenpolitisch bedingter Unruhen sowie einer Pestepidemie gelang der Aufstieg des Bey Hussein Ben Ali, der 1705 sein gewähltes Amt in ein erbliches umwandelte. Damit begann die **Husseiniten-Dynastie**, die nominell bis 1957 bestand.

Auseinandersetzungen um die Nachfolge, Grenzstreitigkeiten mit Algerien, Aufstände im Landesinneren, die Unfähigkeit einiger Herrscher sowie die Verlagerung der internationalen Handelswege auf den Atlantik und das Ende der Piraterie führten zu erheblicher wirtschaftlicher, militärischer und innenpolitischer Schwäche. Tunesien wurde, wie die übrigen nordafrikanischen Länder auch, mit billigen ausländischen Massenprodukten überschwemmt und geriet immer tiefer in eine Wirtschaftskrise. Es verschuldete sich hoch bei französischen und britischen Banken. Im Gegenzug wurde der europäische Einfluss in Tunesien immer größer. 1869 übernehm schließlich eine internationale Kommission die tunesische Finanzverwaltung.

Kolonie und Unabhängigkeit

1881	Tunesien wird französische Kolonie.
25.7.1957	Tunesien wird unabhängige Republik.

Französisches Protektorat

Tunesien als französische Kolonie

1830 hatten die Franzosen Algerien besetzt. 1878 erhielt Frankreich auf dem Berliner Kongress freie Hand im östlichen Nordafrika (gegen Konzessionen in anderen Weltteilen) und es bedurfte nur noch eines Vorwandes für eine französische Intervention in das mittlerweile vollkommen abhängige, von inneren Unruhen geschüttelte Tunesien. Am 12.4.1881 marschierten 32 000 französische Soldaten aus Algerien ein. Am 12.5.1881 unterschrieb der militärisch unterlegene Bey den Protektoratsvertrag von Bardo, dem am 8.6.1883 der Vertrag von La Marsa folgte, in welchem die **Unterstellung Tunesiens unter französische Oberhoheit** festgelegt wurde. Nicht registriertes Land, v. a. nomadische Ländereien, wurde enteignet und zunächst in staatliche, dann in private Domänen umgewandelt, französische und italienische Siedler zur Einwanderung nach Tunesien ermuntert (bis 1911 kamen fast 150 000).

◄ Erster Weltkrieg

Am Ersten Weltkrieg nahm Tunesien auf der Seite Frankreichs teil und hoffte auf das im 14-Punkte-Programm Wilsons verkündete

Selbstbestimmungsrecht der Völker. Stattdessen schritt die Kolonisierung weiter voran. Die Zahl der in Tunesien lebenden Ausländer, die hauptsächlich in der Landwirtschaft beschäftigt waren, nahm zu. Schwerpunkt war der mit Monokulturen überzogene fruchtbare Norden des Landes. Industrie, Nahrungsmittelverarbeitung und Handwerk wurden dagegen kaum betrieben. Die Kehrseite waren große soziale Probleme: Die Colons genannten europäischen Einwanderer vertrieben die einheimische Landbevölkerung und die Nomaden in unwirtliche Randgebiete; die einseitige Ausnutzung der Böden führte zu Verödung; massenweiser Import von billigen, industriell gefertigten Waren führte zum Niedergang des traditionellen Handels und Handwerks. Die wenigen Städte wurden von der verarmten und entwurzelten Landbevölkerung überschwemmt.

Widerstand 1907 fanden sich junge tunesische Intellektuelle zur Gruppe »Junge Tunesier« zusammen. Vorläufig strebten sie innerhalb des Systems nach Reformen. 1920 gründeten Intellektuelle und Vertreter der tunesischen Oberschicht die Destour-(Verfassungs-)Partei. 1925 entstand die tunesische Gewerkschaft (CGTT), die schnell Anhänger fand. 1934 gründete **Habib Bourguiba**, ein an der Pariser Sorbonne promovierter Rechtsanwalt, mit dem radikalen Flügel der Destour-Partei die Neo-Destour-Partei sowie die Zeitung »l'Action Tunisienne«. Diese Bewegung gewann enormen Zulauf und wurde Trägerin

Habib Bourguiba am 20. Juni 1956 in Tataouine

des Unabhängigkeitsgedankens. Die Kolonialmacht reagierte hart: Partei und Gewerkschaft wurden verboten, Bourguiba 1938 verhaftet und nach Frankreich deportiert.

◄ Zweiter Weltkrieg

Im Zweiten Weltkrieg wurden Teile Tunesiens vom deutschen Afrikakorps besetzt (zu Hilfe gerufen von den Italienern, die von Libyen aus die Briten in Ägypten angegriffen hatten). Entlang der Mareth-Linie südlich von Gabès fanden heftige Kämpfe statt, 1943 wurden die Deutschen jedoch von Briten und Amerikanern besiegt.

Bürgerkrieg

Nach Kriegsende erstarkte die Nationalbewegung in Tunesien, verstärkt durch die Kriegsverwüstungen sowie durch eine große Hungersnot infolge zweier katastrophaler Dürrejahre 1945 und 1947. Verhandlungen mit den Franzosen scheiterten an deren Kompromisslosigkeit. Die Ermordung eines nationalistischen Gewerkschaftsführers durch die französische Extremistengruppe »La main rouge« (»die rote Hand«) führte zum Ausbruch eines Bürgerkriegs (1952 bis 1954). Die Niederlage Frankreichs im Indochinakrieg und der Beginn des Algerienkrieges erzwangen ein Nachgeben Frankreichs. Am 1.6.1955 kehrte Bourguiba aus französischer Gefangenschaft zurück. Bereits zwei Tage später wurde Tunesien die innere Autonomie gewährt. Am 20.3.1956 beendete ein Vertrag das 1881 begründete französische Protektorat.

Unabhängiges Tunesien

Am 25.7.1957 wurde Tunesien zum zweiten Mal in seiner fast dreitausend Jahre alten Geschichte zur Republik erklärt (das erste Mal als Republik Karthago). In den ersten freien Wahlen am 15.4.1956 gewann die Neo-Destour-Partei haushoch, Habib Bourguiba wurde Ministerpräsident. Seine ersten Reformen waren u. a. die Abschaffung der religiösen Gerichtsbarkeit, Verbot der Polygamie (Mehrehe), rechtliche Gleichstellung der Frau, Gründung weltlicher Schulen und Einführung der allgemeinen Schulpflicht. Diese Politik stieß auf Widerstand der islamischen Geistlichkeit. Auf der anderen Seite gingen den Gewerkschaften die Reformen nicht weit genug. Die Destour-Fraktion lehnte die stark prowestlich ausgerichte Außenpolitik ab. Die Regierung antwortete auf die Proteste mit Verhaftungen, Streikverboten, Verurteilungen einiger herausragender Kritiker (u. a. auch von Salah Ben Youssef) und der Absetzung des Gewerkschaftsführers Ben Salah (er wurde später in die Regierung aufgenommen). Innenpolitisch war Bourguibas Position jedoch gefestigt. Bei den Präsidentschaftswahlen am 8.11.1959 erreichte er 95,5 % der Stimmen.

Sozialistische Experimente

◄ 1962 – 1969

Im ersten Zehnjahresplan war ein Nebeneinander von Genossenschaften, öffentlichem und privatem Bereich geplant. 1964 erfolgte eine Bodenreform. Bislang waren nur französische Domänen und Großfarmen enteignet worden, nun wurden die noch 110 000 ansässigen sog. Colons enteignet. Folge war eine Massenauswanderung der Siedler, die wiederum zu einem Facharbeitermangel und zur Verschlechterung der französisch-tunesischen Beziehungen führte. Der tunesische Großgrundbesitz blieb unangetastet. Als Ben Salah ein Genossenschaftskonzept für mittlere und größere Betriebe plante, scheiterte er an deren Widerstand. Er wurde verhaftet und verurteilt (1969). Mit der Ausschaltung der »linken« Kritik war der Weg frei für den Abbruch des sozialistischen Experimentes. Mittlerweile standen 60 % der Wirtschaft unter staatlicher Kontrolle.

Liberalisierung
1970 – 1979 ►

Der zweite Zehnjahresplan setzte auf Industrialisierung und Tourismus. Steuervergünstigungen (1972) zogen ausländische Kapitalgeber ins Land, die meisten Hotels wurden mit ausländischen Geldern gebaut. Nach Ägyptens Friedensschluss mit Israel verlegte die Arabische Liga 1979 ihren Sitz von Kairo nach Tunis.

1980 mündeten landesweite Streiks und Studentenunruhen in einen bewaffneten Angriff auf die Garnison von Gafsa. Bourguiba reagierte mit Todesurteilen auf die Rädelsführer. 1984 brach die »Hunger-« oder auch »Couscous-Revolte« aus: landesweite Unruhen nach Preiserhöhungen für Brot und Hirse (Hauptnahrungsmittel der Armen). Polizei- und Militäreinsätze forderten zahlreiche Tote. Erst nach Rücknahme der Preiserhöhungen beruhigte sich die Lage wieder. Im August 1985 kam es zum Bruch mit Libyen. Nach dem Ölpreisverfall hatte Libyen fast 600 000 ausländische Arbeiter ausgewiesen, darunter rund 40 000 der 80 000 in Libyen beschäftigten Tunesier. Am 1.10.1985 griffen sechs israelische Kampfflugzeuge das Hauptquartier der PLO in Bordj Cedria (bei Hammam Lif, einem Vorort von Tunis) an. Über 70 Menschen starben bei dem Massaker, in der Hauptzahl Zivilisten.

Jasminrevolte ►

Wegen »Altersschwäche« wurde am 7.11.1987 der 85-jährige Präsident der Republik, Habib Bourguiba, der sich 1976 durch eine Verfassungsänderung zum Präsidenten auf Lebenszeit gemacht hatte, abgesetzt. Nachfolger wurde Zine El Abidine Ben Ali, einst Chef des militärischen Geheimdienstes und seit 1984 Premierminister. Zunächst löste er die Destour-Partei auf und bildete das Rassemblement Constitutionnel Democratique, RCD, die Demokratische Verfassungsvereinigung. Ein Mehrparteiensystem wurde angekündigt, inhaftierte Gewerkschafter und Oppositionelle freigelassen. Diese Liberalisierung »von oben« weckte Hoffnungen auf eine Demokratisierung.

1989 – 1997

Bei den ersten relativ demokratischen Parlaments- und Präsidentschaftswahlen in Tunesien erhielt die Regierungspartei RCD 80 % der Stimmen und alle 141 Parlamentssitze. Im selben Jahr gründeten Tunesien, Marokko, Algerien, Libyen und Mauretanien die **Maghreb-Union** (Union du Maghreb Arabe, UMA). 1990 verlegte die Arabische Liga ihren Sitz von Tunis zurück nach Kairo.

Bis zum irakischen Überfall auf das Golfemirat Kuweit 1991 hatte Tunesien zu beiden Ländern gute Beziehungen unterhalten. Einer-

seits verurteilte das Land den Irak, andererseits lehnte es den Einmarsch der westlichen Truppen ab. Dieser politische Spagat brachte Tunesien in eine schwierige Lage
Bei den Präsidentschaftswahlen 1994 wurde Ben Ali mit 99,9 % der Stimmen wiedergewählt. Bei den gleichzeitig stattfindenden Parlamentswahlen erhielt die Regierungspartei RCD fast 98 % der Stimmen. Zum ersten Mal waren jedoch auch andere Gruppen im Parlament vertreten. 1996 wurde Umweltschutz zu einem Schulfach.

1998 – 2002

Die kommenden Jahre standen im Zeichen des wirtschaftlichen Fortschritts. Mit der Europäischen Union wurde ein Assoziierungsabkommen verabschiedet und Zollbestimmungen entschärft. Nach Aussage der Kinderschutz-Kommission ist die Beschäftigung von Kindern im schulpflichtigen Alter (außer in landwirtschaftlichen Betrieben) praktisch auf Null gesunken.
Die Präsidentschaftswahlen 1999 gewann Ben Ali erneut mit über 95 % der gültigen Stimmen. Bei den Parlamentswahlen gewann die Opposition weniger als die ihr per Gesetz vorbehaltenen 20 % der Sitze und hält nun 32 Sitze.
Am 6. April 2000 starb Habib Bourguiba. Er hatte das Land in 30-jähriger Präsidentschaft zu dem gemacht, was es bis heute ist: eine autoritär regierte, nach europäischem Vorbild sich modernisierende Republik, die dem politischen Islam kein Betätigungsfeld überlässt.

2001

Ein Anschlag auf die Synagoge La Ghriba auf Djerba, einem wichtigen Wallfahrtsort, kostete 21 Menschenleben.

2002

Bei einem Referendum stimmten 99,5 % der Wähler für eine Verfassungsänderung. Durch sie kann der amtierende Präsident auch mehrere Amtsperioden (zu je fünf Jahren) regieren.

2004

Wiederwahl Ben Alis zum Staatspräsidenten.

Kunst und Kultur

Die Kulturgeschichte ist in vielen Zeugnissen lebendig: in den punischen Spuren Karthagos, in römischen Bauten und Mosaiken, in berberischer Architektur, Kunst und Kunsthandwerk. Der Islam sorgte dann für große Veränderungen in Architektur und Kunst: Seither schmücken Blumenranken, geometrische Motive, Stalaktitengewölbe und Schriftbänder Decken und Wände.

Kunstgeschichtlicher Überblick

Vor- und Frühgeschichte

Aus der Zeit vor der phönizischen Kolonisation sind nur wenige Fundstücke erhalten und im Bardo-Museum in Tunis ausgestellt, u. a. Werkzeuge aus Stein und ab dem 4. Jt. v. Chr. auch aus Bronze, aus Knochen angefertigte kleine Behältnisse und Amulette, durchbohrte Muscheln und Schnecken sowie verzierte Straußeneier. Prähistorische Felsbilder wie u. a. in Marokko gibt es in Tunesien nicht.

Phönizier und Karthager

Seefahrer und Schiffsbauer

Die Phönizier (rund 1100 – 800 v. Chr.) und Karthager (bis 146 v. Chr.) waren in erster Linie als hervorragende Seefahrer und Schiffsbauer bekannt, weniger als große Künstler. Dennoch waren ihre feinen Gewebe, Elfenbeinschnitzereien, Metallarbeiten, Schmuck aus Gold und Silber, Gefäße aus buntem Glas, reich dekoriertes Tafelgeschirr sowie zierlichen Toilettengeräte vom 8. Jh. v. Chr. an als Tausch- und Ehrengeschenke an Fürstenhöfen rund um das Mittelmeer begehrt. Auch gibt es einige kulturgeschichtlich wichtige Erfindungen, die bis heute abwechselnd den Phöniziern oder Ägyptern zugeschrieben werden: Glas und Glaspaste, »Niello«, eine Technik, bei der Silber mit geschwärzten Flächen und Gravuren geschmückt wurde, die Granulation genannte Technik zur Herstellung sandkorngroßer Goldperlchen auf Goldunterlage sowie das Monopol der Purpurfärberei, das den Phöniziern ihren Namen gegeben hat (►S. 208), ganz zu schweigen von der Bedeutung der **Alphabetschrift**. Die Phönizier erfanden ein Alphabet aus nur 22 Buchstaben, das im 8. Jh. v. Chr. von den Griechen übernommen und vervollständigt wurde. 100 Jahre später wurde es auf die Etrusker und im 6. Jh. auf die Römer übertragen. Die punische Sprache überlebte nur auf eigenem Boden und vor allem im Numiderreich bis zu ihrem endgültigen Verschwinden Ende des 1. Jh.s v. Chr.

Erhalten blieben aus dieser Zeit winzige Köpfe aus Glaspaste mit kreisrunden Glupschaugen, die als Amulette getragen und den Verstorbenen mit ins Grab gegeben wurden (Abb. S. 218). Hohläugige, orientalisch anmutende Tonmasken, weit entfernt von irgendeinem Idealtypus, wie ihn Ägypter, Griechen und Römer kannten, sollten vermutlich Dämonen abhalten.

Tanit, die Hauptgöttin Karthagos

Das **punische Pantheon** bestand aus Baal-Hammon (gleichgesetzt mit dem griechischen Kronos), Herrscher und Symbol für Wohlstand. Er wurde begleitet von Tanit (griech. Caelestis) und Melkart (Herakles), Gott der Stadt und der phönizischen Ausdehnung. Neben diesen Göttern wurde 396 v. Chr. der Agrarkult der griechischen Göttinnen Demeter (Ceres) und Kore (Persephone) offiziell einge-

←Zentralmotiv eines Bodenmosaiks aus der Nähe von Sfax: Triumph des Neptun (Bardo-Museum, Tunis)

Stele aus dem Tophet mit Tanit-Symbol

führt. Da das semitische Bildverbot vermutlich bis zum Ende der punischen Geschichte galt, war die plastische Darstellung von Göttern nicht erlaubt. So tritt die Hauptgöttin Karthagos, die bereits im 5. Jh. v. Chr. nachgewiesene **Tanit**, Gemahlin des Baal, nur als Symbol auf: ein gleichschenkliges Dreieck, auf dessen Spitze ein Querbalken ruht, dessen Enden wie Haken nach oben geknickt sind; ein leerer Kreis steht für den Kopf, häufig von einer Mondsichel gekrönt; viel später bekommt die dreieckige Göttin Augen, Mund und Nase. Dem Symbol der Göttin mit segnend erhobenen Armen begegnet man (heute v. a. in Museen) auf schmalen, spitz zulaufenden Steinpfeilern und auf Grabstelen sowie als Mosaik in Fußböden und eingeschnitten in goldene Siegelringe.
Inschriften auf den im **Tophet** von Karthago, dem heiligen Platz, gefundenen Stelen erinnern an den Brauch der Karthager, in Krisenzeiten dem Götterpaar Tanit und Baal Kinderopfer, Molek genannt, darzubringen. In einer riesigen hohlen Bildsäule aus Erz sollen sie feierlich verbrannt und anschließend in mehreren Schichten übereinander beerdigt worden sein.
Da die Römer häufig ihre Siedlungen auf den Fundamenten zerstörter karthagischer Städte bauten, ist von punischer Architektur nicht viel erhalten geblieben. Beispiele dieser v. a. von den Griechen beeinflussten Baukunst sind in Karthago, Utica und Kerkouane zu sehen.

Numidische Königsarchitektur

Zeugnisse numidischer Baukunst, die immer an ausgewählten, beherrschenden Stellen stehen, sind die unter dem Begriff »numidische Königsarchitektur« bekannten Reste zweier Höhenheiligtümer in Chemtou und Kbor Klit, das Turmmausoleum in Dougga sowie Reste rund um Bulla Regia. Gerade das quadratische und mehrstöckige Bauwerk in Dougga, dessen Prinzip von den Römern übernommen und weit über die Grenzen Nordafrikas verbreitet wurde, zeugt von der Langlebigkeit numidischer Architektur.

Zeit der Römer

Nach der Zerstörung Karthagos im Jahr 146 v. Chr. unterwarfen die Römer ganz Nordafrika und prägten die neu eroberten Gebiete mit ihren Anlagen und Bauten, die ursprünglich etruskisch und später dann v. a. griechisch beeinflusst waren. Von den bislang nachgewiesenen rund 200 Städtegründungen blieben, da sich die Einheimischen für Steine nicht interessierten und anders als bei den Phöniziern und Puniern, beeindruckende Zeugnisse erhalten: Dougga, Sufetula/Sbeïtla, Bulla Regia, Makthar, Thuburbo Majus und nicht zuletzt das Amphitheater in Thysdrus/El Djem, um nur die bedeutendsten von ihnen zu nennen.

Römische Baukunst

Die Römer siedelten zum Teil auf den Trümmern der unregelmäßig angelegten karthagischen Plätze. Dort ließ sich der regelmäßige römische Städtegrundriss nicht konsequent übertragen. Mittelpunkt einer römischen Stadt war das **Forum**, ein großer, mit Platten belegter, von öffentlichen Bauten umgebener Platz. Am einen Ende erhob sich das **Kapitol**, der den Gottheiten Jupiter, Juno und Minerva geweihte Tempel. In unmittelbarer Nähe befand sich die Basilika, ein mehrschiffiger Hallenbau, in dem Gericht gehalten wurde und nach dessen Vorbild die frühchristlichen Kirchen errichtet wurden. Die vom Forum ausgehenden zwei Achsen, Decumanus Maximus in ostwestlicher, Cardo Maximus in nordsüdlicher Richtung, teilten die Stadt in Viertel, die ihrerseits von rechtwinklig angelegten Nebenstraßen durchzogen wurden. In Sbeïtla, dem antiken Sufetula, lässt sich diese regelmäßige Stadtanlage noch gut erkennen.

Erfindungsreiche Baumeister: Gewölbe aus ineinandergesteckten Tonröhren

Neue Baustoffe und die Übernahme von Elementen aus der im Orient verbreiteten Lehmziegelarchitektur ermöglichten es den Römern, anstelle der rechteckigen Öffnungen ihre Vorliebe für Bögen zu entwickeln oder das durch Säulen gestützte hölzerne Flachdach durch ein Gewölbe zu ersetzen. Auf dem Höhepunkt ihrer Machtentfaltung begannen die Römer neue Maßstäbe zu setzen: Reich ausgestattete Kolonialstädte wurden mit einer großen Zahl hervorragend dekorierter öffentlicher Gebäude (Tempel, Basiliken, Curien u. a.) geschmückt, Viadukte, freistehende Amphitheater, prächtige Villen, teils unterirdisch, und großzügig angelegte Thermen zeugen noch heute von dem Willen und der Zielstrebigkeit, Architektur und Kunst als Ausdruck für die Selbstdarstellung einzusetzen. Sehr anschaulich beschreibt der römische Schriftsteller **Apuleius** den Reichtum einer nordafrikanischen Römervilla in seinen »Metamorphosen« als die »Lustwohnung eines Gottes« u. a. mit folgenden Worten: »Die Decke ist künstlich gewölbt, mit Elfenbein und Zitronenholz eingelegt und von goldenen Säulen abgestützt. Getriebene Silberarbeiten

Der Meeresgott in seinem Wagen (Museum in Sousse)

bedecken die Wände ... Der Fußboden prangt mit den köstlichsten Steinen, klein geschnitten und von verschiedenen Farben, so meisterlich zusammengestellt, dass sie die vortrefflichsten Gemälde bilden. Oh, zwei- und mehrmals glücklich sind diejenigen, die das Gold und die Edelsteine mit Füßen treten dürfen.«

Römische Plastik Im Inneren waren die Häuser mit bronzenen und marmornen Plastiken, Fußbodenmosaiken und Wandmalereien ausgeschmückt. Bei den auf tunesischem Boden gefundenen antiken Plastiken aus Marmor oder Bronze handelt es sich um griechische Originale (v. a. Götterfiguren, Epheben und Mänaden), römische Kopien berühmter griechischer Werke, Porträtplastiken römischer Kaiser, Prokuratoren und Feldherren, Steinmetzarbeiten wie reliefierte Gedenksteine, Votivaltäre und Votivstelen sowie um Reliefverzierungen von Triumphbögen, Gebäudefassaden, Säulen und Dachfirsten.

Mosaikkunst Bereits im 3. Jt. v. Chr. gab es im Alten Orient einen Wand- und Pfeilerschmuck, bei dem farbige Tonstifte in den Lehmverputz eingedrückt worden waren. Aus Nordgriechenland (Olynt) stammt das älteste mittelmeerländische Bodenmosaik (5./4. Jh. v. Chr.), bestehend aus schwarzweißen Kieseln. In hellenistischer Zeit wurde diese Technik mit vorbereiteten behauenen Steinen (Tesserae) und Glassteinchen (Smalten) weiterentwickelt und dabei versucht, die Steinchen zu figürlichen Darstellungen an Wänden oder Böden zusammenzufügen. Bereits die Punier kannten die Mosaiktechnik, wie Funde in Kerkouane und Karthago bestätigen. Zur großen Blüte in Nordafrika

kam es jedoch erst unter den Römern. In keinem Land sind so viele Bodenmosaiken gefunden worden wie in Tunesien und die Museen in Tunis, El Djem und Sousse besitzen die **bestausgestatteten Mosaikensammlungen** der Welt.
Aus dem einfachen Streumosaik entwickelte sich das komplizierte Bildmosaik. Zunächst folgten die Künstler Bildvorlagen, nach und nach ihren eigenen Vorstellungen oder denen ihrer Auftraggeber. So begegnet man zunächst mythologischen Szenen, bald jedoch Szenen aus dem Alltag, Landbau, Viehzucht, Handel und Gewerbe, Sport und Spiel. Äußerst beliebt war aber auch die Darstellung von Fischfang-, See- und Meeresszenen. Die Bilder erzählen aus dem Alltag der römischen Oberschicht, ihrer Lebens-, Arbeits- und Freizeitgewohnheiten, teilweise haben sie höchsten dokumentarischen Wert. Ab dem 4. Jh. n. Chr. wird Mosaikkunst v. a. als Grabschmuck angewandt. Auf Grabplatten tauchen immer mehr christliche Symbole wie Fische, Vögel und Reben sowie der Verstorbene selbst auf. Ganze Szenen aus dem Alten Testament zeigen anschaulich den gestiegenen Einfluss des Christentums.

Zeit des Übergangs

Gegen Ende des 3. Jh.s n. Chr. begannen Macht und Reichtum der Römer zu schrumpfen, die künstlerische Ausstattung der Städte und Häuser geriet spürbar einfacher. Die Vandalen, die 439 auf tunesischem Boden ein eigenes Reich gründeten, hinterließen kaum Spuren. Und auch der Einfluss der Byzantiner, die ab 530 Nordafrika eroberten, blieb gering. Ihre Festungen (Ksar Lemsa, das antike Limisa, Aïn Tounga, das antike Thignica, und Haïdra, das antike Ammaedara) und dreischiffige Basiliken bezogen häufig römische Großbauten ein. Ihre Mosaiken wurden aus merklich größeren Steinen zusammengesetzt und zeigen v. a. einfachere geometrische Muster. Im Inneren wurden die Kirchenwände häufig mit Terrakotta-Platten verziert.

Kunst der Berber

Allgemeines

In Architektur, Kunst und Kunsthandwerk sowie in der Keramik hat die geometrisch-abstrakte Ornamentik der Berber schon lange Eingang gefunden und auch moderne Künstler wie Najib Belkhodja, ein Vorreiter der abstrakten Malerei in Tunesien, sind von ihr sichtbar beeinflusst.

Baukunst

Die besonderen geografischen und klimatischen Voraussetzungen im Süden Tunesiens mit heißen Sommern, kalten Wintern und fehlendem Heizmaterial sowie jahrhundertealte Lebensformen in Großfamilienverbänden haben die Berber eine eigene Baukunst entwickeln lassen. Je nach den landschaftlichen Voraussetzungen und der Bodenbeschaffenheit schufen sie sich Speicherburgen (Ksar, im Plural Ksour ► Baedeker Special S. 364) und unterirdische oder in den Hang getriebene Höhlenwohnungen. Den tunesischen Behörden gal-

Morgentoilette einer Göttin (Museum in Sousse)
Beachtung verdienen auch die Rahmungen der Mosaike: Wellenband, das bei Seemosaiken das Wassermotiv aufnimmt, spitzer Sägezahn, strenger Doppelmäander oder mehrsträhniges Flechtband als verbindende oder rahmende Girlande.

SPIEGEL DES TÄGLICHEN LEBENS

Zu den ältesten Künsten gehört das Zusammenfügen eines Bildes aus einzelnen Steinen. Wiesen die ersten Mosaike nur einfache Ornamente auf, entstanden später aus immer kleineren Steinchen Bilder. Die Mosaizisten waren Meister in der Beobachtung und Detailschilderung, zu den beliebtesten Motiven gehörten Szenen des täglichen Lebens.

Die **»damnatio ad bestias«**, die Verurteilung zum Tode durch wilde Tiere, war eine vorwiegend für Kriegsgefangene erdachte römische Hinrichtungsart. Im Archäologischen Museum von El Djem ist auf einem halb zerstörten Mosaik aus dem frühen 3. Jh. n. Chr. eine solche Hinrichtung abgebildet. Es zeigt das mit Blut getränktes Amphitheater, in dem Leoparden und Bären aufgeregt um ein Podium herumlaufen. In den Bildecken sind zwei Todeskandidaten zu erkennen: Der eine versucht vor einem springenden Leoparden zu fliehen; dem anderen krallt, während ihm von einem Römer die Hände auf dem Rücken zusammengebunden werden, ein weiterer Leopard seine Tatzen in die Schenkel und zerfleischt ihm das Gesicht. Bei den Männern handelt es sich wahrscheinlich um Germanen, die während der Grenzkriege zu Zeiten Marc Aurels gefangen genommen wurden. Mit der abscheulichen Tötungsart im Amphitheater sollte wohl die Sensationsgier der Massen befriedigt werden.

Würfeltechnik

Die Darstellungen früherer Mosaike – einer seit dem 3. Jt. v. Chr. bekannten künstlerischen Gattung, bei der durch Zusammenfügen von verschiedenfarbigen und / oder verschieden geformten Teilen (meist Stein-, Marmor- oder Glasstücken) Bilder auf Fußböden und Wänden entstehen – sind weit weniger spektakulär als das Mosaik mit der Hinrichtung römischer Kriegsgefanener. So weisen die Böden in den **punischen Häusern** von Karthago aus dem 4. Jh. v. Chr. Mosaike mit einfachen Mustern auf,

meist in Form von **»opus tesselatum«**. Bei dieser Technik – einer entweder im Orient oder auf Sizilien entstandenen Würfeltechnik – wurden die erst schwarz-weißen, später dann farbigen Steinchen (Tesserae; aus Marmor oder Ton) in quadratische, ein bis zwei Zentimeter große Würfel geschnitten und in Zementestrich eingelegt. Nach Karthagos Untergang (146 v. Chr.) setzten die Römer diese Steinsetzkunst fort und bis zu den christlichen Basiliken und den ersten Araber-Bauten blühte in Afrika die Kunst des Mosaiklegens.

Afrikanisch

Zunächst stand die Mosaikkunst noch stark unter dem Einfluss der italienischen Werkstätten. Während des 1. Jh.s und in der ersten Hälfte des 2. Jh.s beschränkte sie sich auf einfache, geometrische, schwarzweiße Ornamente. Ab der Mitte des 2. Jh.s kam es zur ersten Blüte eines spezifisch afrikanischen Mosaiks. Kennzeichen sind eine raffinierte Vielfarbigkeit, sehr fein ausgearbeitete geometrische Motive und ein immer größerer Realismus. Anatomische Einzelheiten, auch Blätter, Blüten und Ranken wurden genau beobachtet und sehr fein ausgearbeitet. Möglich war dies mit der ausgefeilten Technik des **»opus verniculatum«**. Dabei wurde das Material – farbige Marmorarten, Muschelkalke, Flusskiesel, Lapislazuli und andere Halbedelsteine, mit Metalloxyden eingefärbte Gläser, sog. Smalten, Ton, Terrakotta oder Ziegel – in ungleiche Stückchen geschnitten und geglättet. Die farbigen Mosaiksteine verlegte dann der »tessellarius« nach einer Vorzeichnung, die der »pictor imaginarius« auf den »nucleus«, den Mosaikuntergrund, gemalt hatte. Zum Schluss wurden die Steine verfugt und gegebenenfalls glatt geschliffen. Während die quadratischen Teilchen des »opus tesselatum« den Künstler noch eingeschränkt hatten, konnten mit immer kleiner werdenden Steinchen (zwischen 1 cm^2 und 1 mm^2) auch feinste Details gelegt werden, besonders in figürlichen, floralen oder faunischen Motiven.

Wurden zunächst Originalgemälde als Mosaike reproduziert, folgten die Künstler nach und nach ihren eigenen Vorstellungen oder denen ihrer Auf-

In Kerkouane auf Cap Bon sind in verschiedenen Häusern noch Reste sog. Paviamenta punicas, punischer Mosaikfußböden zu sehen: in Zementestrich eingelegte, kleine farbige Mosaikwürfel.

traggeber. Anfänglich waren mythologische Szenen sehr beliebt. Ende des 2. und Anfang des 3. Jh.s häuften sich die **Szenen aus dem täglichen Leben** mit Darstellungen der wirtschaftlichen und sozialen Wirklichkeit. Man sieht auf den Mosaiken nicht nur sportliche Wettkämpfe, Jagden und Spiele im Amphitheater, man erfährt auch viel über die Entwicklung vom 1. bis 4. Jh., in der Landwirtschaft wie das Graben mit Hacke und hölzernem Pflug und dem Ochsen als Zugtier, über die Arten des Fischfangs mit Angel oder verschiedenen Netztypen, über die bunte Unterwasserfauna mit Krebsen, Muscheln und den verschiedenen Fischen, über die Seefahrt bzw. Schiffsmodelle wie Galeeren, Kriegsschiffe, Amphorentransporter, Pferdelastkähne, Barkassen, Jollen und Fischerboote.

Die Mosaike geben auch Aufschluss über Haus- und Tischsitten, über die Einrichtung der Wohnräume, über Bekleidung, Essensbräuche in der Familie oder mit Gästen. Genau wiedergegeben werden verschiedene Speisen oder Getränke, selbst Abfälle und Speisereste wie Gräten, Schalen, Fischköpfe oder Melonenkerne werden nicht ausgelassen.

Selbst Merkwürdiges kann abgebildet sein. So zeigt das Mosaik im Frigidarium eines kleinen Thermalbades eine riesige Eule, um die herum Vögel tot vom Himmel fallen. Auf einer Inschrift ist zu lesen: INVIDIA RUMPUNTUR AVES NEQUE NOCTUA CURAT (Die Vögel sterben vor Neid und die Eule kümmert sich nicht darum). Hier wird der Sieg des Badbesitzers über die Neider und Träger des »Bösen Auges« gefeiert, symbolisch dargestellt durch die Eule, dem Vogel der Göttin Athene-Minerva, und den sterbenden Vögeln.

Christliche Mosaike

In der christlichen Epoche schmückten Mosaike zunächst Grabplatten mit Inschriften und Symbolen wie Palmen, Kelch, Reben, Taube, Lämmer, Strauße und Pfauen. Zu den schönsten Beispielen gehört ein kreuzförmiges, mit Mosaiken ausgelegtes Taufbecken im Bardo-Museum, das mit den Museen in Sousse und El Djem die größten und schönsten Mosaikensammlungen der Welt beherbergt.

ten diese jedoch als rückständige Überbleibsel, unvereinbar mit einer modernen Stadtplanung. Im Zuge der Stadtsanierungen wurde die Mehrzahl der Wohnhöhlen und Speicherburgen zerstört, ihre Bewohner in Retortenhäuser umgesiedelt. Andere wurden aufgegeben und damit dem Verfall überlassen. Einige wenige Beispiele wurden als touristische Sehenswürdigkeit »am Leben erhalten« wie in Matmata, Médenine und um Tataouine.

Wohnhöhlen

Nach Suter, »Die Wohnhöhlen und Speicherburgen«, werden zwei Typen von Höhlenwohnungen unterschieden, die des Schachttyps und die des Hangtyps. Voraussetzung für ihre Anlage ist eine besondere Bodenbeschaffenheit. Im hügeligen südlichen Dahar-Bergland folgt unter einer widerstandsfähigen Kalk- oder Dolomitschicht eine weiche Mergel-, Ton- oder Sandsteinschicht, die recht gut zu bearbeiten ist. Dank dieser Voraussetzungen gruben die Bewohner, von dem griechischen Schriftsteller Herodot **Troglodyten** genannt, hier mehr als zwei Jahrtausende lang ihre Häuser in den weichen Boden. Der Grund lag wohl vor allem im Klima. Die unterirdischen Räume boten Schutz vor Sandstürmen, Wind und Kälte und in den heißen Sommern gleich bleibende angenehme Temperaturen von 18 °C – dies überzeugte auch die Römer, die ihre Villen z. B. in Bulla Regia zum Teil auch unterirdisch anlegten.

◄ Schachttyp

Kernstück der unterirdischen Wohnanlage ist ein sechs bis zwölf Meter tiefer, runder Lichtschacht von etwa 15 m Durchmesser. Dieser wird von der gesamten Großfamilie genutzt. Hier befinden sich der Ofen zum Brotbacken (Tabouna) und ein Wasserabfluss. Um den

Höhlenwohnungen im Süden Tunesiens

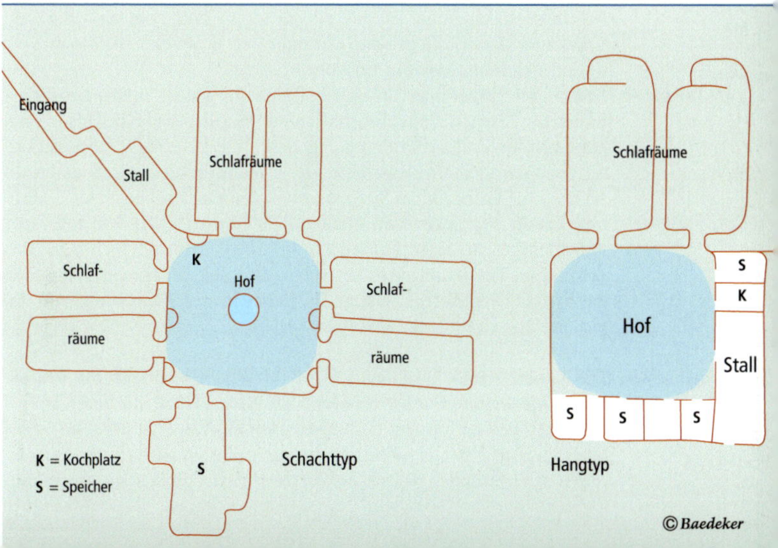

Wohnhöhle in Matmata

Wohnhof herum sind mehrere, oftmals zweistöckige Wohnräume für die Einzelfamilien, Ställe sowie teils unterirdische Vorratskammern und Speicher in den Lehmboden getrieben. Jede Familie besitzt ihre eigene Kochstelle. Vergrößert sich die Familie, wird eine weitere Wohnhöhle gegraben. Zwischen den Etagen einer Höhle bewegten sich die Bewohner mit Leitern und Seilen. Betreten wurden die Höhlen meist durch einen Tunnel, der gerade so breit war, dass er einem beladenen Kamel Durchlass ermöglichte. Beispiele für diesen Typ finden sich heute noch in und um Matmata.

Hangtyp ▶ Auf einem Hügel oder an einem Berghang wählte man eine andere Bauweise. Je nach Bodenbeschaffenheit wurden einzelne Höhlen nebeneinander in den Berghang gegraben, teilweise sogar stockwerkartig übereinander angelegt. Jede dieser Wohnhöhlen besaß einen direkten Zugang zu einem vorgelagerten, gemeinsam benutzten Wohnhof. Dieser war meist von einer hohen Mauer sowie von teils ein-, teils mehrgeschossigen Bauten umschlossen, in denen sich u. a. Vorratsräume, Küche und Stall befanden. Beispiele für diesen Typ gibt es noch v. a. im südlichen Dahar-Bergland, in der Umgebung von Tataouine und in und um Matmata.

Speicherburgen Ksar/Ksour

Die Lebens- und Wirtschaftsform des Halbnomadentums brachte noch eine weitere Bauform hervor, die Ksour (Ksar im Singular) genannten Speicherburgen, bestehend aus Ghorfas, acht bis zehn Meter lange und drei Meter breite Tonnengewölbe. Während der periodischen Wanderungen waren sie Vorratsspeicher und zeitweise Wohnsitz einer Großfamilie. Hier wurden alle die Vorräte, die nicht mitgeführt wurden, sicher aufbewahrt. Zahlreiche Ghorfas, die sich bis zu sechs Stockwerke hoch auftürmen können, gruppieren sich wabenförmig um- und aufeinander und bilden in der Mitte einen allseits geschlossenen Hof. Teilweise wurde der Ksar mit einer ihn überragenden Festung (Kalâa) versehen. Beispiele finden sich v. a. im südtunesischen Dahar-Bergland, in Metameur (für Touristen restauriert), Médenine (einige Beispiele haben die Planierraupen überlebt) und in Ksar Haddada (►Baedeker Special S. 364).

Islamische Kunst

Allgemeines

Seit dem 7. Jh. breitete sich der Islam bis nach Spanien im Westen und Pakistan im Osten aus. In der Auseinandersetzung mit den fremden Kulturen entwickelten die Araber die islamisch-arabische Kultur. Diese zeigt sich vor allem in der **Kalligrafie** (Schriftkunst) und **Ornamentik** sowie in der Architektur.

Entwicklung

Die klassische islamisch-arabische Kunst entstand unter den Omaijaden (7./8. Jh.). Im Westen lebte sie in der maurischen Kunst unter den berberischen Dynastien der Almoraviden, Almohaden und Nasriden weiter (11. – 15. Jh.). Durch deren Wechselbeziehungen wurde die maurische Kunst von der Iberischen Halbinsel nach Nordafrika gebracht. Sie erreichte, immer wieder verstärkt durch die verschiedenen Flüchtlingswellen aus Andalusien eine hohe Blüte.

Bilderverbot

»Die Engel betreten kein Haus, in dem sich eine bildliche Darstellung« von Geschöpfen Gottes befindet. Gemäß dieser Ermahnung Mohammeds schließt die islamische Kunst jegliche Abbildung von Menschen und Tieren in Malerei und Plastik aus. Dies wird zwar üblicherweise durch die Vorschriften des Koran begründet – wonach die Nachahmung der Natur eine gotteslästerliche Tat sei –, dürfte aber vermutlich andere Ursachen haben, denn in den frühen Moscheen und anderen islamischen Bauten waren figürliche Abbildungen von Lebewesen durchaus üblich. Vermutlich nahm die Selbstdarstellung reicher Stifter überhand und wurde zum Symbol von Wohlhabenheit und Luxus. Gleichzeitig erwies es sich, dass mit dem Formenreichtum und der Ausdruckskraft der byzantinischen Malerei nicht konkurriert werden konnte. So setzte sich im Islam das Prinzip der Bilderlosigkeit durch. Strikt befolgt wurde das Verbot jedoch nur in der religiösen Kunst (und selbst dort gibt es Ausnahmen). In Persien und Indien entwickelte sich v. a. am Hof in der Miniaturmalerei eine figürliche Kunst.

Ornamentik

Die Einschränkung des Themenspektrums führte zur Entwicklung anderer Ausdrucksmöglichkeiten. Nicht Tiere und Menschen, sondern Blumenranken, Bänder, Stalaktitengewölbe und kunstvolle Schriftbänder schmücken Decken und Wände. Fein herausgearbeite-

Sehr beliebt: Fayencen mit floralen Motiven

te, immer wiederkehrende Ornamente begegnen dem Besucher in Stuckdekorationen, in den Mustern der Fayencekacheln an Wänden und auf Fußböden, in den Holzschnitzereien der Türen, Decken und Fenstergittern, in den Silberschmiedearbeiten und Metallziselierungen. Die wichtigsten Dekorationselemente sind Kalligrafie, Arabesken und die aus Polygonalen (meist Acht- oder Sechsecken) gebildeten geometrischen Muster und Verbindungsgeraden.

Das wichtigste dieser Muster ist das »**Spinngewebe Gottes**«, ein System von Linien, die acht- bis sechzehnstrahlige Sterne bilden, wobei jede Linie aus der Mitte eines Sternes heraus in das Zentrum eines anderen Sternes hineinführt. Da diese Art von Ornamenten außerordentlich fein gearbeitet werden musste, bedurfte es eines entsprechend geeigneten Materials. So wurden neben dem Holz der Gips zum beliebtesten Werkstoff und Gipsstukkaturen zum charakteristischen Merkmal des Innendekors.

Kalligrafie

Arabische Künstler entwickelten die Kalligrafie (griech. = Schönschreibung) nach dem Vorbild von griechischen und persischen Inschrifttafeln. Dabei verwendeten sie die stilisierte arabische Schrift als Ornament und ersetzten die Texte durch Koranverse und den Namen Allahs. Aus eher spröden Anfängen entfaltete sich eine reiche Kunst, die zu immer üppigerem Schmuck, filigraner Ornamentik, kostbarsten Rosetten und vielfarbigen Ausmalungen fand. Man unterscheidet die ältere Kufi-Schrift mit eckigen, geometrisch anmutenden Zügen und die aus dem 11. Jh. stammende Neschi- oder Naskhi-Schrift, eine variantenreichere Kursivform mit weichen, abgerundeten Zügen.

Arabeske

Mit der Kalligrafie verbunden ist die Arabeske, ein Ornament aus eng verschlungenen stilisierten Pflanzenteilen (Stiele, Ranken, Blätter, Blüten), eine Weiterentwicklung ägyptischer, persischer und griechisch-byzantinischer Vorbilder (Akanthus, Palmette u. a.). Sie fanden als Bordüre und Fries sowie in der Schrift Verwendung.

Stalaktitengewölbe

Aus den persischen Trompengewölben haben die Araber die prismenähnlichen, stalaktitenförmigen Gebilde übernommen, die sie einzeln aus Gips formen und durch waagrechtes und senkrechtes Verschachteln zu mächtigen Stalaktitengewölben für Vordächer, Türbögen und Raumdecken verarbeiten.

Kunst und Kultur heute

Die tunesische Kultur der Gegenwart ist von ihrem arabischen Erbe, afrikanischen und mittelmeerländischen sowie europäischen, darunter besonders stark französischen Einflüssen geprägt. Herrschten in den 1950er-Jahren Begeisterung und die Bereitschaft zur Übernahme aller möglicher internationaler, v. a. westlicher Einflüsse vor, ist in jüngster Zeit eine **verstärkte Hinwendung zu eigenen Traditionen** sowie zur eigenen künstlerischen Geschichte erkennbar.

Bildende Kunst

Im Bereich der bildenden Kunst verfügt Tunesien über eine ganze Reihe auch über seine Grenzen hinaus bekannter Künstler wie Hatem el Mekki (1917–2003), Mahmoud Sehili, Ali Bellagha, Abdelazy Gorgi sowie Nja Mahdaoui (geb. 1937). Gerade das Werk des bei Tunis lebenden Mahdaoui (►Berühmte Persönlichkeiten) zeigt, wie bereichernd der Rückgriff auf die Traditionen in Verbindung mit Erkenntnissen und Techniken der modernen Malerei ist. Eine Erfahrung, die in umgekehrter Hinsicht auch westliche Kunstreisenden im Orient gewonnen haben, wie Werke u. a. von Paul Klee, August Macke und Henri Matisse beweisen (►Baedeker Special S. 416).

Musik und Festivals

Feste und Feiern, aber auch Theaterbesuche gehören zu den beliebtesten Freizeitbeschäftigungen in Tunesien und Musik, sowohl Instrumental- als auch Vokalmusik, ist ein nicht zu überhörender Bestandteil des alltäglichen Lebens. Neben der uns vertrauten, westlich beeinflussten Unterhaltungsmusik wird viel klassische arabische Musik gehört, die für uns zunächst recht fremd klingt. Die **Maalouf** genannte städtische Musik stammte ursprünglich aus Arabien, kam über Bagdad und Damaskus mit den Omaijaden ins südspanische Andalusien – daher auch die Bezeichnung »andalusische Musik« – sowie von dort mit den Andalusienflüchtlingen nach Tunesien zurück. Ihre Merkmale sind chromatische Folgen und der Wechsel von Instrumental- und gesungenen Passagen. Die am weitesten verbreiteten Instrumente sind Saiteninstrumente (Laute, Mandoline, Geige, Harfe, Zither), gefolgt von Flöte, Trommel und Tambourine. Zahlreiche Musik- und Tanzeinlagen auf regionalen, nationalen und internationalen Festivals (► Praktische Informationen, Feste und Veranstaltungen) zeugen von der Beliebtheit dieser Form der Unterhaltung, wobei der Bauchtanz erst von den osmanischen Türken nach Tunesien gebracht wurde.

Literatur und Theater

In der zweiten Hälfte des 19. Jh.s begann sich eine eigenständige tunesische Literatur zu entwickeln und nach dem Ende des Zweiten Weltkrieges wurden einige Zeitungen und literarische Zeitschriften gegründet, um die herum Zirkel entstanden. Vereinfachend lassen sich zwei verschiedene Richtungen feststellen: Die einen Kräfte waren stark europäisch ausgerichtet, die anderen fürchteten den damit verbundenen Verlust der islamischen Werte. Wohl die beiden wichtigsten Vertreter der ersten Richtung sind Aboul el Kacem Ech Chebbi (1909–1934, ► Berühmte Persönlichkeiten) und Tahar Haddad (ebenfalls erstes Viertel des 20. Jh.s). Letzterer schrieb für das Recht der Frau auf Ausbildung und gegen Polygamie. Mit der Unabhängigkeitsbewegung entwickelte sich – im Schatten der französischen Zensur – eine **eigenständige tunesische Szene**. Tunesische Journalisten, Schriftsteller und Musiker sorgten in zunächst kleinen, dann aber größer werdenden Kreisen für die Verbreitung der eigenen Kultur. Boulevardstücke und Klassiker fremder Sprachen wurden übersetzt, Theaterstücke, die von der arabischen Vergangenheit handelten und oftmals versteckte Kritik enthielten, verbreitet. Mit der Unabhängigkeit 1956 begann eine neue Phase literarischen Schaffens, gefördert durch die Gründung zahlreicher Zeitschriften, in denen alle möglichen gesellschaftlichen Fragen sowie die erzählende Dichtung Platz fanden. Seit den 1960er-Jahren entstand ein neues engagiertes Theater, welches stark von Ali Ben Ayed (gest. 1970) geprägt war.

Kino

Das Kino in Tunesien ist älter als die Unabhängigkeit des Landes. Es erlebte jedoch nach 1956 einen enormen Aufschwung, auch wenn seine Situation nicht vergleichbar ist mit derjenigen von Ägypten, dem der Ruf des »Hollywood« des Orients anhaftet. Es hat mit vielerlei Schwierigkeiten wie mangelnder Filmförderung, Zensurmaßnahmen, chronischem Geldmangel und fehlendem Interesse kommerzieller Verleiher zu kämpfen.

Filmfestspiele ►

Mittlerweise finden in Tunesien die weit über die Landesgrenzen bekannten »Journées Cinématographiques de Carthage« statt, arabisch-afrikanische Filmfestspiele, die im zweijährigen Wechsel mit Ouagadougou (Burkina Faso) abgehalten werden.

Islamische Architektur

Baustil

Auch ihren Baustil entwickelten die Araber im Kontakt mit fremden Kulturen. So verschmolzen sie die Bauform der griechischen Basilika mit jener der altpersischen Säulenhalle und bedienten sich des von den Westgoten stammenden Hufeisenbogens. Die Apsiden und Kapellnischen der christlichen Vorläuferbauten leben im Mihrab, die Kirchtürme in den Minaretten weiter.

Hauptcharakteristika ►

Die Hauptcharakteristika sind: Ausdehnung der Bauten in die Breite (im Gegensatz etwa zur europäischen Gotik), im Moscheebau dominiert die T-Form: Querschiff vor der Qiblawand, Betonung des Mittelschiffs durch Kuppeln und größere Breite, Raumgliederung durch eine Vielzahl von eleganten Säulen (»Säulenwald«), die nach oben hin immer zierlicher werden,

ISLAMISCHE ARCHITEKTUR: DIE MOSCHEE

Die Moschee, hier die Sidi-Oqba-Moschee in Kairouan, ist der wichtigste islamische Sakralbau. Vorbilder für den Grundriss sind das um 622 n. Chr. in Medina erbaute Haus des Propheten Mohammed, dessen Hof mit seinen seitlichen Schattendächern der erste Versammlungsraum der muslimischen Gemeinde war, sowie der ummauerte, mit vier Ecktürmen versehene alte Tempelbezirk (Temenos) von Damaskus, in den um 706 n. Chr. eine basilikale Gebetshalle eingebaut wurde. Der Mittelteil des früheren Platzes wurde an drei Seiten mit Arkaden eingesäumt und so zum Moscheehof.

Öffnungszeiten:
Seit 1972 dürfen Nichtmoslems in Tunesien die Gebetsräume der Moscheen nicht mehr betreten. Öffentlich zugänglich sind außer freitagvormittags nur die Innenhöfe der Moscheen.

① Gebetssaal
Herzstück einer Moschee ist der Gebetssaal. Sein Flachdach wird von Reihen von Arkaden getragen; die Säulen, Kapitelle und Basen stammen häufig aus römischen Vorgängerbauten.

② Mihrab, Minbar
Der Ort, wo der Prophet beim Gebet gestanden hatte, wurde mit einer Nische bezeichnet, dem späteren Mihrab. Das kleine Podest, auf welches er sich bei seinen Unterweisungen setzte, wurde zum Vorbild der islamischen Treppenkanzel Minbar, die neben dem Mihrab steht und dem Imam bei der Freitagsansprache als erhöhter Sitz dient. Eine Kuppel überragt diesen Teil des Gebäudes.

③ Arkaden
Lange Bogengänge, die mit Toren verschlossen werden können, umgeben den Moscheenvorhof an allen vier Seiten. Sie sind angenehm schattig und schützen vor der Sonne.

④ Hof
Im Hof gibt es stets einen Brunnen für die rituelle Reinigung vor dem Gebet, manchmal auch eine Sonnenuhr, die die Stunden für Gebete anzeigt. Der Hof senkt sich leicht zur Mitte, damit das Regenwasser gesammelt und in die unter dem Hof gelegene Zisterne geleitet werden kann. Der Haupteingang wird mit einer Kuppel bekrönt.

⑤ Minarett
In Nordafrika ist das Minarett meist ein quadratischer, sich nach oben verjüngender Turm, von dem der Muezzin die Gläubigen fünfmal am Tag zum Gebet ruft. Heute übernimmt meist ein Tonband diese Aufgabe.

Sidi-Oqba-Moschee in Kairouan

Portal der Barbiermoschee in Kairouan

um der Gebäudedecke den Eindruck des Schwebens zu geben; Verzicht auf Schmuck der Fassaden und zurückhaltende Strukturierung durch Tür- und Fensteröffnungen; Verwendung der typischen (westgotischen) Hufeisenbögen für Türen, Fenster und Verbindungsjoche der Säulen; Stalaktitenkuppelgewölbe mit Trompen aus Holz oder Stuck und reicher Innenschmuck mit Fayencefliesen, Fußbodenmosaiken aus Marmor, kunstvoll geschnitzte Fenstergitter, Intarsien und Holzschnitzereien.

Der wichtigste islamische Sakralbau ist die Moschee (Mesjed = Ort des Niederwerfens [zum Gebet]); die Hauptmoscheen bzw. die großen Freitagsmoscheen einer Stadt werden Djemâa (= Ort der Versammlung [zum Freitagsgebet]) genannt. Im Unterschied zur christlichen Kirche ist die Moschee kein Sakralraum im strengen Sinne. Zwischen den Gebetszeiten diente sie ursprünglich auch als Gerichtshalle, theologische Hochschule, Ort für Geschäfts- und andere Abschlüsse sowie als Asyl für Arme und Durchreisende.

◄ Vorhof

Die äußeren Seitenschiffe sind über die Länge des Gebetsraumes in Richtung Vorhof verlängert und bilden zu beiden Seiten des Hofes überdachte Galerien. Im Moscheenvorhof befindet sich stets ein großer, häufig aus Marmor gefertigter Brunnen für die rituelle Reinigung vor dem Gebet. Den Vorhof schließt eine große Außenmauer mit einem meist prunkvoll gestalteten Eingangstor ab.

◄ Minarett

An einer Ecke der Außenmauer bzw. der Seitengalerien steht das quadratische oder rechteckige, in seltenen Fällen (hauptsächlich auf dem Balkan und in der Türkei) auch runde Minarett, von dem der Muezzin die Gläubigen fünfmal am Tag zum Gebet ruft. Heute übernimmt diese Aufgabe meist ein Tonband. In Nordafrika und Spanien ist das Minarett gewöhnlich ein quadratischer, mit Ornamenten reich verzierter Turm, der in drei oder vier sich nach oben

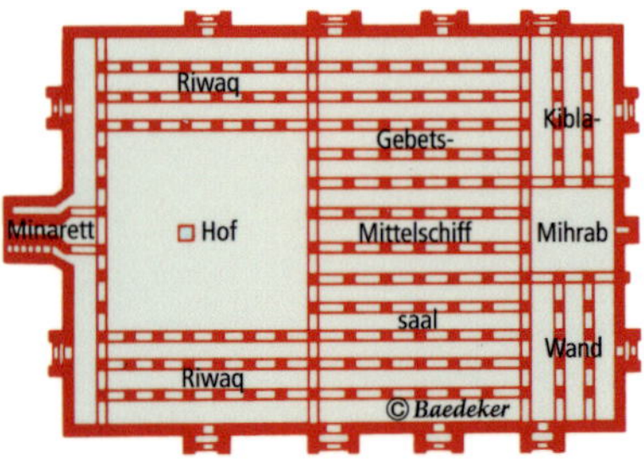

◄ Grundriss einer Moschee

In der Mitte der Gebetswand, der Kibla, befindet sich die Gebetsnische, der Mihrab. Sie gibt die Gebetsrichtung an. Bis 624 n. Chr. wies sie nach Jerusalem, seither nach Mekka.

ı Tunesien dürfen ichtmuslime die ebetsräume der loscheen nicht betreten. inen Einblick in den ebetssaal erhält man ır durch das teilweise ·öffnete Haupttor.

Die fensterlosen Wände des Gebetssaals und die zahlreichen Reihen von Arkaden verleihen dem Raum einen Eindruck von Unendlichkeit.

Minarettformen

verjüngende Geschosse gegliedert und oben von einer Kuppel überwölbt ist. Deren Spitze wird – je nach Bedeutung der Moschee – von bis zu drei golden schimmernden Kugeln gekrönt. Die Kasbah-Moschee in Tunis trägt als Zeichen der Hauptstadtmoschee sogar vier Kugeln. Im Gegensatz zum »malekitischen Vierkanter« kam die schlanke achteckige Minarettform mit den Türken nach Tunesien und wird als hanafitisches Minarett bezeichnet. Im islamischen Osten setzte sich dagegen das runde, auch polygonale, meist nadelschlanke Minarett durch. Als deren Vorläufer gilt das spiralförmige, von einer breiten Rampe umzogene Minarett in Samarra (846 – 852; heute Irak).

Gebetsraum ► Während die christliche Liturgie zur Betonung der mittleren Längsachse führte, nutzten die islamischen Gläubigen die Halle meist quer zur Längsachse und wandelten diese allmählich in eine breitflügelige, gleichmäßig hohe Halle um. Daraus entwickelte sich der klassische T-förmige Grundriss der Omaijaden-Moscheen. Das als Gebetsraum dienende Mittelschiff ist wie die Seitenschiffe auf die Kiblawand (Gebetswand) ausgerichtet. In deren Mitte befindet sich die reich ausgestaltete Gebetsnische (Mihrab); sie gibt die Gebetsrichtung an (bis 624 nach Jerusalem, dann nach Mekka). Neben dem Mihrab steht meist die **Predigtkanzel** (►; Minbar). An diese schließt sich die Maqsura an, der umschrankte Betplatz des Kalifen.

Medersa Ein weiterer wichtiger Sakralbau ist die Medrese (Medresse; von arabisch darasa = studieren), im Maghreb Medersa genannt. Hierbei handelt es sich um eine **höhere Schule** für Theologie und islamisches Recht (gelegentlich auch für Medizin und Naturwissenschaften) mit integriertem Wohnteil für die Studenten (klosterartiges Internat) und einem moscheeähnlichen Gebetsraum. Die bedeutendsten Schulen befinden sich heute in Tunis und Kairouan.

Die Gebäudeteile einer Medersa gruppieren sich um einen zentralen rechteckigen Innenhof (mit Brunnen), an dessen Kopfseite der Gebetsraum liegt. In den den Hof umgebenden zwei- oder mehrgeschossigen Bauteilen befinden sich im Erdgeschoss die Lehrsäle, die Bibliothek und die Verwaltungsräume, im Obergeschoss die oft kleinen, zellenartigen Zimmer der Studenten. Das Eingangstor der Medersa sowie die Innenhoffassaden sind häufig mit Fayencekacheln, Holzschnitzereien, Stalaktitengewölben und Ornamenten aus filigranen Stuckarbeiten verziert.

Ribat in Monastir

Im 8. Jh. wurde entlang der afrikanischen Mittelmeerküste eine große Anzahl **Ribat** genannter Wehrburgen als Teil einer Küstenüberwachungs- und Verteidigungsanlage errichtet. In Friedenszeiten kümmerten sich die **Mönchs-Ritter** um die Verbreitung und Festigung des Islam im Lande. Auch bot das Ribat Quartier suchenden Gläubigen Unterkunft. In Notzeiten fand die Bevölkerung innerhalb der Festung Schutz und die heiligen Krieger unternahmen von hier die Angriffs- und Verteidigungskriege im Namen des Islam. Vom Ribat in Monastir hieß es sogar: »Drei Tage Garnison in dem Ribat öffnen die Tore ins Paradies«. Sein Grundriss war ein befestigtes Quadrat um einen Innenhof, um den sich Mönchszellen, Vorrats- und Wirtschaftsräume ordneten. Einziger Gemeinschaftsraum war die Moschee. Die besterhaltenen Beispiele stehen in Sousse und Monastir.

Koubba

Zu den charakteristischen Sakralbauten des westlichen Maghreb sind auch die Koubbas oder Marabouts zu zählen. Diese eher kleinen, würfelförmigen Kuppelbauten, die Grabstätten der Heiligen (Marabout = Heiliger; Grab), deren weißer Kalkanstrich laufend erneuert wird, glänzen im Sonnenlicht weithin sichtbar.

Zaouia

Als Zaouias (Zawijas) werden die Stammsitze religiöser Bruderschaften bezeichnet. Sie umfassen neben den Wohngebäuden die Grabstätte(n) des oder der Hauptheiligen der Bruderschaft, oft in Form von Mausoleen, und eine Moschee. Sehenswerte Beispiele sind die

Zaouia des Sidi Sahab in Kairouan und das in einer ehem. Zaouia untergebrachte Museum für Volkskunst in Houmt-Souk (Djerba).

Paläste Von den ehemals eindrucksvollsten **Profanbauten**, den Palastanlagen der Herrscher, gibt es in Tunesien nur noch wenige Überreste, wie in Tunis der Bardo-Palast, in der Nähe von Kairouan die Paläste Al Abbasiya und Reqqada sowie geringe Reste in Mahdia. Sie setzten sich aus vielerlei Einzelgebäuden zusammen, die ohne einheitlichen Bauplan im Laufe der Jahrzehnte nach und nach errichtet wurden. Nicht selten zeigten sie ein bizarres Gemisch von Mauern, Gebäuden, Türmen, Plätzen, Innenhöfen, Gärten mit Teichen und Becken sowie Parkanlagen. Dennoch lassen sich vier Hauptbereiche unterscheiden: der **Mechouar**, ein großer Hof für Audienzen, Versammlungen, Gerichtsverhandlungen oder Truppenparaden, der **Diwan**, der repräsentative Teil des Palastes mit Thronsaal für Staatsakte und Beratungsräumen, und der **Harem**, der private Wohnbereich des Herrschers einschließlich der Frauengemächer. Rings um den eigentlichen Palast liegen die Wirtschaftsgebäude, die Küchen, die Wohnungen der Bediensteten und die Kasernen für die Soldaten der Leibgarde.

Befestigungen In vielen Städten sind alte Befestigungsanlagen, Stadtmauern und Stadttore erhalten, besonders eindrucksvoll in Tunis, Kairouan, Sousse, Sfax, Mahdia, Monastir und Bizerte. Als reine Zweckbauten sind sie meist schmucklos. Dies gilt jedoch nicht für einige Monumentaltore, meist solche, die zur Herrscherresidenz oder zur Kasbah führen, bzw. jene, vor denen die öffentlichen Gerichtsversammlungen abgehalten wurden. Diese mächtigen Einzelbauwerke sind vielfach prächtig mit Fayenceschmuck verkleidet und zeugen vom Reichtum, von der Macht und dem Kunstverständnis der jeweiligen Bauherren.

Medina Die islamische Kultur hat einen eigenen **Stadttyp** hervorgebracht, der auch heute noch in den tunesischen Altstädten zu erkennen ist. Ursprünglich entstand die Medina, wie die Araber ihre Städte nannten, als befestigtes Militärlager, in das die Zivilbevölkerung in Friedenszeiten nachzog. Im Zentrum stand die Hauptmoschee, wie auch der Koran im Lebensmittelpunkt des gläubigen Moslems steht. Ebenfalls innerhalb der Stadtmauern, jedoch in gebührendem Abstand zur Moschee, befand sich die **Kasbah** genannte Festung, das weithin sichtbare Symbol weltlicher Macht. Die Herrscherresidenzen lagen stets außerhalb der Medina.

Um die **Moschee** herum ließen sich die höchstes soziales Ansehen genießenden Händler nieder, die Gewürzhändler, Parfümeure, Buch- und Schmuckhändler. Ihre Läden und Werkstätten wurden im Souk-Viertel zusammengefasst. Um diesen Kern legten sich die Werkstätten der übrigen Handwerker und Zulieferer wie Tuchhändler,

Die Souks liegen im Zentrum der Medina, rund um die Große Moschee; hier der Souk der Gewürzhändler in Tunis. →

MILAN MEHNDI

Schneider, Schmiede, Sattler und Töpfer. Zuletzt folgten die inselförmig konstruierten Wohnviertel. In kurzen und von den Hauptstraßen abzweigenden Sackgassen standen eng aneinander gebaute, nach außen verschlossen wirkende Wohnhäuser. Jedes Viertel besaß eine eigene (kleinere) Moschee mit Vorplatz sowie weitere gemeinschaftlich genutzte Einrichtungen wie Bäder (Hammam), Brunnen, Cafés und Läden. Außerhalb der Stadttore lagen die Fondouks, Lager und Herbergen der Großhändler und Kaufleute.
Aufgelockert hat sich diese traditionelle Struktur erst seit der Kolonialzeit, als sog. Neustädte rund um die Medina erbaut wurden, in die vorzugsweise die Franzosen zogen. Nachdem sie das Land verlassen hatten, zog die alteingesessene Medinabevölkerung in die nun leer gewordenen moderneren Wohnhäuser der Neustädte ein, während die zuwandernden Neuankömmlinge vom Land sich in den Altstädten niederließen. Einige Jahrzehnte lang drohten die Medinas zu Gettos zu werden. Aber auch dieses Bild hat sich gewandelt. Mit der Zunahme des Fremdenverkehrs und einer behutsamen Stadtsanierungspolitik wurden die alten Stadtzentren wie in Houmt-Souk oder in Tozeur wiederentdeckt und liebevoll restauriert. Allerdings wurde dadurch der Wohnraum teurer und die Innenstädte drohen zu »Souvenirinseln« geschäftstüchtiger Gewerbetreibender zu werden.

Hammam *Grundriss eines Badehauses*

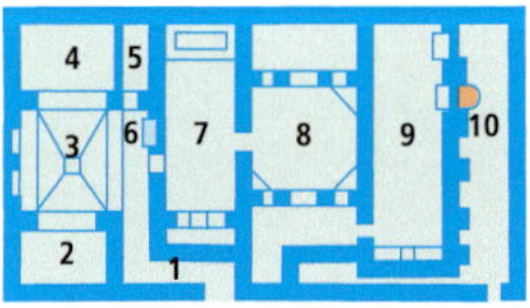

1 Eingang
2 Aufseherloge
3 Innenhof
4 Ruheraum
5 Toilette
6 Brunnen
7 Kaltraum
8 Warmraum
9 Heißraum
10 Heizungsbereich mit Ofen und Kessel

Hammam Wie in der gesamten islamischen Welt finden sich auch in Tunesien öffentliche und private Badehäuser, arabisch »Hammam« (= sich baden) genannt, deren Benutzung zum muslimischen Ritus (Körperreinigung vor dem Gebet) gehört. Nach dem Muster der Thermen des Altertums bieten die nach Geschlechtern getrennt besuchten Häuser verschiedene Abteilungen: Kaltbad, Warmbad, Dampfbad und einen Ruheraum. Der Zugang zum Hammam führt wie der maurische Innenhof eines Hauses stets um mehrere Ecken, damit man von außen nicht Einblick nehmen kann. In dem meist mit Fayencefliesen ausgekleideten Inneren sorgt ein Aufseher für (sittliche) Ordnung. Zum Inventar gehören außerdem ein Brunnen (häuig aus Marmor) und Toiletten.

Brunnen Beachtung verdienen manche der zahlreichen öffentlichen Brunnen, die zum großen Teil auch heute noch genutzt werden. Die reizvollsten Beispiele sind im maurischen Stil gehalten und weisen oft üppigen Zierrat in Form von Stalaktitengewölben aus Stuck oder Holz auf; einige haben ein von zierlichen Säulen getragenes Kuppeldach.

Fondouk

Fondouks (arab. Funduq, französ. Fondouq, italien. Fondaco), die früheren Herbergen für fahrende Kaufleute und ihre Karawanentiere, trifft man nur noch selten an. Es sind mehrstöckige Gebäude, deren vier Flügel einen rechteckigen Innenhof umschließen. Der alleinige Zugang von der Straße her führt durch ein schweres, abschließbares Tor. Zu ebener Erde befanden sich die Warenlager und die Tierställe; in den oberen Stockwerken lagen, zum Innenhof ausgerichtet, die über Außentreppen und Galerien zugänglichen Herbergszimmer. Heute werden einige Fondouks im Süden Tunesiens (Djerba) als einfache Herbergen (Fondouk Aricha) genutzt.

Berühmte Persönlichkeiten

Was haben der Kirchenlehrer Augustinus, Zine el Abidine Ben Ali, der anatolische Pirat Dragut und die Berberin El Kahina gemeinsam? Kleine Denkmäler für bekannte oder weniger bekannte Persönlichkeiten, die Tunesiens Ruf prägten oder mit dem Land verbunden werden.

Augustinus (13. 11. 354 – 28. 8. 430)

Kirchenlehrer

Mancher Student im damaligen römischen Karthago mag durch seine jähzornige und aufbrausende Art irritiert gewesen sein: Die Rede ist von Augustinus. Den wenigsten Europäern ist bewusst, dass einer der größten christlichen Kirchenlehrer und Denker Nordafrikaner war. Zwar wurde Augustinus nicht innerhalb der Grenzen des heutigen Tunesien geboren, sondern im numidischen Grenzgebiet Nordostalgeriens, doch lehrte er nach seinen Studien lange Jahre in Karthago, bevor er nach Rom und Mailand ging, um Rhetoriklehrer zu werden; 387 ließ er sich von Ambrosius taufen.

Aurelius Augustinus stammt aus einer latinisierten Bürgerschicht von Thagaste, dem heutigen Souk Ahras (Algerien); daher kommt auch sein europäisch anmutender Name. Sein Vater war Beamter und Anhänger der römischen Götterlehre, seine Mutter Christin. Insgesamt veröffentlichte Augustinus 232 Bücher. Seine bekanntesten Werke sind »Confessiones« (»Bekenntnisse«), wohl die erste groß angelegte Autobiografie der Weltliteratur, sowie »De civitate Dei« (»Vom Gottesstaat«), aus dem alle europäischen Glaubensrichtungen geschöpft haben. Augustinus verstarb in Hippo Regius (heute Annaba in Algerien), wo er den Bischofssitz innehatte.

Zine el Abidine Ben Ali (geb. 3. 9. 1936)

Politiker

Der 1936 in Hammam Sousse geborene Ben Ali gehörte zu den Hauptinitiatoren für die wegen ihrer Unblutigkeit »Jasminrevolte« genannte Absetzung Habib Bourguibas am 7. 11. 1987. Zwischen 1958 und 1974 war der General Chef der Sicherheitspolizei, anschließend Verantwortlicher der Nationalen Sicherheit. 1984 wurde er von Bourguiba zum Ministerpräsidenten ernannt. Grundlegende Meinungsverschiedenheiten über die Lösung drängender innenpolitischer Probleme hätten zu seiner Absetzung durch Bourguiba geführt, der Ben Ali jedoch mit dem von vielen längst herbeigesehnten unblutigen Putsch zuvorkam. Seither ist die Hoffnung Tunesiens auf mehr Demokratie und Fortschritt mit seiner Person verbunden.

Habib Bourguiba (3. 8. 1903 – 6. 4. 2000)

Politiker

Untrennbar verbunden mit der Gründung und Entwicklung des heutigen Tunesien ist der Name Habib Bourguiba. Der in Monastir geborene Rechtsanwalt gründete nach seinem Studium in Paris 1934

← 1984 wurde er Ministerpräsident, seit der Absetzung Bourguibas 1987 ist er Staatspräsident: Zine el Abidine Ben Ali.

die Neo-Destour-Partei, die sich die Unabhängigkeit Tunesiens vom französischen Protektorat zum Ziel gesetzt hatte. 22 Jahre sollte es dauern, ehe Bourguiba fast ohne Blutvergießen den Unabhängigkeitsvertrag erlangte. Der Widerstand gegen die Franzosen hatte ihn bis dahin mehrmals hinter Gitter gebracht. Im Jahr 1957 konnte Bourguiba schließlich als erster Staatspräsident mit seinem umfangreichen Reformwerk beginnen. Ohne mit dem Islam zu brechen, führte er z. B. die Gleichberechtigung der Frau ein, baute das Gesundheitswesen aus, sorgte für die Einführung der Schulpflicht und machte sich um ein fortschrittliches Familienrecht verdient. Seiner Wirtschaftspolitik gelang es allerdings nicht, die großen sozialen Gegensätze im Land zu überwinden. Auf Kritik im In- und Ausland stieß die jahrzehntelange systematische Unterdrückung und Ausschaltung der Opposition. Zwar bekannte sich seine Einheitspartei 1978 offiziell zum Mehrparteienstaat, doch blieben Pressezensur und Repression gegenüber Kritikern an der Tagesordnung. Am 7. 11. 1987 wurde Bourguiba schließlich nach über dreißigjähriger Präsidentschaft abgesetzt. Bis zu seinem Tod lebte er zurückgezogen in seiner Heimatstadt, wo er auch bestattet wurde.

Aboul el Kacem Ech Chebbi (1909 – 1934)

Dichter

Er wird auch der »Dichter der Freiheit« genannt und war in gewisser Hinsicht seiner Zeit und seinem Alter weit voraus, als er, kaum 20 Jahre alt, Konferenzen zu den Themen »Was stellt sich der Araber unter Literatur vor« sowie »Die Rolle der Frau in der arabischen Literatur« veranstaltete. Geboren im Februar 1909 in Tozeur, schrieb er mit 14 Jahren seine ersten Gedichte, kleine Aphorismen: »Süß bist Du, wie die Jugend, wie Träume, wie Musik, wie der junge Tag, wie ein strahlender Himmel, ein voller Mond, wie die Rose, wie des Kindes Lächeln.« Sein Vater, ein hoher Beamter (Cadhi) der Protektoratsverwaltung, erkannte frühzeitig seine Fähigkeiten und schickte ihn im Alter von 16 Jahren auf die berühmte Zitouna-Universität nach Tunis, wo er sich gegen den allgemeinen religiösen Trend durchzusetzen versuchte, laut über den Islam nachdachte und auch darüber konferierte. In dieser Zeit entstanden die Werke »Lieder des Lebens«, »Der unbekannte Prophet«, »Gebet im Tempel der Liebe« sowie »Gedanken« mit Texten über den Patriotismus und die Natur. Es fällt schwer, eine literarische Linie auszumachen, so vielseitig war er. Von romantisch bis kämpferisch, fast revolutionär. Neben Ilya Abou Madhi und Al Moutanabbi, Poeten aus der arabischen Welt, zählten auch Lamartine und Goethe zu seinen literarischen Vorbildern. Ech Chebbi erlag 1934 im Alter von gerade einmal 25 Jahren einem Herzversagen. Tunesien würdigt seinen großen Dichter und Denker mit seinem Abbild auf der 30-Dinar-Banknote.

Elissa, die bei Vergil Dido heißt, und ihre List; Holzstich von 1830

Elissa oder Dido

Gründerin von Karthago

Der Legende nach soll Karthago von Elissa, einer phönizischen Prinzessin und Tochter des Königs von Tyros, die bei Vergil Dido heißt, gegründet worden sein. Nach Erb- und Thronstreitereien mit ihrem Bruder, der aus Habgier ihren Mann, einen reichen Priester, ermorden ließ, floh sie mit Gefolge zunächst nach Zypern, um dann mit dem Oberpriester der Astarte und 80 Hierodulen, den späteren Stammesmüttern, 814 v. Chr. an der nordafrikanischen Küste zu landen. Ein argloser Numiderfürst gewährte ihre Bitte um ein Stück Land von der Größe einer Kuhhaut. Sie zerschnitt das Fell in dünne Streifen und grenzte damit das Gebiet ab, auf dem Qart Hadasht, die neue Hauptstadt (der Name Karthago stammt von den Römern), entstehen sollte. Als der Numiderfürst um ihre Hand anhielt, willigte sie zunächst ein und erbat ein letztes Totenopfer für den ersten Gemahl. Hierbei stürzte sie sich in den brennenden Scheiterhaufen. Der Wahrheitsgehalt dieser Legende lässt sich nicht überprüfen, aber immerhin ist Alt-Karthago archäologisch gesehen bis 750 v. Chr. nachgewiesen und die erste Siedlung stand auf dem »Kuhhaut« genannten Hügel Byrsa.

Hannibal (247/246 – 183 v. Chr.)

Kriegsherr

Im Zweiten Punischen Krieg (218 – 201 v. Chr.) überschritt der karthagische Feldherr Hannibal, Sohn des Hamilkar Barkas, mit rund 50 000 Mann, 12 000 Reitern und 37 Elefanten den Ebro, zog durch Südfrankreich und überwand die Alpen. Unterstützt durch gallische Truppen fügte er den Römern empfindliche Niederlagen zu. In Rom ertönte 211 v. Chr. der Schreckensruf: »Hannibal ante portas« (»Hannibal steht vor unseren Stadttoren«). Jedoch erhielt er nicht die notwendige Truppenunterstützung aus Nordafrika zur endgültigen Unterwerfung Roms, da Scipio Africanus in der Zwischenzeit die gesamte spanische Küste erobert hatte. Hannibal war jedoch neben dem Römer Scipio Africanus, der ihn 202 v. Chr. schließlich besiegte, nicht nur der größte Kriegsherr seiner Zeit, sondern vor allem ein Mensch mit großer Ausstrahlung. Im Jahr 196 v. Chr. wurde er vom karthagischen Volk zum Sufeten (obersten Richter) gewählt. In diesem Amt setzte er die »demokratische« Reform des »Rates der Hundert« durch. Von nun an trat an die Stelle erblicher Mitgliedschaft in diesem parlamentarischen Gremium die Wahl für jeweils nur ein Jahr. Auf Druck der Römer und des einheimischen Adels musste Hannibal nach Libyssa im kleinasiatischen Bithynien fliehen. Als ihm jedoch auch dort die Auslieferung an Rom bevorstand, nahm er sich das Leben durch Gift. Sein Grab vermutet man bei der türkischen Stadt Gebze am Golf von Izmit (Marmarameer).

El Kahina (7./8. Jh. n. Chr.)

Widerstands-kämpferin

El Kahina, eine der wenigen überlieferten Frauengestalten der berberischen Geschichte, gehörte zum Stamm der christianisierten Dscherawa und damit zu den Zenata-Berbern. Ihre genaue Herkunft ist unklar; sie soll einer griechisch-berberischen Mischehe entstammen und selbst einen Griechen geheiratet haben. Ihre Stellung unter den Berbern und ihren Beinamen El Kahina (= die Zauberin) verdankte sie ihrer prophetischen Gabe. In ihren leidenschaftlichen Kampf und damit in den Lauf der Geschichte trat sie erst in hohem Alter als Witwe ein. Unter ihrer Führung schlossen sich die Berber etwa sechs Jahre lang gegen die arabischen Eroberer zusammen. 683 war es ihnen sogar gelungen, Kairouan zu erobern und die Araber zu vertreiben. Um 692 griffen diese dann unter Hassan Ben en Nouman das Gebiet des Aurès-Gebirges an (im heutigen Algerien), das als Hochburg des berberischen Widerstandes galt und wo El Kahina, die »Königin des Aurès«, residierte. Um die Araber zu schädigen und ihren Abzug zu erzwingen, praktizierte sie eine »Politik der verbrannten Erde«; so machte sie auch Baghaya, ihren Stammsitz, dem Erdboden gleich. Wie viel fruchtbares Land durch diese Strategie verwüstet wurde, ist heute umstritten. Jedenfalls reichte es aus, dass vor allem sesshaften Berbern Hassan geradezu als Retter erscheinen musste. Um 697/698 gelang es Hassan daher, vermutlich mit Unterstützung zahlreicher Berber, die Macht der »Widerstands-Prophetin« zu brechen. Kurz bevor sie um 700 mit einer kleinen Anzahl Getreuer bei Bir al-Kahina den Tod fand, hatte sie noch für die Mehrheit ihrer Anhänger bei den Arabern Straffreiheit erwirkt. Dafür mussten die Berberstämme Geiseln und Hilfstruppen unter arabischen Oberbefehl stellen.

Ibn Khaldoun (1332 – 1406)

Historiker und Philosoph

Der in Tunis als Spross einer reichen Familie sevillanischer Herkunft geborene Wali ed Din Abd er Rahman Ben Mohammed Ben Abou Bakr Mohammed Ben el Hasan, kurz Ibn Khaldoun, gilt als der größte und berühmteste islamische Historiker und Philosoph des Mittelalters. Er studierte Theologie und Recht des Islam, Logik und Mathematik. Mit 20 Jahren erhielt er seine erste wichtige Stellung am Sultanshof. Zur Weiterbildung besuchte er die besten Universitäten der damaligen Zeit. In seinen Schriften zur Logik, die er daraufhin veröffentlichte, sah er als erster islamischer Denker die Vernunft als eigenständige Kraft und nicht mehr nur als Dienerin der Theologie an. Von 1353 bis 1375 war er in Fès am Hofe der Merinidenherrscher tätig. Mehrmals fiel er Hofintrigen zum Opfer und saß zwischendurch auch zwei Jahre im Kerker. Bei seinen Studien konzentrierte er sich schließlich auf die Geschichtsschreibung und versuchte, aus der zum Teil selbst erlebten Geschichte Gesetze ihres Verlaufes abzuleiten. 1375 zog er sich nach Algerien auf die Festung Ibn Salama zurück, wo er die »Mouqaddima« verfasste. In dem ersten Werk der modernen, rationalistischen Geschichtsschreibung beschreibt er die Geschichte der Araber und Berber. Er erklärt die wiederkehrenden dynastischen Krisen Nordafrikas aus dem Antagonismus zweier Gesellschaftsformen, der Nomaden und der Sesshaften. Nach Abschluss der »Mouqaddima« ging Ibn Khaldoun an den Hof von Kairo. Hier verfasste er eine dreibändige Universalgeschichte, in der er den Zyklus von Machtgewinn und Machtverlust im Maghreb auf das gesamte Weltgeschehen übertrug. In seiner Vorrede zum »Qitab al Ibar« (etwa »Buch der Weltgeschichte«) stellt er geschichtsphilosophische und soziologische Theorien auf, die von einem Adam Smith, David Ricardo oder Karl Marx stammen könnten. Seine Hauptthese ist: »Die sozialen Gruppierungen eines Staates und ihre Beziehungen untereinander hängen wesentlich von den Differenzen zwischen ihren ökonomischen Lebensweisen ab.« Ab 1384 bekleidete er das Amt des Oberrichters der malikitischen Rechtsschule, außerdem lehrte er an der Universität Al Azhar, der bedeutendsten Bildungseinrichtung des Islams. Die letzten Lebensjahre verbrachte Khaldoun in Kairo; sein Grab befindet sich auf dem Friedhof der Sufis.

Nja Mahdaoui (geb. 1937)

Künstler

Die Werke, vor allem die schwarzen, auf Pergament oder Tierhäuten ausgeführten Tuschzeichnungen des tunesischen Künstlers Nja Mahdaoui erinnern an Kalligramme. Mahdaoui greift hierfür auf den außerordentlichen Formenreichtum der arabischen Schriftkunst, der Kalligrafie, zurück (► S. 84). Allerdings befreit er hierfür die Schriftzeichen von ihrer religiösen Bindung. Die Kenntnis der arabischen Sprache und die Beherrschung ihres Alphabetes reichen nämlich nicht aus, um Mahdaouis »Botschaften« verstehen zu können. Seine Schriftzeichen lassen sich nicht lesend »übersetzen«, sie sind keine Sinn-, sondern Formträger.

Nja Mahdaoui, »Ohne Titel«; Tinte auf Ziegenhaut

Nach seinem Besuch der Koranschule sowie den weiterführenden Schulen in Tunis studierte Nja Mahdaoui Kunstgeschichte und Zeichnen an einer privaten Kunstschule in Karthago. In den 1960er- und 1970er-Jahren lebte er einige Jahre in Italien und anschließend in Frankreich, wo er Malerei und Philosophie studierte. Er begann sich außerdem intensiver mit den verschiedenen Techniken der Kalligrafie zu beschäftigen. 1977 kehrte er nach Tunesien zurück, seither lebt er nahe bei Tunis. In der Zwischenzeit hat der Künstler auch in Deutschland verschiedentlich ausgestellt. Unermüdlich erfindet Mahdaoui immer neue Kompositionen und leistet so seinen Beitrag in einer Zeit, in der die arabische Kultur um ein neues Selbstverständnis ringt.

Sidi Mahrez († 1022)

Schutzpatron von Tunis

Als »Sultan el-Medina« wird er bezeichnet, der Schutzheilige von Tunis: Sidi Mahrez. Nicht nur seine wegweisenden theologischen Schriften wurden berühmt, sondern auch sein soziales Werk. Nachdem Aufstände, Plünderungen und Belagerungen Tunis stark zerstört hatten, war er es, der sich für die Armen einsetzte, die Stadtmauer wieder errichten ließ und erstmals den Juden ein eigenes Quartier,

»Hara« genannt, innerhalb der Stadt zuwies. Bis dahin war diese Minderheit lediglich vor den Stadttoren geduldet worden und hatte die Stadt nur tagsüber betreten dürfen. Sidi Mahrez selbst lebte sehr bescheiden, weshalb er auch den Beinamen »el-Abid« (= der Asket) erhielt.

Masinissa (240 – 148 v. Chr.)

König der Numider

Ein weniger bekannter Zeitgenosse von Hannibal und Scipio Africanus war Masinissa, König der Numider. Als Rom und Karthago um die Vorherrschaft im Mittelmeerraum kämpften, stritten gleichzeitig Masinissa, König von Ostnumidien, und Syphax, König von Westnumidien, um die Macht in Nordafrika. Masinissa ging an der Seite des überlegenen Rom als Sieger aus dieser Auseinandersetzung hervor. In den nächsten Jahrzehnten entriss er den im Zweiten Punischen Krieg geschlagenen und durch ein hartes Friedensdiktat zur Untätigkeit verurteilten Karthagern rund 70 Städte und Festungen und gründete das erste berberische Großreich. Er war jedoch nicht nur ein erfolgreicher Krieger, der die rivalisierenden Führer anderer Berberstämme ausschalten konnte, er sorgte auch für Fortschritte in der Agrarpolitik. So trug er zur Sesshaftwerdung der Nomaden bei, förderte den Mittelmeerhandel und brachte griechische Künstler in sein Reich. Masinissa war der erste wirkliche Herrscher eines von der libyschen Küste bis nach Marokko reichenden nordafrikanischen Großreiches. Nach seinem Tod wurde – nicht zuletzt auf Druck seines römischen Bundesgenossen – sein Land unter seinen Kindern aufgeteilt und damit geschwächt.

Muhammad er-Rachid Ben Hussayn Ben Ali Bey († 1759)

Tunesischer Herrscher

Tunesien besitzt ein großes andalusisches Musikerbe, das dreizehn Stilrichtungen umfasst. Er-Rachid Bey, ein fortschrittlicher tunesischer Herrscher, war der erste, der Regeln aufstellte, um mit diesen Stilrichtungen ein Konzert zu arrangieren. Diese Regeln bestimmen auch heute noch das klassische tunesische Konzertprogramm, die »Nawba«. Das 1935 gegründete und nach ihm benannte Er-Rachidiya-Institut für arabische Musik in Tunis knüpft an sein Werk an.

Yahia Turki (1900 – 1960)

Maler

Was für strenggläubige Moslems undenkbar ist, wagte Yahia Turki: Er malte gegenständliche Bilder. Damit setzte er sich über ein Tabu hinweg, das der Islam seinen Anhängern auferlegt. So war sein Lebenswerk davon bestimmt, eine Bildsprache für ein Land zu entwickeln, das ausschließlich die Ornamentik als künstlerische Ausdrucksform kennt. An Matisse, Bonnard und Marquet orientierte sich sein Stil, die Themen griff er aus dem tunesischen Alltag auf.

Praktische Informationen

VIELE INFORMATIONEN ZUR REISEVORBEREITUNG UND TIPPS FÜR DEN AUFENTHALT VOR ORT. WO SIND DIE SCHÖNSTEN STRÄNDE, TAUCH- ODER GOLFPLÄTZE, LITERATUREMPFEHLUNGEN, VORSCHLÄGE FÜR AUSFLÜGE, FESTE ...

Anreise · Reiseplanung

Mit dem Flugzeug Die Flugzeit nach Tunesien aus Deutschland, Österreich und der Schweiz beträgt knapp drei Stunden. Linien- und Charterflüge gibt es das ganze Jahr über u. a. von der nationalen Fluggesellschaften Tunisair und der Tochtergesellschaft Tuninter, von Air Berlin, Thomas Cook, Hapag-Lloyd und LTU. Weitere Auskünfte erteilen Reisebüros und die Fluggesellschaften. Für Inlandsflüge sind Tunisavia und Tuninter zuständig.

Mit dem Auto und der Fähre Wer mit dem eigenen Auto anreisen möchte, kann von Genua, Marseille, Neapel, Cagliari, Trapani/Palermo sowie im Sommer außerdem von Sète und Livorno aus mit der Fähre nach Tunis – La Goulette übersetzen. Die Fahrzeiten betragen von Genua bzw. Marseille etwa 24, von Trapani 8 Stunden. Im Sommer werden in Tunesien außerdem die Häfen von Bizerte und Sousse angefahren. In der Hauptsaison sind die Fährschiffe häufig ausgebucht, Reservierung daher ratsam. Informationen über Fährverbindungen erhält man u. a. in ADAC-Geschäftsstellen, beim Tunesischen Fremdenverkehrsamt (►Auskunft), in Reisebüros bzw. bei der zuständigen Reederei.

Achtung **Caravan- und Wohnmobilfahrer**: Wegen der maximal zulässigen Fahrzeugabmessungen auf den Fährschiffen erkundige man sich beim Reisebüro bzw. der Reederei. Von Genua und Marseille verkehren die Schiffe der CTN und SNCM, von Neapel und Trapani (Sizilien) die Schiffe der Gesellschaften Medmar und Grimaldi.

Die internatinale Linien- und Charter-Fluggesellschaft Tunisair fliegt von über 20 deutschen Flughäfen nach Tunis, Monastir und Djerba.

ANREISE

FLUGHÄFEN

► **Allgemeines**
Es gibt sechs internationale Flughäfen (►Karte S. 171). Bei Pauschalreisen wird der Transfer zwischen Flughafen und Hotels und umgekehrt in der Regel vom Reiseveranstalter organisiert. Es stehen aber auch Taxis bzw. Busse an den Flughäfen zur Weiterbeförderung bereit. Auf vorherige Anfrage organisieren auch viele Hotels die An- bzw. Abreise.

► **Djerba-Zarzis**
10 km westlich vom Hauptort Houmt-Souk bei der kleinen Ortschaft Mellita, Tel. 75 65 02 33

► **Monastir-Skanès**
Aéroport Habib Bourguiba
8 km südwestlich außerhalb des Stadtzentrums, Tel. 73 46 03 00

► **Sfax Thyna**
6 km südwestlich, Tel. 74 24 08 79

► **Tabarka**
Aéroport 7 Novembre International, 8 km östlich
Tel. 78 64 40 82

► **Tozeur-Nefta**
Aéroport Tozeur-Nefta International, 20 km östlich von Nefta bzw. ca. 5 km westlich von Tozeur
Tel. 76 45 03 88

► **Tunis-Carthage**
8 km nordöstlich
Tel. 71 23 60 00
Zwischen 6.00 und 24.00 Uhr verkehren regelmäßig Busse zwischen Flughafen und dem Hauptbahnhof im Zentrum von Tunis.

MIT DEM FLUGZEUG

► **Tunisair**
In Deutschland:
Tel. 069/271 00 10
www.tunisair.com

In Tunesien:
Tel. 71 33 65 00 und 71 33 01 00 (Tunis)
www.tunisair.com.tn

► **Tuninter**
Reservierungen über Tunisair

► **Tunisavia**
Flughafen Tunis-Carthage:
Tel. 71 23 56 30 und 71 75 50 00
Flughafen Sfax Thyna:
Tel. 74 27 80 00
www.tunisavia.com.tn

► **Charterfluggesellschaften**
Air Berlin, Tel. 018 05/73 78 00
www.airberlin.com
Condor, Tel. 018 05/60 85 60
www.condor.com
Hapag-Lloyd, 018 05/88 44 00
www.hapagfly.com
LTU, Tel. 02 11/94 18 888
www.ltu.de

MIT DER FÄHRE

► **CTN- und SNCM-Vertretungen**
Berliner Str. 31 – 35, 65760 Eschborn, Tel. 061 96/429 11
Fax 48 30 15, www.sncm.fr

► **Medmar**
www.medmarnavi.it

► **Grimaldi**
www.gnv.it

► **Weitere Informationen**
Eurpäische Passagen:
www.faehre-online.de

Fähren in Tunesien Zwischen Sfax und den Kerkennah-Inseln besteht im Sommer 4-mal täglich, im Winter 2-mal täglich Verbindung. Von der Insel Djerba zum Festland verkehrt zwischen Adjim und Djorf etwa jede halbe Stunde eine Fähre. Bei zu starkem Wind erfolgt die Anfahrt über die Dammstraße nach El Kantara (►Djerba, S. 234).

Weiterreise nach Algerien oder Libyen Derzeit sind die Grenzen zu den Nachbarländern Algerien und Libyen geöffnet. Man benötigt ein Visum, das vor Reiseantritt im jeweiligen Heimatland des Besuchers besorgt werden muss. Wer in Libyen ohne gültiges Visum angetroffen wird, wird wegen illegalen Grenzübertritts u. U. mit Gefängnis, der anschließenden Ausweisung und einem lebenslangen Einreiseverbot bestraft.

Reisedokumente

Personalpapiere Bei einer Pauschalreise mit dem Flugzeug (Nachweis) genügt ein Personalausweis. Ansonsten benötigen Reisende aus Deutschland, Österreich und der Schweiz einen noch mindestens sechs Monate gültigen Reisepass inklusive Rück- oder Weiterreiseticket, Kinder bis zu 16 Jahren einen Kinderausweis mit Foto oder einen Eintrag im Elternpass. Wird die bewilligte Aufenthaltsdauer (für Deutsche vier Monate, für Österreicher und Schweizer drei Monate) überschritten, ist ein Visum erforderlich, das man bei der örtlichen Polizei erhält.

Fahrzeugpapiere Nationaler Führerschein und nationaler Fahrzeugschein werden anerkannt. Unbedingt erforderlich sind eine Haftpflichtversicherung sowie die Internationale Grüne Versicherungskarte, die für Tunesien gültig sein muss. Außerdem empfiehlt sich der Abschluss eines Auslandsschutzbriefes oder einer Reisevollkaskoversicherung sowie einer Insassen-Unfallversicherung. Das Nationalitätskennzeichen D muss am Fahrzeug angebracht sein (ein im Nummernschild integriertes Euro-D-Zeichen reicht nicht aus).

Sind Autofahrer und Fahrzeughalter unterschiedliche Personen, so muss eine vom Halter bestätigte Erlaubnis für die Benutzung in französischer Sprache mitgeführt werden.

Weitere Informationen erteilen die ADAC-Geschäftsstellen sowie der Deutsche Touring-Automobilclub e.V. Für Wohnanhänger ist ein Inventarverzeichnis mitzuführen.

Bootsführerschein Für Boote sind ein Bootsführerschein und ein internationales Verbandszertifikat erforderlich.

Tiere Wer Haustiere (Hund, Katze) nach Tunesien mitnehmen will, benötigt für diese den EU-Heimtierausweis sowie eine Impfbescheinigung gegen Tollwut (bei Hunden auch gegen Staupe). Die Impfung darf höchstens einen Monat vor Einreise nach Tunesien erfolgt sein und darf nicht länger als sechs Monate zurückliegen. Die Mitnahme von Jagdhunden ist verboten.

Zollbestimmungen

Einreise

Neben persönlichen Gebrauchsgegenständen dürfen u. a. zwei Fotoapparate, eine Videokamera, ein Laptop sowie Sport- und Campingausrüstung zollfrei eingeführt werden. Ferner dürfen von Personen über 17 Jahre zollfrei eingeführt werden: 100 Zigarren oder 400 Zigaretten oder 500 g Tabak, 2 l Alkohol bis 25 % und 1 l über 25 %. Die Einfuhr von Autotelefonen, Handys und anderen Mobiltelefonen ist gestattet, die von Funkgeräten (ausgenommen GPS-Geräte für Fahrten in die Wüste) hingegen genehmigungspflichtig. Verboten ist die Einfuhr von einheimischer Währung (▶ Geld), pornografischen Schriften und Waffen (Ausnahme: Jagdwaffen, die vor Einreise angemeldet werden müssen).

Ausreise

Um eine reibungslose Ausfuhr sicherzustellen, ist es ratsam, Gegenstände von besonderem Wert bei der Einreise zu deklarieren und Quittungen für in Tunesien gekaufte Ware aufzubewahren.

Wiedereinreise in die EU

Bei der Wiedereinreise nach Deutschland oder Österreich sind Reiseandenken bis zu einem Wert von 175 € zollfrei; ferner für Personen über 15 Jahre 500 g Kaffee oder 200 g Pulverkaffee und 100 g Tee oder 40 g Tee-Extrakt, 50 g Parfüm und 0,25 l Eau de Toilette sowie für Personen über 17 Jahre 200 Zigaretten oder 100 Zigarillos oder 50 Zigarren oder 250 g Tabak, 1 l Spirituosen mit über 22 Vol.-% Alkohol oder 2 l Schaumwein und 2 l Wein. Verbindliche Auskünfte erteilen die jeweiligen Zollbehörden.

Wiedereinreise in die Schweiz

Bei der Wiedereinreise in die Schweiz sind Reiseandenken bis zu einem Wert von 200 CHF zollfrei; ferner für Personen über 17 Jahre 2 l Spirituosen mit bis zu 15 Vol.-% Alkohol oder 1 l mit über 15 Vol.-% Alkohol; an Tabakwaren entweder 200 Zigaretten oder 50 Zigarren oder 250 g Pfeifentabak. Verbindliche Auskünfte erteilen die schweizerischen Zollbehörden.

Krankenversicherung

Versicherungsschutz

Der Versicherungsschutz der deutschen gesetzlichen Krankenkassen erstreckt sich auch auf Tunesien. Hierfür besorgt man sich vor Reiseantritt einen Auslandskrankenschein (für Tunesien TN/A11). Diese Bescheinigung wird in jedem Büro der staatlichen Sozialversicherungsanstalt (CNSS) gegen einen tunesischen Versicherungsausweis eingetauscht. Private Behandlungen sowie Arzneimittel werden bar bezahlt (allerdings in TND). Die heimischen Krankenkassen erstatten dann anschließend die Kosten gegen eine detaillierte Rechnung bis zur Höhe der hier üblichen Sätze. Da die Kosten unter Umständen enorm und dieses Verfahren Probleme bereiten kann, empfiehlt sich auf jeden Fall der Abschluss einer Auslandskrankenversicherung im Heimatland.

Ausflüge

Organisiert oder individuell Wer von seinem Heimatort aus eine Pauschalreise gebucht hat, kann schon vor Reiseantritt Ausflüge mitbuchen, u. a. zu Ausgrabungsstätten oder in die Wüste. Darüber hinaus gibt es Spezialanbieter, die z. B. Golf-Reisen, Jeep-Safaris, Wander-, Mountainbike- oder Motorrad-Reisen oder Kamel-Trekking, sog. Meharée, in ihrem Programm haben. Alle im Kapitel »Reiseziele von A bis Z« beschriebenen Sehenswürdigkeiten sind mit einem normalen Pkw, einige auch mit öffentlichen Verkehrsmitteln problemlos zu erreichen. Auf Djerba und in Südtunesien arbeiten einige Hotels mit lokalen Unternehmen zusammen und bieten ebenfalls organisierte Ausflüge an.

Meeresfauna Wer ein spezielles Interesse an der Meeresfauna Tunesiens hat, ist in Tabarka an der Korallenküste richtig, einem Dorado für Taucher. Tintenfischfang hautnah erleben kann man z. B. auf den Kerkennah-Inseln. Freizeitangler können auf Anfrage tunesische Fischer auf ihren nächtlichen Fahrten begleiten. Informationen erteilen örtliche Reisebüros, die Fremdenverkehrsämter und Hotels.

Sahara-Tourismus 70 % der Tunesienbesucher verbringen ihren Urlaub irgendwo an der Küste in einem Strandhotel. In den zurückliegenden Jahren entstanden in Douz, Tozeur, Nefta, Kebili und Tataouine Hotels mit allem Komfort. Als Ergänzung oder Alternative zum Badeurlaub werden Landrover-, Mountainbike- oder andere Ausflüge angeboten sowie der Besuch der palmenreichen Oasen des Djerid oder der dünenartigen Nefzaoua-Oasen, der Ksour und Ghorfas, Kamelausritte durch die Wüste, farbenprächtige Feste in Douz und Tozeur u. v. m. Aber auch Wander- und Trekkingfreunde kommen auf ihre Kos-

Beduinencamp in der Wüste

ten. Neben den bekannten großen Veranstaltern gibt es auch kleinere Spezialanbieter wie TRH – Natürlich Reisen, Im Schnepfenflug 20, 67147 Forst, Tel. 063 26/9 67 57 53, www.trh-reisen.de.

◄ Safaris

Fahrten in die Sahara sollte man nur mit ortskundigen Führern unternehmen bzw. bei tunesischen Spezialanbietern oder bei einem Reisebüro im Heimatland buchen. Weitere Hinweise ►Verkehr.

Grünes Tunesien

Tabarka im Nordwesten des Landes hat sich zu einem eigenständigen Reiseziel gemausert. Lange Sandstrände, Felsküsten und Korallengärten, ein anspruchsvoller Golfplatz, das nahe Kroumirie-Gebirge und die schönsten römischen Ausgrabungsstätten im Hinterland zielen auf Aktivurlauber und Kulturinteressierte.

Auskunft

EINIGE AUSKUNFTSADRESSEN

IN DEUTSCHLAND

► **Fremdenverkehrsamt**
Office National du Tourisme Tunisien (ONTT)
Goetheplatz 5
60313 Frankfurt am Main
Tel. 069/297 06 40
Fax 297 06 63
www.tunesien.info

Regionalbüros:
Flingerstr. 66
40213 Düsseldorf
Tel. 02 11/880 06 44
Fax 880 06 48

Burgstr. 12
80331 München

Tel. 089/29 16 36 85
Fax 29 16 40 09

IN ÖSTERREICH

▶ **Fremdenverkehrsamt**
Opernring 1, Stiege R
1010 Wien
Tel. 01/585 34 80
Fax 585 34 80 18
www.tunesien-info.at

IN DER SCHWEIZ

▶ **Fremdenverkehrsamt**
Bahnhofstr. 69
8001 Zürich
Tel. 044/211 48 30
Fax 212 13 53
www.tunisie.ch

ONTT IN TUNESIEN

▶ **Office National du Tourisme Tunisien (ONTT)**
1, Avenue Mohammed V
1002 Tunis
Tel. 71 34 10 77
Fax 71 35 09 97
www.tourismtunisia.com
Öffnungszeiten: Mo. – Fr. 9.00 – 12.00, 15.00 – 17.00 Uhr, Sa. nur vormittags
In allen größeren Städten und Fremdenverkehrsorten gibt es Informationsbüros des Tunesischen Fremdenverkehrsamts. Daneben haben zahlreiche Orte noch Büros des Syndicat d'Initiative, lokale Fremdenverkehrsbüros. Die Adressen finden Sie im Kapitel »Reiseziele von A bis Z«.

DIPLOMATISCHE VERTRETUNGEN

▶ **Deutsche Botschaft in Tunesien**
Ambassade de la République fédérale d'Allemagne
1, Rue el Hamra, B. P. 35
1002 Tunis, Belvédère
Tel. 71 78 64 55, Fax 71 78 82 42
Bereitschaftsdienst: Tel. 98 30 50 90
www.deutschebotschaft-tunis.org
Konsulat auf Djerba im Grand Hotel des Thermes
Tel. 98 43 03 75

▶ **Österreichische Botschaft in Tunesien**
Ambassade d'Autriche
16, Rue Ibn Hamdis
1004 Tunis, El Menzah
Tel. 71 76 73 85, 71 75 10 94 oder 71 75 10 91
Fax 71 76 78 24
autriche@ambassade_autriche.intl.tn

▶ **Schweizer Botschaft in Tunesien**
Ambassade de Suisse
Immeuble Stramica
Rue du Lac d'Annecy
Les Berges du Lac
B. P. 501
1025 Tunis R. P.
Tel. 71 96 29 97
Fax 71 96 57 96
vertretung@tun.rep.admin.ch

▶ **Tunesische Botschaft in Deutschland**
Lindenallee 16
14050 Berlin
Tel. 030/30 82 06 74
Fax 30 82 06 83

▶ **Tunesische Botschaft in Österreich**
Opernring 1/7
1010 Wien
Tel. 01/581 52 80
Fax 581 55 92
at.vienne@aon.at

▶ **Tunesische Botschaft in der Schweiz**
Kirchenfeldstr. 63
3005 Bern

Tel. 031/352 82 26 und 27
Fax 351 04 45
at.berne@bluewin.ch

TUNESIEN IM INTERNET

- **www.tourismtunisia.com**
  Website des tunesischen Fremdenverkehrsamtes mit vielen Informationen zu Sehenswürdigkeiten, Kultur und reisepraktischen Fragen

- **www.tunisiaonline.com**
  www.tunisie.com
  Recht opulente Seite mit vielfältigen praktischen, aber auch länderkundlichen Informationen auf Englisch bzw. auf Französisch

- **www.arab.net**
  Hier weiterklicken auf Tunesien; Portal der arabischen Staaten mit einigen allgemeinen Informationen.

- **www.fernweh.com/tunisia.htm**
  Mit zahlreichen Links zu Tunesien

- **www.djerba.net**
  Informationen über die Insel, ihre Geschichte und Kultur, aber auch viele praktische Tipps

- **www.artisanat.nat.tn**
  Viele Infos über tunesisches Kunsthandwerk (nur auf Französisch)

- **www.ahk-tunesien.de**
  Website der Deutsch-Tunesischen Industrie- und Handelskammer mit aktuellen Wirtschaftsdaten, Tipps und Publikationen

- **www.cap-tunisie.com**
  Sehr viele Infos zum ganzen Land, auf Französisch

Badestrände

300 Sonnentage und 1300 km Küste

Mit über 300 Sonnentagen im Jahr und seiner fast 1300 km langen Küste bietet Tunesien ideale Voraussetzungen für einen Badeurlaub. Die Küste erstreckt sich zwischen Tabarka im Norden nahe der algerischen Grenze bis Zarzis nicht weit von der libyschen Grenze. Weit weniger als die Hälfte ist touristisch erschlossen. Die meisten sonnenhungrigen Badeurlauber zieht es an die Ostküste. Die Unterkünfte für die Urlauber konzentrieren sich in sog. Zones Touristiques, Hotelzonen, mehr oder weniger weit von den Städten und Ortschaften entfernt. Die größeren Ferienorte haben moderne Marinas, Jachthäfen, und bieten auch alle bekannten Wassersportarten oder Unterhaltungsmöglichkeiten.

! *Baedeker* TIPP

Einer der schönsten Strände

Einer der schönsten und einsamsten Strände des Landes erstreckt sich an der Spitze der Halbinsel Cap Bon, gut einen Kilometer westlich von Ras Mostefa bei Kelibia. Nur eine knappe Autostunde braucht man vom vielbesuchten Hammamet bis zu dem Strand mit bis zu 20 m hohen, mit Strandhafer bewachsenen Dünen.

TUNESIENS KÜSTE

NORDKÜSTE

An der buchtenreichen Nordküste zwischen Bizerte im Osten und Tabarka im Westen findet man neben Sandstränden auch Felsküste, die an manchen Stellen steil ins Meer abfällt.

▸ Tabarka

Tabarka besitzt kilometerlange Sandstrände und im Westen Felsenküste, daher hat es sich zum Zentrum des Tauchsports in Tunesien entwickelt.

▸ Cap Negro

Rund 28 km nordöstlich von Tabarka liegt das bei Schnorchlern beliebte Cap Negro, ein Sandstrand mit Felsen.

▸ Sidi Mechrig

Etwas weiter in nordöstlicher Richtung erstreckt sich der Sandstrand Sidi Mechrig mit Felsen.

▸ Cap Serrat

Westlich von Bizerte mit Sandstrand und Felsen

▸ Bechateur

Sandstrand mit Felsen und vielen kleinen Buchten etwa auf Höhe des gleichnamigen Ortes an der Küste (15 km westlich von Bizerte; die Strecke ist ausgeschildert)

▸ Bizerte

Ein ausgedehnter Sandstrand (Plage de R'Mel, mit schönem Hinterland) liegt südöstlich der Stadt, über die GP 8 oder die Autobahn erreichbar. Ebenfalls südöstlich liegt der Sandstrand Ras Djebel unmittelbar neben dem gleichnamigen Dorf.

OSTKÜSTE

Entlang des Golfs von Hammamet und von Monastir über den Retorten-Ferienort Port el Kantaoui und Sousse bis zum Cap Afrique bei Mahdia erstrecken sich kilometerlange feinsandige, flach ins Meer abfallende kinderfreundliche Strände.

▸ Cap Bon

Schöne Badeplätze gibt es auch an der Nordküste des Cap Bon: Soliman-Plage, ein langer Sandstrand mit Dünen, liegt unmittelbar westlich des kleinen Ortes Soliman (von Tunis über die GP 1 Richtung Sousse; bei Bordj Cedria Abzweigung in Richtung Meer auf die MC 26 in Richtung Soliman; Abzweigung nach Soliman-Plage ist ausgeschildert).
Auf den Bilderbuchstrand von Port Prince mit seinem Schloss folgt der schöne Strand von Haouaria-Plage.
Kelibia, rund 25 km südwestlich vom Cap Bon, hat einen – durch den Hafen geschützten – langen Strand.

▸ Nabeul

Die Strände der Keramikhochburg und Hauptstadt des Cap Bon sind ebenso schön wie die von Hammamet. Hier geht jedoch alles gemächlicher und ruhiger zu als im bekannteren Nachbarort.

▸ Hammamet

Dank der kilometerlangen flachen Sandstrände ist Hammamet bzw. das südlich davon gelegene, hypermoderne Ferienzentrum Yasmine-Hammamet das Touristen-Dorado in Tunesien.

Djerba, Plage de la Séguia

Sousse
Auch Sousse, die »Perle des Sahel«, ist wegen seines langen, feinen Sandstrands ein beliebtes Urlaubsziel. Die schöne Medina trägt zum Zauber dieses Urlaubsziels bei.

Port el Kantaoui
Port el Kantaoui, der Vorort mit Marina, Villen und vielen Hotels, entstand in maurischem Stil vollkommen neu.

Monastir, Skanès
Monastir ist ebenfalls eine der Ferienhochburgen mit modernem Jachthafen, kleiner Medina und einem relativ kleinen Sandstrand, der in Richtung des Villenvororts Skanès immer schöner wird.

Kerkennah-Inseln
Die ruhigen Iles Kerkennah vor Sfax bieten im Südwesten bei Sidi Fredj und an der Westküste von Kellabine Bademöglichkeiten.

Gabès
Die Küstenoase Gabès, rund 400 km südlich von Tunis, rühmt sich, den längsten Sandstrand Tunesiens zu haben.

Djerba und Zarzis
Auch Djerba und Zarzis verfügen über lange, erstklassige Sandstrände.
Auf Djerba, der südlichsten Mittelmeerinsel, konzentrieren sich die Ferienhotels in den zwei Hotelzonen Sidi Maharès und Séguia.
Auch Zarzis, das zweite Standbein des südtunesischen Fremdenverkehrs, verfügt über eine Touristenzone, sie ist im Vergleich zu Djerba (noch) weniger dicht bebaut.

Elektrizität

Die Spannung beträgt 220 Volt. Es empfiehlt sich die Mitnahme eines Adapters (Eurostecker/Südeuropa).

Essen und Trinken

Hotelrestaurants, Imbissstuben und gepflegte Restaurants

Außer Hotelrestaurants, in denen meist europäisch gekocht wird (► Reiseziele von A bis Z), gibt es Imbissstuben oder Straßenlokale, in denen Cassecroutes (► unten), Kaftadji und andere Kleinigkeiten angeboten werden, die entweder an Ort und Stelle verzehrt oder mitgenommen werden können, und gepflegte Restaurants, die internationale und/oder einheimische Küche bieten. Was für die Hotels die Sterne sind, sind für die **Restaurants** die Gabeln (vier Gabeln stellen die oberste Kategorie dar). Brot ist im Preis inbegriffen; dazu gibt es häufig Oliven, scharfe Soßen u. a. Das Frühstück (petit déjeuner) wird ziemlich spät eingenommen; Mittagessen (déjeuner) gibt es zwischen 12.00 und 14.00 Uhr, das Abendessen (dîner, souper) selten vor 19.30 Uhr.

Fast eine Wissenschaft: Wasserpfeife

Bei den **Cafés** handelt es sich meist um einen sehr einfach möblierten Raum, in dem sich in der Regel nur Männer aufhalten. In den Fremdenverkehrsorten ähneln sie jedoch unseren europäischen Cafés mit bunt gemischtem Publikum. Hier werden u. a. Kaffee als Espresso, als Café noir oder als Café au lait (mit Milch) und (meist stark mit Zucker gesüßter) Pfefferminztee (thé à la menthe) oder Tee mit Pinienkernen serviert.

Trinkgeld

In der Regel zahlt man in den Restaurants außerhalb der Hotels 10 bis 15 % Bedienungsgeld.

Chicha • Wasserpfeife

Die Chicha besteht aus einem nicht ganz mit Wasser gefüllten Glasgefäß, der in das Wasser reichenden Rauchsäule und, darauf aufgesetzt, einem Tabakkopf. Geraucht wird Feuchttabak in unterschiedlichsten Geschmacksrichtungen, die an Eissorten erinnern, wie Minze, Orange, Traube, Zitrone, Mango, Vanille, Banane, Lakritze, Multifrucht, Erdbeere oder Pfirsich. Zwischen fünf und zwanzig Gramm Tabak werden in den Tabakkopf gefüllt und mit Alufolie oder einem Sieb abgedeckt. Der Tabak soll von der Folie nicht berührt werden. Durch die Hitze eines glühenden Kohlestücks, das auf die Alufolie gelegt wird, verschwelt der Feuchttabak. Damit der Rauch nicht kratzig wird, sollte der Tabak nicht verbrennen. Tabak- und Kohleteilchen fallen in einen Ascheteller. Durch das Ziehen an einem Schlauch, der mit dem Wassergefäß, aber nicht mit der Rauchsäule in Verbindung steht, entsteht ein Unterdruck, der den Rauch aus der Rauchsäule in das Wasser und durch dieses in den Schlauch zieht. Dabei kommt es zum charakteristischen Blubbern. Auf seinem Weg durch das Wasser kühlt sich der Rauch ab und wirkt für viele angenehmer als der Rauch einer Zigarette, in der der Tabak verbrennt. Ein Eiswürfel im Wasser verstärkt die Kühlwirkung. Das Wassergefäß kann auch mit alkoholischen Flüssigkeiten gefüllt werden. Durch ein Ventil kann die Luftzufuhr in dem Wassergefäß zusätzlich reguliert werden und abgestandener Rauch entweichen (weitere Informationen: www.shisharunde.de).

i Preiskategorien

- Die im Kapitel »Reiseziele« empfohlenen Restaurants sind in folgende Kategorien eingeteilt (Preise für ein dreigängiges Menü ohne Getränke):
  Fein & teuer: ab 20 €
  Erschwinglich: 9 – 20 €
  Preiswert: bis 9 €

Tunesische Spezialitäten

Kleine Auswahl

Die tunesische Küche gilt als gelungene Symbiose zwischen Orient und Okzident, die zu entdecken sich lohnt. Beliebte **Gewürze** sind Anis, Barat (milde Mischung aus gemahlenem Zimt und Rosenknospen), Harissa (meist sehr scharfe Gewürzmischung aus Knoblauch, rotem Paprika, Chili, Tomatenmark, Olivenöl), Koriander, Kümmel, Orangenblütenwasser, Minze, Safran, Rosenwasser, Tabil (scharfe Mischung aus Koriander, Kümmel, Knoblauch und getrockneten roten Pfefferschoten) und Zimt. Im Folgenden einige Spezialitäten:

◄ Assida

Assida ist eine Spezialität aus Kairouan, die am Morgen des Mouled (► Feiertage) auf zweierlei Arten vorbereitet wird: Entweder werden Grieß oder Mehl gekocht und mit Öl (evtl. auch Butter) und Honig gemischt oder es wird – wahrscheinlich nach türkischem Rezept – die Grundmasse aus Kiefernsamen mit einer dicken Sahneschicht bedeckt und mit Nüssen, Pinienkernen, Pistazien und gemahlenen Mandeln garniert.

◄ Brik, Bourek

Eine empfehlenswerte Vorspeise ist das Brik à l'œuf: Ein rohes Ei wird in einen dünnen Pfannkuchenteig eingeschlagen und das Ganze in siedendem Öl so gebacken, damit das Eigelb weich bleibt. Andere

Briks werden mit Thunfisch, Hackfleisch oder Meeresfrüchten gefüllt.

Brochette ▸ Fleischspieß.

Cassecroute ▸ Weißbrot gefüllt mit gehackten Oliven, Thunfischstückchen, Kapern und Gemüse sowie mit Öl, Essig und Harissa gewürzt.

Chakchouka ▸ Wörtliche Übersetzung: Durcheinander (wird auch im täglichen Leben häufig benutzt). Eintopf aus Zwiebeln, Tomaten und Paprika, manchmal auch noch mit anderen Gemüsesorten.

Chorba à l'agneau ▸ Gehaltvolle, scharf gewürzte Suppe aus Nudeln, Lammfleisch und Gemüse.

Couscous ▸ Nationalgericht; gegarter Weizengrieß, der auf vielerlei Arten mit Fleisch, Meeresfrüchten und Gemüse verfeinert wird. Auch als Süßspeise mit Rosinen, Datteln und Mandeln sehr lecker.

Brik oder Bourek

Doulma: Zucchini mit Fleischfüllung.

Felfel: Gefüllte Paprikaschoten.

Gnaouia: Lamm in einer Sauce mit Kapern, Pfefferschoten und Gambas.

Hargma: Gesottene Kalbshaxe in scharf gewürzter, leicht säuerlicher Sauce.

Kaftadji: Gebratene Fleischstückchen mit Leber, Paprika und Zucchini.

Klaia: Rinder- oder Hammelnieren in einer Sauce aus Olivenöl und klein gehackten Tomaten mit Pfeffer und Knoblauch.

Koucha: Hammelfleisch und Kartoffeln, im Ofen gegart.

Lablabi: Durch Zitronensaft leicht säuerliche, scharf gewürzte Suppe mit Kichererbseneinlage; dazu wird Weißbrot serviert.

Makroudh: Kleingebäck in Rautenform, gefüllt mit einer Paste aus Datteln und/oder Nüssen; Spezialität aus Kairouan.

Marmiz ▸ Mit Bohnen und Tomaten geschmortes Hammelfleisch.

Mechoui ▸ Hammelspießbraten, über offenem Feuer gegrillt.

Merguez ▸ Fein gewürzte Würstchen aus Lamm- oder Rindfleisch, die gebraten oder geröstet serviert werden.

Mosli ▸ Ragout

Ojja ▸ Scharfe, dunkle Soße mit u. a. Würstchen (Merguez), hartgekochten Eiern oder Crevetten.

Slata Mechouia ▸ Salat aus fein gehackten Tomaten, Paprika, Peperoni und Zwiebeln, angemacht mit Knoblauch, Zitrone und viel Olivenöl.

Eine Art Omelett, einer spanischen Tortilla ähnlich: Kleine Fleischstücke mit Zwiebeln, Bohnen oder Erbsen, darunter vermengten Eiern und darüber geriebenem Käse werden im Ofen gebacken. ◄ Tajine

Nachspeisen Meist Obst der Saison, Pudding oder Eis sowie süße tunesische Kuchen (gâteaux tunisiens), u. a. Assida (►oben), Baklawa (stark gesüßtes Grießgebäck mit Mandeln), Doigt de Fatma (Blätterteigtasche mit einer Mandelmasse) oder Makroudh (►oben).

Getränke

Alkoholfreie Getränke Als alkoholfreie Getränke werden alle möglichen Säfte, Mineralwasser (u. a. Safia, Aïn Oktor, Aïn Garci), Cola und Flaschenlimonade sowie Kaffee und Tee angeboten.

Alkoholische Getränke In allen touristischen Restaurants, Bars und Hotels in Tunesien (außer in Kairouan) gibt es Alkohol (arabisch = kohol, kouhoul), obwohl gläubigen Moslems der Genuss von Alkohol nicht erlaubt ist. Angeboten werden neben gängigen ausländischen Artikeln gut schmeckende und erschwingliche tunesische Weine sowie das einheimische Bier Celtia, das leichte belgische Bier Stella und das Importbier von Löwenbräu, frisch gezapft oder in Flaschen. Gern getrunken wird Boukha, ein Feigenschnaps, sowie Thibarine, ein süßer Kräuter-Dattel-Likör. Den Dattelpalmenwein Laghmi erhält man nur im Frühjahr in den Oasen des Südens, wo er unvergoren am besten schmeckt.

Wein Der Weinanbau geht in Tunesien bereits auf die Karthager zurück. Zu seiner Verfeinerung haben vor allem die Franzosen und Italiener beigetragen. Heute umfasst die Rebfläche rund 15 000 ha. Das Anbaugebiet liegt im Norden des Landes und erstreckt sich von Thibar bis Hammamet. Die traditionelle Spezialität war ein süßer Muskateller; heute gibt es stattdessen den Muscat de Kelibia, einen guten trockenen Muskateller. Bei der Mehrzahl der angebotenen Weine handelt es sich um ordentliche Rot- und leichte Roséweine. Zu den besten Erzeugern gehören Château Thibar, Mornag und Royal Tardi. Weitere Informationen erteilt auch die Union des Caves Coopératives Viticoles de Tunisie, Verein der Weingenossenschaften Tunesiens, Route de Mornag, Djebel Djelloud, Tel. 71 24 79 95.

Feiertage, Feste und Events

Kalender In Tunesien sind zwei Kalender in Gebrauch, der aus Europa stammende gregorianische Kalender, nach dem sich die Staatsgeschäfte und -termine, Verwaltung und Handel richten, sowie der islamische

Kalender, nach dem sich die religiösen Feiertage und Feste richten. Die Zeitrechnung des islamischen Kalenders beginnt in den meisten arabischen Ländern mit dem Jahr 622 n. Chr., dem Jahr der Flucht Mohammeds aus Mekka, Hedschra (Hidschra) genannt. Dieses ist das Jahr 1 im islamischen Kalender. Die Jahre des gregorianischen Kalenders können aber nicht mit denen des islamischen Kalenders korreliert werden, da dieser nicht die Sonne, sondern den Mond als Bezugsbasis hat. Die Monate des islamischen Kalenders haben also je nach Mondumlauf 29 bzw. 30 Tage und das islamische Jahr (Hidschrajahr bzw. Higri oder Hijri [Pl.] genannt) mithin nur 354 bzw. 355 Tage, also 10 bis 11 Tage weniger als ein gregorianisches Jahr. So entsprechen 34 Mondjahre 33 Sonnenjahren oder 100 Higri etwa 97 gregorianischen Jahren. Auch der Beginn eines islamischen Jahres fällt nicht mit einer bestimmten Jahreszeit zusammen, sondern verschiebt sich, ebenso wie die religiösen Feste, ständig. Beispiel: 1427 Higri = 2006; der 1.1.1428 fiel mit dem 1.1.2007 fast zusammen. Jeder neue Monat beginnt mit dem ersten Tag des aufgehenden Mondes. Die Monate des islamischen Jahres haben eigene Namen. Jeder neue Tag (das neue Datum) beginnt nach Sonnenuntergang.

Religiöse Feiertage

Da sich die religiösen Feiertage nach dem islamischen Kalender (Mondjahr) richten, finden die religiösen Feste jedes Jahr rund 10 bis 12 Tage früher statt als im Vorjahr.
Aïd Es Seghir (kleines Hammelfest; Ende des Fastenmonats Ramadan)
Aïd El Kebir (großes Hammelfest; auf dem Höhepunkt der Pilgerfahrten nach Mekka)
Ras El Aam Hejri (islamisches Neujahrsfest)
Mouled (Geburtstag des Propheten Mohammed)

Ramadan

Beginn des Ramadan: 1. 9. 2008, 21. 8. 2009, 10. 8. 2010
Der Ramadan ist der neunte Monat des islamischen Jahres und für die Moslems der Fastenmonat. Das Fasten gilt nur tagsüber. Sobald der Ruf des Muezzins beim Sonnenuntergang ertönt, darf gegessen werden. Häufig sind diese nächtlichen Mahlzeiten besonders üppig und nehmen die Form eines Festes mit Gesang und Tanz an. Das Geschäftsleben in dieser Zeit läuft erheblich geruhsamer ab als sonst und öffentliche Einrichtungen, Ämter, Geschäfte und Banken sind nur vormittags geöffnet (►Special S. 130).

Jüdische Feiertage

Die auf Djerba lebenden Juden feiern insbesondere Yom Kippur (Sept./Okt.) zur Erinnerung an die Versöhnung Gottes mit seinem Volk nach dessen Abfall und Anbetung des goldenen Kalbs während des Zug durch die Wüste.

Feste, Festivals

In Tunesien finden das ganze Jahr über farbenprächtige Feste und Festivals statt. Einige haben internationale Bedeutung, auf viele wird im Kapitel »Reiseziele« im Rahmen der Ortsbeschreibungen hingewiesen. Über genaue Daten, Uhrzeiten und Örtlichkeiten informieren die Tourismusbüros. Gelegentlich wird man Zeuge religiöser Feiern, z. B. einer Wallfahrt (Moussem) zum Grab eines Heiligen (Marabout). Unter den Familienfesten spielen die Hochzeit und die Beschneidung der Söhne eine besondere Rolle.

TERMINKALENDER

FEIERTAGE

► **Wochenfeiertag**
Religiöser Wochenfeiertag ist der Freitag (Djoumma), an dem die meisten Geschäfte jedoch geöffnet haben. Offizieller Ruhetag ist der Sonntag.

► **Staatliche Feiertage**
Neujahr (Jour de l'an): 1. Januar
Unabhängigkeitstag (Fête de l'Indépendance): 20. März (seit 1956)
Jugendtag (Jour de la Jeunesse): 21. März
Tag der Märtyrer (Jour des Martyrs): 9. April (seit 1938)
Tag der Arbeit (Fête du Travail): 1. Mai
Tag der Republik (Fête de la Proclamation de la République): 25. Juli
Tag der Frau (Journée de la Femme): 13. August
Gedenktag der Jasmin-Revolte (1987): 7. November

VERANSTALTUNGEN

► **Januar**
Kebili: Fest zur Dattelernte

► **Ende März/April**
Tataouine: Festival des Ksour Sahariens. Einmal im Jahr feiern die Berberstämme aus Südtunesien ein farbenfrohes Wüstenfest. Einige Tage sind dann die prächtigen Gewänder der Berber bei Reiterspielen, einer nachgestellten Berberhochzeit, Kamelrennen (Mehari) und Szenen aus dem Beduinenleben zu bewundern.

► **April**
Nabeul: Festival des Fleurs, Fest der Orangenblüte.
Nefta: Volksfest mit Umzügen, Mehari-Rennen und anderen Kamelwettbewerben

► **Ende April/Anfang Mai**
Djerba: Laghba-Omer-Fest in der Synagoge La Ghriba (33 Tage nach Ostern, ►S. 241)

► **Mai**
Djerba: Triathlon
Meknassy: In Meknassy, ca. 120 km von Sfax, treffen sich Züchter prächtiger Araberpferde, ein buntes Fest mit Rennen und anderen Spektakeln.
Tozeur und Kebili: Festspiele mit Volkskunst. Einheimische Poeten tragen Gedichte vor, religiöse Gruppen rezitieren Teile des Korans als Chorgesang. Maler stellen ihre Werke vor.

► **Mai/Juni**
Cap Bon: Festival d'Epervier, Sperberfest in El Haouaria auf der Halbinsel Cap Bon, ►Baedeker Tipp S. 206
Hammamet: Musiker aus verschiedenen Mittelmeerländern bieten ein buntes Unterhaltungsprogramm.

Klassik-Festival im Amphitheater in El Djem

Sousse: Festival d'Aoussou, großer Karnevalsumzug

- **Juni/Juli**
Tabarka: Jazzfestival unter freiem Himmel mit internationaler Besetzung
Testour: Mâalouf-Festival mit traditioneller andalusischer/arabischer Musik

- **Juli**
El Djem: Klassik-Festival im Amphitheater mit renommierten Orchestern, ein Erlebnis für alle Klassikfans
Gafsa: Festspiele von El Borj – sie ziehen sich bis Mitte August hin.
Hammamet: Festival des Meeres mit Wassersportwettkämpfen, Surfen, Segeln und Strandspielen.
Tabarka: Festival de Corails, Korallenfest
Zarzis: Schwammfest. Eines der ältesten Festivals im Süden, das sich bis in den August hinzieht. In der Altstadt werden Theaterstücke aufgeführt, die wie die Musik- und Folkloredarbietungen das Leben der Landbevölkerung widerspiegeln.

- **Juli/August**
Carthage, Hammamet, Sousse: Internationale Sommerfestivals mit Künstlern aus Tunesien, dem Libanon, Ägypten und Europa mit Musik-, Theater- und Ballettaufführungen
Djerba: Festival d'Ulysse in Houmt-Souk. Die sagenhafte Ankunft von Odysseus auf der Lotophagen-Insel wird nachgespielt.
Dougga: bei Sonnenuntergang Theaterstücke im Amphitheater
Kerkennah-Inseln: Festival de la Mer mit traditionellen Trachtengruppen, geschmückten Fischerbooten und Feuerwerk
Mahdia: Les Nuits de Mahdia, Straßenfest mit Folklore, Theater und anderen Darbietungen

Monastir: Theater und Folklore auf der Strandpromenade und im Stadttheater; Licht- und Klang-Fest im Ribat
Nabeul: Konzerte und Volkstheater im Freilichttheater
Sidi Bou Saïd: Religiöses Fest der Kharja mit Umzügen zum Mausoleum des Abou Saïd

► **August**
Cap Bon: In Kelibia Filmfestival (alle zwei Jahre), Ausstellungen, Jongleure und Umzüge
Djerba: Festival de Sidi Djimour in Mellita. Pilgerfahrt zum Marabout des Sidi Djimour an der Westküste Djerbas. Festival du Cinema, Filmfestival (alle zwei Jahre). Töpferfest in Guellala. Schwammtaucherfest in Adjim
Tabarka: World Music Festival (Tabarka) für Fans internationaler Gruppen wie Las Ketchups oder Havana Mambo, moderne Berberklänge und arabische Ethno Electro

► **September**
Carthage: Internationale Film- und Theatertage.
Djerba: Régate de la Planche à Voile, Segelwettbewerb

► **Oktober**
Carthage: Octobre Musical. Auf dem Byrsa-Hügel präsentieren sich Ensembles aus verschiedenen Ländern zu Darbietungen klassischer Musik.

► **Oktober/November**
Tunis: Filmfestival mit internationalen Filmen in allen Kinos

► **November**
In vielen Orten Olivenbaum-Feste, u. a. in Kairouan, Sfax, Sousse und Mahdia, mit Jahrmarkt und Volkstänzen
Matmata: Festival de Matmata. In einem farbenfrohen Festival werden lokale Bräuche vorgestellt.
Nabeul: Festival für Kinder mit Marionettentheater aus aller Welt

► **Dezember**
Bir Lahmar-Tataouine: Oliven-Festival anlässlich der Olivenernte
Douz: Festival international de Douz, ►Baedeker Tipp S. 258
Tozeur: In Tozeur findet jedes Jahr zu Beginn der Dattelernte das internationale Oasenfestival statt. Feste Programmpunkte sind Reiterspiele, Folklorevorführungen und Kamelwettkämpfe.

Geld

Dinar und Millime

Die Landeswährung ist der tunesische Dinar (TND) zu 1000 Millimes. Es gibt Banknoten zu 5, 10, 20 und 30 Dinar, zudem Münzen im Wert von 1, 2, 5, 10, 20, 50, 100, 500 Millimes, 1 und 5 Dinar.

Wechselkurs

1 TND = 0.556 €,	1 € = 1.796 TND
1 TND = 0,952 CHF	1 CHF = 1.049 TND

Tagesaktuelle Umrechnungskurse: www.reisebank.de

Ein- und Ausfuhr von Devisen Die Ein- und Ausfuhr tunesischer Währung ist verboten. Ausländisches Bargeld und Reiseschecks unterliegen keinen Beschränkungen. Die Einfuhr von Fremdwährungen im Gegenwert von mehr als 1000 TND sollte bei der Einreise deklariert werden, damit nicht verbrauchte Beträge wieder ausgeführt werden können.
Hat man vor der Ausreise noch tunesische Dinar übrig, können am Flughafen oder Hafen (und nur dort) bis maximal 100 TND zurückgetauscht werden, jedoch nur gegen Vorlage der Umtauschbescheinigungen (die Schalter sind auch nachts geöffnet).

Geldwechsel, Geldautomaten Devisen können an den Bankschaltern in den meisten Hotels und in Banken getauscht werden. Letztere haben Mo. – Fr. 8.00 – 16.30 Uhr geöffnet. Einige Wechselstuben, z. B. in größeren Hotels, an Flughäfen, Häfen oder Grenzübergängen, sind auch samstags, sonn- und feiertags geöffnet. In allen größeren Städten gibt es **Geldautomaten** (DAB = Distributeur Automatique de Banque), an denen man mit gängigen Kreditkarten problemlos rund um die Uhr Geld abheben kann. Bei den DAB der BIAT-Bank erhält man tunesisches Geld auch mit der Bankkarte (in Kombination mit der Geheimnummer).

i Karte verloren?

- Allgemeiner Sperrnotruf:
  Tel. 00 49/116 116
  BankCard: Tel. 00 49/18 05 02 10 21
  Visacard: Tel. 001 41 05 81 99 94
  (Kostenloses R-Gespräch)
  American Express: Tel. 00 49/69 97 97 10 00

Kreditkarten Banken, größere Hotels, Restaurants der gehobenen Kategorie, Autovermieter etc. akzeptieren die meisten internationalen Kreditkarten.

Reiseschecks Reiseschecks (Travellerchecks) sind sicher und bei Vorlage der Kaufbescheinigung problemlos in allen Banken und in den Hotels ohne Abzug einlösbar.

Gesundheit

Vorsorge Reisende aus Deutschland, Österreich und der Schweiz benötigen für die Einreise nach Tunesien keine Impfungen. Generell empfehlenswert sind Impfungen gegen Polio (Kinderlähmung) und Tetanus (Wundstarrkrampf). Eine Vorbeugung gegen Typhus/Paratyphus sowie gegen Hepatitis A (Gelbsucht) wird ebenfalls empfohlen.

Krankenversicherung siehe S. 109 ►

Ärztliche Hilfe In den Fremdenverkehrsorten und größeren Städten ist die ärztliche Versorgung gut, im Landesinneren gibt es weniger Ärzte und Zahnärzte (médecins, docteurs, dentistes). In Notfällen helfen die Hotels, die örtliche Polizei (police) sowie die Landespolizei (garde nationale). Man kann sich überall auf Französisch, oft auf Englisch und in den Fremdenverkehrsorten häufig auch auf Deutsch verständigen.

Apotheken

In allen größeren Orten und Städten gibt es Apotheken (pharmacies), die neben den einheimischen auch ausländische Medikamente führen. Diese sind in Tunesien zum Teil erheblich günstiger zu haben als im Heimatland.

◄ Öffnungszeiten

Mo. – Sa. 9.00 – 13.00 und 15.00 – 19.00 Uhr, einige Apotheken sind am Samstagnachmittag bereits geschlossen. In den Tageszeitungen sowie in den geöffneten Apotheken findet man Hinweise auf Apotheken, die sonn- und feiertags geöffnet sind (pharmacie de service; weitere Hinweise ► Sprache). Ansonsten helfen während der Nacht neben jeder Hotelrezeption alle Krankenhäuser sowie die sog. Infirmeries, private Krankenpflegestationen, die gut gekennzeichnet sind.

Reiseapotheke

Die Reiseapotheke sollte – neben allen Medikamenten, die regelmäßig eingenommen werden müssen – enthalten: Mittel gegen Durchfall, Magen- und Darmerkrankungen, Schmerz- und Grippemittel, Erkältungsmittel, Antibiotika und/oder ein Sulfonamid, Desinfektionsmittel, Antiallergika (gegen Sonnenbrand, Ausschläge u. Insektenstiche), Insektenschutzmittel, Sonnenöl mit hohem Lichtschutzfaktor, Verbandsmaterial einschließlich elastischer Binde und Wund- bzw. Brandsalbe.

Trinkwasser

Das Tunesische Fremdenverkehrsamt empfiehlt, Mineralwasser zu trinken, da das Leitungswasser in den Hotels und Straßenrestaurants kein Trinkwasser, sondern stark mit Chlor versetzt ist.
Es empfiehlt sich, Wasser nicht offen, sondern in Flaschen zu bestellen, z. B. Safia oder Sabrine. Wenn man empfindlich ist, sollte man auch auf Eiswürfel im Drink und auf Speiseeis verzichten.

Sonnenschutz

Ausreichender Sonnenschutz (Kopfbedeckung, Sonnenbrille, Sonnenschutzcreme) ist unentbehrlich. Um den starken Wasserverlust des Körpers auszugleichen, sollte viel Flüssigkeit getrunken werden.

Insektenstiche

Zeigen sich nach Insektenstichen starke Schwellungen oder Rötungen, sollte man sofort einen Arzt aufsuchen.

Schlangenbiss, Skorpionstich

Wer in den Süden des Landes aufbricht, sollte festes und v. a. hohes Schuhwerk tragen, um sich vor Schlangenbissen zu schützen, keine Steine aufheben, denn darunter könnten sich die Tiere zum Schutz vor der tagsüber herrschenden Hitze zurückgezogen haben!
Ist eine Übernachtung im Zelt vorgesehen, sind – um sich vor nachtaktiven Skorpionen zu schützen – abgelegte Kleider und Schuhe, die man am nächsten Tag wieder anzieht, an einer Schnur aufzuhängen und vor dem Anziehen stets gut auszuschütteln. Im Notfall packt man den Skorpion mit Daumen und Zeigefinger am äußersten Schwanzende und lässt den Körper herunterhängen, der Griff ist jedoch für Ungeübte äußerst gefährlich.
Bei einem Stich oder Biss sollte umgehend der Arzt aufgesucht werden; ist dies nicht möglich, muss sofort sehr eng in Herzrichtung ab-

gebunden werden (mit Gürtel, Schnürsenkel, Tragegurt). Es gilt, den Verletzten sofort hinzulegen und Ruhe zu bewahren, da fast augenblicklich mit einem Blutsturz durch Schock zu rechnen ist. Die normalerweise kaum sichtbare Stich- oder Bisswunde ist sofort mit einem Messer, besser noch mit einer Rasierklinge, tief einzuschneiden, damit das Blut das Gift aus dem Körper befördert. Merke: Je kleiner die Schlange, je heller der Skorpion, desto gefährlicher sind sie.

AIDS

Gegen die Übertragung der Immunschwächekrankheit AIDS (französisch = SIDA) helfen nur die auch hierzulande empfohlenen Vorsichtsmaßnahmen. Als Hauptinfektionsweg gilt der ungeschützte Geschlechtsverkehr. Das Ansteckungsrisiko kann durch die Benutzung von Kondomen vermindert werden.

Hammam

Hammam ist die Bezeichnung für ein öffentliches Badehaus im Vorderen Orient und im Maghreb. Die Bäder ersetzten schon immer private Waschgelegenheiten und befinden sich daher jeweils im ältesten Teil der Großstädte, den Medinas.
Das Hammam stellt eine bescheidene Variante der römischen Bäder (Thermen) dar und ist mit kleinen Warm- und Kaltwasserbecken, Duschen und Ruhebänken ausgestattet. Außerdem werden Dampfbäder und Massagen angeboten. Badetücher können meistens ausgeliehen werden. Für Frauen und Männer gibt es nach Geschlechtern getrennte Badezeiten oder verschiedene Bäder.

Heilbäder

Die schon seit der Römerzeit bekannten Thermen im Norden Tunesiens sind zu Thermalbädern mit modernen Kureinrichtungen ausgebaut worden. Die bekanntesten Einrichtungen, die auch von Einheimischen gerne aufgesucht werden, sind Korbous und Aïn Oktor (beide Cap Bon), Djebel Oust, 130 m ü.d.M., ca. 30 km südlich von Tunis, und Hammam Bourguiba, 860 m ü.d.M., 40 km südwestlich von Tabarka (Informationen gibt es beim Fremdenverkehrsamt, ► Auskunft, und beim Office du Thermalisme, 8 Rue du Sénégal, 1002 Tunis-Belvédère, Tel. 71 28 74 70)

Thalasso

Die Kraft des Meeres

Das Meer, griechisch Thalasso, ist die Quelle des Lebens. Und ein Zauberwort, mit dem Tunesien anspruchsvolle Gäste ins Land locken möchte, heißt Thalassotherapie: die Verbindung der bereits in der Antike bekannten heilkräftigen Wirkung von Meerwasser, Schlamm und Algen mit Wärme und modernster Forschung. Körper und Seele werden angesprochen. In rund dreißig Thalasso-Zentren, alle in 4- und 5-Sterne-Hotels integriert, kann man sich rundum verwöhnen

Thalasso spricht Körper und Seele an.

lassen. Ein besonderer Reiz liegt in der Verknüpfung orientalischer Dampfbäder mit diversen modernen Therapien. Die Behandlungen helfen gegen Rheuma, Arthrose oder Erkrankungen der Atemwege. Seit Jahren finden auch Anti-Stress-Kuren, Spezialanwendungen z. B. für junge Mütter, Anti-Raucher-Programme und Schönheitskuren regen Anklang. Eine vollständige Liste der Thalasso-Zentren erhält man beim Fremdenverkehrsamt (►Auskunft).

Mit Kindern unterwegs

Tunesien ist kinderfreundlich

Überall in Tunesien sind Kinder willkommen, nicht nur in den Mini-Clubs zahlreicher Hotels entlang der flachen Sandstrände. Da immer nur Strand schon mal langweilig sein kann, hier ein paar Vorschläge zur Abwechslung:

Zwischen Hammamet und Sousse

Im Freizeit- und Vergnügungspark **Carthageland** in Yasmine-Hammamet wird die Geschichte Karthagos erzählt (www.cathageland.com.tn). Wem es am Strand zu heiß ist, der findet im **Blue Ice** Abkühlung. Die einzige Eislaufbahn des Landes befindet sich im Hotel Karthago (tgl. 10.00 – 24.00 Uhr; www.karthago.com.tn).
Viele in Afrika heimische Tiere wie Hyänen, Löwen, Antilopen, Giraffen, Flamingos oder auch Krokodile lassen sich im **Safaripark Friguia** zwischen Sousse und Hammamet aus nächster Nähe beobach-

Wüstenfüchse trifft man in freier Wildbahn eher selten.

ten (mit Restaurant; auch mit der Bahn zu erreichen; Informationen über das Hotel Kanta in El Kantaoui, www.hotel-kanta.com).
In den Häfen von Sousse und Port el Kantaoui stechen regelmäßig »Piratenboote« in See; Auskünfte über Abfahrtszeiten erhält man in den Hotels. Vierfachrutschen, Wasserfälle und andere Attraktionen sorgen im **Acquapalace** in Port el Kantaoui, einem Wasserspaßpark, für Unterhaltung (www.acquapalace.com).

Djerba **Djerba Explore** in der Zone Touristique (Hotelzone) direkt unter dem Leuchtturm. In dem Freizeitpark inmitten von Palmen, Bananen- und Papyruspflanzen lernen Kinder die verschiedenen Kunsthandwerke Tunesiens kennen und erfahren allerlei über Krokodile (www. djerbaexplore.com).

Tozeur **Dar Cherait** – Das Museum in ►Tozeur erzählt sehr anschaulich von der 3000-jährigen Geschichte des Landes sowie aus 1001 Nacht, so auch von Ali Baba und Sindbad dem Seefahrer. Im »Zoo du Desert« können auch Warane und ungiftige Schlangen gestreichelt werden. Außerdem gibt es hier, wie in anderen Orten Südtunesiens auch, die Möglichkeit zu einer Kameltrekkingtour mit Kindern. TRH-Reisen bietet ein speziell auf Familien abgestimmtes Ausflugsprogramm (► Ausflüge, S. 110).

Tunis Im Parc du Belvédère gibt es einen Zoo sowie ein andalusisches Café im Schatten großer Gummibäume. Die Unterwasserwelt des Mittelmeers lernt man in den Aquarien des Ozeanografischen Instituts in Salammbo/Karthago etwas näher kennen.

Knigge

Einige Tipps

Als Gast in einem islamischen Land kommt man mit einer anderen Kultur in Berührung. Wobei gleich vorweg gesagt sei: Die Tunesier sind sehr tolerant und gastfreundlich, schätzen aber die Beachtung ihrer Sitten und Gebräuche. Wer als Gast dies berücksichtigt, wird mit größerem Respekt und offener Freundlichkeit belohnt!

Verhalten in der Öffentlichkeit

Kleiderordnung

Dezente Kleidung gehört in jedes Reisegepäck. Wer durch islamische Altstädte bummeln, in Souks und Basaren stöbern will, der tut sich – vor allem als Frau – einen Gefallen, wenn die Kleidung weder hauteng und tief ausgeschnitten noch durchsichtig ist. Was in den Badeorten an lockerer Kleidung gang und gäbe ist, das kann im übrigen Land zu unschönen Belästigungen führen. Männer sollten – außer am Strand – keine kurzen Hosen tragen (die in Tunesien ohnehin verpönt sind), Frauen darauf achten, dass ein Rock übers Knie reicht, Schultern und Oberarme bedeckt sind. Von **FKK und »Oben-ohne«**-Baden ist ganz abzusehen (auch wenn Letzteres an den Stränden großer Hotels eingerissen ist). Tun Sie es nicht, es kompromittiert Hotelangestellte und schürt Vorurteile über westliche Ausländer.

> ! *Baedeker* TIPP
>
> **Tunesien verstehen**
>
> Zur Reisevorbereitung empfiehlt sich das vom Studienkreis für Tourismus und Entwicklung herausgegebene Sympathie-Magazin »Tunesien verstehen«. Es berichtet einfühlsam und verständlich nicht nur über das Alltagsleben, sondern vermittelt auch Hintergrundinformationen, Verhaltensregeln und praktische Tipps (Studienkreis für Tourismus und Entwicklung, Kapellenweg 3, 82541 Ammerland, Tel. 0 81 77/ 17 83, www.studienkreis.org).

Mann & Frau

Auch für allein reisende Frauen ist Tunesien ein sicheres Land. Trotzdem kann es Probleme mit einheimischen Männern geben, für die allein reisende Frauen ein Exotikum darstellen. Dazu lassen allerlei Klischees westliche Frauen als allzeit bereite Gespielinnen erscheinen. Eine allein reisende Frau kann einiges dazu beitragen, um Männer in gebührendem Abstand zu halten. Dezente Kleidung hilft. Zu vermeiden ist auch jede kumpelhafte Gestik. Der kleinste Körperkontakt wird häufig falsch aufgefasst, und sei es nur ein freundschaftliches Schulterklopfen. Als Frau sollten Sie generell darauf verzichten, per Anhalter zu fahren oder gar irgendwo abseits alleine zu campen. Mit Schwierigkeiten ist in Hotels, auch in kleinen, in der Regel nicht zu rechnen. Männliche Touristen müssen wiederum wissen, dass Verabredungen mit Tunesierinnen nicht ohne Weiteres möglich sind. Die Familien achten sehr darauf, dass der Ruf der Töchter nicht durch Rendezvous mit »Fremden« geschädigt wird. Tabu sind Zärtlichkeiten in der Öffentlichkeit.

Im orientalischen Café M'rabet in der Medina von Tunis: Trinken, Essen und Rauchen sind während des Fastenmonats Ramadan erst nach Einbruch der Dunkelheit wieder erlaubt.

ERST FASTEN, DANN SCHWELGEN

Während des Ramadan, des Fastenmonats, dürfen die Muslime tagsüber weder trinken noch essen. Auch andere leibliche Genüsse sind nach dem Koran untersagt. Doch nach Einbruch der Dunkelheit dürfen sie ausgelassen nachholen, was ihnen am Tag verboten war.

In den letzten Minuten kurz vor Sonnenuntergang beleben sich die zuvor wie leer gefegten Straßen. Jeder versucht schnell nach Hause zu kommen. Für die Autofahrer treten **Verkehrsregeln außer Kraft**. Rotlicht wird nicht beachtet, es gilt kein Überholverbot und kein rechts vor links, der Blinker kommt nicht zum Einsatz, Vorfahrt hat nur der Schnellste. Und Fußgänger wuseln todesverachtend im Zick-Zack zwischen den hupenden Autos über die Straße. Jetzt wird es nicht mehr lange dauern. Wenn die Sonne untergeht, ruft der Muezzin von der Moschee sein »Allahu Akhbar« und läutet damit das Ende des Tages ein. Nun endlich darf wieder gegessen und getrunken werden.

Wichtigste Zeit des Jahres

Fasten zählt neben dem Glaubensbekenntnis, dem Gebet, der Almosengabe und der Pilgerreise nach Mekka zu den **fünf Pfeilern** bzw. Hauptgeboten der islamischen Religion und der Fastenmonat Ramadan ist die wichtigste Zeit des Jahres in jedem islamischen Land. Der Fastenmonat erinnert an Mohammeds Fasten in den Bergen nahe Mekka, wohin sich der Prophet auf der Suche nach göttlicher Erleuchtung zurückgezogen hatte. Eines Nachts erschien ihm hier der Erzengel Gabriel und verkündete ihm die Worte des Heiligen Buches, des Koran. Diese Nacht, »Leilet Elkadr«, feiern die gläubigen Muslime am vorletzten Abend des Ramadan, am 27. Tag des Fastens. Dann öffne sich, so heißt es, für die besonders Frommen das »Tor des Throns« und alle ihre Wünsche werden erfüllt.

Große Belastungsprobe

Die Fastenzeit ist eine große Herausforderung für die islamischen Gläubigen. Vier Wochen lang darf tagsüber nicht getrunken, gegessen und geraucht werden und auch der Geschlechtsverkehr ist in diesen Stunden nicht erlaubt. Das tägliche Fasten beginnt mit der Morgendämmerung und endet mit dem Ruf zum vierten Gebet bei Sonnenuntergang, wenn »ein weißer Faden nicht von einem schwarzen unterschieden werden kann«. Der Ramadan wird nach dem

islamischen **Mondkalender** berechnet, der nur etwa **29 Tage** hat. Entsprechend verschiebt er sich Jahr für Jahr und bewegt sich rückwärts durch den gregorianischen Kalender. Fällt der Fastenmonat auf den Winter, ist er sicherlich besser auszuhalten als an den langen Tagen in den heißen Sommermonaten.

In der Zeit des Fastens ist mit **Einschränkungen** zu rechnen. Es fahren nicht mehr so viele Busse und Eisenbahnen; Banken, Postämter, Behörden, Tourismusbüros und Sehenswürdigkeiten haben kürzere Öffnungszeiten; zahlreiche Geschäfte, Restaurants und Cafés (ausgenommen in den Hotels) bleiben den ganzen Tag über geschlossen. Viele Berufstätige verlegen ihren Urlaub, etliche Firmen ihre Betriebsferien in den Ramadan.

Selbstverständlich gilt das Fastengebot nicht für alle; ausgenommen von dieser strengen Regel sind Kranke, Schwangere, sehr alte Menschen, Kinder unter elf Jahren – und Touristen. Allerdings sollten sich europäische Besucher mit Rücksicht auf die fastende Bevölkerung tagsüber (auch außerhalb der Touristenhotels) mit Essen, Trinken und Rauchen etwas zurückhalten; auch sollte man Verständnis dafür haben, dass das Personal in den Hotels und Restaurants, das ohne Getränke und Speisen auskommen muss, während des Ramadan oft unaufmerksam, mürrisch und übernächtigt wirkt.

Schwarze Schafe

Natürlich gibt es auch schwarze Schafe unter den Muslimen, Mogler, die gegen das Fastengebot verstoßen. Die Tatorte sind leicht zu erkennen: Cafés an der Avenue Bourguiba von Tunis zum Beispiel, deren Fensterscheiben vier Wochen lang mit schwarzer Folie verklebt sind und deren Türen nur einen Spaltbreit offen stehen. Hier treffen sich tagsüber die Ramadan-Flüchtlinge, hier wird getrunken, geraucht und eine Kleinigkeit gegessen. Am späten Nachmittag sind die »Sünder« auf der Straße daran zu erkennen, dass sie entspannt flanieren, während alle anderen mit knurrendem Magen nach Hause hetzen.

Üppiges Abendessen

So streng tagsüber Askese geübt wird, so exzessiv verlaufen die Nächte des Fastenmonats. Kaum ist nach Sonnenuntergang der Muezzin-Ruf zum vierten Gebet erschallt, eilen die Menschen nach Hause oder in die Restaurants und stürzen sich dort auf die bereits vorbereiteten Speisen. Die Ehefrauen haben meist Stunden in der Küche damit verbracht, das mehrgängige Abendessen herzurichten, das im Ramadan weitaus üppiger als in den anderen elf Monaten des Jahres ausfällt. Auf der Speiseliste stehen u. a. die scharf gewürzte »chorba«, eine Weizengrießsuppe mit Gemüse, gefolgt von einem »brik« – mit Thunfisch, Hackfleisch oder Meeresfrüchten gefüllte Teigtaschen –, und »zlabia«, in Fett gebackenes und anschließend in Honig getauchtes Gebäck, das es nur im Fastenmonat gibt. Nach dem Abendessen sind die Menschen wieder entspannter. Man trifft sich mit Freunden zu Hause oder im Café, spielt Karten oder sieht Sonderprogramme im Fernsehen, darunter ägyptische Seifenopern, die speziell für den Ramadan produziert werden. Besonders fromme Muslime suchen die Moschee zur nächtlichen Andacht und zur Koranlesung auf. Man geht ins Kino, Theater oder Konzert – in Tunis finden in den schönen alten Bürgerhäusern der Medina Musik- und Theaterveranstaltungen statt, wobei sowohl traditionelle Stücke als auch moderne Vorführungen zu sehen sind. In dieser Zeit werden die Menschen durch **mehr kulturelle Attraktionen** unterhalten als irgendwann sonst im Jahr. Und man kauft ein; vor allem die Kleidergeschäfte machen im Fastenmonat große Gewinne, denn zum Ende der Fastenzeit besorgt man sich gern etwas Neues zum Anziehen. Kurz vor Sonnenaufgang ziehen Trommler durch die Straßen und rufen zum »assohour«, einem Honigpfannkuchen, den die Kinder besonders mögen.

Der Fastenmonat endet mit dem Fest **»Aïd Es Seghir«**, zu dem die Kinder von ihren Eltern u.a. neue Kleider geschenkt bekommen und das die Gläubigen im neuen Aufzug begehen – als Symbol für die vollzogene geistige und körperliche Erneuerung. Zu diesem Fest sind die Muslime angehalten, Almosen an die Armen zu geben bzw. ihre Abendmahlzeit mit den Bedürftigen zu teilen.

Kein Erfolg

Während des Ramadan nimmt die Produktion in islamischen Ländern dramatisch ab, der Konsum hingegen steigt. Der erste tunesische Staatspräsident **Habib Bourguiba** versuchte das Fasten zu unterbinden. Bemüht um die Modernisierung des Landes, vertrat er die Ansicht, es müsse allen arbeitenden Menschen erlaubt sein, während des Fastenmonats auch tagsüber zu essen und zu trinken. Im Februar 1960, mitten im Ramadan, trank er – am helllichten Tag – vor Fernsehkameras ein Glas Orangensaft. Er konnte während seiner langjährigen Regierungszeit viel im Land modernisieren, doch mit dem Aufruf zum Fastenbrechen hatte Bourguiba keinen Erfolg.

Beach-Boys

In gut besuchten Fremdenverkehrsorten gibt es überraschend sprachgewandte »Beach-Boys«, junge Tunesier, die allein reisenden Urlauberinnen ihre Unterhaltungskünste anbieten. Ist man daran nicht interessiert, empfiehlt es sich, die Angebote kurz und bündig und vor allem eindeutig zurückzuweisen. In der Regel zieht der Abgeblitzte ab.

Alkohol

Alkohol, dessen Konsum der Islam den Gläubigen verbietet, gibt es in so gut wie allen Hotels und Restaurants mit entsprechender Lizenz. Dort kann man auch ungestört trinken. Tabu ist es, sich mit Alkohol in der Öffentlichkeit, z. B. auf der Straße, zu zeigen oder diesen dort gar zu trinken.

Drogen

Wer im Besitz von Drogen ist, muss in Tunesien mit hohen Geld- und Gefängnisstrafen (ohne Verhandlung) rechnen. Die Gefängnisstrafen müssen auch von Ausländern voll abgebüßt werden. Wer jemals wegen eines Drogendeliktes in Tunesien im Gefängnis saß, erhält Landesverbot auf Lebenszeit.

◄ Warnung!

Ramadan

Während des Fastenmonats auf der Straße zu essen, zu trinken oder zu rauchen verbietet sich aus Respekt gegenüber den Fastenden. In Hotels, vielen Restaurants und Cafés kann man wie gewohnt konsumieren (►Baedeker Special S. 130).

Betteln

Betteln ist dem europäischen Reisenden zwar nicht unbekannt, es hat jedoch in islamischen Ländern eine andere Bedeutung. Im Islam ist die »Sakat«, das Almosengeben, eines der heiligsten Gebote der Religion (► S. 37). Dem sollten auch die Nichtmoslems Rechnung tragen, indem sie hin und wieder etwas Geld geben. Bettelnden Kindern sollte man jedoch nichts geben, um ihrer sozialen Verwahrlosung keinen Vorschub zu leisten. Aufdringliche Halbwüchsige weist man mit »Ma'fisch bakschisch« (»es gibt nichts«) ab.

Fotografieren und Filmen

Wie in vielen islamischen Ländern ist das Fotografieren von Personen problematisch, da der Koran das Abbilden von Menschen als Sünde ansieht. In den großen Städten und Touristenzentren, aber auch an anderen Orten mit touristischen Sehenswürdigkeiten haben sich viele Menschen auf das Fotografiertwerden eingestellt. Sie akzeptieren es, wenn man nicht aufdringlich ist und vorher durch Gesten Zustimmung einholt. Nicht selten wird jedoch anschließend ein kleines **Entgelt** erwartet. Kinder lassen sich im Allgemeinen noch problemlos fotografieren, aber auch sie fordern bisweilen Geld.

Das Fotografieren von Gläubigen bei der Ausübung ihrer Religion ist geschmacklos, das gleiche gilt für das Ablichten von Armut.

Streng verboten ist das Fotografieren von militärischen Anlagen, Brücken sowie öffentlichen Gebäuden, die beflaggt sind.

In **Museen** ist allgemein gegen Gebühr das Fotografieren und Filmen erlaubt.

Fremdenführer Obwohl man sich auch als Ortsunkundiger relativ leicht in den tunesischen Städten orientieren kann, wird deren Besuch wesentlich erleichtert, wenn man sich einem offiziellen Fremdenführer (Guide) anvertraut. Die Belästigungen und Beeinträchtigungen durch ständiges Angeredetwerden und Abwehrenmüssen, die aus manchem Bummel einen Spießrutenlauf machen, hören schlagartig auf. Für Ausflüge in die Wüste sind Führer **überlebenswichtig**. Bevor man sich einem **inoffiziellen Führer** anvertraut, sollte man sich zur Sicherheit dessen Personalausweis zeigen lassen. Auch der Preis sollte vorher ausgehandelt werden. Die unbestimmte Aussage »Geben Sie, was Sie wollen!« führt fast immer anschließend zu Problemen. Günstig ist es, sich vorab zu informieren (z. B. beim Fremdenverkehrsamt oder in den Hotels). Die Ausbildung der **offiziellen Führer** erfolgt in einer der Tourismusschulen des ONTT und dauert zwei Jahre. Sie müssen mindestens zwei Fremdsprachen beherrschen; in letzter Zeit wird zunehmend deutsch gesprochen. Auch offizielle Führer, die an ihrem sichtbar getragenen Abzeichen (mit Foto) zu erkennen sind und sich zusätzlich durch einen vom Ministerium für Tourismus ausgestellten Dienstausweis identifizieren können, sind manchmal bei/in den großen Hotels oder an den Eingängen der Medinas anzutreffen. In der Regel werden sie aber telefonisch (über das Hotel) oder direkt beim Büro des ONTT oder des Syndicat d'Initiative engagiert. Die Preise für offizielle Führer sind festgelegt. Sie können bei den oben genannten Ämtern bzw. vor Beginn der Führung erfragt werden. War die Führung einwandfrei, freut sich der »Guide« über ein Trinkgeld.

Mehr sehen: mit fachkundigem Führer durch die Ausgrabung in Dougga

Moscheen Seit 1972 dürfen Nichtmoslems in Tunesien die Gebetsräume der Moscheen nicht mehr betreten. Öffentlich zugänglich sind in den Vormittagsstunden (außer freitags) jedoch meistens die Innenhöfe. Ausnahmen bilden aufgegebene Moscheen wie z. B. auf Djerba, die auch innen besichtigt werden können.

Trinkgeld Angesichts der niedrigen Löhne spielen Trinkgelder (pourboire, bakschisch) in Tunesien eine große Rolle. Viele Familien sind auf das zusätzliche Einkommen angewiesen. Kellner, Zimmerpersonal sowie

Fremdenführer erwarten Trinkgelder, das im Voraus erteilt, insbesondere in Hotels oft Wunder bewirkt. Bei Taxifahrten rundet man den angezeigten Betrag auf. Bei ganztägigen Ausflugsfahrten erhalten Busfahrer und Fremdenführer ein zusätzliches Trinkgeld. Kinder bekommen z. B. für die Bewachung des Autos, Botengänge und andere Dienstleistungen ebenfalls ein kleines Trinkgeld. Da praktisch alle mit einem Trinkgeld rechnen, ist es ratsam, stets Kleingeld mit sich zu führen. Im Hotel und Restaurant gibt man 10 bis 15 % des Rechnungsbetrages.

Tunesien privat

Begrüßung und Konversation

Der Handschlag ist zur Begrüßung üblich. Unter Männern werden – wenn man sich gut kennt – auch Wangenküsse und Umarmungen ausgetauscht. Das Thema des Gesprächs, insbesondere eines Tischgesprächs, ist natürlich frei. Über Politik wird nicht geredet. Geradezu (über-)empfindlich reagiert der tunesische Gesprächspartner, wenn man zu erklären versucht, warum im Land vieles schief gehe und der Westen alles viel besser mache. Beim Thema Religion vermeide man es, sich als Atheist zu outen. An gar keinen Gott zu glauben ist eine Haltung, die in Tunesien selten verstanden wird.

Einladung

Einladungen, vor allem zum Tee, werden gerne und oft ausgesprochen. Sollten Sie die Einladung einer Familie akzeptieren, dann bringen Sie ein **Gastgeschenk** mit. Blumen sind als Mitbringsel bei Weitem nicht so beliebt wie eine Torte, Süßigkeiten oder Mitbringsel von zu Hause wie gutes Schreibgerät, Feuerzeuge, Zigaretten oder Tabak. Es ist übrigens nicht üblich, Geschenke vor den Augen des Schenkenden auszupacken. Die gleiche Gastfreundschaft wird natürlich auch vom Touristen erwartet, wenn er im Gegenzug bei sich zu Hause in Europa besucht wird.

Literaturempfehlungen

Bildband

H. Dollkopf, R. Neumann, »Tunesien, Kulturlandschaft zwischen Meer und Wüste«, Stürtz, 1990. Einfühlsame Fotografien und ein kenntnisreicher Text erschließen Tunesien.

Michael Martin, »Die Wüsten der Erde«, Frederking und Thaler, 2006. Prachtvoller Bildband mit Beiträgen der UNO anlässlich des Wüstenjahres 2006.

Kinder- und Jugendliteratur

Elke Böhr, Susanne Pfisterer-Haas, »Odysseus«, Philipp von Zabern, 2006. Die Abenteuer des listigen Helden für Kinder erzählt und illustriert.

Eoin Colfer, »Benny und Omar«, Beltz und Gelberg, 2001. Der 12-jährige Benny zieht mit seiner Familie nach Tunesien, wo er dem gleichaltrigen Omar begegnet. Mit viel Sprachwitz kommentiert der irische Autor, wie in den Personen der beiden Jungen Europa und Afrika aufeinandertreffen.

Literatur aus und über Tunesien

Hans-Ulrich Wagner (Hrsg.), »Tunesien – ein literarisches Porträt«, Insel Taschenbuch, 1997. Der Herausgeber hat bunt gesammelt: Literaten, Künstler, Abenteurer; sie alle besuchten Tunesien vor dem Zeitalter des Pauschaltourismus. Ihr Blick ist auf das ihnen fremde orientalische Leben gerichtet. Vielleicht verführen ihre Schilderungen den einen oder anderen Leser dazu, »seine Rundreise auch einmal als literarischer oder künstlerischer Spurensucher einzurichten«.

Erdmute Heller, Hassouna Mosbahi, »Arabische Erzählungen der Gegenwart«, Neue Orientalische Bibliothek, 1997. 33 moderne Erzählungen von Autorinnen und Autoren, u. a. auch aus Tunesien, fächern das Spektrum der arabischen Gegenwartsliteratur auf.

Heinrich von Maltzahn, »Meine Pilgerfahrt nach Mekka«, Edition Erdmann, 1982. Die Erkundung des islamisch-arabischen Kulturraumes war der Lebenstraum Heinrich von Maltzahns. 1860 reiste der Autor als Moslem verkleidet und mit dem Pass eines algerischen Haschischrauchers nach Mekka.

Albert Memmi, »Die Fremde«, Suhrkamp, 2000. Der Erzähler, Tunesier und Jude, der in Paris sein Medizinstudium abgeschlossen hat, kehrt mit seiner Frau, einer Elsässerin, nach Tunis zurück. Der Roman aus den 1950er-Jahren beschreibt die Schwierigkeiten der Frau, sich in Tunesien zurechtzufinden.
Derselbe: »Die Salzsäule. Biographischer Roman«, Europäische Verlagsanstalt, 1995. In diesem Buch erzählt A. Memmi (geb. 1920) die Geschichte seines Lebens. Er wächst als Sohn einer Berberin und eines jüdischen Schuhmachers in Tunis auf. Als begabter Schüler besucht er ein französisches Gymnasium und gerät damit zwischen verschiedene Kulturen und Welten.

Karl May, »Durch die Wüste«, Karl-May-Verlag. Kara Ben Nemsis und Hadschi Halef Omars Ritt durch die Wüste Nordafrikas löst ein faszinierendes Abenteuer aus, dessen Folgen den Leser sechs Bände lang in Atem halten!

Habib Selmi, »Bajjas Liebhaber«, Lenos, 2006. Mit Wärme und Respekt, Witz und Ironie entwirft der Autor ein poetisches und zugleich realistisches Bild vom ländlichen Tunesien: Tag für Tag treffen sich vier alte Männer unter einem Olivenbaum im tunesischen Sahel, wo sie ungestört ihren Erinnerungen nachhängen oder sich an alten Geschichten ergötzen.

Helge Sobik, »Die Flecken im Fell des Leoparden. Tunesische Arabesken«, Picus Verlag, 2002. Der Reisejournalist und Tunesienkenner berichtet anschaulich über seine Wüstenreisen.

Gisbert Haefs, »Hannibal – Der Roman Karthagos«, Heyne Verlag, 1999. Spannende Biografie Hannibals und die Geschichte vom Untergang Karthagos.

Sachbücher

Wolf-Ulrich Cropp, »Tunesien, Landschaft, Tier- und Pflanzenwelt«, Landbuchverlag, 1989. Der Autor stellt die Naturschönheiten Tunesiens mit seiner wenig bekannten Tier- und Pflanzenwelt vor.

W. Herzog, »Der Maghreb«, Beck Verlag, 1990. Länderkunde.

Lucian O. Meysels, »Brennpunkt der Kulturen. Geschichte und Gegenwart«, Herbig, 2004. Der Werdegang Tunesiens mit einem Ausblick in die Zukunft, von einem profunden Kenner der Region skizziert.

Sihem Bensedrine, Omar Mestiri, »Despoten vor Europas Haustür. Warum der Sicherheitswahn den Extremismus schürt«, Kunstmann Verlag, 2005. Ein Buch über die Politik im Maghreb, herausgegeben von zwei kritischen tunesischen Journalisten. (Um Ärger mit den Behörden zu vermeiden, sollte man dieses Buch lieber nicht auf eine Tunesienreise mitnehmen.)

A. Schimmel, »Der Islam, eine Einführung«, Reclam, 1991

Wahid Ben Alaya, »Kauderwelsch Tunesisch-Arabisch«, Reise Know-How Verlag, 2000
Ein Sprachführer, der die wichtigsten grammatischen Grundkenntnisse vermittelt und typische Sätze aus dem tunesischen Alltagsleben aufgreift.

Landkarten

Das OTC (Office de la Topographie et de la Cartographie, www.otc.nat.tn) bietet gutes Kartenmaterial:
Djerba, Route de l'Airport, Tel. 75 65 34 33, Fax 75 65 36 38
Médenine, Centre, Route de Gabès, Tel. 75 64 03 12, Fax 75 64 05 88
Kebili, Route 7 Novembre, Tel. 75 49 32 07, Fax 75 49 32 07

Medien

Radio und Fernsehen

Über Kurzwelle (6075 kHz, 9545 kHz) sind die Sendungen der Deutschen Welle zu empfangen (info@dw-world.de). Der tunesische Rundfunk sendet täglich von 9.00 bis 10.00 Uhr in deutscher Sprache. Die meisten Hotels sind mit Satellitenschüsseln ausgestattet, über die man auch deutsche Programme empfangen kann.

Zeitungen, Zeitschriften In größeren Städten, Ferienorten und in fast allen Hotels gibt es Läden mit meist ein oder mehrere Tage alten deutschen Tageszeitungen (quotidien, journal) und Zeitschriften (revue) zu kaufen.

Notrufe

Autopanne Organisierte Straßenhilfsdienste existieren in Tunesien nicht. Bei Pannen heißt es deshalb warten, bis ein technisch versierter, hilfsbereiter Autofahrer hält und hilft. In **Notfällen**, insbesondere bei Verkehrsunfällen, wendet man sich an Afrique Assistance oder Karthage Assistance, die technische Hilfe landesweit vermitteln, an die Nationalgarde (Landespolizei, garde nationale), die im ganzen Land Straßenkontrollen durchführt, oder an die nächste Polizeidienststelle (police). Die Automobilklubs haben nur beratende Funktion (u. a. für Fahrten in die Wüste) und stellen auf Wunsch Kartenmaterial zur Verfügung.

Diebstahl Eigentumsdelikte werden von den lokalen Polizeidienststellen (Commissariats) aufgenommen.

WICHTIGE RUFNUMMERN

IN TUNESIEN

- **Notruf landesweit**
  Tel. 197

- **Feuerwehr/Zivilschutz**
  Tel. 198

- **National Automobile Club de Tunisie (NACT)**
  29, Avenue Habib Bourguiba
  1001 Tunis
  Tel. 71 24 11 76 und 71 35 02 17

- **Touring Club de Tunisie**
  15, Rue d'Allemagne
  1001 Tunis
  Tel. 71 24 31 82 und 71 24 31 14

- **Afrique Assistance**
  Tel. 71 79 99 99

- **Karthage Assistance**
  Tel. 71 36 36 01

  Die beiden letztgenannten Organisationen helfen auch im Umgang mit Behörden. Allerdings sind Französisch- oder Englischkenntnisse zur Verständigung notwendig.

IN DEUTSCHLAND

- **ACE-Notrufzentrale Stuttgart**
  Tel. 00 49/18 02/34 35 36

- **ADAC-Notrufzentrale München**
  Beratung nach Unfällen:
  Tel. 00 49/89/22 22 22
  Ambulanz
  Tel. 00 49/89/76 76 76

- **DRK-Flugdienst Bonn**
  Tel. 00 49/228/23 00 23
- **Deutsche Rettungsflugwacht Stuttgart**
  Tel. 00 49/711/70 10 70
- **ÖAMTC-Notruf Wien**
  Tel. 00 43 /1/982 82 82
- **Schweizer Rettungsflugwacht**
  Tel. 00 41/333 333 333

Öffnungszeiten

Ladenschlussgesetz Es gibt in Tunesien kein Ladenschlussgesetz.

Behörden Sommer: Mo. – Sa. 7.00 – 15.00; Winter: Mo. – Do. 8.00 – 13.00 und 15.00 – 18.00 (während des Fastenmonats Ramadan nur 8.00 bis 14.00), Fr., Sa. 8.00 – 12.00 Uhr.

Geschäfte Täglich außer an Sonn- und Feiertagen 9.00 – 12.00, 14.00/15.00 bis 20.00 Uhr. Einige Läden haben montags oder freitags geschlossen.

Lebensmittel Sommer: Mo. – Sa. 6.00 – 13.00, 16.00 – 21.00; Winter: Mo. – Sa. 7.00 bis 13.00, 15.00 – 20.00 Uhr; viele Geschäfte (Hanout) sind die ganze Nacht hindurch geöffnet.

ONAT/Socopa Mo. – Sa. 9.00 – 12.30, 15.00 – 19.00 Uhr (►Shopping).

Museen Die Museen sind meist montags und an offiziellen ►Feiertagen geschlossen, sonst täglich 9.00 – 12.00 und 14.00/15.00 – 17.30 Uhr.

Weitere Informationen Touristenbüros ►Auskunft; Banken ►Geld; Postämter ►Post · Telekommunikation

Post · Telekommunikation

Telefonieren Auslandsgespräche können in Tunesien von allen Postämtern, den sog. Taxiphones oder Publitel-Stationen sowie den meisten Hotels, wenn auch hier vielfach nur über die Rezeption vermittelt, geführt werden. Am günstigsten telefoniert man mobil mit Prepaid-Karten. Tunis Telecom verkauft sie in Postämtern. Das Netz deckt ganz Tunesien gut ab.

◄ Mobil telefonieren

Internet Internetanschluss gibt es praktisch in jedem Hotel. Gegen eine Gebühr wird die Verbindung freigeschaltet. Internetcafés heißen in

Tunesien **Publinet**. Öffentliche »Publinets« befinden sich zwischenzeitlich in allen größeren Städten Tunesiens, so auch im Süden (Standorte bei der Post erfragen). Nutzer müssen sich ausweisen, die personenbezogenen Daten werden in einer Liste erfasst.

VORWAHLEN

► **Von Deutschland, Österreich und der Schweiz ...**
... nach Tunesien: 00 216
Danach folgt die 8-stellige Rufnummer.

► **Von Tunesien ...**
... nach Deutschland: 00 49
... nach Österreich: 00 43
... in die Schweiz: 00 41
Die Null der nachfolgenden Ortsvorwahl entfällt.

Post
Öffnungszeiten ►
Postämter (bureau des postes) gibt es in allen Städten und Ortschaften. Sie sind ganzjährig bis auf den Fastenmonat Ramadan Mo. – Fr. 8.00 – 12.00 und 15.00 – 18.00, Sa. 8.00 – 12.00 geöffnet; während des Fastenmonats Ramadan: Mo. – Sa. 8.00 – 15.00 Uhr.

Briefmarken
Tunesische Briefmarken (timbres) sind häufig von einheimischen Künstlern gestaltet und sehr beliebt. Sie werden sowohl in den Postämtern als auch in Tabakwarenläden, einigen Zeitschriftenläden und in den Hotels verkauft. Das Porto nach Europa beträgt für Karten (cartes postales) und Briefe (lettres) bis 20 g 600 Millimes. Alle Auslandssendungen werden auf dem Luftweg befördert.

Preise · Was kostet wie viel?

WAS KOSTET WIE VIEL?

Doppelzimmer
ab 40 €

Mahlzeit
ab 6 € (einfach)

Kaffee
ca. 80 Cent

Bier
ca. 2,50 € (im Hotel)

Benzin
1 l Super ca. 60 Cent

Einladendes kleines Café auf der Kasbah in Hammamet

Reisezeit

Reisen mit dem Wetter

Die klimatisch günstigsten Reisemonate sind das Frühjahr und der Herbst (Oktober/November). Für einen Badeaufenthalt ist der Herbst dem relativ frischen Frühjahr deutlich überlegen (Djerba im Oktober: Luft 26 °C/Wasser 24 °C; im April: Luft 22 °C/Wasser 17 °C). Der Sommer ist nur am Meer relativ erträglich, wobei der Erholungswert von Juni bis September durch eine leichte bis mäßige Schwüle zusätzlich eingeschränkt ist. Reisen ins Landesinnere sollte man im Frühjahr oder Spätherbst unternehmen. Touren im Winter erfordern immer warme Bekleidung. Die kühle Jahreszeit ist besonders auf Djerba nicht zu verachten: So scheint im Januar die Sonne hier und in Südtunesien durchschnittlich 70 % der astronomisch möglichen Zeit, das sind 6,7 Std./Tag oder ebensoviel wie in einem normalen deutschen Sommer. **Achtung**: Die extremen Bedingungen der Wüste erfordern neben der richtigen Bekleidung (Sonnen- und Kälteschutz) vor allem einen ausreichenden Wasservorrat, da der Körper erhebliche Wassermengen verdunstet ohne dass man großen Durst empfindet.

◄ Auf Djerba lässt es sich überwintern!

Shopping

Viele tunesische Altstädte gleichen einem üppig bestückten Souvenirmarkt. Das Angebot ist (fast) ausschließlich auf Touristen gerichtet und gleicht sich mehr oder weniger. Umso erfindungsreicher bemühen sich die Verkäufer, Kontakt zu möglichen Kunden herzustellen, um diese in ihren Laden zu bekommen. Die Vehemenz, mit der einige Händler zu Werke gehen, kann mitunter sehr lästig werden, lässt aber auch erahnen, unter welch gewaltigen Erfolgsdruck sie stehen.

Einige Tipps zum Handeln

Zum Kauf gehört, insbesondere im Souk, das Handeln um den Preis. Eine Preisvorstellung erhält man, wenn man vor dem Einkauf einen Socopa-Laden besucht (►S. 144).

Da in Tunesien **Preisauszeichnungspflicht** besteht, sind generell alle Waren mit Preisen ausgezeichnet. Das Gesetz schreibt jedoch nicht vor, dass es sich dabei um den Endpreis handeln muss, daher sind meist Fantasiepreise angegeben. Das Bezahlen mit Devisen ist nur dort erlaubt, wo mit Kreditkarten bezahlt werden kann. Das ist deutlich an den Aufklebern zu erkennen.

? WUSSTEN SIE SCHON ...?

- Die Verkaufsverhandlungen sind häufig bühnenreif. Aber mit etwas Gespür lässt sich herausfinden, welchen Preis der Händler wirklich erzielen muss (um zu überleben) und bei welchem Preis beide, sowohl Händler als auch Kunde, ihr Gesicht wahren können. Solchermaßen gewappnet, kann man sich ans Feilschen wagen, was bei den Händlern im Souk absolute Pflicht ist. Als Faustregel kann gelten, dass bei einer Einigung bei etwa einem Drittel des zuerst geforderten Preises beide Seiten zufrieden sein können.

Märkte, Souks

Der Begriff Souk ist aus dem arabischen Souq = Markt, Marktstraße abgeleitet (siehe auch Houmt-Souk = Marktviertel) und bedeutet einmal der Wochenmarkt der Landbevölkerung (im Kapitel »Reiseziele« werden in der Regel die jeweiligen **Markttage** der Orte genannt) sowie der Platz, auf dem er abgehalten wird. Zum anderen bezeichnet er die zentralen, häufig überdachten Marktbereiche der Medinas mit ihren Geschäften und Handwerksläden, die den Basaren der hocharabischen und persischen Städte entsprechen.

In der Stadt ►

Die Souks der Städte sind deren alte Einkaufs- und Handelszentren. Sie bestehen aus einer Vielzahl verwinkelter, enger Marktstraßen, die oft als Sackgassen (derb; impasse) enden. Sie sind straßenweise und viertelsweise nach Gewerben eingeteilt, sodass die Läden und Handwerksbetriebe der gleichen Art nebeneinander liegen. Hier findet man fest installierte Läden und ständig bestehende Märkte, die damit den Bedürfnissen einer städtischen Bevölkerung entsprechen und täglich außer freitagnachmittags und/oder sonntags geöffnet sind (in den Fremdenverkehrsorten häufig auch sonntags). Zunehmend werden Souvenirs angeboten, daneben gibt es Handwerksprodukte und moderne, industrielle Erzeugnisse. Die Ladenbesitzer sind Händler, vor allem Großhändler.

◄ Auf dem Land

Die Souks auf dem Land haben dagegen auch heute noch die Funktion des zentralen Wochenmarktes. Ihr Besuch ist unbedingt zu empfehlen. Sie finden meist nur einmal in der Woche an gleichbleibenden Tagen statt. Auf ihnen wird alles angeboten, was zum täglichen Leben benötigt wird, angefangen von Nahrungsmitteln über Kleider, Geschirr, Metallwaren aller Art, Weidenkörbe und andere Flechtartikel, Gebrauchskeramik, Lederwaren, Gewürze, Teppiche, Schmuck bis hin zu modernen Haushaltsgeräten, Plastikartikeln und Elektrowaren. In einem abgeteilten Bezirk des Platzes ist häufig auch ein Viehmarkt zu finden, wo meist Schafe, Ziegen und gelegentlich Dromedare und Esel gehandelt werden. Im Gegensatz zu den städtischen Souks bieten auf den ländlichen noch immer die Erzeuger ihre landwirtschaftlichen und handwerklichen Produkte selbst an, obgleich auch hier der Anteil der professionellen Händler steigt.

Plüschkamele in Reih' und Glied

Warenvielfalt

Außer den üblichen Souvenirs gibt es regionaltypische Erzeugnisse, die im Kapitel »Reiseziele« auch erwähnt werden. Im Folgenden eine kleine Auswahl: Antiquitäten wie alter Schmuck, Keramik und andere Gebrauchsgegenstände, Holz-, Keramik- und Lederarbeiten wie Brieftaschen, Taschen, Alben, Buchhüllen, Gürtel; Sitzkissen, Geschirr, Wandteller, Vasen, Blumentöpfe, Wandkacheln; Schmuck- und Schmiedehandwerk wie Kerzen- und Wandleuchter, Armreifen, Fußringe, Ketten und Gürtelspangen; Kupfer- und Messingwaren wie Kaffee- und Teekannen, Blumenkübel, Tabletts; Flechtarbeiten, Taschen, Tischläufer; besticktes Leinen, u. a. Blusen, Decken, Wäsche und tunesische Marionetten. In den Souks wird auch Parfüm und Kosmetik angeboten wie Rosenöl, Jasmin, Rosen- oder Geranienwasser, Henna (► S. 42) und Khol. Originelle und preiswerte, jedoch auch zerbrechliche Mitbringsel wie Sand- bzw. Wüstenrosen sind sehr beliebt und im Süden nahezu überall und in vielen Größen erhältlich; ferner Trommeln und Geschnitztes aus Oliven- und Dattelpalmenholz (Tozeur, Nefta). Im Gebiet des Phosphatabbaus gibt es schöne Mineralien und Versteinerungen.

ONAT/Socopa Wer sicher sein will, dass er – sowohl hinsichtlich der Echtheit eines Teiles als auch beim Bezahlen eines gewissen Preises – nicht übervorteilt wird, sollte sich vor dem Kauf in den ONAT/Socopa-Läden (Office National de l'Artisanat und Société de Commercialisation des Produits de l'Artisanat) eingehend erkundigen. Hier werden viele kunstgewerbliche Artikel, darunter auch Teppiche, zu **Festpreisen** verkauft. Diese Läden gibt es in allen größeren Städten und in den Fremdenverkehrsorten.

Gewürze Schöne Mitbringsel sind auch die vielen bunten Gewürze, darunter Fenchelsamen, Süßholz, Rosenblüten, Minze, Safran und jede Menge Henna, entweder als pudriges Pulver, grobe Körner, hartschalige Nüsse oder spröde Wurzeln. Beim Großteil des recht billig angebotenen Safrans handelt es sich um eine Mischung aus Curry, Kurkuma, Paprika und einem Hauch Safran. Echter Safran wird in Form von kleinen, rötlichen Fäden in Glasfläschchen angeboten und ist letztendlich teurer als in Europa.

Maße und Gewichte In Tunesien ist, wie auch in Deutschland, Österreich und der Schweiz, das metrische System für Maße und Gewichte gebräuchlich.

Teppiche

Wissenswertes Die Teppichweberei/-knüpferei ist eines der ältesten Kunsthandwerke Tunesiens. Die **Teppichfarben** spiegeln häufig die Farben des Landes wider: Purpur, Blau, Grün, Schwarz und Weiß findet man in helleren und dunkleren Schattierungen, oft getrennt durch ein Wüstengelb, ähnlich den Sanddünen. Für Sammlerstücke nimmt man Farben auf pflanzlicher Basis, moderne Teppichfarben werden chemisch erzeugt; daneben gibt es naturfarbene Teppiche (Alloucha; Allouch = Schaf) aus der Wolle der Schafe in Schwarz, Weiß und Braun, die, oftmals gemischt, unterschiedliche Farbwirkungen erzielen. Farbbäder für besondere Nuancen werden auf dem Gütezeichen (► unten) vermerkt.

Geknüpft oder gewoben Es gibt geknüpfte und gewobene Teppiche, wobei bei geknüpften Teppichen die Knotenzahl wichtig ist: sie variieren zwischen 12 000 und 500 000 Knoten/m². Nach der Anzahl der Knoten werden folgende Gewebeklassen unterschieden: »Supérieure« sind Teppiche mit 90 000 bis 250 000 Knoten/m², »Premier choix« mit über 40 000 Knoten/m² und »Deuxième choix« mit über 12 000 Knoten/m². Seidenteppiche haben in der Regel mehr als 500 000 Knoten/m².

Verschiedene Teppiche Als Inbegriff tunesischer Teppichkunst gilt der sog. **Kairouan** (► Baedeker Special S. 146). Der **Guétifa** ist ein geknüpfter Berberteppich mit zwischen drei und fünf Zentimeter langen Wollfäden. Seine Muster sind Variationen ausgehend von Dreiecken und Rauten. Der **Mergoum** ist ein sehr fest gewebter Teppich mit Berbermotiven wie Bän-

Tunesische Teppiche warten auf Käufer.

der, Zick-Zack-Linien, Punkte, Rauten, Drei- und Rechtecke. Die Fäden der Knoten hängen an der Teppichrückseite heraus. Aus der Kombination von Geknüpftem und Gewobenem entsteht der Klim oder **Kelim** mit geometrischen und/oder figürlichen, hauptsächlich berberischen Motiven wie Fische und Augen (Glücksbringer), Landschaften, stilisierten Tieren oder Personen. Die Teppiche gibt es u. a. auf Djerba, in Sbeïtla und Oudref zu kaufen.

Makramée

Weniger als Teppich denn als Wandbehang, Blumenampel u. a. wurde in den 1970er-Jahren auch bei uns diese Kombination aus Gewobenem, Geknüpftem und Zöpfen immer beliebter: Richtig angeordnet, ergibt diese Machart schöne Reliefs oder interessante Muster.

Garantie- bzw. Gütezeichen

Auf der Rückseite echter Teppiche haften zwei bis drei Etiketten. Eines ist mit dem Siegel des tunesischen Staates verplombt (Teppiche ohne diese Plombe dürfen nicht exportiert werden); außerdem muss eine Kontrollnummer zu lesen sein, unter welcher die Ware offiziell eingetragen wurde (Hinweise auf Personalangaben des Künstlers, Herstellungsort, Datum, Maße, Gewicht, Oberfläche, Gewebe, Qualitätsniveau u. a.). Nicht unbedingt erforderlich sind die Etiketten des Herstellers bzw. des Unternehmers mit Angabe von beispielsweise Serie, Name und Fabrikname.

GEKNÜPFTE MEISTERWERKE

Tunesische Teppiche genießen seit über 2500 Jahren hohes Ansehen. Als Inbegriff tunesischer Teppichkunst gilt der »Kairouan«, ein Knüpfteppich, der allerdings erst im 19. Jh. von den Osmanen in Tunesien eingeführt wurde.

Im **5. Jh. v. Chr.** priesen die Dichter Griechenlands die »Teppiche und bestickten Kissen von Karthago«. Das Aghlabiden-Emirat von Kairouan bezahlte im 9. Jh. n. Chr. den Tribut an den Kalifen von Bagdad mit noblen Teppichen und Webereien. Im 15. Jh. ließ der König von Neapel Wollteppiche aus Tunis kommen, um damit seine Paläste zu schmücken.

Türkischer Einfluss

Tunesiens bekanntestes Zentrum der Herstellung von Orientteppichen ist Kairouan. Ausschlaggebend hierfür war die Einführung des Ghordesknotens Mitte des 19. Jh.s durch die Osmanen. Beim **Ghordesknoten** wird der Wollfaden um zwei Kettfäden herumgeschlungen und unter der Schlinge wieder hervorgezogen; anschließend zieht man den Knoten fest und schneidet den Faden in der gewünschten Länge ab. Der Ghordesknoten, auch symmetrischer bzw. türkischer Knoten genannt, eignet sich besonders für die Gestaltung geometrischer Muster. Der Überlieferung nach soll **Kamla**, die Tochter eines türkischen Gouverneurs, die Frauen aus Kairouan diesen Knüpf-Knoten gelehrt haben. Kamla selbst habe zwei Jahre gebraucht, um den ersten Teppich zu knüpfen, den sie dann der Stadt schenkte. Seither verbreitete sich die auf dem Ghordesknoten basierende Kairouaner Teppichknüpferei in ganz Tunesien.

Der »Kairouan«

Die Kairouan-Teppiche sind handgeknotet und aus reiner Schafswolle. Man unterscheidet zwei Typen. Der **klassische »Kairouan«** übernahm Einflüsse u. a. aus regionaler Handwerkskunst, Glauben sowie Keramik- und Stickereidekorationen. Parallel haben sich die Paletten warmer und lebendiger Farben vervielfacht; so entstand eine Abstufung von Purpur, Blau, Grün, Schwarz und Weiß, abgegrenzt durch das Gelb der Wüste. Auch die die Teppiche schmückenden Motive sind sehr unterschiedlich – das klassische Motiv weist ein zentrales, meist sechseckiges Feld sowie mit stilisierten Ornamenten übersäte Eckfelder und Rahmenbänder auf, in denen sich geometrische und Blumenmuster abwechseln.

Zu Beginn des 20. Jh.s schuf eine Familie aus Kairouan den **»Alloucha«**, einen fein geknoteten rustikalen Teppich aus dicker Wolle. Im Unterschied zum vielfarbigen klassischen Kairouan ist der Alloucha farblich auf die natürlichen Töne der Schafswolle begrenzt – von Schwarz bis Weiß über alle Schattierungen von Grau, Braun und Beige. Mit seinen zarten Farben hatte dieser Teppich so großen Erfolg, dass ihn viele Tunesier inzwischen als den echten Kairouaner betrachten.

Herstellung

Ende der 1950er-Jahre gründete der Staatspräsident Habib Bourguiba den **ONAT** (Office National de l'Artisanat Tunisien; ► S. 144), u.a. um die Produktion von Kairouan-Teppichen zu fördern, die bis dahin von Frauen und Mädchen in Heimarbeit geknüpft worden waren. Damals ließ der ONAT Frauen in der neuen Technik ausbilden, Manufakturen errichten und die Teppiche zentral vermarkten. Heute überprüft das staatliche Büro jeden einzelnen Teppich, versieht ihn mit einem **staatlichen Gütesiegel** und gibt eine Preisempfehlung.

In Kairouan arbeiten einige Tausend Frauen in der Teppichherstellung, junge Mädchen vorwiegend in Manufakturen, verheiratete Frauen zu Hause. Gekauft wird die Wolle bei kleinen Wollhändlern in der Medina.

Verkauf

Am Montag-, Mittwoch- und Samstagnachmittag finden im überdeckten Souk von Kairouan direkt hinter dem Bir Barouta **Teppichversteigerungen** statt. Dort befinden sich auch die Magazine der Teppichgroßhändler, die fast nur an Teppichhäuser verkaufen, selten an Privatkunden. Während der Versteigerung drängeln sich in der engen Gasse Zuschauer und Interessenten, auch die Großhändler sind anwesend. Von den Frauen beauftragte Verkäufer laufen nun, mit Teppichen auf ihren Schultern, die Gasse auf und ab. Zeigt jemand Interesse, wird der Teppich ausgerollt, die Qualität überprüft und nach lautem Feilschen ein Preis festgelegt. Dann fragt der Träger die Knüpferin, ob sie den Betrag akzeptiert, und zahlt ihr schließlich die Summe abzüglich einer Provision aus. Die hier ausgehandelten Endpreise liegen weit unter denen in einem Teppichladen – die Knüpferinnen erhalten wenig für die harte wochenlange Arbeit, die eigentlichen Gewinner bei diesem Geschäft sind, wie so oft, die Händler.

Kontrolle Alle Teppichmerkmale (Nummer, Maße, Knotenzahl, Gewicht, Muster, Farbe sowie der Kaufpreis in der Landeswährung) müssen im Kaufvertrag stehen; das Etikett auf der Rückseite des Teppichs und der Kaufvertrag sollten auf Übereinstimmung geprüft werden. Um Verwechslungen bei der Lieferung auszuschließen, sollte man auf dem Kontrolletikett des Teppichs mit seinem Namen unterschreiben.

Kauf per Nachnahme Bei einer Anzahlung von rund 30 % übernehmen die Teppichgeschäfte den Versand per Nachnahme nach Europa, wo allerdings noch Zoll zu zahlen ist. Dazu muss die Kaufquittung vorgelegt werden. Der laut Vertrag genannte zu bezahlende Betrag darf nur in tunesischer Landeswährung ausgestellt sein.

Quittungsbeleg, Zoll Für Länder der EU und für die Schweiz besteht bei der Ausfuhr Zollfreiheit. Bei Erhalt der Ware ist die Einfuhrumsatzsteuer, die der gesetzlichen Mehrwertsteuer entspricht, zu entrichten. Auf jeden Fall sollte man sich einen Quittungsbeleg der Rechnung geben lassen und diesen sorgfältig aufbewahren, um ihn bei der Ausreise beim Zoll vorweisen zu können, wenn man die Ware selbst ausführt.

Sprache

Allgemeines Als Pauschalurlauber auf Djerba und als Teilnehmer an organisierten Ausflügen in den Süden des Landes kommt man mit Deutsch ganz gut zurecht. Als Individualtourist und abseits der bekannteren Routen braucht man Grundkenntnisse im Französischen, da die Sprache der ehemaligen Kolonialmacht als Verkehrs- und Bildungssprache auch heute noch eine große Rolle spielt. Englisch ist außer in Hammamet weniger verbreitet.

Arabisch Die arabische Sprache wird von rund 200 Millionen Menschen in Afrika und Vorderasien gesprochen und unterscheidet sich grundsätzlich von den indoeuropäischen Sprachen. Dies gilt für die Schrift, die von rechts nach links geschrieben wird, bis auf die Zahlen, die wie bei uns von links nach rechts gelesen werden. Die Vokale »a« (alif), »i« (ija) und »u« (wau) werden zum Teil geschrieben, zum Teil ergeben sie sich aus den vorherigen Buchstaben. Meist werden nur die 28 Konsonanten geschrieben. Diese werden, je nachdem, ob sie am Anfang, in der Mitte oder am Ende eines Wortes stehen, anders geschrieben. Eine allgemein gültige Transkription besteht nicht; Probleme bereitet hier u. a. die Tatsache, dass es im Arabischen Laute gibt, die im lateinischen Alphabet keine Ent-

? WUSSTEN SIE SCHON ...?

- Die Umgangssprache in Tunesien ist nicht Hocharabisch. Es handelt sich vielmehr um einen westarabischen Dialekt, der außerdem auch in Algerien und Libyen gesprochen wird.

Arabisches Alphabet

Name des Buchstabens	Alleinstehend	Nur mit dem vorhergehenden Buchstaben verbunden	Von beiden Seiten verbunden	Nur mit dem folgenden Buchstaben verbunden	Transkription	Aussprache
Alif	ا	ـا	—	—	'ā	fester Vokaleinsatz
Be	ب	ـب	ـبـ	بـ	b	b
Te	ت	ـت	ـتـ	تـ	t	t
The	ث	ـث	ـثـ	ثـ	ṯ	th (wie in englisch »thing«)
Dschim	ج	ـج	ـجـ	جـ	ǧ	dsch, g
Ha	ح	ـح	ـحـ	حـ	ḥ	h (stark gehaucht)
Cha	خ	ـخ	ـخـ	خـ	ḫ	ch (wie in »Sache«)
Dal	د	ـد	—	—	d	d
Dhal	ذ	ـذ	—	—	ḏ	dh (wie in englisch »the«)
Re	ر	ـر	—	—	r	r (Zungen-r)
Sej	ز	ـز	—	—	z	s (wie in »Sense«)
Sin	س	ـس	ـسـ	سـ	s	s (wie in »ß«)
Schin	ش	ـش	ـشـ	شـ	š	sch (wie in »Schule«)
Sad	ص	ـص	ـصـ	صـ	ṣ	s (wie »ß«; emphatisch)
Dad	ض	ـض	ـضـ	ضـ	ḍ	d (emphatisch)
Ta	ط	ـط	ـطـ	طـ	ṭ	t (emphatisch)
Za	ظ	ـظ	ـظـ	ظـ	ẓ	z, tz, ts (emphatisch)
Ain	ع	ـع	ـعـ	عـ	ʿ	Kehlpreßlaut
Ghein	غ	ـغ	ـغـ	غـ	ġ	gh, r (velarer Reibelaut)
Fe	ف	ـف	ـفـ	فـ	f	f
Qaf	ق	ـق	ـقـ	قـ	q	k, q (velar)
Kaf	ك	ـك	ـكـ	كـ	k	k (palatal)
Lam	ل	ـل	ـلـ	لـ	l	l
Mim	م	ـم	ـمـ	مـ	m	m
Nun	ن	ـن	ـنـ	نـ	n	n
He	ه	ـه	ـهـ	هـ	h	h (stets auszusprechen)
Waw	و	ـو	—	—	w(ū)	u, w (wie englisch »w«)
Je	ى	ـى	ـيـ	يـ	y(ē, ī)	j, y (wie in englisch »yes«)

sprechung haben und daher z. B. im Englischen, Französischen und Deutschen unterschiedlich dargestellt werden. Die Transkription in diesem Buch folgt im Wesentlichen der französischen Umschreibung, die jedoch in sich auch nicht immer stimmig ist. So wird z. B. der Laut »dsch« mal mit »j« und mal mit »dj« wiedergegeben (Djerba oder Jerba).

Ausspracheregeln

ch = sch
dh = wie englisches th, aber weicher
gh = rh (Zäpfchen-r)
kh = ch (wie in Koch)
h = gehauchtes h
gue, gui = ge, gi
j, dj = sche (wie in Frz. jour), dsch(e)
r = immer Zungen-r
s = immer stimmlos als ß (wie in süß)
z = immer stimmhaft wie s (wie in Rose)
ou = u
w = wie englisches w
e = wird, wenn es am Ende eines Wortes steht, nicht gesprochen
eu = ö
q = k (als Kehllaut gesprochen)
y = j

Basiswortschatz Arabisch

Wochentage

Sonntag	el had
Montag	el tnin
Dienstag	el tlata
Mittwoch	el arba
Donnerstag	el chemis
Freitag	el dschemâa
Samstag	el sebt

Zeitangaben

Jahr	sanna
Monat	schahr
Woche	usbûah (simana)
Tag	n'har
Morgen	sobach
Abend	laschia
Nacht	lil
Stunde	sa'a

Heute	el yum
Gestern	yamess (gestern Abend) elbarah (gestern Nachmittag) ems (tagsüber)
Jetzt	taua
Später	m'bâad
Sofort	taua
Morgen	bukra
Übermorgen	baad bukra

Zahlen

0	sifr	15	chamstasch
1	wahed	16	sattasch
2	(i)tnin oder susch	17	sabatasch
3	tlata	18	tmantasch
4	arba'a	19	tsatasch
5	chamsa	20	aschrin
6	setta	30	tlatin
7	seba'a	40	arbain
8	tmenja	50	chamsin
9	tsa'a	60	settin
10	aschra	70	sabain
11	hedasch	80	tmanin
12	tnasch	90	tsain
13	tlatasch	100	mia
14	arbatasch	1000	alf

Unterkunft

Haus	dar
Hotel (einfaches)	foundok
Hotel (besseres)	hotel, nusl
Gepäck	debech
Zimmer	bit (pl. biut)
Bad	hammam
Bett	ferch

Essen und Trinken

Restaurant	mahtâam
Frühstück	ftur
Mittagessen	ghda
Abendessen	la'ascha
Durst	atasch

Suppe	schorba
Gemüseeintopf mit Fleisch	taschin
Ich bin durstig	rani atschan(a)
Bitte zahlen	habit chalas oder fatura
Brot	chobs
Fleisch	leham
Fisch	huta
Salz	melh
Kaffee	kawa
Tee	schei, thé
Wasser	mä oder moja
Milch	halib
Zucker	sokkar

Reise und Verkehr

Auto	siara, karaba
Bus	büs, kar
Tankstelle	kiosk
Werkstatt	garage
Reifen	pnö (franz.), ajla (arab.)
Öl	sit
Motor	mutur
Polizei	schurta

Einige Redewendungen

Guten Tag/Willkommen	marhaba
Gruß für alle Gelegenheiten	salam, assalama
Antwort	marhaben
Guten Morgen	s'bâh el-cheir
Guten Abend	m'sâ el-cheir
Gute Nacht	liltek saida
Auf Wiedersehen	beslama
Herr	sidi
Frau	lalla
Geben Sie mir ...	atini ...
Haben Sie ...	ândik ...
Ich habe nicht ...	ma'andisch ...
Wie bitte?	neschnu
Ich heiße ... (Josef)	ana ismi ... (Youssouf)
Ich bin ... (Josef)	ana ... (Youssouf) (das Verb »sein« gibt es im Arabischen nicht)
Deutschland	Almanja
Ich bin Deutscher/Deutsche	ana Almani/Almania
... Österreicher/in	ana Nimsaui/Nimsauia

Kunstvoller Berberteppich

... Schweizer/in	ana Swissri/Swissria
Sprechen Sie ...	tkâlâm anta (anti) ...
... Arabisch?	arabia?
... Deutsch	almaniya
... Französisch	fransaui (suri)
... Englisch	l'inglesiya
Ich verstehe nicht	ana ma âfhamsch
Entschuldigung	samachni
Ich möchte bitte	min fadlak
Danke	schukran, saha
(förmlich)	barak-allahu fik
Nein danke	la barak-allahu fik
Hör zu	afak, asma
Verzeihung	samachni
Guten Appetit	schaia taiba
Ja	na'am
Nein	la
Achtung	balek
Vorsicht, Achtung	balek, (Pl.) balkum
Gut	behi, kwois
Schön	mezian, jamil
Schlecht	duni, chaib
Wie viel?	asch-hal, geddesch
Viel	ktir, besäf
Zu viel	bezzaid, barscha, halba

Wenig/Genug	schu'ia, schwoia/ikfi, barka
Geld	fluus
Komm her/Verschwinde!	ijja, taale/emschi!
Lass mich in Ruhe!	châlini fhâli!
Bring, bringt	dschib, (Pl.) dschibu
Nimm weg	eddi, (Pl.) eddin
Schau her/Nimm	schuff, (Pl.) schuffu/hak
Es macht nichts	meiselsch
Das ist egal, gleichgültig	kif-kif
Wie bitte?	na'am
Kein, nichts	mekensch, ma fisch
Ich will nicht, kommt nicht in Frage	menhebesch
Kein Geld	mandeksch fluus
Wo (ist ein) Hotel, Bus etc.	wen fonduk, kar etc.
Wo kann ich ...	uen mumkin ana ...
Das ist zu teuer	rhali jasser
Was kostet das?	gadesch?

Sprachführer Französisch

Auf einen Blick

Ja/Nein	Qui/Non
Vielleicht	Peut-être
Bitte/Danke	S'il vous plaît/Merci
Gern geschehen	De rien
Entschuldigen Sie!	Excusez-moi!
Wie bitte?	Comment?
Ich verstehe nicht	Je ne comprends pas
Ich spreche nur ein wenig Französisch	Je parle un tout petit peu français
Können Sie mir bitte helfen?	Pouvez-vous m'aider, s. v. p.?
Sprechen Sie Deutsch?	Parlez-vous allemand?
Englisch?	anglais?
Ich möchte ...	J'aimerais ...
Das gefällt mir nicht.	Ça me ne plaît pas.
Haben Sie ...?	Vous avez ...? Avez-vous ...?
Wie viel kostet es?	Combien ça coûte?
Wie viel Uhr ist es?	Quelle heure est-il?

Kennenlernen

Guten Morgen / Tag!	Bonjour!
Guten Abend!	Bonsoir!

Das Berberdorf Toujane in schöner Berglandschaft

Hallo! / Grüß dich!	Salut!
Tschüss!	Salut!
Wie ist Ihr Name, bitte?	Comment appelez-vous?
Wie heißt du?	Comment t'appelles tu?
Wie geht es Ihnen / dir?	Comment allez-vous / vas-tu?
Danke. Und Ihnen / dir?	Bien, merci. Et vous-même / toi?
Auf Wiedersehen!	Au revoir!

Unterwegs

links	à gauche
rechts	à droite
geradeaus	tout droit
nah / weit	près / loin
Wo bitte ist ...?	Pardon, où se trouve ..., s.v.p.?
Wie weit ist das?	C'est à combien de kilomètres d'ici?
Welches ist der kürzeste Weg nach / zu...?	Quel est le chemin le plus court pour aller à ...?
Ich habe eine Panne	Je suis en panne
Würden Sie mir bitte einen Abschleppwagen schicken?	Pouvez-vous m'envoyer une dépanneuse, s.v.p.?
Gibt es hier in der Nähe eine Werkstatt?	Est-ce qu'il y a un garage près d'ici?

... ist defekt	... est défectueux
Entschuldigung, wo ist bitte die nächste Tankstelle?	Pardon, où est la station-service la / le kiosque le plus proche?
Ich möchte ... Liter	... litres, s.v.p.
Super	du super
Diesel	du gasoil
Bleifrei	du sans-plomb
Voll tanken, bitte	Le plein, s.v.p.

Unfall

Hilfe!	Au secours!
Achtung!	Attention!
Rufen Sie bitte schnell ...	Appelez vite ...
... einen Krankenwagen	... une ambulance
... die Polizei	... la police
... die Feuerwehr	... les pompiers
Es war meine Schuld.	C'est moi qui suis en tort.
Es war Ihre Schuld.	C'est vous qui êtes en tort.
Geben Sie mir bitte Ihren Namen und Ihre Anschrift!	Donnez-moi votre nom et votre adresse, s.v.p.!

Essen/Unterhaltung

Wo gibt es hier ...	Où se trouve ...
... ein gutes Restaurant?	... un bon restaurant?
... ein nicht zu teures Restaurant?	... un restaurant pas trop cher?
Gibt es hier ein gutes Café?	Y-a-t'il un café sympa dans le coin?
Reservieren Sie uns bitte für heute Abend einen Tisch für 4 Personen.	Veuillez réserver une table pour ce soir, pour quatre personnes.
Wo sind bitte die Toiletten?	Où sont les toilettes, s.v.p.?
Auf Ihr Wohl!	A votre santé / A la vôtre!
Bezahlen, bitte	L'addition, s.v.p.
Hat es geschmeckt?	C'était bon?
Das Essen war ausgezeichnet.	Le repas était excellent.

Übernachtung

Können Sie mir bitte ... empfehlen?	Pourriez-vous ... me recommander ...?
... ein gutes Hotel	... un bon hôtel
... eine Pension	... une pension de famille

Haben Sie noch ...?	Est-ce que vous avez encore ...?
... ein Einzelzimmer	... une chambre single
... ein Zweibettzimmer	... une chambre double/pour deux personnes
... mit Bad	... avec salle de bain
... für eine Nacht/Woche	... pour une nuit/semaine
Was kostet das Zimmer mit ...	Quel est le prix de la chambre, ...
... Frühstück?	... petit déjeuner compris?
... Halbpension?	... en demi-pension?

Krankheit

Können Sie mir einen guten Arzt empfehlen?	Pourriez-vous recommander un bon médecin, s.v.p.?
Ich habe ... Schmerzen.	J'ai ... du mal.
Durchfall	de la diarrhée
Fieber/Halsschmerzen	de la fièvre/mal de gorge
Husten/Schnupfen	un toux/une rhume
Kopfschmerzen	mal à la tête
Magenverstimmung	des maux d'estomac
Sonnenbrand	un coup de soleil
Zahnschmerzen	mal aux dents
Ich bin zuckerkrank	J'ai du diabète
Verletzung	blessure
Nehmen Sie die Medikamente ...	Prenez les médicaments ...
vor/nach dem Essen	avant/après les repas
dreimal täglich	trois fois par jour
nach ärztlicher Anweisung	selon prescription du médecin
Abführmittel	purgatif
Aspirin	aspirine
Beruhigungsmittel	calmant
Eisenkraut	verveine
Heilmittel	remède
Kamille	camomille
Mullbinde	gaze
Pflaster	sparadrap
Puder	poudre
Salbe	crème, pommade
Tabletten	comprimés
Tropfen	gouttes

Bank

Wo ist hier bitte ...	Pardon, je cherche ...
... eine Bank.	... une banque.
Ich möchte ... Euro	Je voudrais changer ... euro

(Schweizer Franken)	(francs suisses)
in Dinar wechseln.	en dinar.

Post

Was kostet ...	Quel est le tarif pour affranchir/ Combien coûte ...
... ein Brief ...	... une lettre ...
... eine Postkarte ...	... une carte postale ...
... nach Deutschland?	... pour l'Allemagne?
... nach Österreich?	... pour l'Autriche?
... in die Schweiz?	... pour la Suisse?

Zahlen

0	zéro	20	vingt
1	un/une	21	vingt et un/une
2	deux	22	vingt-deux
3	trois	30	trente
4	quatre	40	quarante
5	cinq	50	cinquante
6	six	60	soixante
7	sept	70	soixante-dix
8	huit	80	quatre-vingt
9	neuf	90	quatre-vingt-dix
10	dix	100	cent
11	once	200	deux cent
12	douze	1000	mille
13	treize	2000	deux mille
14	quatorze	10 000	dix mille
15	quinze		
16	seize	1/2	un demi
17	dix-sept	1/4	un quart
18	dix-huit		
19	dix-neuf		

Carte / Speisekarte

Petit déjeuner	Frühstück
café noir	schwarzer Kaffee
café au lait	Kaffee mit Milch
café décaféiné	koffeinfreier Kaffee
thé au lait/au citron	Tee mit Milch/Zitrone
tisane	Kräutertee
chocolat	Schokolade

Auf dem Weg nach Hause

jus de fruit	Fruchtsaft
œuf mollet	weiches Ei
œufs brouillés	Rühreier
œufs au plat	Spiegeleier
pain/petits pains/toasts	Brot/Brötchen/Toast
croissant	Hörnchen
beurre	Butter
fromage	Käse
charcuterie	Wurst, Aufschnitt
jambon d'dinde	Truthahnschinken
miel	Honig
confiture	Marmelade
yaourt	Jogurt
fruits	Obst

Soupes et Hors-d'óuvres / Suppen und Vorspeisen

consommé de poulet	Hühnersuppe
crudités variées	Rohkostteller
pâté de campagne	Bauernpastete
pâté de foie	Leberpastete
salade niçoise	grüner Salat, Tomaten, Ei, Käse, Oliven, Thunfisch

saumon fumé	Räucherlachs
soupe à l'oignon	Zwiebelsuppe
soupe de poisson	Fischsuppe

Viandes / Fleisch

agneau	Lammfleisch
bifteck	Steak
bœuf/veau	Rindfleisch/Kalbfleisch
côte de bœuf	Rindskotelett
escalope de veau	Kalbsschnitzel
filet de bœuf	Rinderfilet
foie	Leber
gigot d'agneau	Lammkeule
grillades	Grillplatte
mouton	Hammelfleisch
porc	Schweinefleisch
rognons	Nieren
rôti	Braten
sauté de veau	Kalbsragout
steak au poivre	Pfeffersteak
steak tartare	Tatar

Poissons, crustaces et coquillages / Fische, Krusten- und Schalentiere

cabillaud	Kabeljau
calamar frit	gebratener Tintenfisch
daurade	Goldbrasse
lotte (de mer)	Seeteufel
loup de mer	Seewolf
maquereau	Makrele
morue	Stockfisch
perche	Barsch
petite friture	gebratene kleine Fische
rouget	Rotbarbe
sandre	Zander
sole au gratin	überbackene Seezunge
truite meunière	Forelle Müllerin
turbot	Steinbutt
coquilles Saint-Jacques	Jakobsmuscheln
crevettes	Garnelen, Krabben
homard	Hummer
huîtres	Austern
moules	Miesmuscheln
plateau de fruits de mer	verschiedene Meeresfrüchte

Karthago: Wo einst die punische Kriegsflotte vor Anker lag, dümpeln heute Fischerboote vor sich hin.

Légumes, pâtes et riz / Gemüse, Teigwaren und Reisgerichte

artichaut	Artischocke
choucroute	Sauerkraut
chou farci, chou-fleur	Kohlroulade, Blumenkohl
épinards	Spinat
fenouil	Fenchel
haricots (verts)	(grüne) Bohnen
nouilles	Nudeln
oignons	Zwiebeln
petits pois	Erbsen
poivrons	Paprika
pommes dauphine/duchesse	Kartoffelkroketten
pommes de terre	Kartoffeln
pommes de terre sautées	Bratkartoffeln
pommes natures	Salzkartoffeln
riz au curry	Curryreis
tomates	Tomaten

Desserts et fromages / Nachspeisen und Käse

charlotte	Süßspeise aus Löffelbiskuits mit Früchten und Vanillecreme

crème Sabayon	Weinschaumcreme
flan	Karamellpudding
fromage blanc	feiner Quark
fromage de chèvre	Ziegenkäse
gâteau	Kuchen
glace	Eis
pâtisserie maison	Gebäck nach Art des Hauses
profiteroles	mit Eis gefüllte Windbeutel mit warmer Schokoladensoße
tarte aux pommes	Apfelkuchen
tarte tatin	umgestürzter, karamellisierter Apfelkuchen
yaourt	Joghurt

Fruits / Obst

abricots	Aprikosen
cerises	Kirschen
fraises	Erdbeeren
framboises	Himbeeren
macédoine de fruits	Fruchtsalat
pêches	Pfirsiche
poires	Birnen
pommes	Äpfel
prunes	Pflaumen
raisins	Trauben

Liste des Consommations / Getränkekarte

vin	Wein
un (verre de vin) rouge	ein Glas Rotwein
un quart de vin blanc	ein Viertel Weißwein
un pichet de rosé	ein Krug (20 bis 50 cl) Roséwein
bière	Bier
bière pression	Bier vom Fass
... blonde	... helles
... brune	... dunkles
bière bouteille	Flaschenbier
sans alcool	alkoholfrei
bière sans alcool	alkoholfreies Bier
eau minérale	Mineralwasser
jus de fruits	Fruchtsaft
jus d'orange	Orangensaft
lait	Milch
limonade	Limonade
petit-lait	Buttermilch

Übernachten

Hotels

Die Hotels sind in fünf Kategorien eingeteilt; ihre Preise unterliegen staatlicher Aufsicht. Die Bewertungsskala reicht vom Luxushotel (fünf Sterne) über das Mittelklassehotel (vier oder drei Sterne) bis zur Beherbergungsstätte für einfache oder sehr einfache Ansprüche (zwei Sterne oder nur ein Stern). Ferner gibt es Feriendörfer (Village de Vacances, V. V.) und Marhalas, Etappenunterkünfte.

◄ Preise

Die Preise liegen in der Vor- und Nachsaison bis zu 30 %, in der Zwischensaison noch etwa 20 % und in der sog. Basse saison, Mitte Januar bis eine Woche vor Ostern und vom 15. Oktober bis zum 20. Dezember, sogar um ca. 50 % niedriger. Außerhalb der Hauptsaison kann man handeln (aber vor der Anmeldung und nicht im Nachhinein). Eine vollständige Hotelliste ist beim Tunesischen Fremdenverkehrsamt (►Auskunft) erhältlich.

Camping und Caravaning

In Tunesien gibt es nur wenige offizielle Campingplätze mit Waschgelegenheit (Duschen), Stromanschluss und Restaurant bzw. Einkaufsmöglichkeiten. Die meisten sind außerhalb der Hauptsaison geschlossen. Wildes Zelten bzw. Campen ist nicht verboten; es empfiehlt sich jedoch, den Grundstückseigentümer um Erlaubnis zu bitten bzw. die zuständige Stadtverwaltung oder Polizeibehörde zu benachrichtigen. Jeglicher Abfall gehört eingesammelt und an richtiger Stelle entsorgt. Infolge von Hitze und Trockenheit besteht akute Brandgefahr. In der Hochsaison stellen einige Hotels in den Touristenzentren einfache Plätze für Wohnmobile zur Verfügung.

Jugendherbergen

Jugendherbergen (Auberge de jeunesse, Maison des jeunes, Centre de jeunesse et de vacances) gibt es in den meisten größeren Orten. Sie stehen jedem offen, der im Besitz eines gültigen internationalen Jugendherbergsausweises ist. Voranmeldung – für Gruppen obligatorisch – ist in der Hochsaison in jedem Falle ratsam.

◄ Voranmeldung

ÜBERNACHTEN

HOTELS IN TUNESIEN

► **Preise**

Die im Kapitel »Reiseziele von A bis Z« empfohlenen Hotels sind in folgende Preiskategorien eingeteilt (Übernachtung im Doppelzimmer mit Frühstück):
Luxus: über 120 €
Komfortabel: 60 – 120 €
Günstig: bis 60 €

CAMPINGPLÄTZE

► **Bizerte**

R'Mel/Bizerte Campement Forêt, auf dem Gelände der Jugendherberge am R'Mel-Strand

► **Djerba**

Camping Sidi Ali, neben dem Hotel Sidi Slim am Séguia-Strand nahe Aghir
Tel. 75 75 00 21, Fax 75 75 00 02

Centre des Vacances de la Jeunesse
Aghir, gegenüber dem Hotel Homère, dem ehemaligen Hotel Sina, einfache Bungalows und Stellplätze für Selbstversorger
Tel. 75 75 03 66, Fax 75 75 04 35

► **Douirat**
Centre de Camping et des Vacances
Tel. 75 86 05 30, Fax 75 86 22 32 (für Selbstversorger)

► **Douz**
Camping Desert Club
Im Palmenhain hinter dem Viehmarkt
Tel. 75 47 05 75, Fax 75 47 04 03
Centre des Stages et Vacances, Jugendcamp ca. 2 km Richtung Matmata; v. a. Jugendgruppen

► **Gabès**
Camping et Centre des Jeunes
Petite Jara

► **Gafsa**
Neben dem Centre d'Hébergement pour des Jeunes, gegenüber dem Maison des Jeunes
Tel. 76 22 02 68

► **Hammamet**
Camping Caravaning Samaris, 7 km westlich von Hammamet an der Straße nach Sousse
Tel. 72 22 63 53

► **Kebili**
Chez Arafat, Station Nefzaoua, Route de Blidet
Tel. 98 56 76 63 und 75 49 27 10

► **Ksar Ghilane**
L'Erg
120 Betten, Tel. 75 43 41 08
Fax 75 43 40 17

Ksar Ghilane
120 Betten, Tel./Fax 75 45 04 62

Le Paradis
120 Betten, Tel. 75 90 05 02

Pansea
120 Betten, Tel. 75 90 05 21 und 71 89 32 57, Fax 71 84 61 29

► **Midès**
Einfachst-Campingplätze Nomad, Canyon und l'Oasis im Palmenhain von Midès

► **Nabeul**
Camping les Jasmins, kleiner Platz unter Oliven- und Orangenbäumen, Tel. 72 28 53 43, Fax 72 28 50 73

► **Tataouine**
Mabrouk
Ca. 3 km außerhalb an der Straße nach Chenini, neben dem Restaurant Mabrouk

► **Tozeur**
Bédouina
Empfehlenswerter Campingplatz im Nachbarort Degache, ca. 9 km in Richtung Kebili
Tel. 76 42 02 09

Les Beau Rêves
Ca. 1,5 km außerhalb vom Zentrum an der Av. A. Chebbi
Tel. 76 45 33 31, Fax 76 45 42 08

JUGENDHERBERGEN

► **Auskunft in Deutschland**
Deutsches Jugendherbergswerk
DJH Service GmbH
Bismarckstr. 8
32756 Detmold
Tel. 0 52 31/740 10
Fax 74 01 49
www.djh.de

▸ **In Tunesien**
Association Tunisienne des Auberges des Jeunes
10, Rue Ali Bach Hamba
B. P. 320
1015 Tunis
Tel. 71 35 32 77, Fax 71 24 13 87
ataj@planet.tn
www.atatj.planet.tn
Hier gibt es eine Liste aller Jugendherbergen in Tunesien.

Urlaub aktiv

Breites Angebot

Neben zahlreichen Aktivitäten wie Morgengymnastik, Aerobic, Bogenschießen, Judo, Volleyball, Trampolinspringen bis zum nächtlichen Break-Dance u. v. a., die in den Feriendörfern der verschiedenen Clubs und von vielen Hotels angeboten werden, kann in Tunesien nahezu auch jede andere Sportart betrieben werden. Nur das **Nachtleben** ist wenig entwickelt und findet, wenn überhaupt, in den größeren Hotels in den Ferienorten statt.

Angeln/Fischen

Unter Freizeitanglern sind die folgenden drei Fischfangmethoden bekannt: Angeln mit Haken, mit unsichtbarem Netz und mit vertikalem Takel. Amateuranglern stellt die Tauchschule der S.H.T.T. in Monastir, Tel. 73 46 01 56, freitags ihr Boot »El Kahlia« (auch Minikreuzfahrten möglich) mit Angelruten und Schleppnetz zur Verfügung. Andernorts kann, wer Lust hat, professionelle tunesische Fischer auf ihren täglichen Ausfahrten begleiten.

Fahrradfahren

Für Ausflüge in die nähere Umgebung können Fahrräder entweder in den Hotels oder bei örtlichen Anbietern gemietet werden. Auskünfte erteilen die Hotels oder Clubleitungen in Feriendörfern.

Fallschirmfliegen

Zu einer in den letzten Jahren immer beliebter gewordenen Sportart gehört das Fallschirmfliegen über dem Meer: Ein Motorboot zieht den Flugschüler am Schirm, der durch den Auftrieb in die Lüfte gehoben wird, weit aufs Meer hinaus; etwa 10 bis 15 Minuten dauert das Vergnügen (Achtung: Sonnenschutz nicht vergessen!).

Golf

In den tunesischen Golfklubs sind ausländische Spieler willkommen, sofern sie einen Mitgliedsausweis von einem anerkannten Golfklub vorweisen können. Gegenwärtig gibt es Clubs in Tabarka, Tunis-La Soukra, Hammamet und Yasmine-Hammamet, El Kantaoui, Monastir (2 Clubs) sowie auf Djerba; ein weiterer in Tozeur wird zur Zeit gebaut. Weitere Hinweise enthält die Broschüre »Golf in Tunesien«, zu beziehen über das Fremdenverkehrsamt, sowie bei der Féderation Tunisienne de Golf, P. O. Box 179, 1009 El Ouardia, Tel. 71 39 66 12 und 71 49 28 77, Fax 71 39 66 12.

In El Kantaoui sind auch ausländische Golfspieler willkommen.

Heißluft-ballonfahrten Am Nordrand des Chott el Djerid wird auch das Fliegen mit Heißluftballons angeboten. Auskünfte erteilen die Hotelrezeptionen, das ONTT in Tozeur und Nefta sowie Ballooning 2000, Dr.-Rudolf-Eberle-Str. 5, 76534 Baden-Baden, Tel. 0 72 23/600 02/3, Fax 600 05, www.ballooning2000.de und Aéroasis, Station für Fesselballons, Tozeur, Tel. 71 78 84 66 und 76 45 15 00.

Landsegeln Eine interessante Sportart ist das Landsegeln (»Speedsail«) in den Weiten des Chott el Djerid: Das dreirädrige Gestell mit Steuer und Sitzgelegenheit wird mittels Segel vorangetrieben, die Geschwindigkeit mithilfe von Fußpedalen, Bremse und Segelstellung geregelt; weitere Auskünfte im Hotel El Djerid in Tozeur (Tel. 76 45 45 03).

Reiten Einige Hotels verfügen über eigene Pferde und Reitlehrer, andere können Reitmöglichkeiten vermitteln. Auch gibt es Reiseveranstalter, die Reitprogramme für Anfänger und Könner anbieten. Informationen sind bei den örtlichen Reisebüros sowie beim Fremdenverkehrsamt erhältlich (►Auskunft).

Segeln, Surfen und Tauchen In einigen Ferienhotels und -Klubs sowie an verschiedenen Strandabschnitten können Segelboote und Surfbretter gemietet und Kurse belegt werden. Auskünfte erteilen Hotels und Klubs.

Bestes Tauch- und Schnorchelrevier in Tunesien ist Tabarka. Hier bieten verschiedene Tauchzentren ihre Dienste an (►Tabarka). Aber auch andere Ferienorte, u. a. Djerba, Port el Kantaoui oder Mahdia, bieten Tauchkurse und -möglichkeiten (Informationen beim Fremdenverkehrsamt, ►Auskunft, und bei der Vereinigung für Unterwassersport (FAST, B. P. 46, Cité el Mahrajène, 1001 Tunis, Tel. 71 23 40 41).

Möglichkeiten zum Wasserskifahren oder Wellenreiten gibt es an vielen Stränden.

Wasserski, Wellenreiten

Von den wichtigsten europäischen Mittelmeerhäfen ist die tunesische Küste nur 100 bis 400 Seemeilen entfernt. Nicht nur die Landschaft, sondern auch die Liegeplätze in den Jachthäfen sowie die vereinfachte Abwicklung bei der Ankunft in den Marinas machen Tunesien für den Skipper zu einem reizvollen Ziel. Schöne und gut ausgestattete Jachthäfen gibt es u. a. in Tabarka, Bizerte, Sidi Bou Saïd, Port el Kantaoui, Monastir und Yasmine-Hammamet. Weitere Häfen mit Anlegemöglichkeiten gibt es u. a. in La Goulette, Kelibia, Mahdia, Sfax, Houmt-Souk und Adjim (Djerba). Weitere Hinweise enthält die Broschüre »Yachting in Tunesien«, zu beziehen beim Fremdenverkehrsamt (►Auskunft).

Sportschifffahrt

Viele Hotels verfügen über eigene, z. T. beleuchtete Tennisplätze (Hartplätze).

Tennis

Tunesien ist ein besonders geeignetes Ziel für Wander- und Trekkingfreunde, im Süden reizen die großartigen Steppen- und Wüstenlandschaften, der Nordwesten ist dagegen bergig und mit dichten Eichen- und Kiefernwäldern bestanden. Auskünfte über Wander- oder Trekkingtouren, zu Fuß oder auf dem Rücken von Dromedaren, erteilen diverse Reiseveranstalter, u. a. TRH (Adresse ► Ausflüge, S. 111).

Wandern und Trekking

Verkehr

Straßenverkehr

Tunesien verfügt über ein gut ausgebautes Verkehrsnetz. Die Straßen sind jedoch enger und außerorts kaum beleuchtet; es kann passieren, dass einem Fahrzeuge mit wenig Licht entgegenkommen (vor allem im Süden des Landes). Auch Fußgänger, Fahrradfahrer, Pferde- und Eselkarren kreuzen die Strecken und sind in der Dunkelheit fast nicht zu erkennen.
Die Hinweise auf den **Verkehrsschildern** sind bis auf ganz wenige Ausnahmen im ganzen Land entweder zweisprachig abgefasst, sowohl arabisch als auch französisch, oder sie erklären sich selbst.

> **? WUSSTEN SIE SCHON ...?**
>
> - GP = Grands Parcours: Asphaltierte Hauptdurchgangs- und Überlandstraßen
>   MC = Moyennes Communications: Meist asphaltierte Straßen; im Süden Tunesiens auch festgefahrene Sand- oder Steinpisten, die mit einem robusten Pkw befahrbar sind.

◄ Verkehrsvorschriften

In Tunesien besteht Rechtsverkehr; Vorfahrt hat – außer im Kreisverkehr – stets das von rechts kommende Fahrzeug. Bei Dunkelheit genügt in Ortschaften mit ausreichender Beleuchtung Standlicht. Für

Motorrad- und Mopedfahrer besteht Schutzhelmpflicht. Alkohol am Steuer ist verboten.

Höchstgeschwindigkeiten ► Es gelten folgende Geschwindigkeitsbegrenzungen:
in den Orten 40 km/h
außerhalb 90 km/h
auf Autobahnen 110 km/h und auf Djerba generell 70 km/h.

Polizeikontrollen Im ganzen Land führt die Polizei viele Kontrollen durch, wobei Mietfahrzeuge meist durchgewunken werden. Wenn nicht, geht es um die Durchsicht der Papiere und um die Beantwortung der Frage, woher man kommt bzw. wohin man unterwegs ist. Bei Verstößen, u. a. gegen Geschwindigkeitsbegrenzungen oder Überholverbote, ist die Polizei zu keinen Verhandlungen bereit und kassiert vor Ort.

Ausgewählte Entfernungen

	Béja	Ben Guardane	Bizerte	Douz	Tataouine	Gabès	Gafsa	Ghadames	Houmt-Souk	Jendouba	Kairouan	Kasserine	El Kef	Mahdia	Médenine	Nabeul	Nefta	Remada	Sfax	Sidi Bou Zid	Siliana	Sousse	Tabarka	Tunis	Zaghouan	Zarzis
Béja		606	107	391	578	453	246	974	553	49	180	225	105	252	529	172	447	656	317	285	183	190	71	105	117	591
Ben Guardane	606		624	302	91	153	299	487	100	581	571	405	600	539	77	512	415	169	435	397	432	416	646	559	505	46
Bizerte	107	624		553	596	471	408	991	570	156	218	332	212	270	547	132	524	674	335	348	192	208	136	65	122	609
Douz	391	302	553		274	149	145	670	249	427	344	397	371	439	225	458	146	352	285	243	412	401	492	488	463	287
Tataouine	578	91	596	274		125	271	396	118	600	397	377	572	450	49	484	387	78	261	369	536	388	649	531	474	111
Gabès	453	153	471	149	125		146	521	100	428	212	252	447	240	76	359	241	203	136	244	411	263	493	406	352	138
Gafsa	246	299	408	145	271	146		667	331	282	199	106	226	294	222	313	116	324	190	98	267	256	347	343	318	284
Ghadames	974	487	992	670	396	521	667		514	996	793	673	968	846	445	880	783	474	657	896	832	784	1045	927	870	507
Houmt-Souk	553	100	570	249	118	100	331	514		575	372	352	547	340	69	459	362	196	236	344	511	363	623	506	497	52
Jendouba	49	581	156	427	600	428	282	996	575		203	176	56	322	551	221	398	678	339	236	134	260	65	154	166	613
Kairouan	180	571	218	344	397	212	199	793	372	203		145	175	119	348	114	315	258	136	130	139	57	251	153	119	410
Kasserine	255	405	332	397	377	252	106	673	352	176	145		120	264	328	259	222	455	192	87	167	202	241	198	264	390
El Kef	105	600	212	371	572	447	226	968	547	56	175	120		294	523	238	342	650	278	173	106	232	121	171	154	585
Mahdia	252	539	270	439	450	240	294	846	340	322	119	264	294		316	158	410	443	104	249	258	62	223	205	151	378
Médenine	529	77	547	225	49	76	222	445	69	551	348	328	523	316		435	338	127	212	218	355	339	569	482	428	62
Nabeul	172	512	132	458	484	359	313	880	459	221	114	259	238	158	435		429	562	223	244	192	96	242	67	66	497
Nefta	447	415	524	146	387	241	116	783	362	398	315	222	342	410	338	429		465	306	214	383	372	463	459	434	400
Remada	656	169	674	352	78	203	324	474	196	678	258	455	650	443	127	562	465		339	422	614	466	727	609	552	189
Sfax	317	435	335	285	261	136	190	657	236	339	139	192	278	104	212	223	306	339		121	275	127	387	270	216	274
Sidi Bou Zid	285	397	348	243	369	244	98	896	344	236	130	87	173	249	218	244	214	422	121		172	187	301	283	237	382
Siliana	183	432	192	412	536	411	267	832	311	134	139	167	106	258	355	192	383	614	275	172		196	160	127	70	417
Sousse	190	416	208	401	388	263	256	784	363	260	57	202	232	62	339	96	372	466	127	187	196		261	143	89	401
Tabarka	71	646	136	492	649	493	347	1045	623	65	251	241	121	223	569	242	463	727	387	301	160	261		175	188	631
Tunis	105	559	65	488	531	406	343	927	506	154	153	198	171	205	482	67	459	609	270	283	127	143	175		57	544
Zaghouan	117	505	122	463	474	352	318	870	497	166	119	264	154	151	428	66	434	552	216	237	70	89	188	57		490
Zarzis	591	46	609	287	111	138	284	507	52	613	410	390	585	378	62	497	400	189	274	382	417	401	631	544	490	

Tankstellen

In den größeren Städten und an den Hauptverbindungsstraßen gibt es genügend Tankstellen. Im Landesinnern und im Süden ist das Tankstellennetz nicht mehr so dicht; hier sollte man auftanken, wenn sich die Gelegenheit bietet. Im äußersten Notfall wendet man sich an die Polizei oder das Militär.

◄ Kraftstoff

Es gibt Normalbenzin, Super und Diesel. Bleifreies Benzin ist an fast allen Tankstellen der großen Durchgangsstraßen sowie an den Autobahnen erhältlich. Für den Süden sollte man Vorsorge treffen.

◄ Öffnungszeiten

Die Tankstellen, selbst in kleinen Dörfern, sind in der Regel rund um die Uhr geöffnet. Reparaturwerkstätten (garages) gibt es genügend. Mancherorts übernehmen auch Tankstellen kleinere Reparaturen.

Weitere Informationen

Fahrzeugpapiere ►Anreise
►Ausflüge
►Notrufe

Mietwagen

In Tunesien sind in den Großstädten und an den Flughäfen einheimische und die international bekannten Mietwagen-Unternehmen vertreten. Der Mieter muss mindestens 21 Jahre alt sein und den Führerschein länger als ein Jahr besitzen. Die Hinterlegung einer Kaution entfällt, wenn das Auto bereits in Europa über eine internationale Agentur angemietet wurde, eine international gültige Kreditkarte oder ein Gutschein eines Automobilklubschutzbriefes vorgelegt werden kann.
Achten Sie unbedingt auf den **Versicherungsschutz**. Diebstahl-, Haftpflicht- und Vollkaskoversicherung sind ein Muss.
Informationen erteilen auch die Hotels sowie die lokalen Fremdenverkehrsbüros (►Auskunft).

ADRESSEN

MIETWAGEN

► **Reservierung in Deutschland**

Avis
Tel. 0 18 05/55 77 55
www.avis.de

europcar
Tel. 0 18 05/80 00
www.europcar.de

Hertz
Tel. 0 18 05/33 35 35
www.hertz.de

Sixt
Tel. 0 18 05/25 25 25
www.e-sixt.de

Tipp: www.billiger-mietwagen.de
Neben internationalen (siehe oben) und nationalen Direktanbietern gibt es sog. Mietwagen-Broker wie Sunny Cars, Holiday Autos oder Holiday Cars. Diese vermitteln Wagen der Direktanbieter weiter. Billiger-mietwagen.de vergleicht online die Angebote der wichtigsten Broker und Direktanbieter und fischt die besten heraus.

Öffentliche Verkehrsmittel und Taxis

Bus Das Busnetz in Tunesien ist sehr dicht und das Fahrgeld sehr niedrig. Fahrpläne hängen in den Busbahnhöfen (Gare routière) der Städte. Die genannten Abfahrtszeiten sind jedoch nicht so ganz verbindlich. Von **Tunis**, Sitz der größten Busgesellschaft (Société Nationale des Transports Interurbains, SNTRI), gibt es Verbindungen in alle größeren Städte des Landes. Fahrten in den Süden beginnen am Busbahnhof, Gare Routière Sud, Bab el Fellah (Tel. 71 49 52 55 und 71 49 03 58), Fahrten in den Norden am Gare Routière Nord, Bab Sâadoun (Tel. 71 56 22 99 und 71 56 22 78). Außerdem gibt es zahlreiche regionale Gesellschaften, sog. Sociétés Régionales des Transports Routières. Auf der Insel **Djerba** sind die meisten Hotels an das öffentliche Busnetz angeschlossen. Über die Abfahrtszeiten informieren die Hotels.

Métro ▸ In Tunis verkehren darüber hinaus mehrere Straßenbahnlinien (Métro léger). Die Schnellbahn TGM verbindet Tunis mit La Goulette, Carthage, Sidi Bou Saïd und La Marsa Plage (Abfahrt beim Hotel du Lac; Tel. 71 24 46 96).

Überlandbusse Vom Busbahnhof (Gare routière) an der Avenue Habib Bourguiba in Houmt-Souk fahren Überlandbusse nach Tunis, Sousse, Sfax, Gabès, Médenine, Zarzis und Ben Guardane. Busverbindungen bestehen ab Tunis auch mit Algerien, Marokko und Libyen.

Taxi Taxifahren ist eine sehr preiswerte Alternative zum Mietwagen oder Bus. Die gelben Fahrzeuge mit Nummern auf dem Dach sind mit Taxametern ausgestattet. Man sollte darauf achten, dass diese bei Fahrtbeginn auch eingeschaltet sind! Befördert werden maximal vier Fahrgäste (auch Kleinkinder und Babys zählen) mit kleinerem Gepäck wie Handtaschen, Aktenkoffer u. a. Für die Beförderung von Koffern wird ein kleiner Aufpreis, für Nachtfahrten ab 21.00 Uhr ein Zuschlag von 50 % erhoben.

Louages Louages sind Sammeltaxis, meist Kombifahrzeuge mit bis zu acht Sitzplätzen. Sie verkehren auf allen Strecken des Landes. Den Bestimmungsort findet man über der Windschutzscheibe auf dem Dach. Sie starten in der Regel erst, wenn alle Plätze belegt sind. Will man nicht warten, muss man für die freien Plätze mitbezahlen.

Louages fahren immer von einem bestimmten Platz aus, häufig vom Busbahnhof. Unterwegs nehmen sie nur dann Passagiere mit, wenn während der Fahrt Plätze frei geworden sind. Selbst die einheimische Bevölkerung benutzt die Louages gern, da sie so von der oftmals weniger zuverlässigen Einhaltung des Fahrplanes der Überlandbusse unabhängig und der Beförderungstarif recht günstig ist.

Eisenbahn Zuständig für den Schienenverkehr in Tunesien ist die Société Nationale des Chemins de Fer Tunisiens (SNCFT; 67, Avenue Farhat Ha-

Flugverkehr und Eisenbahnen in Tunesien

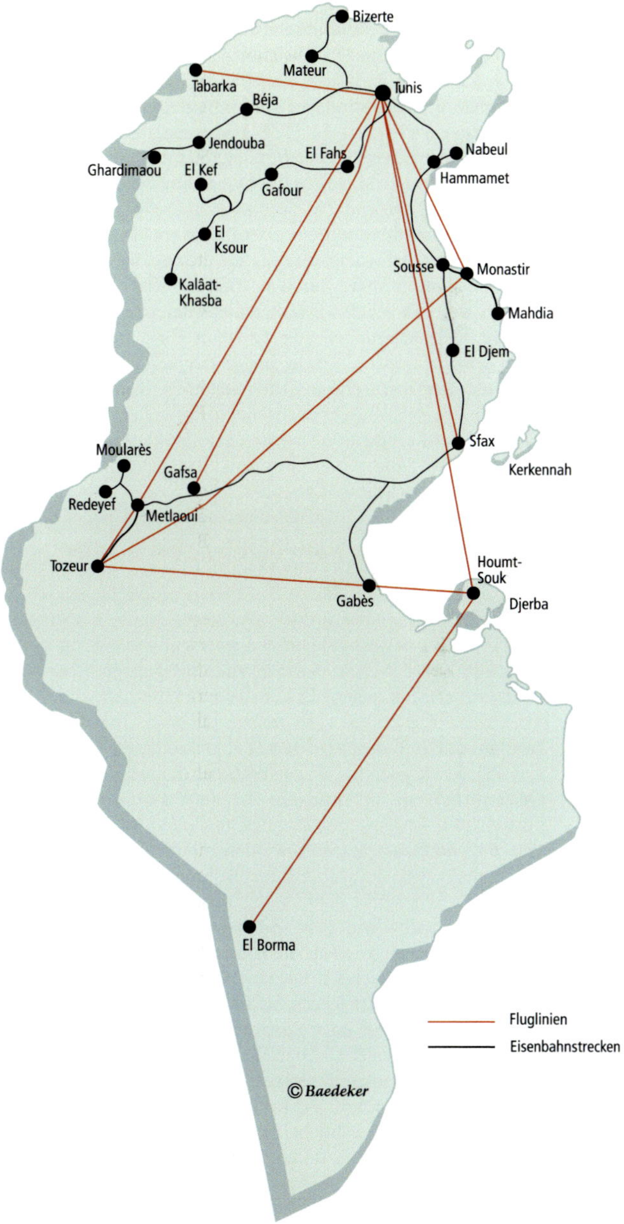

ched, Tunis), Auskunft: Tel. 71 33 44 44. Es gibt Wagen mit großem Komfort (L), der 1. und der 2. Klasse. Leider gibt es weder Schlaf- noch Speisewagen, wohl aber ein »rollendes Buffet«, in dem es Kaffee, Tee, Getränke und Sandwiches zu kaufen gibt.
Alle größeren Küstenstädte bis auf Tabarka sind mit der Eisenbahn erreichbar, im Landesinneren sind weniger Orte an das Schienennetz angeschlossen (▶ Karte S. 171). Hier reist man schneller mit dem Bus oder mit einem Sammeltaxi. Schnellzugverbindungen bestehen nach Algerien und Marokko über Ghardimaou mit dem Transmaghreb-Express (TM1 und TM2).

Ticket d'admission ▶ In Tunesien benötigt man an jedem Bahnhof ein sog. Ticket d'admission, eine Art Bahnsteigkarte. Es gilt nur in Verbindung mit einem Fahrschein und nur für einen bestimmten Zug. Sein Preis ist ebenso wie der des Fahrscheins streckenabhängig. Die Eisenbahntarife sind niedrig. Vergünstigungen gibt es, wenn Hin- und Rückfahrt gleichzeitig gebucht werden. Kinder bis zu vier Jahre reisen gratis, im Alter zwischen vier und zehn erhalten sie 75 % Ermäßigung; über zehn Jahre ist der Preis für Erwachsene zu zahlen. Ein besonderer Fahrplan gilt an Feiertagen und während des Fastenmonats Ramadan.

Lézard Rouge ▶ Informationen über eine Fahrt mit dem legendären Lézard Rouge durch die Seldja-Schlucht ▶S. 284.

Ratschläge für Fahrten in den Süden

Kleidung Für eine Fahrt in den Süden des Landes empfiehlt es sich, während des Sommers tagsüber luftige, am besten weiße Baumwollkleidung und festes Schuhwerk; abends ist wärmende Kleidung ratsam. Sonnenschutz (Hut, Mütze, Sonnenbrille mit grünen Gläsern, Sonnenschutzmittel) sollte ebenfalls auf der Fahrt mit dabei sein.

Wichtige Hinweise Fahrten durch die Sahara können Unkundigen das Leben kosten! Aus Sicherheitsgründen ist es verboten, sich ohne Genehmigung des Gouvernorats in Tataouine in die Sahara zu begeben. Außerdem müssen der Ausgangspunkt einer geplanten Saharafahrt, die Route und das Endziel mitgeteilt werden. Schließlich ist die Begleitung durch einen ortskundigen Führer für Strecken südlich von Tataouine vorgeschrieben, selbst dann, wenn man in Gruppen fährt und GPS-Geräte vorhanden sind. Seit Neuestem ist die Mitnahme eines Satelittentelefons vorgeschrieben. Auskünfte über Wetter und Befahrbarkeit von Pisten gibt es bei den Dienststellen der Garde Nationale. Zur eigener Sicherheit sollte jede Saharafahrt in allradgetriebenen Fahrzeugen und in Gruppen oder Konvois erfolgen. Grundsätzlich sind Kanister mit Trinkwasser (7 Liter/Tag/Person), Kraftstoff und Öl in ausreichendem Maß sowie Ersatzteile mitzuführen.

Panne Im Falle einer Panne bleibt man im Schutz seines Fahrzeugs; das Fahrzeug ist leichter zu finden als eine einzelne Person. Besteht die Gefahr des Versandens, befreit man den Wagen mit dem Wagenhe-

Mit Allradfahrzeugen und in Begleitung durch Tunesiens Süden

ber: Dies glückt nur, wenn man den Wagenheber auf einen flachen festen Gegenstand (evtl. Unterlegklötze) stellt, den Wagen hebt, die Räder befreit und die Löcher, die die Räder hinterlassen haben, zuschaufelt. Hat man keine Unterlegklötze bei sich, helfen Putzlappen o. Ä. Sollten Bäume oder Palmen in der Nähe wachsen, eignen sich deren Äste oder die Rinde, die man unter die freigeschaufelten Räder legt, besser gegen solche Versandungen. Der/die Begleiter schieben den Wagen an, das Gasgeben sollte gefühlvoll erfolgen (2. Gang). Oft sind im Sand festsitzende Fahrzeuge aber nur mit Hilfe von Seilwinden und Luftlandeblechen wieder freizubekommen.

Weitere Vorsichtsmaßnahmen

Man bleibt unter allen Umständen auf der markierten Strecke. Wellblechpisten durchfährt man entweder mit geringer Geschwindigkeit (unter 30 km/h) oder so schnell, dass das Fahrzeug nicht in die Wellentäler absackt. Für das Fahrgestell ist dies natürlich eine extreme Beanspruchung, die sehr leicht zur Lockerung von Schraubverbindungen und selbst zum Bruch von Schweißnähten führen kann. Der hohe Rollwiderstand und das Fahren in kleinen Gängen steigern den Kraftstoffverbrauch erheblich (entsprechender Treibstoffvorrat ist unter Umständen lebensnotwendig!).

Zeit

In Tunesien gilt die mitteleuropäische Zeit (MEZ), in den Sommermonaten die Sommerzeit (MESZ = MEZ + 1 Std.).

Touren

TUNESIEN, LAND ZWISCHEN MEER, BERGEN UND WÜSTE: ENTDECKUNGSFAHRTEN ZU DEN AUSGRABUNGSSTÄTTEN DER ANTIKE, TUNESISCHEN ALTSTÄDTEN, ZU DEN SCHÖNSTEN OASEN IN DER WÜSTE UND NATÜRLICH ZU DEN BESTEN STRÄNDEN.

TOUREN DURCH TUNESIEN

Eine Reise nach Tunesien ist für viele Besucher vielleicht die erste Begegnung mit der arabischen Welt und der Wüste. Auf den folgenden vier Routen geht es nicht nur zu den Hauptsehenswürdigkeiten. Es gibt auch Vorschläge für erholsame Urlaubstage am Meer und einige andere Tipps.

TOUR 1 Tunesiens Norden

Von Tunis, der arabisch-europäischen Metropole, entlang der Korallenküste und über das grüne Landesinnere zu den schönsten Römerstädten Tunesiens. Nach einem Besuch Kairouans, einer der heiligen Städte des Islam, endet diese Route im Badeparadies an der Ostküste.
► **Seite 179**

TOUR 2 Von der Küste in die Antike

Von den Badeparadiesen an Tunesiens Ostküste in arabische Altstädte, die ihr orientalisches Flair erhalten haben, und zu eindrucksvollen Zeugnissen aus römischer Zeit. ► **Seite 183**

TOUR 3 Zu den Perlen der Wüste: Oasentour

Von Djerba über den Chott el Djerid in die Wüsten- und Bergoasen. Nach einer Fahrt mit dem ehemaligen Salonzug des Bey geht es nach Djerba zurück. ► **Seite 184**

TOUR 4 Wohnhöhlen und Speicherburgen

Im nördlichen Dahar, dem Bergland von Matmata, gruben die Bewohner ihre Wohnungen wie Krater in die Erde oder in den Berg. Im südlichen Dahar errichteten sie dagegen Speicherburgen. Neben den touristischen Höhepunkten erschließt diese Route auch unberührte Landschaften.
► **Seite 186**

Die Verkehrsschilder sind bis auf ganz wenige Ausnahmen zweisprachig oder sie erklären sich selbst.

← Ksar Jouamâa, südwestlich von Médenine, liegt spektakulär auf einem Bergsporn.

Unterwegs in Tunesien

Ein Land für Entdecker

Licht- und wärmehungrige Nord- und Mitteleuropäer kennen und schätzen vor allem Tunesiens gemäßigtes Klima, die (fast) endlosen feinsandigen Strände und das kristallklare Wasser entlang der 1300 km langen Küste und auf der Sonneninsel Djerba. Dabei ist das gastfreundliche Tunesien ein Land für Entdecker: Außergewöhnlich gut erhaltene Zeugnisse der 3000-jährigen Geschichte begeistern vor Ort oder in großartigen Museen nicht nur Kunst- und Kulturexperten. Moderne Städte wie Tunis kontrastieren mit geschichtsreichen Orten wie Kairouan, die bekannte Urlaubsinsel Djerba mit dem kleinen einsamen Inselreich der Kerkennah. Arabisches Flair und ein Hauch Exotik hat sich in ursprünglichen Altstädten mit verwinkelten Gassen, Moscheen und Souks bewahrt. Im Hinterland von Tabarka gibt es ein »grünes Tunesien«, hier überziehen dichte Korkeichenwälder und Wiesen die Hügel der Atlasausläufer. Ein riesiger trockener Salzsee, der Chott el Djerid in der Mitte des Landes, trennt Tunesiens Norden vom Süden, der Sahara. Rund um den Salzsee liegen die schönsten Wüsten- und Bergoasen, die »Perlen der Wüste«. Weiter südlich beginnt, mit ortskundigen Führern, das eigentliche Wüstenabenteuer mit Wüstenwanderungen, Kameltrekking oder Jeepsafaris. Auf eigene Faust geht es zu Berberdörfern, die oft in grandioser Einsamkeit in der Wüste liegen oder sich zu kleinen Siedlungen zusammenballen.

Lassen Sie sich Zeit, der Weg ist das Ziel.

Individuell oder organisiert

Es gibt viele Angebote für einen Urlaub in Tunesien, vom reinen Badeurlaub in einem der Küstenorte über Kunstreisen zu den archäologischen Stätten bis zu Golf-, Wander- und Trekkingreisen durchs Hinterland bzw. in die Wüste. Diese können bereits von zu Hause aus gebucht werden. Auch werden in den Badeorten Tunesiens Ein- oder Mehrtagestouren mit Bus oder Geländewagen in größeren oder kleineren Gruppen angeboten, Informationen erhält man in den Hotels oder Tourismusbüros. Aufgrund der guten Infrastruktur sind Ausflüge und Reisen auf eigene Faust jedoch völlig unproblematisch. Tunesien ist ein sicheres Reiseland, seine Bevölkerung gastfreundlich und hilfsbereit. Wer über etwas Französischkenntnisse verfügt, der kommt überall zurecht, Englisch ist vor allem im Landesinnern nicht so verbreitet. In den Küstenorten trifft man viele Tunesier, die erstaunlich gut Deutsch können. Die Verkehrsschilder sind (fast) überall zweisprachig (arabisch und französisch) und die Straßen in gutem Zustand. Die folgenden Tourenvorschläge sind ohne Probleme mit einem normalen Fahrzeug zu bewältigen. Wüstenfahrer benötigen selbstverständlich eine andere Ausrüstung (Informationen bei speziellen Reiseveranstaltern und beim Tunesischen Fremdenverkehrsamt). Der Hotelstandard vor allem in den oberen Kategorien (ab vier Sternen) ist in den Badeorten und in Großstädten sehr gut, im Hinterland sind Unterkunft und Verpflegung häufig einfacher.

Wohin in Tunesien

◄ Standortfrage

Tunesiens Küste zwischen Tabarka im äußersten Nordwesten bis Zarzis nicht weit von der libyschen Grenze im Süden ist fast 1300 Kilometer lang, weit weniger als die Hälfte davon ist touristisch erschlossen. Die meisten Urlauber tummeln sich an den feinsandigen kilometerlangen Stränden im **Osten** entlang des Golfs von Hammamet und von Monastir über Port el Kantaoui und Sousse bis zum Cap Afrique bei Mahdia. Hier wird Thermal- und Bäderkultur vom Feinsten geboten. Ein- oder Zweitagesausflüge u. a. nach Tunis, Karthago, Sidi Bou Saïd, Kairouan, El Djem oder Sbeïtla gibt es von fast allen Badeorten aus. **Djerba** und **Zarzis** sind die Standbeine des Badetourismus im Süden Tunesiens und ideale Ausgangspunkte für Ausflüge in die **Wüste** und zu den Oasen. **Tunesiens Norden** zwischen Bizerte und Tabarka mit feinen Sandstränden, versteckten Buchten und Felsküsten, Riffen, Wäldern der Kroumirie und den römischen Ausgrabungstätten Bulla Regia, Chemtou und Dougga im Hinterland ist für Aktivurlauber das richtige Ziel.

Fortbewegungsmittel

Am bequemsten reist man mit dem eigenen Auto. Von den meisten Urlaubsorten an der Küste erreicht man sehenswerte Städte auch mit öffentlichen Verkehrsmitteln. Aber erst eine Tunesienrundreise gibt ein mehr oder weniger vollständiges Bild des Landes.

Tour 1 Tunesiens Norden

Start und Ziel: Tunis
Länge: ca. 1300 km
Dauer: min. 12 Tage

Einst war Tunesien die Kornkammer des Imperium Romanum – die Tour auf den Spuren Roms führt zu den schönsten Städten aus jener Zeit. Einen Hauch Orient erlebt man in den lebendigen Altstädten mit ihren verwinkelten Gassen und exotischen Basaren. Und zwischendurch werden an feinsandigen Stränden Badeträume wahr.

Chemtou
Rekonstruktion eines numidischen Höhenheiligtums im Museum

Küsten
An Tunesiens schönen Sandstränden bleiben (fast) keine Wünsche offen.

Sbeïtla
Seit 139 n. Chr. betritt man das Forum durch den dreibogigen Antoninus-Pius-Bogen.

Ausgangspunkt ist ❶ ✶✶ **Tunis**. Die Landeshauptstadt und Mittlerin zwischen Orient und Okzident eignet sich hervorragend als Einstieg in eine Tunesienreise. Vor ihren Toren liegen einige Ausflugsziele: In Karthago erinnert zumindest der Name an die einst mächtige Hauptstadt der Phönizier (✶✶ **Carthage**). Die erhaltenen Zeugnisse wie Tempel, Thermen und Theater stammen wie auch diejenigen in ✶✶ **Thuburbo Majus** aus der Blütezeit der Römer in Nordafrika. Badefreuden erlebt man an der Küste in Gammarth oder La Marsa, dem Freizeitparadies der Hauptstadtbewohner. Mit einem Besuch des malerischen Städtchens ✶✶ **Sidi Bou Saïd** klingt der Tunisaufenthalt aus.

Über ✶ **Utica**, die älteste phönizische Niederlassung in Nordafrika, erreicht man ❷ ✶ **Bizerte**. Die Hafenstadt an der Nordostküste hat in ihrer verwinkelten Altstadt den Charme vergangener Zeiten bewahrt. Das vorgelagerte Cap Blanc ist übrigens der nördlichste Punkt Afrikas. Auf der Weiterfahrt passiert man den ✶ **Ichkeul-See**: das kleine Naturwunder bietet Lebensraum für interessante Pflanzen, Tausende Zugvögel und Wasserbüffel. Von ❸ **Mateur** geht es nun in Richtung Westen.

✓ NICHT VERSÄUMEN

- Tunis: Mittlerin zwischen Orient und Okzident
- Tabarka: Sand- und Felsküste mit schönem Hinterland
- Dougga, Chemtou und Bulla Regia: die schönsten Zeugnisse aus der römischen Antike
- Kairouan: eine der heiligen Städte des Islam mit schöner Medina
- Sousse: wunderschöne Medina hinter mittelalterlichen Stadtmauern und schöne Strände in der Nähe

Wer sich jetzt nach Strand sehnt, folgt 6 km vor Sejnane einer Seitenstraße Richtung Norden zum **Cap Serrat**. Bei Trockenheit kann man von hier auf einer Piste bis zum Sandstrand von Sidi Mechrig weiterfahren. Wer dagegen **Sejnane** passiert, wo Berberfrauen Tongefäße auf traditionelle Weise herstellen, erlebt eine Überraschung: In dem kleinen Städtchen nisten überall Störche, sogar auf alten Förderanlagen. Ein schönes Etappenziel ist ❹ ✶✶ **Tabarka** an der Nordwestküste, nahe der algerischen Grenze. Das kleine Städtchen mit seinem genuesischen Fort, nadelartigen Felsen und schönen Sandstränden lädt zu ein paar erholsamen Tagen Badeurlaub ein.

Nun verlassen wir die Küste und lernen das **»grüne Tunesien«** kennen: Auf kurvenreicher Straße geht es zu dem kleinen Bergort **Aïn Draham** hinauf. Dieser liegt mitten in der Kroumirie und ist von dichten Korkeichenwäldern umgeben – ein Paradies für Wanderfreunde.

Rund 40 km südlich beginnt eine Reise in die römische Vergangenheit. Richtung algerischer Grenze geht es nach ❺ ✶✶ **Chemtou**, dem antiken Simitthus. Das hervorragende Museum informiert nicht nur über die in der Antike berühmten Marmorbrüche, sondern auch über die Arbeitsbedingungen der zur Zwangsarbeit in den Steinbrüchen Verurteilten. Richtung Osten erwartet die Besucher eine der be-

deutendsten römischen Städte Tunesiens, ❻ ✶✶ **Bulla Regia**. Hier ließen sich reiche Römer aus Klimagründen ihre Villen teilweise unterirdisch anlegen und mit Mosaiken ausschmücken.
In Jendouba geht es in Richtung Osten nach Teboursouk, vorbei an der **Domaine de Thibar**. Französische Mönche hatten hier Ende des 19. Jh.s das Kloster St. Joseph de Thibar gegründet und Landwirtschaft betrieben. Heute befindet sich der Betrieb in Staatsbesitz, u. a. werden hier die Thibar-Weine und Thibarine, ein beliebter Dattellikör, hergestellt. Auf schöner Strecke erreicht man Téboursouk und schließlich ❼ ✶✶ **Dougga**. Die eindrucksvolle Römerstadt liegt in herrlicher Landschaft auf einem Plateau am Rand der Monts de Téboursouk.

! *Baedeker* TIPP

Übernachten

Da es in Dougga nur wenig Übernachtungsmöglichkeiten gibt, könnte man von Bulla Regia nun direkt nach El Kef weiterfahren (ca. 60 km; ►Tourpunkt 8) und Dougga am nächsten Tag besichtigen.

Nächstes Ziel ist die alte, hoch gelegene und von einer Kasbah gekrönte Stadt ❽ **El Kef** mit einem viel besuchten Donnerstagsmarkt. An der Etappe bis nach Sbeïtla liegen einige besuchenswerte Orte, darunter der Tafelberg Table de Jughurta (1271 m) oder ✶ **Haidra**, die wenig besuchten Ruinen der antiken Stadt Ammaedara (►El Kef, Umgebung). Von **Kasserine** am Nordwestrand des Steppenhochlandes ist es nicht weit bis nach ❾ ✶✶ **Sbeïtla**. Die Ruinen des antiken Sufetula gehören mit Dougga und Bulla Regia zu den berühmtesten antiken Sehenswürdigkeiten des Landes.
Die GP 3 führt am Fuß des 1378 m hohen Djebel Mrhila entlang und durch Steppenlandschaft und Olivenbaumhaine schließlich nach ❿ ✶✶ **Kairouan**, der vierten heiligen Stadt des Islam. Zwar dürfen »Ungläubige« die Moscheen nicht betreten, aber die Medina mit ihren Souks gehört zum UNESCO-Weltkulturerbe.
In ⓫ ✶✶ **Sousse** erreicht die Route wieder die Küste mit ihren herrlichen Stränden und den Hochburgen des Badetourismus. Während ✶ **Monastir** trotz eines eindrucksvollen Wehrklosters sein historisches Flair weitgehend verloren hat, geben sich in Sousse Vergangenheit und Gegenwart die Hand. Die Medina der drittgrößten Stadt des Landes steht als UNESCO-Weltkulturerbe unter Schutz und so erlebt man hier innerhalb intakter Stadtmauer noch einen Hauch von Orient und Ursprünglichkeit.
Die auf dem Reißbrett entworfene Ferienstadt **Port el Kantaoui**, das einstige Seeräubernest ⓬ ✶✶ **Hammamet** und die benachbarte Keramikhochburg ✶ **Nabeul** sind die wohl meistbesuchten Badeorte Tunesiens. Hier kann man ein paar unbeschwerte Urlaubstage am Meer verbringen. Mit einer Fahrt rund um die fruchtbare Halbinsel ✶ **Cap Bon**, dem nur noch 120 km von Sizilien entfernten »Garten Tunesiens«, berühmt für seine Marmorbrüche und sein alljährliches Sperber-Festival in **El Haouaria**, endet diese Tour.

Tour 2 Von der Küste in die Antike

Start und Ziel: Sousse
Länge: ca. 500 km
Dauer: min. 6 Tage

Die Ostküste mit ihren herrlichen Stränden verspricht ausgiebige Badefreuden. Darüber hinaus gibt entlang dieser Route auch wunderbar erhaltene arabische Altstädte, islamische Architektur und eindrucksvolle Zeugnisse aus römischer Zeit zu bewundern.

Von ❶ ✶✶ **Sousse** geht es über ✶ **Monastir** mit seinem gut erhaltenen Wehrkloster am Meer entlang nach ❷ ✶✶ **Mahdia**. In ihrer hübschen Medina hat die Hafenstadt viel von ihrem mittelalterlichen Charme bewahrt. Nun verlassen wir die Küste und fahren nach ❸ ✶✶ **El Djem**. Im Amphitheater ließen sich einst bis zu 45 000 Zu-

Kairouan
Nicht nur heilige Stadt des Islam, sondern auch Zentrum der Teppichherstellung

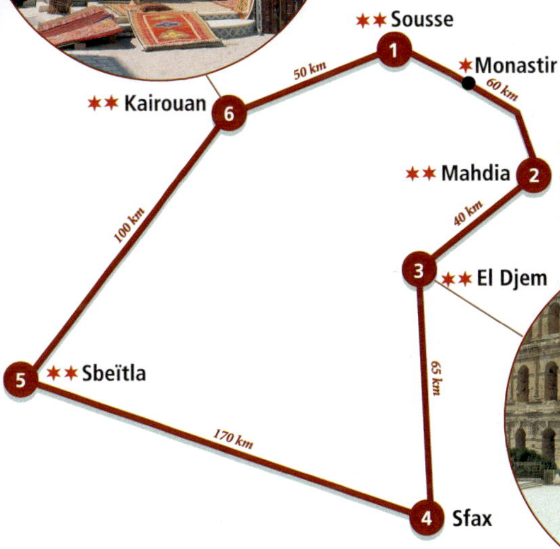

El Djem
Afrikanisches Kolosseum und besuchenswertes Museum

schauer mit Tierhetzen und Gladiatorenkämpfen unterhalten. Außerdem besitzt El Djem das nach dem Bardo in Tunis wichtigste archäologische Museum mit hervorragenden römischen Mosaiken und der Rekonstruktion einer luxuriösen Römervilla.

An endlos erscheinenden Olivenhainen vorbei erreicht man ❹ **Sfax**, eine gänzlich untouristische Hafen- und Industriestadt. Kenner bezeichnen ihre * **Medina** hinter den intakten Stadtmauern als eine der schönsten Tunesiens. Zweifelsohne ist sie eine der ursprünglichsten. Wem der Sinn nach Ruhe steht, der setzt von hier mit der Fähre auf die vorgelagerten **Kerkennah-Inseln** über.

In ❺ ** **Sbeïtla**, einer der besterhaltenen Römerstädte Tunesiens, lassen sich hervorragend erhaltene Zeugnisse römischer Kultur besichtigen. Über ❻ ** **Kairouan**, die vierte heilige Stadt des Islam mit ihrer hübschen Medina, geht es zurück an die Ostküste.

Tour 3 Zu den Perlen der Wüste: Oasentour

Start und Ziel: Djerba
Länge: ca. 800 km
Dauer: 7 Tage

Ausgangs- und Zielort dieser Route ist Djerba. Eine Inseltour öffnet den Blick auf den Alltag außerhalb der Hotelanlagen. Im weiteren Verlauf führt die Route in die Wüstenoasen Douz und Kebili sowie über den Chott el Djerid nach Tozeur und Nefta. Anschließend geht es zu den wunderschön gelegenen Bergoasen. Durch das Phosphatgebiet erreicht man Metlaoui, Ausgangspunkt für eine Fahrt mit dem ehemaligen Salonzug der Beys durch die Seldja-Schlucht. Über Gafsa und die Küstenoase Gabès geht es nach Djerba zurück.

! *Baedeker* TIPP

Wüstentouren

Douz ist Ausgangspunkt verschieden langer Ausflüge in die Wüste. Rundum erholsam ist z. B. ein mehrtägiger Ausflug (Meharée = Kameltrekking) in den Grand Erg Oriental auf dem Rücken eines Dromedars. Hat man sich an die schaukelnden Bewegungen seines »Wüstenschiffs« einmal gewöhnt, durchzieht man ganz gemächlich die Dünen, genießt die Sandformationen im sich verändernden Sonnenlicht und hört bald nur noch die Geräusche der Tiere und die Rufe der Kameltreiber. Und abends, am Lagerfeuer, erwartet einen die Sternenpracht des Wüstenhimmels ...

Man verlässt die Inselhauptstadt ❶ ** **Houmt-Souk** und fährt über die am Meer entlangführende Schnellstraße zur einstigen Festung Bordj Djillidj, dem nordwestlichsten Punkt der Insel. Hier beginnt eine bei Trockenheit leicht zu befahrende Piste in Richtung Adjim entlang der recht einsamen * **Westküste** (Plage de Sidi Djimour). Adjim im Südwesten Djer-

Djerba
Die Insel verspricht vor allem Sonne und kilometerlange Sandstrände.

Tozeur
Die Oasenstadt gehört wegen ihrer Lehmziegelarchitektur zum Weltkulturerbe.

bas mit seiner neuen Marina war einst Zentrum der Schwammfischerei. Unberührte Natur und in den Wintermonaten auch jede Menge Zugvögel findet man an der Lagune zwischen Adjim und ✶ ✶ **Guellala**. In dem Töpferdorf sollte man sich Zeit nehmen für den Besuch des Volkskunde-Museums und einen Abstecher zu der kleinen, am Meer gelegenen Ibaditenmoschee ✶ **Sidi Yati**. In Richtung Nordosten geht es nun über das zweite Töpferdorf Sedouikech und El May nach Er Riadh. Die Synagoge ✶ ✶ **La Ghriba** ist das eindrucksvollste Denkmal der Juden in ganz Tunesien. Unbedingt einen Besuch wert ist auch ✶ **Midoun**, die zweitgrößte Stadt und wichtigster Marktort Djerbas.
Von Adjim gelangt man mit der Fähre zum Festland. Über ❷**Mareth** und ✶ **Toujane** geht es ins Höhlendorf ❸✶✶ **Matmata** (► Tour 4) und weiter nach ❹✶ **Douz**. Die kleine Oasenstadt besucht man am besten donnerstags, dann findet hier ein weithin bekannter Markt statt. Douz ist auch ein möglicher Ausgangspunkt für Ausflüge in die Wüste, zu Fuß, auf dem Rücken eines Dromedars oder mit Jeeps.

❺**Kebili** ist der letzte Ort vor der Durchquerung des ✶ ✶ **Chott el Djerid**. Auf der anderen Seite des einst berüchtigten Salzsees, der ganze Karawanen verschluckt haben soll, passiert man zunächst die Oasenstadt Tozeur, um direkt nach ❻✶ **Nefta** zu gelangen, dem religiösen Zentrum der Djeridoasen. Den schönsten Blick über die Stadt und den »Palmenkorb« genießt man entweder vom hoch gelegenen Sahara Palace Hotel oder vom benachbarten Café la Corbeille aus.

7 ** **Tozeur**, die größte der Djeridoasen, besitzt gleich zwei Attraktionen: das viel besuchte Museum Dar Cherait und die verwinkelte, eher ruhige Altstadt. Besonders schön sind hier die Lehmziegelfassaden mit ihren typischen geometrischen Mustern.

Bergoasen

Die Straße am Rand des **Chott el Gharsa** führt direkt zu den in einer herrlichen Schluchtenlandschaft gelegenen 8 ** **Bergoasen**, einst römische Grenzposten. Zunächst erreicht man **Chebika**. Von hier windet sich die Straße durch die kahle Bergwelt immer höher bis nach **Tamerza**. Sie ist die größte der drei Bergoasen und bietet sehr gute Übernachtungsmöglichkeiten. Die Bergoase **Midès** erreicht man am schönsten zu Fuß (selbstverständlich auch mit dem Pkw).

Auf dem Rückweg durchquert man das Phosphatgebiet und die Städte Redeyef und 9 **Metlaoui**, wo man den legendären **Lézard Rouge** zu einer gemütlichen Zugfahrt durch die ** **Seldja-Schlucht** besteigen kann.

Die Rückreise führt durch 10 **Gafsa** und weiter durch die Zentraltunesische Steppe in die Küstenoase 11 * **Gabès**. Auf dem Markt der geschäftigen Stadt werden vor allem Gewürze und das in ganz Tunesien bekannte Henna verkauft. Der Rückweg führt über Mareth und Djorf, wo man mit der Fähre wieder nach Djerba übersetzt.

? WUSSTEN SIE SCHON ...?

- Datteln sind nicht nur sehr eiweißhaltig, sondern auch reich an den Vitaminen A und B 12. Sie enthalten so gut wie kein Fett, dafür aber ca. 70 % Zucker. Aufgrund des hohen Ballaststoffanteils sorgen sie für eine gute Verdauung. Außerdem helfen sie gegen Entzündungen im Mund und im Hals. Bei kühler und trockner Lagerung halten getrocknete Datteln mindestens sechs Monate.

Tour 4 Wohnhöhlen und Speicherburgen

Start und Ziel: Djerba
Länge: 620 km
Dauer: 6 Tage

Die Route führt von Djerba in die von unterirdischen Höhlen durchzogene Mondlandschaft von Matmata und durch unberührte Landschaften zu den schönsten Höhlenwohnungen und Speicherburgen des Landes. Die Straßen sind mit einem robusten Pkw zu bewältigen, zum Teil müssen die letzten Abschnitte zu Fuß zurückgelegt werden. Die Mühen werden mit großartigen Ausblicken belohnt.

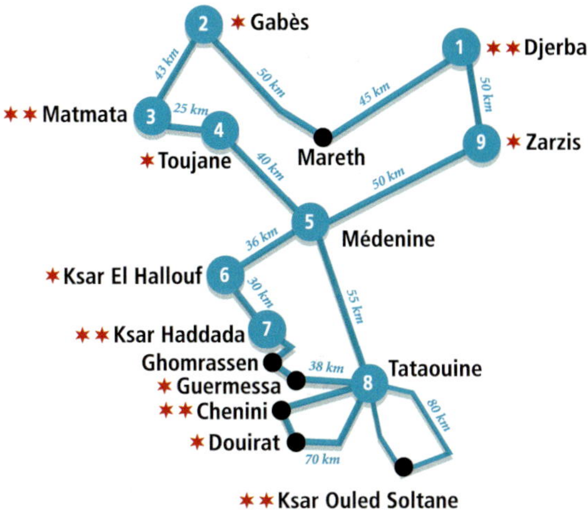

Von Adjim, dem Fährhafen von ❶ ★★ **Djerba** geht es mit der Fähre nach Djorf und über **Mareth** in die Küstenoase ❷ ★ **Gabès**. Über die Reißbrettstadt Matmata Nouvelle windet sich die MC 107 in das karge Dahar-Bergland hinauf nach ❸ ★★ **Matmata**, dem Dorf der Höhlenwohnungen. Laut Herodot haben hier die Berber schon seit dem 4. Jh. v. Chr. ihre Wohnungen in den Boden gegraben. Später übernahmen die Römer diese Idee (► Bulla Regia). In der Umgebung laden weitere Berberdörfer, darunter ★ **Tamezret**, zu einem Besuch ein. In engen Kehren geht es nun nach ❹ ★ **Toujane**, einem der schönstgelegenen Dörfer Tunesiens. Über ★ **Metameur** mit seinem malerischen alten Ghorfa fährt man in das Handels- und Verwaltungszentrum der Djeffara-Region, ❺ **Médenine**. Sie entstand um einen alten Ghorfa-Komplex, in dem heute Souvenirs verkauft werden.

Oberhalb von ❻ ★ **Ksar el Hallouf** geht es noch wenige Minuten zu Fuß den Berg hinauf, wo sich Ghorfas wie Bienenwaben über- und nebeneinander gruppieren. Die Strecke in Richtung Süden führt durch karge Berglandschaft nach **Beni Kheddache** (Ausgangspunkt für eine Piste in die Oase Ksar Ghilane; nur für geübte Fahrer und mit einem Geländewagen). Auf der MC 207 gelangt man entlang der Bergrücken des Dahar nach ❼ ★★ **Ksar Haddada**, berühmt für seinen ausgedehnten, leider etwas verfallenen Ghorfa-Komplex. Nächste Etappe ist das überwiegend moderne Städtchen **Ghomrassen** mit ein paar alten Höhlenwohnungen. Von hier geht es über ★ **Guermessa**, das sich über zwei Bergflanken erstreckt, nach ❽ **Tataouine**. Die Gouvernoratsstadt ist Ausgangsort für eine knapp 70 km lange Tour zu den zwei bekanntesten Ksar-Dörfern in Südtunesien, ★ **Douirat** und ★★ **Chenini**. Letzteres ist vermutlich das schönste Höhlendorf des Landes. In Tataouine beginnt auch die 80 km lange, lohnenswerte Rundfahrt durch die Weißen Berge, ★ **Djebel Abiod**. Höhepunkt ist die Speicherburg ★★ **Ksar Ouled Soltane**. Von Tataouine geht es schließlich über Médenine und nach einem möglichen Abstecher in die Küstenoase ❾ ★ **Zarzis** auf dem Römerdamm nach Djerba zurück.

Reiseziele von A bis Z

ARABISCHES FLAIR UND ISLAMISCHE ARCHITEKTUR IN DEN ALTSTÄDTEN, BADEVERGNÜGEN AN ENDLOSEN STRÄNDEN, KULTUR UND KUNST UND (ERSCHLOSSENE) WÜSTE.

Béja

H 2

Gouvernoratshauptstadt **Höhe:** 250 m ü. d. M.
Einwohner: 61 000

← *Römisches Theater in Dougga; Mosaik in Bulla Regia*

Béja, ein wichtiges Landwirtschaftszentrum im fruchtbaren Medjerda-Tal, verdankt seinen Reichtum dem Getreideanbau und einer Zuckerraffinerie im Norden der Stadt.

Vaga, wie Béja in der Antike hieß, lag mitten in der Kornkammer von Ifriqiya und war ein wichtiger Getreidemarkt. Sallust (85 – 35 v. Chr.), einige Jahre Statthalter der Provinz Africa Nova, berichtet von einem der Göttin Ceres/Demeter geweihten Ort und von ausgelassenen Ceres-Feiern. 448 n. Chr. wurde der Ort von Vandalen zerstört, jedoch von Justinian im 6. Jh. wieder aufgebaut und befestigt.

Sehenswertes in Béja und Umgebung

Béja Die Ruinen der hochgelegenen **Kasbah** stammen aus dieser Zeit, ihr Name »Theodoriana« geht auf Justinians Gattin Theodora zurück. Eine steile, von Treppenstufen unterbrochene Gasse führt hinauf, von oben genießt man einen schönen Ausblick auf die Umgebung. Die Festung selber ist vom Militär besetzt und nicht zugänglich.

In der kleinen **Altstadt** mit ihren winkligen Gassen fallen die zahlreichen Moscheen auf. Besonders lebhaft geht es am Markttag (dienstags) zu. Die Kirche mit ihrem minarettähnlichen Turm ist heute ein Kulturzentrum, davor steht das kleine Mausoleum des Sidi Bou Arbâa. Folgt man der Rue Kheireddine, gelangt man zu einem alten Brunnen nahe den Überresten eines antiken Tores Bab el Aïn.

Auf dem **Soldatenfriedhof** im unteren Teil der Stadt sind rund 400 Soldaten, Opfer der Schlachten von 1942 und 1943, begraben.

? WUSSTEN SIE SCHON ...?

- Es gibt keine verbindliche Transkription der tunesisch-arabischen Sprache ins Deutsche. Im vorliegenden Reiseführer wurde im Wesentlichen der gängigen französischen Umschreibung gefolgt.
  Erklärungen vieler arabischer Begriffe findet man im Glossar S.426.

Henchir el Fouar In Henchir el Fouar, dem antiken Belalis Major (8 km nordöstlich von Béja an der Straße nach Mateur), wurden seit den 1960er-Jahren bei Ausgrabungen ein kleines Forum, Thermen und zwei christliche Basiliken freigelegt. Auf den Fundamenten der größeren Basilika wurde später ein islamisches Fort gebaut.

Pont de Trajan 14 km südlich von Béja überquert der 70 m lange, dreibogige Pont de Trajan den Oued Béja. Die Brücke wurde vermutlich 29 n. Chr. als Teilstück der Verbindung Karthago – Bulla Regia errichtet. Anfahrt: Auf der MC 76 in Richtung Süden, mehr oder weniger den Eisenbahnschienen folgend; bei hohem Wasserstand ist die Brücke im **Stausee Sidi Salem** verschwunden.

Testour

Moriscos, aus Andalusien stammende Flüchtlinge, ließen sich im 17. Jh. am Medjerda-Ufer nieder und gründeten an der Stelle des antiken Tichilla die Stadt, die bis heute ihr andalusisches Ortsbild erhalten hat (8000 Einw.; 40 km südlich von Béja). Spanischer Einfluss ist auch in der Hauptmoschee deutlich erkennbar. Ihr aus Bruchsteinen und Ziegeln gebautes Minarett setzt sich aus einem viereckigen Sockel sowie einer achteckigen, mit bunten Fayencen verzierten Bekrönung (20. Jh.) zusammen. Der Moschee-Innenhof ist von Arkaden umgeben, die Bögen ruhen wie im Gebetssaal auch auf antiken Säulen. Im Süden der Stadt steht die Zaouia des Sidi Naceur el Garouachi. Das 1733 erbaute Grabmal ist leicht an der hübschen mit grünen Ziegeln gedeckten Kuppel zu erkennen. Heute ist hier eine Grundschule untergebracht (zu besichtigen). Unmittelbar daneben liegt das Grabmal eines jüdischen Heiligen, des in Fès geborenen und in Testour im 16. Jh. verstorbenen Es Sâad Rebbi Fradji Chaoua. Jedes Jahr im Juni findet im ansonsten ruhigen Städtchen das **Mâalouf-Festival** für traditionelle andalusische/arabische Musik statt.

Aïn Tounga

Unmittelbar neben der aus Testour kommenden GP 5 liegt das Ruinenfeld der römischen Stadt Thignica am Fuße des Djebel Laouej (466 m). Sie lag einst an der Verbindungsstraße Karthago-Sicca Veneria (El Kef). Etwas oberhalb der Straße erhebt sich eine im 6. Jh. aus den Steinen der umliegenden Gebäude errichtete **byzantinische Festung** mit trapezförmigem Grundriss und fünf quadratischen Ecktürmen. Sie gehört zu den besterhaltenen byzantinischen Verteidigungsbauten in Tunesien. Hinter der Zitadelle ziehen sich die Reste der im 3. Jh. von Alexander Severus zum Municipium erhobenen Stadt den Berghang hinauf. Zu erkennen sind Teile der Stadtmauer, ein kleiner Triumphbogen, Reste eines Merkurtempels, die Ruine einer Thermenanlage, einige Häuser sowie ein kleiner Caelestistempel. Auf dem Weg hinunter passiert man ein kleines Amphitheater.

★ Bizerte

I 1

Gouvernoratshauptstadt
Einwohner: 94 000
Höhe: Meereshöhe bis 5 m ü. d. M.

Die wichtigste Industrie- und Hafenstadt an der Nordostküste Tunesiens liegt an dem Kanal, der den Lac Bizerte mit dem Mittelmeer verbindet. In ihrer verwinkelten Altstadt um den malerischen alten Hafen hat sie den Charme vergangener Zeiten bewahrt.

Die europäische Neustadt erstreckt sich zwischen der Hauptgeschäftsstraße Av. Habib Bourguiba und dem Kanal, über den eine Hebebrücke in die Stadt führt. Im Norden folgen kilometerlange schöne Sandstrände.

Bizerte gestern und heute

Bizerte geht auf die im 9. Jh. v. Chr. gegründete phönizische Handelsniederlassung Hippo Diarrytus zurück. Damals entstand bereits ein erster Kanal zwischen dem Meer und dem See und somit einer der sichersten Häfen am Mittelmeer. Er bestimmte die weitere Stadtentwicklung. Die Römer stationierten hier eine Legion und exportierten über den Hafen Getreide nach Rom. Im 13. Jh. wählten die Hafsiden Benzert, wie die Araber den Ort 661 n. Chr. umbenannt hatten, zu ihrer Sommerresidenz. Im 15. und 16. Jh. machten ihn aus Spanien vertriebene Andalusiern zu einem wichtigen Handelsort. Kurze Zeit wurde er sogar von Karl V. besetzt. Nach dem Sieg der Türken wurde Bizerte dann ein berüchtigter Korsarenstützpunkt. Unter der französischen Kolonialherrschaft wurden Ende des 19. Jh.s der heutige, 1,5 km lange Kanal und ein Kriegshafen gebaut. Diesen räumten die Franzosen nach heftigen Unruhen erst 1963, also sieben Jahre nach der offiziellen Unabhängigkeit Tunesiens.

Sehenswertes in Bizerte

✶ Vieux Port

Kasbah ►

Der hübscheste Teil von Bizerte ist der von Cafés gesäumte Alte Hafen (Vieux Port, Place Lahedine Bouchoucha), der heute nur noch von Fischerbooten genutzt wird. Wo er in den Vorhafen mündet, wird er von zwei Festungen bewacht: An der Nordseite erheben sich die mächtigen Mauern der Kasbah aus dem 17. Jahrhundert. Von ihrer Mauerkrone bietet sich eine schöne Aussicht (tgl. 9.00 – 12.30, 15.00 – 19.00 Uhr). Innerhalb der Kasbah liegt eine eigene kleine Stadt mit engen Gassen und einer hanafitischen Moschee (17. Jh.) gleich hinter dem einzigen Eingangstor an der Place du Marché.

Fort Sidi el Hani

Das gegenüberliegende kleine Fort Sidi el Hani (17. Jh.) beherbergt heute ein meereskundliches Museum (Musée Océanographique).

✶ Medina

Ebenfalls an der Place du Marché, gegenüber dem Kasbah-Eingang, führt die Rue des Forgerons (Schmiedegasse) in die Medina. Die verwinkelten, einem Labyrinth gleichenden, von Arkaden begleiteten Soukgassen verbreiten orientalische Atmosphäre. Sie verdanken ihre Namen den hier ansässigen und arbeitenden Handwerkern, u. a. Schmieden (Forgerons), Waffenschmieden (Armuriers), Tischlern (Menusiers) und Fleischern (Bouchers). Die Große Moschee im Zentrum ist aus dem 17. Jh.; in ihrer Umgebung gibt es einige kleine Zaouias (Grabmäler), darunter die Zaouia des Sidi Mostari und die Zaouia des Sidi Moktar. Letztere beherbergt die ASM (Association de Sauvegarde de la Medina). Fotos und Pläne informieren hier über die Restaurierung der Medina.

BIZERTE ERLEBEN

AUSKUNFT

Office de Tourisme
Vieux Port
Tel. 72 43 28 97

ESSEN

► Fein & teuer

① ***Le Phénicien***
Vieux Port
Tel. 72 42 44 80
Das Restaurant-Schiff liegt im Alten Hafen vor Anker; Fischspezialitäten und Meeresfrüchte.

② ***Petit Mousse***
Route de la Corniche
Tel. 72 43 21 85
lepetitmousse@hotmail.com
Ziemlich am Ende der Corniche in einer kleinen Bucht gelegen, bietet das gepflegte Restaurant (mit Hotel) nicht nur einen herrlichen Blick aufs Meer, sondern auch ausgezeichnete Speisen. Versuchen Sie die sehr guten Brik und die Mousse au chocolat (daher der Name).

► Erschwinglich

③ ***La Mammina***
Rue d'Espagne
Dieses sonntags geschlossene Restaurant bietet italienische Spezialitäten an. Pizzen gibt es allerdings nur abends.

► Preiswert

④ ***Le Bonheur***
31, Rue Thâalbi
Tel. 72 43 10 47
Das kleine Restaurant in unmittelbarer Nähe zum Busbahnhof bietet breitgefächerte Variationen aus dem Meer an. Mit vielen Saucen lecker zubereitet, ist man am Ende erstaunt, wie gering sich das alles auf das Budget niederschlägt.

ÜBERNACHTEN

► Komfortabel

① ***Bizerta Resort Sidi Salem***
Route de la Corniche
Tel. 72 43 69 66
Fax 72 42 29 55
hbizerte@gnet.tn
Seine exklusive Ausstattung hebt das Hotel deutlich von den älteren Anlagen Bizertes ab.

② ***Corniche Palace***
Route de la Corniche
Tel. 72 43 18 44
Fax 72 43 18 30
Komplett renoviertes Haus (420 Betten), das einst zur Steigenberger-Gruppe gehörte. In der modernen Disko vergnügt sich die Jugend bis zum Sonnenaufgang. Direkt am Strand gelegen, verschiedene Ausflugsangebote.

► Günstig

③ ***N. C. Aïn Meriam***
Route de la Corniche
Tel. 72 42 26 15
Fax 72 43 24 59
Appartement-Hotel in schönem Gelände direkt am Meer gelegen. Der weitläufige Sandstrand ist ideal für Familien mit Kindern. Restaurant und Lebensmittelgeschäft in der Anlage für Selbstversorger.

Tagsüber dümpeln im Alten Hafen von Bizerte bunte Fischerboote.

Moschee Rebâa An der Place Slahedine Bouchoucha steht die Moschee Rebâa aus dem 17. Jh., deren achteckiges Minarett mit umlaufendem Balkon türkische Stilelemente aufweist. Ihr schließt sich ein überdachter Markt (Marché, v. a. Fischmarkt) an.

Wenige Schritte weiter, wo die Straße auf den Alten Hafen trifft, steht ein maurisch-andalusischer Brunnen von Bey Joussouf (1642) mit einem Dach aus grün lasierten Ziegeln. Die Qualität seines Wassers muss einer in türkisch und arabisch abgefaßten Inschrift zufolge sehr gut gewesen sein: »Trinke von der Quelle des Paradieses und Du wirst Dich in Bizerte wohler fühlen.«

Fort Espagnol Auf einer Erhebung nordöstlich der Kasbah thront das mächtige Fort Espagnol, an dessen Mauern ein alter Friedhof grenzt. Das Fort verdankt seine Entstehung dem türkischen Piraten Eudj Ali, der die Festung zwischen 1570 und 1573 zum Schutz gegen die Spanier errichtete, die Überfälle auf ihre Schiffe des Öfteren mit Angriffen auf Bizerte vergalten. Von der Terrasse des Forts bietet sich ein wunderschöner Ausblick auf die Altstadt und den modernen Hafen. Im Sommer finden hier Theater- und Musikveranstaltungen statt.

Andalusierviertel Im Andalusierviertel (Quartier des Andalous) zwischen Kasbah und Fort ließen sich im 15. und 16. Jh. maurische Flüchtlinge aus Spanien nieder. Leider sind nur wenige der einst malerischen Gassen mit den typischen hellblauen, mit Nägeln verzierten Türen und schmiedeeisernen Fenstergittern erhalten.

Corniche

Nördlich der Stadt, jenseits des Alten Hafens und der Kasbah, verläuft die Corniche genannte Uferstraße parallel zu den ausgedehnten Sandstränden. Sie wird von einer Kette Hotels, Restaurants, Ferienhäuser und vornehmer Villen gesäumt.

Weitere Sehenswürdigkeiten

In der Nähe des Bahnhofs, in der Rue de Russie, steht eine schön renovierte russisch-orthodoxe Kirche, die an das Schicksal der nach Ausbruch der Russischen Revolution nach langer Irrfahrt 1920 hier gelandeten Soldaten der Schwarzmeerflotte erinnert. Verlässt man das Stadtzentrum auf der Avenue Habib Bourguiba in westlicher Richtung, passiert man die Militärakademie (Lycée Militaire), oberhalb derer sich der alte Europäerfriedhof mit französischen und ita-

Bizerte Orientierung

Essen
① Le Phénicien
② Petit Mousse
③ La Mammina
④ Le Bonheur

Übernachten
① Bizerta Resort/ Sidi Salem
② Corniche Palace
③ Aïn Meriam

lienischen Mausoleen befindet sowie die Gräber der russischen Soldaten. Weiter stadtauswärts gelangt man zu dem modernen Märtyrerdenkmal. Die mit Reliefs verzierte Säule erinnert an die Befreiung der Stadt und die damit verbundenen Opfer.

Umgebung von Bizerte

Cap Blanc Sehr lohnend ist ein Ausflug zum etwa 10 km nördlich von Bizerte gelegenen Cap Blanc. Man verlässt die Stadt auf dem Boulevard Habib Bougatfa und folgt der Corniche. Zunächst erreicht man das mit einem Leuchtturm ausgestattete Cap Bizerte. Zwei Kilometer weiter zweigt rechts eine kleine Stichstraße ab zum Cap Blanc. Seine steil ins Meer abfallenden Felsen bilden den **nördlichsten Punkt Afrikas**. Die Steilküsten rund um das Kap sind von besonderer landschaftlicher Schönheit. Das kristallklare Meer ist ein Paradies für Taucher.

Djebel Nador Folgt man der Hauptstraße 1,5 km, so zweigt rechts eine schwierig zu befahrende Piste auf den 260 m hohen Djebel Nador ab. Auf dem Gipfel steht eine Rundfunk-Signalstation. Von dort oben bietet sich ein sehr schöner Blick auf das Cap Blanc und Bizerte.

Menzel Bourguiba Etwa 24 km südwestlich liegt die unter dem Namen Ferryville von den Franzosen gegründete Stadt Menzel Bourguiba (30 000, mit Umland 90 000 Einwohner). Die ehemalige Arsenalstadt hat sich seit 1963 zu einem bedeutenden Industriezentrum (Stahl- und Metallverarbeitung, Textilindustrie) gewandelt. Der große Hafen besitzt über den Kanal von Bizerte eine direkte Verbindung mit dem Mittelmeer.

✶ Lac Ichkeul Etwa 35 km südwestlich von Bizerte erstreckt sich der 110 km² große, von Bächen aus dem Mogod-Bergland gespeiste, fischreiche Ichkeul-See, der mit dem See von Bizerte über den Oued Tindja verbunden ist. Er ist ein kleines Naturwunder und gehört zum UNESCO-Weltnaturerbe, da er aus Süß- und Salzwasser zugleich besteht. Sind die Regenfälle stark, steigt der Süßwasseranteil, in den trockenen Sommermonaten dagegen nimmt der Anteil des salzhaltigen Wassers des Lac de Bizerte zu. An seinem Südende erstreckt sich ein großes Naturschutzgebiet, überragt vom Djebel Ichkeul (511 m; Aussicht). An seinem südlichsten Ausläufer steht ein **Ökologie-Museum**, welches über den Nationalpark informiert (tgl. 9.00 – 17.00 Uhr). Die Sumpfoase bietet Lebensraum für vielerlei interessante Pflanzen, u. a. rosenfarbiger, blassviolett blühender Lauch, vereinzelt auch Schachblumen mit glockenförmigen, purpurnen bis gelbgrünen Blüten, verschiedene Binsenarten, Sumpf- und Schwertlilien, Schilf-

? WUSSTEN SIE SCHON ...?

- Am Ichkeul-See leben unzählige Wasservögel und einige wild lebende, vom Aussterben bedrohte Wasserbüffel, Tunesiens größte Säugetiere (etwa 1,80 m hoch und rund 1200 kg schwer).

rohr und Seerosen. In den Wintermonaten, wenn Regenwasserzuflüsse den Ichkeul-See über die Ufer treten lassen und der Sumpf zu blühen beginnt, machen hier Hunderttausende von Zugvögeln aus Europa, hauptsächlich Enten, Quartier.

Die im Süden und Südosten von Bizerte gelegenen Strände R'Mel (im Süden) sowie Ras Djebel, Raf-Raf und Sidi Ali el Mekki (im Südosten) zählen zu den schönsten Küstenabschnitten der Umgebung.

R'Mel, Ras Djebel, Raf-Raf

★ Bulla Regia

G 2

Gouvernorat: Jendouba **Höhe:** 627 m ü. d. M.

Bulla Regia, 65 km südlich von Tabarka am Fuße des 617 m hohen Djebel Rebia in einem zum Medjerda-Tal sanft abfallenden Gelände gelegen, gehört zu den bedeutendsten römischen Ruinenstädten Tunesiens. Thermen, Zisternen, Tempel, Theater, Forum und v. a. großzügig angelegte Villen laden zu einer Besichtigung ein.

Bulla Regia: römische Straßen, großzügige Villen und grandioser Mosaikschmuck

Unterirdische Villen

Vermutlich um die Bewohner vor der Sommerhitze zu schützen, waren die Wohnhäuser mit unterirdisch angelegten Wohnräumen ausgestattet worden, eine Bauweise, die sich im Süden Tunesiens in den berberischen Höhlenwohnungen bereits bewährt hatte. Aus Bulla Regia stammen einige der schönsten Mosaiken des Bardo-Museums in ►Tunis, einzelne sind auch noch vor Ort zu besichtigen.

Geschichte

Die ursprünglich phönizische Stadt wurde um 150 v. Chr. von Masinissa erobert und nach dessen Tod – daher der Beiname Regia – Hauptstadt einer der drei von Rom geschaffenen numidischen Königreiche. Unter Hadrian wurde Bulla Regia (117/118 n. Chr.) zur Kolonie erhoben, ihre Einwohner römische Bürger. Oliven- und Getreidehandel machten sie zu einer der reichsten Städte des römischen Afrika. 399 hielt sich Augustinus in der Stadt auf, die seit 380 Bischofssitz war. Die Theaterleidenschaft der Einwohner veranlasste den Kirchenmann zu heftiger Kritik. Die byzantinische Epoche bezeugen zwei Basiliken. Mit dem Arabereinfall im 7. Jh. setzte der Niedergang Bulla Regias ein, das im späten 12. Jh. endgültig aufgegeben wurde. L. Carton begann Anfang des 20. Jh.s mit Ausgrabungen. Zur Zeit werden sie unter der Leitung des Institut National d'Archéologie de Tunis und der Ecole Française de Rome weitergeführt.

✶ ✶ Ausgrabungen

Rundgang

Öffnungszeiten:
tgl. 8.00–18.00

Gleich links vom Eingang zum Ruinenfeld liegen restaurierte Zisternen sowie ein rätselhaftes Bauwerk, wegen seiner Bauweise »Opus reticulatum« genannt, aus dem 1. Jh. n. Chr., dessen Inneres durch zwei Pfeilerreihen in drei Schiffe geteilt wird.

Thermen der Julia Memmia

Der antiken Straße in nordöstlicher Richtung folgend, passiert man die Fundamente eines Bogens, unweit westlich hiervon die Reste einer byzantinischen Festung. Vorbei an zwei Tempeln, erreicht man die Thermen der Julia Memmia. Der etwa 189 n. Chr. von einer reichen Bürgerin gestiftete Bau ist ein schönes Beispiel einer städtischen Badeanlage. Ein etwas erhöht liegender Portikus schließt die Thermen zur Straße hin ab, ihm öffnen sich kleine Räume, vermutlich beherbergten sie Läden. Durch das **Vestibül** ge-

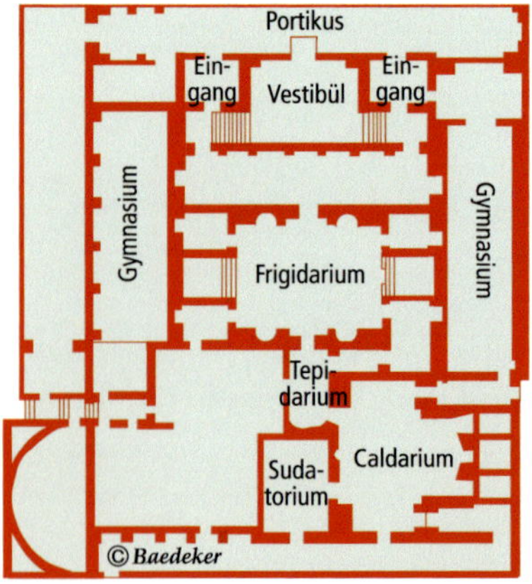

langt man zur etwas tiefer gelegenen Thermenanlage, die den typischen, symmetrischen Grundriss aufweist. Auf den Auskleideraum (Apodyterium, Vestiarium) folgt das Kaltbad (Frigidarium) mit zwei Kaltbadebecken. Ein feines Mosaik mit dem kretischen Labyrinth schmückt den Fußboden. Rechts und links schließen sich zwei Räume, vielleicht Turnsäle (Gymnasium, Palaestra), an. Südlich folgen Lauluftraum (Tepidarium), Heißwasserbecken (Caldarium) und ein Dampfbad (Sudatorium), die beiden letzten sind von Heizräumen sowie von einem Bedienungsgang umgeben. Bei dem halbrunden Raum an der Südwestecke handelt es sich vielleicht um eine Latrine.

Bulla Regia Orientierung

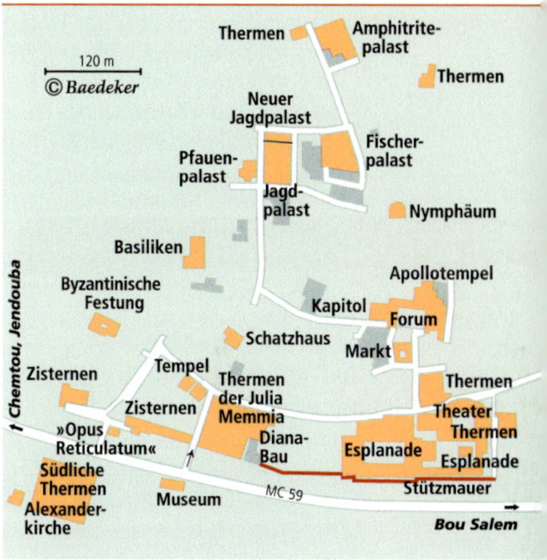

Östlich der Thermen finden sich Reste des sog. Diana-Baus mit einem überwölbten, achteckigen Raum. Weiter geht es auf der mit Steinplatten belegte antike Straße Richtung Nordwesten.

Römische Villen

Die z. T. wohlerhaltenen Wohnhäuser reicher Bewohner aus dem 3. und 4. Jh. n. Chr. wurden alle nach in den Häusern gefundenen Mosaiken benannt. Sie wurden nach einem einzigartigen Grundriss erbaut, der teilweise erst nachträglich in bereits bestehende Häuser eingefügt wurde. Um einen Säulenhof ordneten sich die Räume wie in römischen Wohnhäusern üblich, die eigentlichen Wohnräume lagen jedoch im Untergeschoss und waren angenehm kühl. Beim verbreitetsten Grundriss gingen von einem unterirdischen Gang drei teilweise miteinander verbundene Räume ab, die durch dahinter liegende Schächte mit indirektem Licht und Luft versorgt (u. a. Schatzhaus/Maison du Trésor). Aufwändiger ist der Grundriss des Jagdpalastes (Maison de la Chasse) sowie des Fischerpalastes (Maison de la Pêche). Im Folgenden werden die besterhaltenen »Untergeschoss-Häuser« näher beschrieben:

Maison du Trésor

Linker Hand liegt die Maison du Trésor, nach einem dort entdeckten byzantinischen Silberschatz »Schatzhaus« genannt; im unterirdischen Stockwerk ist ein gut erhaltenes geometrisches Mosaik zu sehen.

Basiliken

In nördlicher Richtung führt der Weg an zwei miteinander verbundenen, gut erhaltenen christlichen Basiliken aus dem 6. Jh. vorbei. In der älteren und größeren sind noch einige Marmorsäulen, ein Taufbecken sowie ein Mosaik mit Fischen und Vögeln zu sehen.

★★ Maison de la Chasse

Der große Jagdpalast, der seinen Namen einem heute fast verschwundenen Mosaik im Untergeschoss verdankt, war Wohnsitz eines wohlhabenden Bürgers. Bei dem Bau der prächtigen Anlage waren mehrere kleine Wohnhäuser zusammengelegt und umgebaut worden. Das Obergeschoss ist ziemlich verfallen. Das etwa fünf Meter unter dem Erdgeschoss liegende Untergeschoss, dessen Räume um einen mit korinthischen Säulen umstandenen Innenhof angelegt sind, ist jedoch gut erhalten. Neben den Schlafzimmern, zu erkennen an kleinen, mosaikgeschmückten Plattformen für die Betten, ist ein großer Esssaal (Triclinium), ebenfalls mit einem Bodenmosaik, auszumachen. Sehr interessant ist das Be- und Entlüftungssystem der Schlafzimmer: In die Wände sind Röhren eingelassen, über die aus einem umlaufenden Schacht der Luftaustausch erfolgt.
Im Erdgeschoss ist die Anordnung vergleichbar (zwei Höfe mit Säulenumgang, Ess-und Wohnräume, Schlafzimmer, kleine Bäder).

! *Baedeker* TIPP

Überblick

Von einer kleinen Anhöhe in der Mitte des Geländes bietet sich ein schöner Blick über das gesamte Ausgrabungsgelände.

Nouvelle Maison de la Chasse

Nördlich schließt sich der 1972 ausgegrabene Neue Jagdpalast an, sein namengebendes Mosaik aus dem 4. Jh. befindet sich im Triclinium (Esssaal). Wie einige andere Wohnhäuser auch wurde der Neue Jagdpalast später als Nekropole genutzt.

Amphorengewölbe

Eigentümlich und in zahlreichen römischen Städten Tunesiens vertreten ist die hier gut erkennbare Technik des Gewölbebaus (► Abb. S. 75). Sie wurde vermutlich im 2. Jh. entwickelt und bis zur arabischen Eroberung genutzt. Aus Ton gebrannte Röhren wurden ineinander geschoben und zur Kuppelform aufgereiht, die Zwischenräume geschlossen. Mehrere Reihen wurden so übereinander und nebeneinander gebaut, eine gegen die andere befestigt. Anschließend wurde die Innenseite des Gewölbes mit einer Tünche überzogen.

Maison de la Pêche

Der Fischerpalast, östlich gelegen, gehört zu den ältesten Gebäuden. Er besitzt ein gut erhaltenes Untergeschoss. Um den säulengestützten Innenhof verläuft eine aus Tonnengewölben gebildete Galerie, von der mehrere fensterlose Räume abgehen. Das Mosaik zeigt ein fischreiches Meer mit Fischern als Liebesgötter und Enten.

★★ Maison d'Amphitrite

Die schönsten und am besten erhaltenen Mosaiken befinden sich im unweit nordöstlich gelegenen so genannten Amphitritepalast, bei dem es sich jedoch vermutlich um einen Neptuntempel handelte. Vom unterirdisch gelegenen Gang kommt man in einen großen Saal. Auf dem Fußbodenmosaik reitet Venus Marina, die ehemals mit der Meernymphe Amphitrite verwechselt wurde, in Begleitung von Neptun auf einem Meereskentauren.

»Venus Marina« in der Maison d'Amphitrite

Aus dem Erdgeschoss dieses Hauses stammt das große Mosaik von der Befreiung der Andromeda (heute im Bardo-Museum in ►Tunis).

Weitere Sehenswürdigkeiten

Der Rückweg führt am Fischerpalast vorbei; unweit östlich hiervon befindet sich das **Nymphäum**. Der antike Brunnen ist immer noch in Betrieb. Leider ist er durch eine moderne Installation verstellt.

Forum

Ungefähr 100 Meter südlich erstreckt sich das Forum, ein riesiger, einst mit Steinplatten belegter Platz, der jedoch stark verfallen ist. Auch von den angrenzenden Bauwerken ist sehr wenig erhalten. Vom **Kapitol** stehen nur noch die Grundmauern; der nördlich stehende **Apollontempel** (Temple d'Apollon) bestand nach afrikanischer Art aus einem Hof und einer Cella. Hier gefundene, der Göttertrias Apollon, Ceres und Äskulap gewidmete Marmorstatuen sind ebenfalls im Bardo-Museum in ►Tunis aufbewahrt.

Markt

Südlich des Forums führt eine Straße zum Markt, einem großen, mit Steinplatten belegten Hof, der von einem Säulengang eingerahmt ist. Im Norden und Süden öffneten sich kleine Läden.

Theater

Die Straße endet am restaurierten Theater. Ursprünglich stammt es aus dem 2. Jh., seine heutige Form erhielt es im 4. Jahrhundert. Der

Durchmesser beträgt 60 m; erhalten ist die untere Reihe seiner Sitzreihen; in den Boden der Orchestra ist ein Bärenmosaik eingelassen. Den südlichen Abschluss bildet ein Portikus, hinter dem sich ein großer Platz (Esplanade) öffnet, versehen mit Kolonnaden, Wasserbecken, Brunnen sowie Tempel. Unmittelbar westlich des Theaters sind die Reste eines Isistempels zu sehen.
Westlich des Theaters öffnet sich ein weiterer Platz, der um einen Garten angelegt und ebenfalls von öffentlichen Bauten umgeben war. Stützmauern fassen den Komplex im Süden ein. An den Thermen der Julia Memmia vorbei gelangt man zum Eingang zurück.

Südliche Thermen, Alexanderkirche

Südlich der Zufahrtsstraße liegen die Ruinen der großen südlichen Thermen (Thermes du Sud; 60 x 55 m) sowie die kleine Alexanderkirche (Église d'Alexandre), ein rechteckiges Gebäude mit zwei Reihen von Steintrögen. Die Bestimmung des bei einem Brand zerstörten Gebäudes ist unklar. Vielleicht handelte es sich um eine Sammel- und Verteilungsstelle für Naturalien, denn bei Ausgrabungen wurden u. a. zahlreiche Getreide-, Wein- oder Ölamphoren entdeckt.

★ Cap Bon

L/M 1 – 3

Gouvernorat: Nabeul **Einwohner:** 50 000

Die 70 km lange und bis zu 40 km breite Halbinsel ragt wie ein Finger ins Mittelmeer und trennt den Golf von Tunis im Norden vom Golf von Hammamet.

Garten Tunesiens

Cap Bon ist außerdem der Name des an der Nordspitze gelegenen Kaps, dessen Felsen steil zur Straße von Sizilien abfallen, die an dieser Stelle nur 140 km breit ist. Geologisch ist die Halbinsel ein Ausläufer des Atlasgebirges. Dessen Dorsale genannter südlicher Abschluss erstreckt sich bis zur Halbinsel, ist jedoch durch eine Senke von Letzterer getrennt. Ihr Rückgrat bildet der noch bis zu 600 m ansteigende, in Nordostrichtung verlaufende Höhenzug Djebel Sidi Abd Er Rahmane, der im 393 m hohen Djebel Sidi Abiod ins Mittelmeer ausläuft. Heute ist das Cap Bon eine der landwirtschaftlich am intensivsten genutzten Regionen von Tunesien. Hierzu trugen nicht nur die fruchtbaren Schwemmlandböden bei, sondern auch die für tunesische Verhältnisse recht hohen Niederschläge, die insbesondere im Nordwesten der Halbinsel eine üppige mediterrane Vegetation aufkommen lassen.
Die Grombalia-Ebene trennt die beiden Gebirge. Sie war noch gegen Ende der letzten Eiszeit vom Golf von Tunis überflutet, der sich damals wesentlich weiter nach Süden hin ausdehnte. Erst jüngere Hebungsbewegungen und Verlandung ließen die Ebene von Grombalia trockenfallen. Im Südwesten herrschen Gemüse- und Weinbau vor,

Cap Bon: Schon die Römer schätzten die Thermalquellen von Korbous.

im Nordwesten und Norden dagegen Steilküsten mit vielen kleinen, felsigen Buchten, das Landesinnere ist mit Getreidefeldern und Weiden bedeckt, an der Ostküste dehnen sich weite Sandstrände aus, im südöstlichen Küstensaum dominiert wiederum der Gemüseanbau. Abgesehen von ► Hammamet und ► Nabeul, dem zweitgrößten Fremdenverkehrszentrum des Landes, gibt es an den Küsten bislang noch keine großen Hotelkomplexe.

Geschichte

Seit der Antike hat sich die Nähe zu Sizilien und damit zu Europa auf die Geschichte der Halbinsel ausgewirkt. Auch der Name ist eine Ableitung aus dem italienischen Capo Buono (gutes Kap). Bereits im 7. Jh. v. Chr. hatten die Karthager hier intensiv Landwirtschaft betrieben und vor allem Getreide und Oliven, Wein, Feigen und Granatäpfel angebaut. Die Römer gaben im Laufe der Zeit den damals gewinnbringenderen Ölbaumhainen den Vorzug. Ausgedehnte Raubzüge der Beni-Hillal-Nomaden brachten im 11. Jh. die landwirtschaftliche Tradition fast völlig zum Erliegen. Sie lebte erst 600 Jahre später wieder auf, als sich moslemische Andalusienflüchtlinge hier niederließen und ihre wesentlich höher entwickelten landwirtschaftlichen Techniken sowie neue Nutzpflanzen mitbrachten. Ausgeklügelte Bewässerungssysteme (Ziehbrunnen und Norias, mit einem Doppelrad versehene Brunnen), die Einführung des spanischen Pflugs und der Mehrfachkultur verhalfen der Landwirtschaft von Cap Bon zu ungeahnter Blüte. Schon bald wurden hier sämtliche mediterranen Obst- und Gemüsearten sowie Tabak, Mais, Pfeffer

und Tomaten angebaut. Cap Bon war wieder zum Garten Tunesiens geworden. Die französischen Kolonialherren setzten die landwirtschaftliche Tradition fort. Es waren aber vor allem Einwanderer aus Italien, die hier Wein, Zitrusfrüchte und Gemüse kultivierten. Bevorzugter Siedlungsraum war die Ebene von Grombalia, die sich bald zu einem Weinanbauzentrum entwickelte.
Auch heute leben noch über 80 % der Bevölkerung von der Landwirtschaft. Auf Cap Bon liegen 45 % der tunesischen Weinbaufläche und ca. 70 % aller tunesischen Zitrusfrüchte werden hier geerntet.

Rundfahrt um die Halbinsel (ca. 250 km)

Soliman Das 14 000 Einwohner zählende Landstädtchen Soliman liegt am nordwestlichen Rand der Grombalia-Ebene, umgeben von ausgedehnten Kartoffel-, Tomaten-, Oliven- und Obstkulturen. Einst fanden hier zahlreiche Andalusienflüchtlinge eine Bleibe und auch heute noch lassen sich im Ortsbild mancherlei andalusische Stilelemente entdecken. Im malerischen Altstadtkern fallen die malekitische Mo-

CAP BON ERLEBEN

ANFAHRT

Von Tunis über die GP 1 (Tunis – Soliman, rund 38 km entfernt); von Sousse über die GP 1 (Sousse – Hammamet, rund 120 km)

GUT ZU WISSEN

Veranstaltungen
März/April: Orangenfest in Menzel Bou Zelfa
Mai/Juni: Festival de l'Epervier, Sperberfest in El Haouaria (►S. 206)
August: alle zwei Jahre Amateurfilm fest in Kelibia; alle zwei Jahre Theaterfest in Korba;
September: Weinfest in Grombalia und Bou Arkoub sowie zahlreiche Veranstaltungen in Nabeul und Hammamet (►dort) während der Hauptferienzeit.

ESSEN

► **Erschwinglich**
La Daurade
El Haouaria
Neben den römischen Steinbrüchen
Tel. 72 26 90 80
www.ladaurade.com
Bekanntes und beliebtes Fischrestaurant direkt an der Küste.

► **Preiswert**
Le Goéland
Kélibia
Im Hafen
Tel. 72 27 30 74
Hier kann, wer möchte, seinen Fisch selber angeln, der anschließend zubereitet wird.

ÜBERNACHTEN

► **Günstig**
Hotel Restaurant Les Grottes
El Haouaria
Route les Grottes
Tel. 72 29 72 96
www.centregrotte.com
17 Zimmer; schönes Schwimmbad, wunderbare Aussicht am Ende der Straße, die zu den berühmten Steinbrüchen führt. Schöner Ausgangspunkt für Ausflüge in die Natur.

Die Falkner von Cap Bon sind stolz auf ihre abgerichteten Greifvögel.

schee aus dem 17. Jh., deren Dach mit halbkreisförmigen Ziegeln bedeckt ist, sowie die hanafitische Moschee mit ihrem achteckigen Minarett auf. Das am Meer gelegene Soliman Plage ist ein beliebtes Ausflugsziel der Einwohner von Tunis.

★ Côte du Soleil

Etwa 8 km nördlich von Soliman zweigt von der MC 26 die MC 128 links ab. Sie begleitet die zerklüftete Steilküste des Djebel Bou Korbous, hier Côte du Soleil genannt. Dieser 12 km lange Streckenabschnitt ist landschaftlich einer der schönsten in Tunesien: rechter Hand die steile, bis 419 m ansteigende Gebirgsflanke, linker Hand die jäh zum Meer abstürzenden Klippen. Von einigen Haltebuchten bieten sich herrliche Fernblicke bis hinüber nach Karthago.

Korbous

Vorbei an dem kleinen Fischerort Sidi Raïs, dem römischen Carpi, erreicht man nach wenigen Kilometern Korbous, Tunesiens bekanntestes Thermalbad. Der kleine Ort schmiegt sich in ein enges Tal, das sich auf das Meer öffnet. Schon die Römer wussten die sieben 44 – 60 °C heißen Quellen zu schätzen. Der osmanische Herrscher Ahmed Bey war es, der die römischen Aquae Calidae Carpitanae im Jahr 1801 wiederentdeckte und eine Badeanstalt ins Leben rief. Die Franzosen erweiterten den Ort, es entstanden einige Kurhotels und auch Bourguiba verbrachte hier seine Ferien. Das Kalzium, Sulfat und Schwefel enthaltene Wasser soll bei Haut- und Atemwegserkrankungen, bei Arthritis und Rheuma heilende Wirkung zeigen. Heute werden hier auch kosmetische Behandlungen durchgeführt. Die

Hauptattraktion ist der Hammam (Dampfbad) im ehemaligen Bey-Palast. Hilfreiche Wirkung wird auch dem mittlerweile blank geschliffenen **Stein der Zerziha** zugeschrieben. Er soll mancher an Unfruchtbarkeit leidender Frau geholfen haben. 2 km nördlich, direkt an der Straße, stürzt die 50 °C heiße Quelle als kleine Kaskade ins Meer. An den Wochenenden herrscht hier Hochbetrieb. Insbesondere die Bewohner des nahen Tunis scharen sich dann um ein Heißwasserbecken am Strand oder stehen im Meer unter dem heißen Wasserfall. Über eine schmale Straße gelangt man nach etwa 8 km zum Strand von **Port Prince** mit einem Palast auf einer Anhöhe. Das Gebäude ist nicht zugänglich (Staatsbesitz). Das benachbarte empfehlenswerte Restaurant ist nur während der Saison geöffnet.

Hamma el Atrous ►

Nun verlässt die MC 23 die Küste und führt durch fruchtbare Landstriche. Im Osten wird sie vom beinahe parallel zu Straße verlaufenden Bergrücken des Djebel Sidi Abd Er Rahmane begleitet.

Sidi Daoud

Fast schon an der Nordspitze von Cap Bon liegt Sidi Daoud, ein kleiner Fischerhafen, dem man nicht ansieht, dass hier an die 50 % des tunesischen Thunfisches angelandet werden. Berüchtigt ist die noch immer angewandte, ursprünglich aus Sizilien stammende Fangmethode Matanza. Sowie in der Laichzeit zwischen Ende April und Anfang Juli die vollen Netze aus dem Wasser gezogen werden, töten die Fischer die Tiere mit Knüppeln, Harpunen oder langen Messern (Touristen sind zur Matanza nicht zugelassen). Im Hafen befindet sich eine Konservenfabrik, in der die Fische verarbeitet werden.

Zembra, Zembretta

Weit draußen im Meer erkennt man die Umrisse der beiden Felseninseln Zembra und Zembretta, der antiken Aegimuren. Sie bilden ein Meeresschutzgebiet, in dem sich die älteste den Menschen bekannte Robbenart, die Mönchsrobbe, langsam wieder vermehrt, im Frühjahr Tausende von Sturmtaucherpärchen nisten und Millionen Zugvögel Station machen. Das kleinere Zembretta trägt einen Leuchtturm, ist ansonsten jedoch unbewohnt. Das größere Zembra (5 km²; bis 432 m hoch) war früher eine Quarantänestation für Mekkapilger. Heute sind jedoch beide Inseln für Besucher gesperrt.

El Haouaria

El Haouaria am äußersten Punkt der Halbinsel lebt ebenfalls vom Thunfischfang. Seine Berühmtheit verdankt es dem **Sperberfest** bzw. Umstand, dass hier jedes Frühjahr Falken und Sperber auf ihrem Weg nach Europa Rast machen. Einige von ihnen werden im Februar/März mit Netzen gefangen und in kürzester Zeit auf die Wachteljagd abgerichtet. Am letzten Maitag wird die Jagd beendet und die Raubvögel werden mit einem mehrtägigen Festakt wieder freige-

! *Baedeker* TIPP

Festival de l'Epervier

Falkner aus der Umgebung, Schaulustige und Prominenz treffen sich alljährlich in El Haouaria zum Sperberfest, einem farbenfrohen Spektakel mit Falkenjagd-Vorführungen und folkloristischen Darbietungen.

lassen. Eine kleine Ausstellung im Haus des Falkner-Clubs (neben dem Hotel-Restaurant Les Grottes) informiert über diese in Nordafrika und dem Nahen Osten beliebte Jagdmethode.

★ ◄ Grottes Romaines

Größte Sehenswürdigkeit sind die 2 km vom Dorf am Meer gelegenen Römischen Grotten (arabisch Ghar el Kebir; tgl. 8.30 – 17.30 Uhr; die Hauptstraße endet an der Küste auf dem Parkplatz des Restaurants Daurade, neben dem Eingang). Die über 90 Grotten wurden in die steil zum Meer abfallenden Felsen gehauen. Sie dienten bereits den Puniern und anschließend den Römern als Steinbruch und lassen noch deutlich Bearbeitungsspuren erkennen. Unter unmenschlichen Bedingungen trieben Sklaven und Strafgefangene bis zu 30 m tiefe Schächte in den Fels. Die Sandsteinblöcke wurden mit Seilen nach oben gezogen und nur einen Steinwurf weit entfernt auf Schiffe verladen, die das Baumaterial direkt bis in den Hafen von Karthago brachten. Die Steine fanden beim Bau römischer Städte Verwendung, so bezogen Karthago und El Djem ihr Baumaterial von hier.

★ **Djebel Abiod**

Lohnenswert ist die Besteigung des rund 400 m hohen Djebel Abiod. Von oben genießt man einen herrlichen Ausblick auf die Westküste und die davorgelegenen Inseln Zembra und Zembretta, auf den nordöstlichsten Punkt Tunesiens, das mit einem Leuchtturm versehene Cap Bon, sowie über die Nordostküste mit der in Richtung Kelibia gelegenen Pumpstation für die aus Algerien kommende, unter dem Meer nach Sizilien verlaufende Erdgaspipeline.

Schon die Punier und anschließend die Römer bauten hier Sandstein ab.

★ Kerkouane

Öffnungszeiten: tgl. 9.00 – 16.00, im Sommer bis 18.00

Nach etwa 12 km folgt Kerkouane (Abzweigung von der MC 27 in Richtung Meer). Erst 1952 wurde die Siedlung entdeckt. Die 1966 begonnenen Ausgrabungen gehören zu den archäologisch wichtigsten in ganz Nordafrika, da es sich bei Kerkouane um die einzige bislang entdeckte größere punische Stadtanlage handelt. Vermutlich war Kerkouane lange vor der Gründung Karthagos ein phönizischer Ankerplatz. Daraus entwickelte sich seit dem 6. Jh. v. Chr. ein kleines Fischer- und Färberdorf, dessen Namen bis heute unbekannt ist. Im 2. Jh. v. Chr. wurde die Stadt von Scipio erobert und im Dritten Punischen Krieg von den Römern dem Erdboden gleichgemacht. Aber anders als Karthago wurde sie nie wieder aufgebaut, sodass die punischen Siedlungsstrukturen unüberbaut erhalten blieben. Die hufeisenförmig angelegte Stadt grenzt im Osten direkt an das Meer. Sie war von einer doppelten, mit zwei Toren ausgestatteten Mauer geschützt.

? WUSSTEN SIE SCHON ...?

- Vermutlich entdeckten die Phönizier, dass sich aus einer gelben Flüssigkeit der Purpurschnecke der gleichnamige Farbstoff gewinnen ließ, denn sie brachten aus Thyros das Monopol auf dessen Gewinnung mit. So sammelten sie die Schnecken und wurden durch die vielen leuchtenden Purpurfärbungen berühmt (Phönizien = Purpurland). Für 1 g reines Purpur braucht man etwa 8000 Schnecken – das erklärt auch den hohen Preis (1 g kostet ca. 2000 €) und die Exklusivität des Farbstoffs.

Ausgrabungen, UNESCO-Weltkulturerbe

Bislang wurden Grundmauern und Fundamente freigelegt, erkennbar ist auch das rechtwinklige Straßennetz. Die Häuser besaßen teils noch erhaltene Marmorfußböden, die mit rot-weißen Mosaiken verziert waren. Bei vielen Gebäuden lagen drei bis fünf Wohnräume um einen Innenhof mit Brunnen. Der Empfangssaal (Oecus) kann bis zu 35 m² groß sein. Auffallend ist, dass fast jedes Haus ein eigenes Bad besaß. Der relativ kleine Raum befand sich an der Verlängerung des Korridors und ging auf den Innenhof. Die steinernen **Badewannen** mit einem Sitzpodest fehlen in fast keinem Haus. Das Abwasser floss über eine Rinne in die Kanalisation. Überhaupt weisen mehrere erhaltene Abwässerkanäle darauf hin, dass Kerkouane auch über ein für die damalige Zeit sehr hoch entwickeltes Kanalisationssystem verfügt haben muss. Außer Wohnhäusern wurden öffentliche Plätze und ein Tempel mit Vorhalle und Thermen freigelegt. Interessant sind die Überreste einer **Purpurmanufaktur** mit in den Fels gehauenen Vertiefungen, in denen die Murex-Schnecken gesammelt wurden. Auch fand man Halden von Schalen dieser Tiere, deren Schleim an der Luft zu dem begehrten violetten Farbstoff oxidierte. Etwas außerhalb wurde eine Nekropole entdeckt.

Museum ►

In dem kleinen Museum (Mo. geschl.) sind Ausgrabungsfunde zu sehen, darunter die »**Dame von Kerkouane**«. Die lebensgroße Statue aus Zypressenholz stellt die Göttin Ashtart dar, die Beschützerin der Toten, und diente als Sarkophagdeckel (2. Jh. v. Chr.).

Weiterfahrt

Kelibia

Die Kleinstadt, 13 km südlich von Kerkouane, ist ein bedeutender Fischereihafen (rund 20 000 Einwohner). Bekannt ist der aus der Umgebung stammende gleichnamige **Muskatwein**.
Vermutlich handelt es sich um eine punische Gründung, die 309 v. Chr. durch Agathokles von Syrakus eingenommen und in Aspis (= Schild) umbenannt wurde. 255 v. Chr., während des Ersten Punischen Krieges, wurde die Stadt durch Konsul Regulus erobert und 110 Jahre später, im Dritten Punischen Krieg, zerstört. Anschließend wurde der Ort von den Römern als Clupea neu aufgebaut. Das Ortszentrum liegt etwa 2 km vom Meer entfernt. Hauptsehenswürdigkeit ist die auf einem 150 m hohen Felsen thronende **Festung**, die im 6. Jh. von den Byzantinern errichtet und unter den Hafsiden (1229 bis 1574) weiter ausgebaut wurde (man erreicht sie vom Hafen aus auf der Straße nach El Manzourah). Die wuchtige Wehrmauer ist ringsum hervorragend erhalten. Im teils noch bewohnten Inneren der Festung sind umfangreiche Ausgrabungs- und Restaurierungsarbeiten im Gange. Sehr lohnend ist die Aussicht von den Bastionen; bei klarer Sicht reicht der Blick bis nach Sizilien hinüber (150 km). Der **Strand** von Kelibia ist klein; empfehlenswert ist dagegen der 2 km nördlich gelegene Strand von El Mansourah. Ein besonders schöner und sehr einsamer Strand erstreckt sich an der Spitze der Halbinsel Cap Bon, gut einen Kilometer westlich von Ras Mostefa.

Kerkouane: Körperpflege war den Puniern wichtig, zahlreiche Häuser besaßen Sitzbadewannen.

Weiterfahrt nach Nabeul und Hammamet

Vom 12 km südlich gelegenen Menzel Temine führt eine Straße nun durch das landschaftlich abwechslungsreiche Innere der Halbinsel über Menzel Bou Zelfa und Soliman zurück zur Ausgangsstelle dieser Rundfahrt. Wer dagegen nach Nabeul und Hammamet weiterfahren möchte, bleibt auf der MC 27. Die Küstenstraße führt an einer weiten, im Sommer von Salzkrusten bedeckten Lagune vorbei; über Korba, Tazerka, Beni Khiar und Dar Châabane erreicht man nach ca. 50 km ►Nabeul.

★★ Carthage · Karthago

K 2

Gouvernorat: Tunis Nord **Höhe:** Meereshöhe bis 70 m ü. d. M.

An die einst berühmteste Stadt Nordafrikas erinnern heute nur noch spärliche und verstreute Überreste. Diese v. a. aus der Römerzeit erhaltenen Bauwerke lassen mit einer Portion Fantasie die fast tausendjährige glanzvolle Geschichte lebendig werden.

Das heutige Karthago ist der wohl schönste Vorort von Tunis mit palmen- und eukalyptusgesäumten Alleen, Villen und Gärten voll roter Hibiskusblüten und lila Bougainvilleen. Es liegt auf einer in den Golf von Tunis hineinragenden Halbinsel, die zur Landseite durch zwei flache Binnenseen geschützt ist. Der Vergleich mit Dougga, Bulla Regia, Sbeïtla oder Makthar mag manche Besucher enttäuschen, aber diese Städte waren auch nicht mutwillig vernichtet, über ein Jahrtausend als Steinbruch benutzt und seit Mitte des 19. Jh.s modern überbaut worden.

Karthago gestern und heute

Bereits die Gründung Karthagos liegt im sagenumwobenen Dunkeln. Der Legende nach soll Elissa, eine phönizische Prinzessin und Tochter des Königs von Tyros, nach Erb- und Thronstreitereien vor ihrem Bruder aus Tyros geflohen und 814 v. Chr. mit einigen Getreuen an der Küste von Tunesien gelandet sein (►Berühmte Persönlichkeiten). Der Wahrheitsgehalt dieser Sage lässt sich nicht überprüfen, aber immerhin ist Alt-Karthago archäologisch gesehen bis 750 v. Chr. nachgewiesen und die erste karthagische Siedlung stand auf dem »Kuhhaut« genannten Hügel Byrsa.
Die heutige Sebkha Ariana (Salzsee) war in der Antike noch mit dem Meer verbunden, sodass Karthago das Ende einer leicht zu verteidigenden Halbinsel einnahm. Über 40 km lang, bis 13 m hoch und 10 m dick war die Wehrmauer mit ihren Türmen, Graben- und Erdwallsystemen, die das Stadtgebiet und seine umliegenden, landwirtschaftlich genutzten Flächen vor feindlichen Übergriffen schützte. Verteidigt wurde dieses Bollwerk von rund 20 000 Fußsoldaten, 4000 Reitern und 300 Elefanten. Unter dem Geschlecht der Magoniden (Hamilkar, Hasdrubal, Hannibal) stieg Karthago zur unumschränkten Handelsmacht im westlichen Mittelmeer auf, Afrika wurde umsegelt und die Küsten Britanniens entdeckt. Die Auseinandersetzungen mit der anderen Weltmacht Rom führten zu den Punischen

Niedergang ►

Kriegen und gipfelten in der vollständigen Zerstörung Karthagos. 146 v. Chr. ließen die überlegenen Sieger den »Dorn im Auge Roms« niederbrennen, plündern, schleifen und umpflügen. Schließlich wurde das Stadtareal noch mit Salz bestreut, um sogar den Boden unfruchtbar zu machen. Es dauerte mehr als 100 Jahre, bis das Gebiet Karthagos von den Römern neu besiedelt wurde. Unter Kaiser Augustus

Neugründung ►

wurde nach Cäsars Plänen die Colonia Julia Carthago gegründet und

Das moderne Karthago hat das antike Stadtgebiet erobert. Gut zu erkennen ist noch der runde punische Militärhafen mit seiner kleinen Insel in der Mitte.

wenig später zum Sitz der Provinzialregierung erklärt. Ein neuer Aufstieg begann. Im frühen 2. Jh. n. Chr. war Karthago bereits die drittgrößte Stadt des römischen Reiches und besaß etwa 300 000 Einwohner. In dieser Zeit entstanden Prachtbauten, die denen der Hauptstadt Rom kaum nachstanden. Zentrum der Stadt war, wie schon zu punischen Zeiten, der Byrsa-Hügel mit dem Kapitol und dem Forum. Auch sonst haben die Römer die alte punische Stadtgliederung weitestgehend übernommen. Zu Beginn des 4. Jh.s entwickelte sich Karthago zum Mittelpunkt des christlichen Afrika und wurde Bischofssitz. Unter byzantinischer Herrschaft konnte Karthago seine Vormachtstellung im nördlichen Afrika weiterhin behaupten, bis 692 die Araber einfielen und die einstige Weltstadt zum zweiten Mal restlos zerstörten. Karthago fiel in Vergessenheit, die erst unter dem französischen Protektorat endete, nachdem die katholische Mission im Gedenken an die frühchristliche Tradition Karthagos hier ihren Hauptsitz für Afrika gründete. Die moderne Villensiedlung entstand nach 1945 und dehnt sich seither rasch aus. Eine zusätzliche Bedrohung stellt der steigende Meerwasserspiegel dar: Pro Jahrhundert weicht die Küste drei bis dreieinhalb Meter zurück.

Ausgrabungen, UNESCO-Weltkulturerbe

Die Ausgrabungsarbeiten wurden 1857 begonnen und bis heute nicht beendet. 1974 startete die UNESCO eine Rettungsaktion für eine der bedeutendsten Stätten der Menschheitsgeschichte. Seitdem konnten die Ausgrabungsareale ständig erweitert werden. Vierzehn Staaten, darunter auch Deutschland, sind daran beteiligt. Bislang wurden insgesamt drei Epochen der Stadtentwicklung nachgewiesen: eine frühe

Siedlung mit kleinen, einheitlich orientierten Lehmziegelhäusern, darauf eine dichter bebaute Erweiterung zur Großstadt mit rechteckig geschnittenen Insulae, Zisternen und einem dreifachen Festungsgürtel, schließlich die letzte Blütezeit bis zum Untergang.

Sehenswertes in Karthago

Hinweise Die historischen Stätten sind im Sommer von 9.00 – 19.00, im Winter nur bis 17.00 Uhr geöffnet. Sie liegen über den ganzen Ort verteilt. Es besteht die Möglichkeit, mit einer Pferdekutsche oder einem Taxi die Besichtigung zu unternehmen. Die Kutscher und Fahrer kennen sich bestens aus. Um Missverständnisse zu vermeiden, sollte man vor Beginn der Besichtigung den Preis ausmachen. Alle Punkte sind auch mit der TGM sowie zu Fuß erreichbar.

Carthage • Karthago *Orientierung*

KARTHAGO ERLEBEN

ANFAHRT

Rund 20 km östlich von Tunis; Station der Vorortschnellbahn TGM Tunis – Carthage, deren Ausgangsbahnhof in Tunis am seeseitigen Ende der Avenue Habib Bourguiba liegt. Haltestellen Hannibal oder Salammbo.

GUT ZU WISSEN

Das einen Tag gültige *Sammelticket* gibt es an verschiedenen Stellen, u. a. im Nationalmuseum, bei den Antoninusthermen, im Tophet oder im Quartier Magon.
In der Kathedrale St-Louis finden keine Gottesdienste, dafür Konzerte statt.
Auf Höhe der TGM-Station Amilcar führt rechts eine steile Straße hinunter zum öffentlichen *Strand*. Sie endet am Jachthafen von Sidi Bou Saïd (Port de Plaisance mit Cafés und Restaurants, ► S. 414).
Während der Sommermonate (Juli, August) finden zahlreiche Veranstaltungen (Theater, Musik, Tanz) statt.
Filmfestspiele werden alle zwei Jahre im Oktober/November abgehalten (Carthage International Film Festival; 2008; 2010 etc.).

ESSEN

► Erschwinglich

① ***Tchévap***
52, Av. Habib Bourguiba
Tel. 71 27 70 89
Das hinter üppiger Vegetation versteckte Lokal findet man, wenn man nach der Bank UBCI fragt. Obwohl der Name des Restaurants eher an Jugoslawien erinnert, werden ausschließlich italienische Fischspezialitäten serviert, und das wie »da mamma«.

② ***Le Neptune***
Rue Ibn Chabbat
Tel. 71 73 14 56; Mo. geschl.
Das Lokal liegt direkt am Meer. Nur mittags und abends geöffnet. Alles, was Neptun mitbringt, nicht sehr feudal, aber sauber und gut zubereitet.

► Preiswert

③ ***Pizza-Phone***
Av. Habib Bourguiba
Tel. 71 27 63 87
Kaum zu glauben: Neben gebratenen Hühnchen mit Pommes und Ketchup werden auch Schnitzel, Würstchen und Hamburger angeboten. Und natürlich Pizzen. Sehr preiswert.

ÜBERNACHTEN

► Komfortabel

① ***Résidence Carthage***
16, Rue Hannibal
Tel. und Fax 71731072
Kleines Haus (17 Betten) mit einfach eingerichteten Räumen. Man weiß zwar, dass man nicht mehr zur Blütezeit Carthagos lebt, seine Geschichte ist aber allgegenwärtig. Recht teures gutes Restaurant. Zimmerreservierungen für die Hochsaison so früh wie möglich, ab März ist meist bis Ende September ausgebucht.

► Günstig

② ***Amilcar***
Rue de l'Union
Tel. 71 74 07 88
www.hotel-amilcar.com
Einfaches Hotel in der schönen Bucht unterhalb von Sidi Bou Saïd. Der in die Jahre gekommene Kasten (506 Betten) ist für viele Saharafahrer die erste Anlaufstelle nach Verlassen der Autofähre in La Goulette; mit Schwimmbad und Restaurant.

Besichtigung

Punisches Karthago ►

Die Hauptsehenswürdigkeiten des punischen Karthago liegen auf dem Byrsa-Hügel sowie im Stadtteil Karthago-Salammbo, zwischen der Hauptdurchgangsstraße von La Goulette nach Sidi Bou Saïd und dem Meer: das Nationalmuseum und das Quartier Punique (Ausgrabung eines punischen Wohnviertels), der Tophet genannte heilige Bezirk der Punier, der punische Hafen (Kothon) sowie das Quartier Magon. Es empfiehlt sich, eine Besichtigung Karthagos mit einem Besuch im Nationalmuseum und dem Quartier Punique, beides auf dem Byrsa-Hügel gelegen, zu beginnen. Anschließend folgen Tophet, Kothon und Quartier Magon. Die Antoninus-Pius-Thermen, die in unmittelbarer Nähe liegen, leiten dann in die römische Epoche der Stadt über. Über Theater, Römische Villen und christliche Kirchen könnte der Rundgang beendet werden.

Römisches Karthago ►

Colline de Byrsa

Der ursprünglich 70 m hohe Byrsa-Hügel wird von der weithin sichtbaren Kathedrale St-Louis gekrönt (die neu erbaute und nach dem Staatschef Ben Ali benannte **Moschee** bildet einen symbolischen Kontrapunkt). Von hier oben genießt man einen wundervollen Ausblick auf das moderne Karthago, den punischen Hafen, La Goulette, nach Tunis, auf das Mittelmeer sowie den schön geformten Djebel Bou Kornine. Einst war der Byrsa-Hügel Mittelpunkt der punischen Niederlassung. Die Römer trugen seine Kuppe um rund sechs Meter ab, um eine breitere Plattform für kaiserliche Bauten zu gewinnen (im Museum ist ein Modell des Kapitols ausgestellt).

Kathedrale St-Louis ►

Die 1890 in maurisch-byzantinischem Stil errichtete Kathedrale erinnert an den während der Belagerung von Tunis 1270 hier an der Pest verstorbenen französischen König Ludwig IX. Sie ist die größte Kirche Nordafrikas und war bis 1965 Sitz des Erzbischofs von Karthago und Primas von Afrika. Sie gehörte zum Kloster der **Pères Blancs**. Der Missionsorden der »Weißen Väter« war von dem französischen Kardinal Lavigerie gegründet worden, dessen erklärtes Ziel die Rückeroberung Nordafrikas für das Christentum war. 1881 hatten sie sich auf dem Byrsa-Hügel niedergelassen und neben ihrer Missionsarbeit mit dem Sammeln antiker Funde begonnen. Seit 1964 sind die Kathedrale sowie das Konventsgebäude Staatsbesitz; Letzteres beherbergt das Archäologische Nationalmuseum.

? WUSSTEN SIE SCHON ...?

- Im Museumsgarten mit Ausgrabungsfunden aus den verschiedensten Epochen steht auch eine 3 m hohe Marmorstatue, die an Ludwig IX. erinnern soll. Allerdings stellt die Statue Karl V. dar.

★ **Musée National de Carthage**

Das Archäologische Nationalmuseum (tgl. 8.00 – 19.00, Mitte Sept. bis März 8.30 – 17.30 Uhr) zeigt punische, römische, christliche und arabische Funde. Zu den Exponaten gehören u. a. ein Modell des punischen Karthago (1. Stock), außerdem punische Sarkophage und Grabstelen, Schmuck- und Gebrauchsgegenstände, Tonmasken und großäugige Köpfchen aus bunter Glaspaste und ein Modell des puni-

Byrsa-Hügel: Nach der Zerstörung Karthagos erbauten die Römer hier ihr Forum auf den Ruinen der punischen Stadt.

schen Tophet. An die Zeit des römischen Karthago erinnern ein Modell des Kapitols, Mosaiken, Skulpturen, Glas- und Tongefäße.

★ Quartier Punique

Südlich vom Museum erstreckt sich das Quartier Punique. Ausgrabungen haben ergeben, dass der Hügel in frühester Zeit als Nekropole genutzt wurde. Im 5. Jh. errichteten die Punier an dieser Stelle erste Werkstätten, die später Wohnbauten weichen mussten. Nach der Zerstörung Karthagos blieb der Hügel unbesiedelt. Erst unter Augustus (30 v. Chr. – 14 n. Chr.) wurde die Kuppe des Byrsa-Hügels mitsamt den punischen Überresten (einschließlich eines Eschmun-[Asklepios]-Tempels) eingeebnet und mit der Anlage eines riesigen Forums mit Kapitol begonnen. Auch war hier der Ausgangspunkt der beiden Hauptachsen des römischen Karthago. Bei Ausgrabungen unter der Kirche und dem Kloster wurden Fundamente von Tempeln, Mosaike und der im Bardo-Museum in Tunis ausgestellte Altar der Gens Augusta entdeckt. Zunächst fallen die zwei Reihen diagonal zum punischen Straßennetz verlaufenden Pfeiler ins Auge. Sie stützten die von den Römern errichtete Plattform, die das Kapitol zu tra-

Modell des Tophet, der Grabstätte der Karthager

gen hatte. Bislang sind zwei Parzellen der punischen Stadt ausgegraben, bei deren Besuch man sich ein recht gutes Bild von den ehemaligen Wohnanlagen machen kann. Zur Wasserversorgung besaßen die meist zweistöckigen Wohnhäuser eine unterirdische runde Zisterne mit darüberliegendem Brunnen. Das Abwasser floss durch eine Rinne im Hausflur zu den Abflussschächten bzw. Vertiefungen in der Straßenmitte, von wo auch das Regenwasser abgeführt wurde.

Thermes de Gargilius

Auf dem Weg zwischen Byrsa-Hügel und dem Ortsteil Salammbo stößt man linker Hand auf die Überreste der Gargilius-Thermen, vermutlich fand hier 411 das Konzil von Karthago statt.

✶ Tophet, Sanctuaires Puniques

Der mauerumgürtete Tophet im südlichen Stadtteil Salammbo (von der TGM-Station Carthage-Salammbo auf der Avenue Farhat Hached Richtung Meer und links in die Rue Hannibal) wurde von den Puniern vermutlich an der Stelle angelegt, an der die sagenhafte Stadtgründerin Elissa an Land gegangen war. Der Begriff stammt aus dem Alten Testament (Jer. 19,6) und bedeutet heiliger Platz, an dem den Göttern Menschenopfer, die sog. Molk, dargebracht wurden. Die Hauptgötter Karthagos waren der Sonnengott Baal Hammon (= Kronos der Griechen, Saturn der Römer) und die Mondgöttin Tanit (Baals Antlitz = Astarte der Phönizier, Hera der Griechen, Juno Caelestis der Römer). Die Ausgrabungen beweisen, dass der ursprünglich im Vorderen Orient verbreitete Brauch, v.a. die erstgeborenen männlichen Kinder zu opfern, auch in der Frühzeit in Karthago aus-

geübt wurde. Gustave Flaubert beschreibt in seinem 1863 veröffentlichten Roman **»Salammbô«** auf eindringliche Weise diesen furchtbaren Brauch.
Die Asche der verbrannten Opfer wurde in dem heiligen Bezirk bestattet, anfänglich in von Dolmen umgebenen Urnen, später wurden die Urnen vergraben und jedes Grab erhielt eine steinerne, zwischen 30 und 90 cm hohe Stele und Gedenkstein zugleich. Zahlreiche Stelen sind mit punischer (libyscher) Schrift, magischen Zeichen und stilisierten Darstellungen der Götter versehen. War der Tophet voll, wurde die Opferstätte mit Erde aufgeschüttet und eine neue Schicht angelegt. Die Punier hofften, in Not- und Krisenzeiten durch Menschenopfer die Gunst der Götter zu erlangen. Schätzungen gehen von bis zu 7000 Opfern aus. Da der größte Teil des ursprünglich 2 ha großen Tophet überbaut ist, wurde bislang nur ein kleiner Teil freigelegt: Zu sehen sind ein Gewirr von Grabungsschächten und Fundamentresten sowie mit Inschriften und Symbolen verzierte Stelen. In der untersten Schicht wurde eine kleine Nische, die Cintas-Kapelle, möglicherweise das Grabheiligtum der Elissa, entdeckt.

Kothon Port Punique

Über die Rue Hannibal gelangt man zum Kothon, dem aus zwei Becken bestehenden alten punischen Hafen. Ursprünglich befand sich Karthagos Hafen an den Ufern des Sees von Tunis. Aufgrund seiner Verschlammung mussten ihn die Karthager aufgeben und Anfang des 2. Jh.s v. Chr. neu anlegen. Antiken Quellen zufolge war er vollkommen: Der **Handelshafen** bildete ein 456 x 356 m großes Rechteck, welches durch einen 23 x 20 m großen Kanal mit dem offenen Meer verbunden war. Sein Zugang konnte mit einer Kette abgesperrt werden. Landeinwärts schloss sich der **runde Kriegshafen** an, der von einer hohen Mauer umgeben und daher nicht einsehbar war. Hatte die karthagische Flotte ihn erstmal erreicht, schien sie wie vom Erdboden verschluckt (►3-D, S. 218).
Darüber hinaus besaß Karthago weitere Häfen, u. a. bei den Antoninus-Thermen, an den Ufern des Amilcar-Hügels, in La Marsa und Gammarth. Die Römer bauten um 200 n. Chr. den Kriegshafen als Teil ihres Handelshafens aus und krönten die Insel mit einem kleinen Tempel, von dem noch die Fundamente zu sehen sind.

Musée Océanographique

In dem kleinen ozeanografischen Museum zwischen den Häfen (tgl. außer Di. 10.00 – 13.00, 14.30 – 17.30, im Winter nur 15.00 – 18.00 Uhr) sind präparierte Mittelmeerfische, eine Muschelsammlung, tunesische Fischkutter, ausgestopfte tunesische Vögel sowie einige Meerwasseraquarien zu sehen.

Quartier Magon

Im Quartier Magon (Zugang zwischen Kothon und Antoninus-Thermen) erhält man einen Überblick über die Stadtentwicklung in punischer Zeit. Dicht hinter der im 5. Jh. v. Chr. errichteten Seemauer, die kurz vor dem Dritten Punischen Krieg 13 m hoch war, lagen die Quartiere der Handwerker, anschließend folgten größere Wohnhäu-

KARTHAGOS KRIEGSHAFEN

★★ Karthago besaß die mächtigste Flotte des Mittelmeers. Während des Dritten Punischen Kriegs (149–146 v. Chr.) verfasste der griechische Historiker Polybios eine genaue Beschreibung der Häfen. Überliefert wurde diese durch Appian und bestätigt durch zahlreiche Ausgrabungen.

Diese punischen Köpfchen aus Glaspaste sollten Dämonen abschrecken.

① Handelshafen
Der Handelshafen war zum Meer hin offen und rechteckig. An seinen Kais wurden fremde und eigene Schiffe be- und entladen.

② Durchgang
Von hier führte ein schmaler Durchgang, der an den Seiten durch einen Wall verdeckt war, in den Kriegshafen.

③ Kriegshafen
Dieser war als nur 2 m tiefer Rundhafen um eine in der Mitte gelegene kleine Insel herum ausgehoben worden. Sein Durchmesser betrug 325 m. Eine hohe Rundmauer verhinderte Blicke von Unbefugten.

④ Admiralitätsinsel
Auf der sog. Admiralitätsinsel befand sich der Pavillon des Flottenchefs, der von hier alles überwachen konnte. 30 Trockendocks standen der Militärwerft zur Verfügung; eine der Rampen, über die die Schiffe aus dem Wasser gehievt wurden, hat sich erhalten.
Um die Insel herum gab es 140 Liegeplätze. Insgesamt bot der Hafen Platz für 170 bis 220 Kriegsschiffe.
200 n. Chr. erbauten die Römer auf der Insel einen kleinen Tempel. Heute sind in einem Antiquarium die Modelle der punischen und römischen Hafenanlagen zu sehen.

⑤ Karthagische Galeeren
Die karthagischen Galeeren waren zwischen 30 und 50 m lang und sehr flach. Sie hatten kaum Tiefgang und wurden von Ruderern angetrieben. Zur Ausstattung gehörte außerdem ein Rammsporn. Aussehen und technische Details lieferte das Wrack eines punischen Kriegsschiffs aus dem 3. Jh. v. Chr., das vor einigen Jahren an der Westküste Siziliens entdeckt worden war.

Hier lag einst die mächtigste Flotte des Mittelmeers vor Anker.

©Baedeke

ser und schließlich luxuriöse Villen mit bunt gemusterten Terrazzofußböden. In einem kleinen Museum werden Modelle der punischen Stadtmauer, Häuser und Straßen, Fußbodenmosaiken aus punischer Zeit sowie ein Modell der antiken Steinbrüche von El Haouaria (►Cap Bon) gezeigt.

✶✶ Thermes d'Antonin

Die bedeutendsten Sehenswürdigkeiten des römischen Karthago sind die Überreste der Thermen des Antoninus Pius im **Parc Archéologique** zwischen der Avenue Habib Bourguiba und dem Meer (der Eingang liegt an der Avenue des Thermes d'Antonin).
Die gewaltige Ruinenanlage nimmt eine Fläche von annähernd 18 000 m² ein; damit waren die zwischen 146 – 162 n. Chr. unter Kaiser Antoninus Pius erbauten Thermen die größten außerhalb Roms. 389 wurden sie umfassend restauriert, stürzten jedoch vermutlich infolge baulicher Mängel in den folgenden Jahren in sich zusammen und wurden in den darauffolgenden Jahrhunderten als Steinbruch genutzt. Leider sind nur die Mauern des Untergeschosses, die wegen der Küstenlage besonders tief fundiert worden waren, sowie an der Westseite ein über beide Geschosse gehendes Bauteil erhalten. Im Erdgeschoss – und nicht wie sonst üblich im Untergeschoss – befanden sich neben Personal- und Ruheräumen vor allem die Heiz- und Leitungssysteme. Die Baderäume lagen in den oberen Geschossen. Über eine großzügig angelegte Freitreppe gelangte man von den Baderäumen direkt zum Meer hinunter.

Karthago Archäologischer Park

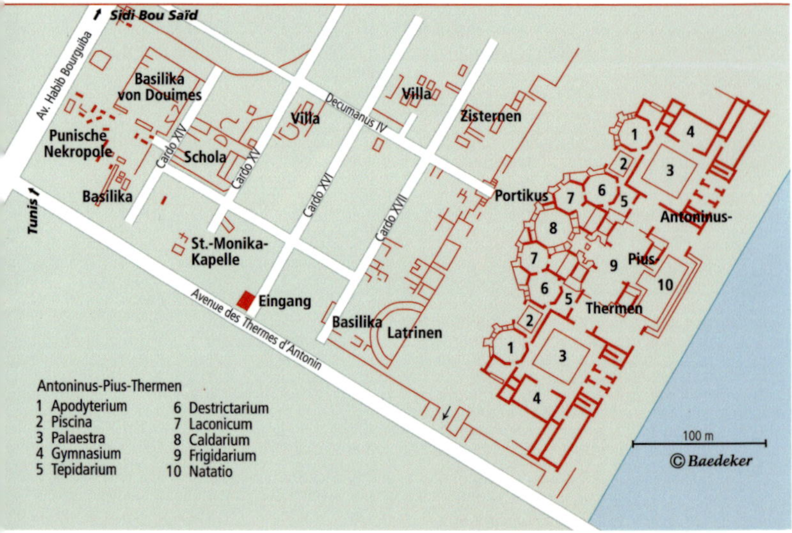

An die einst größten Thermen außerhalb Roms erinnern nur noch Ruinen.

Die Thermen waren streng symmetrisch angelegt, möglicherweise war ein Flügel den Frauen, ein zweiter den Männern vorbehalten. Acht kolossale, graue Granitsäulen, (jede 1,60 m im Durchmesser, 50 Tonnen schwer, mit weißen korinthischen Marmorkapitellen versehen, die je 1,80 m hoch und mehr als 4 Tonnen schwer waren) trugen die Gewölbe der Cella Media, die 50 x 20 m maß. Eine der acht Säulen wurde restauriert und steht wieder an ihrem Platz.

Der Ablauf eines Thermenbesuchs folgte einer festen Reihenfolge. Nach dem Auskleiden im Apodyterium bestand die Wahl zwischen dem Besuch eines warmen Schwimmbeckens oder sportlichen Übungen in der Palästra oder im überdachten Gymnasium. Im Tepidarium konnte man sich aufwärmen, im anschließenden Destrictarium wurde mit der Körperpflege begonnen. Im Anschluss folgten dann der Besuch des Laconicums (Heißluftraum), ein Bad im Caldarium (Heißwasser), eine langsame Abkühlung im Tepidarium und zuletzt ein Kaltbad in einem der vier Becken des Frigidariums, dem Mittelpunkt der gesamten Anlage. Auf der Meerseite schloss sich eine Sonnenterrasse mit einem offenen Schwimmbad (Natatio) an, auf der Landseite zwei halbrunde Gemeinschaftslatrinen. ◂ Thermenbesuch

Im Norden des Parks schließt sich das Gelände eines ehemaligen Bey-Palastes (19. Jh.) an. Heute befindet sich hier die bewachte **Residenz des Staatspräsidenten** (Présidence). Sein Wohnsitz befindet sich in Sidi Bou Saïd.

Weitere Sehenswürdigkeiten ► Das rechtwinklige Wegenetz im Archäologischen Park hinter den Thermen folgt den Straßen des einstigen römischen Villenviertels. Zu sehen sind u. a. punische Gräber aus dem 6. und 5. Jh. v. Chr., eine fünfschiffige Basilika des Dioumes aus dem 6. Jh. n. Chr. sowie eine hierher verlegte unterirdische Grabkapelle (Chapelle Ste-Monique) aus dem 7. Jh. n. Chr. für einen gewissen Asterius. In einer der zahlreichen Apsiden der Schola (►Makthar) stellt ein spätrömisches Mosaik Vorbereitungen einer kaiserlichen Zeremonie dar. Überall auf dem Gelände liegen die Reste römischer Zisternen, die zahlreichen Geschosskugeln aus Kalkstein unter einem Baum stammen noch aus karthagischen Arsenalen.

Musée Romain et Paléochrétien

Das Römische und Frühchristliche Museum (Av. Habib Bourguiba) unterrichtet über den Stand der Ausgrabungen und stellt Fundstücke aus dem 4. – 7. Jh. n. Chr. aus.

Théâtre Romain

Die Avenue Reine Didon führt in östlicher Richtung zu dem römischen Theater, welches im 2. Jh. in den hier leicht zum Meer hin abfallenden Hang hineingebaut wurde. Die Tribünen boten etwa 5 000 Menschen Platz. Nach mehrmaligen Umbauten und Zerstörungen ist das Theater fast vollständig erneuert worden. In den Sommermonaten finden hier Theater- und Filmfestspiele statt.

Villas Romaines

In unmittelbarer Nachbarschaft erstreckt sich der Park der römischen Villen. Hier standen einst auf einer punischen Nekropole (einige Grabschächte sind noch zu sehen) die Peristylhäuser reicher Römer. Die **Villa des Volières** aus dem 3. Jh. wurde restauriert und dient als kleines Antiquarium. Sehenswert sind die schönen Bodenmosaiken. Von der Terrasse genießt man einen schönen **Ausblick** über Karthago, die Präsidentenresidenz und den Golf von Tunis bis zur Halbinsel Cap Bon.

Odéon ► Ganz oben auf dem Hügel liegen die Überreste des einstigen Odeons, das 207 n. Chr. als gedeckter Saal errichtet wurde.

L'Amphithéâtre

Etwa 1 km nordwestlich des Byrsa-Hügels, links neben der Straße in Richtung Tunis, den Zisternen von Malga gegenüber, liegt das im 2. Jh. erbaute römische Amphitheater. Seine fünf Stockwerke boten etwa 50 000 Zuschauern Platz, es war damit ungefähr gleich groß wie das Amphitheater von ►El Djem. Zur Inszenierung von Naumachien (Seeschlachten) konnte seine Arena geflutet werden. Leider ist außer mächtigen Fundamenten und einigen unterirdischen Zwingern und Verliesen nichts erhalten geblieben. Am 17. März 202 starben hier die heilige Perpetua, ihre Sklavin Felicitas sowie Gefährten den Märtyrertod. Sie wurden von einer wilden Kuh zu Tode getrampelt. Die Marmorsäule in der Anlage wurde von den Pères Blancs zu ihrem Andenken aufgestellt. Der heilige Cyprianus wurde hier 258 als erster afrikanischer Märtyrerbischof enthauptet und Augustinus (► Berühmte Persönlichkeiten) hielt in dieser Arena Vorlesungen.

Vom rund 600 m südlich gelegenen **Zirkus** (Cirque) erkennt man nur noch eine lang gestreckte Mulde im Boden.

Von der dem Amphitheater gegenüberliegenden Straßenseite führt ein Fußweg zu den **Zisternen von Malga** (Cisternes de la Malga), die in römischer Zeit das aus den Bergen von Zaghouan über einen 132 km langen Aquädukt herangeführte Wasser speicherten (► Tunis, Umgebung) und die Wasserversorgung der antiken Großstadt sicherstellten. Heute sind noch 15 der einst 24 Zisternen, die jeweils 95 m lang, 12,5 m breit und 11,5 m hoch waren, erhalten.

Terrasse der Villa des Volières

Etwas außerhalb der antiken Stadt liegen westlich der Hauptstraße nach Sidi Bou Saïd (TGM-Station Présidence) die Reste der **Basilika Damous el Karita** (Basilique Damous el Karita, der größten Kirchenruine des frühchristlichen Tunesien. Von der ehemals neunschiffigen Basilika ist nur noch ein Wald von Säulenstümpfen und Pfeilern erhalten, daneben erstreckt sich der Friedhof der Pères Blancs. Östlich der Hauptstraße befinden sich die Basilika des heiligen Cyprianus sowie das Kloster der heiligen Monika (Ste-Monique) mit einer ehemals siebenschiffigen Kirche.

◄ Basilique St-Cyprien

Umgebung von Karthago

Sidi Bou Saïd, 7 km nordöstlich, La Marsa und Gammarth, zwei Villen- und Badeorte nördlich von La Goulette, ►Tunis, Umgebung

★★ Chemtou

G 2

Gouvernorat: Jendouba

Höhe: 690 m ü. d. M.

Seine Berühmtheit verdankte Simitthus, das heutige Chemtou, seinem Marmor, der in den umliegenden Steinbrüchen gewonnen wurde und nicht nur in Rom sehr begehrt war.

Simitthus Die Überreste der antiken Stadt Simitthus liegen in schöner Umgebung am Rande des Djebel Chemtou. Schon seit jeher war die obere Medjerda-Ebene eine der Kornkammern Nordafrikas und auch heute noch bestimmt der Getreideanbau das weiträumige Flusstal. Der Medjerda (Bagrada in der Antike), der einzige ganzjährig wasserführende Fluss Tunesiens, entspringt jenseits der nicht weit entfernten algerischen Grenze. Simitthus lag an der Kreuzung zweier wichtiger Straßen, die Karthago und Hippo Regius (heute Annaba in Algerien) sowie Sicca Veneria (Le Kef) und Thabraca (Tabarka) verbanden.Hier liegen die seit den Numidern bis zu den Byzantinern (2. Jh. v. Chr. – 6. Jh. n. Chr.) ausgebeuteten Steinbrüche des vom dunkel gleichförmigen Gelb bis zum lichten Rosa und cremigen Weiß schimmernden **Marmor Numidicus**, der bei den Kaiserbauten am ganzen Mittelmeer verwendet worden ist. Nach dem ägyptischen Porphyr und dem grünen Serpentin aus Sparta zählte der heute unter dem Namen Giallo Antico bekannte Marmor zum kostbarsten Gestein der Antike. Sein Abbau war kaiserliches Monopol.

Farbvarianten des Marmor Numidicus aus Simitthus

Bei Luftaufnahmen wurde außerhalb der Stadt ein **Arbeitslager** und in der Nähe eine **Manufaktur** entdeckt, in der marmorne Luxusgüter hergestellt wurden. 1970 begann ein Gemeinschaftsunternehmen tunesischer und deutscher Archäologen mit den Ausgrabungen in Chemtou, bislang wurde erst ein kleiner Teil freigelegt. Jedoch steht bereits fest, dass das Arbeitslager von Chemtou die größte bislang bekannte Anlage dieser Art aus der römischen Welt ist. Zum ersten Mal konnten Produktionsvorgänge der Antike verfolgt und erstaunliche Aufschlüsse über Abbau und Verarbeitungsmethoden gewonnen werden. In dem hervorragenden **Museum** sind viele Funde und vor allem detaillierte Erläuterungen zu den Grabungen ausgestellt.

Geschichte Auf einem schmalen Felsrücken des Djebel Chemtou, der sich weit in das Medjerda-Tal vorschiebt und so eine natürliche Furt hatte entstehen lassen, lag vermutlich eine frühe hochwassergeschützte numidische Siedlung. Mitte des 2. Jh.s v. Chr. hatte der Numiderkönig Masinissa das fruchtbare Tal sowie die Getreideanbauflächen um

Dougga herum den Karthagern abgenommen und damit die Grenze seines Königreiches weit nach Osten vorgeschoben. Wenige Jahrzehnte später ließ Masinissa oder sein Sohn und Nachfolger Micipsa auf dem etwa 16 km von der Königsstadt Bulla Regia entfernten Gipfel des Djebel Chemtou ein **Höhenheiligtum** errichten. Beim Bau dieses Denkmals stießen sie auf den gelben numidischen Marmor, aus dem die gesamte Westhälfte des Djebel Chemtou besteht. Aber erst unter den Römern, die 27. v. Chr. die Siedlung als Colonia Julia Augusta Numidica Simitthus gründeten, begann mit einer hoch entwickelten Steinbruchtechnik der planmäßige Abbau.

Die Marmorblöcke wurden auf einer erst kürzlich freigelegten Straße zum Fluss Medjerda transportiert, von wo sie nach Karthago gelangten. Auf einer zweiten Straße, die quer durch das Gebiet führte, wurde der Marmor auf Karren über die Berge zum nächstgelegenen Hafen von Thabraca (Tabarka) transportiert und dann über Rom bis in die entferntesten Winkel des römischen Weltreiches verbreitet. So verwendete Augustus den Stein beim Bau seines Forums, Domitian für seine Domus Flavia, Trajan für sein Forum Trajanum und Hadrian für seine Villa im Tivoli. Bis zur arabischen Eroberung wurden die Steinbrüche ausgebeutet.

Über eine halbe Million Kubikmeter Stein wurde in den Steinbrüchen abgebaut. Ungefähr die Hälfte blieb auf Schutthaufen um Chemthou herum liegen. Die tatsächlich exportierte Menge würde heute, auf Tieflader verladen, die Straße Tunis – Kairouan in beide Richtungen verstopfen (310 km).

Anfang des 20. Jh.s nahmen die Franzosen den Marmorabbau wieder auf, allerdings nur kurzfristig. Während des algerischen Befreiungskrieges hatte die algerische Armee hier einen wichtigen Stützpunkt. Seit einigen Jahrzehnten wird in einiger Entfernung wieder Marmor gebrochen, allerdings erreicht dieser nicht die einstige Qualität.

CHEMTOU

ANFAHRT

Chemtou, 16 km südwestlich von Bulla Regia (22 km von Jendouba) entfernt, erreicht man über die GP 17; 6 km vor Jendouba folgt man der Asphaltstraße nach Westen (auf der gegenüberliegenden Seite geht es in Richtung Osten nach Bulla Regia).

INFORMATIONEN

Vielerlei Informationen findet man auf der Website www.chimtou.com.

Sehenswertes in Chemtou

Die östlich der Zufahrtsstraße gelegenen **Thermen** wurden, wie die Stadt auch, über einen Aquädukt mit Wasser aus einer 30 km entfernt gelegenen Quelle versorgt. Rund 2 km nördlich befindet sich ein 10 000 m³ fassender Wasserspeicher. Die Straße zum Museum führt nun an den durchlöcherten Felsen und der 27 v. Chr. gegründeten, großteils noch gar nicht ausgegrabenen **römischen Stadt Si-**

mitthus vorbei. Ihr Name ist vermutlich berberischen Ursprungs. Aufgrund ihrer Lage an einem wichtigen Straßenkreuz erlebte sie einen schnellen Aufschwung, ihre eigentliche Bedeutung lag jedoch in den umliegenden Steinbrüchen.

★★ **Museum**

Öffnungszeiten: tgl. 9.00 – 17.00, im Sommer bis 18.30

Das Museum informiert über die deutsch-tunesische Gemeinschaftsgrabung und vermittelt einen großartigen Eindruck von den numidischen Anfängne bis zur Neuzeit. Vor einer Besichtigung lohnt es sich, den Videofilm über Chemtou anzusehen (in deutscher Sprache). Zu den Hauptsehenswürdigkeiten gehören zwei über 4 m hohe Stelen mit Berberinschriften, vermutlich Grenzsteine, in Raum 1. Im Innenhof ist eine Rekonstruktion des **Höhenheiligtums** (► unten) zu sehen. Der zweistöckige, über 10 m hohe Marmoraltar war dem punischen Gott Baal Hammon geweiht. Er war reich verziert, davon zeugen die bei der Freilegung gefundenen schönen Architekturfragmente, u. a. 1,20 m hohe, reliefverzierte Marmorblöcke, welche die Basis des Bauwerkes bildeten, sowie ein 1,90 m langer Scheintür-Architrav mit ägyptisierendem Dekor: Über einem Lotosblüten-Schmuckband wird eine Sonnenscheibe mit stilisiertem Strahlenkranz von zwei gekrönten Uräusschlangen in Drohstellung eingerahmt. Raum 3 informiert über die Geschichte der Steinbrüche, über Abbaumethoden und den Transport des begehrten Marmor Numidicus; in den übrigen Räumen sind Grabbeigaben, Grabstelen, Steinreliefs und ein Schatz aus 1748 Münzen, der beim Museumsbau entdeckt wurde, zu sehen.

Stelen mit Berberinschriften

Ausgrabungen

Zwischen Museum und Grabungshaus wurde ein Teil der **Transportstraße** freigelegt. Zwei Maschinen erinnern an die Wiederaufnahme des Marmorabbaus im 20. Jahrhundert. Im Süden des Geländes liegen teils im Medjerda, teils am Ufer verstreut die mächtigen Reste einer **Römerbrücke**, die im 4. Jh. n. Chr. bei einem Hochwasser einstürzte, sowie eine durch Wasserkraft angetriebene **römische Getreidemühle**, in die das Wasser durch düsenartig sich verengende Kanäle einströmte. Ein Modell dieser einzigartigen Anlage ist im Museum ausgestellt. Nördlich davon liegen die Überreste des frei stehenden **Theaters**, die Cavea ist teilweise noch erhalten. Ganz in der Nähe sind die Reste des Forums mit einer Basilika und einem Nymphäum zu sehen. Am östlichen Stadtrand liegt das **Amphitheater**, unweit nordwestlich eine weitere Zisterne.

Simitthus *Chemtou*

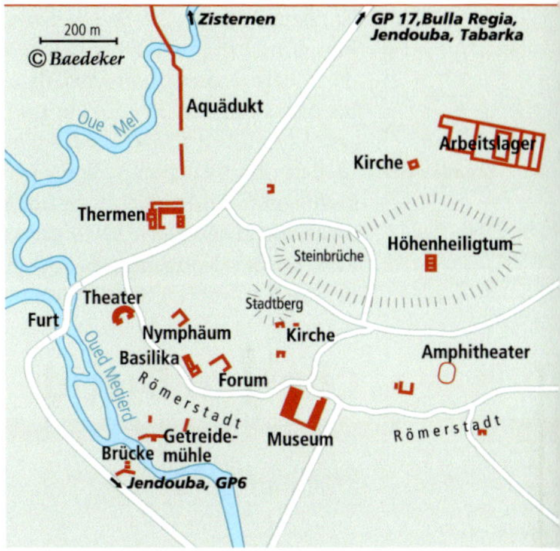

Das auf der Spitze des 85 m hohen **Djebel Chemtou** im 2. Jh. v. Chr. errichtete numidische Heiligtum war das erste Bauwerk aus Chemthou-Marmor. Erhalten ist das 12,15 x 5,64 m große Fundament. Die Römer erweiterten den Bau im 2. Jh. n. Chr. zu einem Saturntempel. Im 4. Jh. musste er einer kleinen, dreischiffigen Kirche weichen, die später mit Fußbodenmosaiken ausgestattet wurde. Der Aufstieg lohnt vor allem wegen des Blicks über die Ruinenstätte und das nördlich des Tempelberges gelegene Arbeitslager.

Höhenheiligtum

An den südwestlichen, westlichen und nördlichen Hängen des Tempelberges wurden über 200 römische Felsenreliefs entdeckt. Sie sind nur bei einer bestimmten Stellung der Sonne (und dann nur wenige Minuten lang) zu erkennen, zwischen 20 und 55 cm hoch und 30 bis 35 cm breit. Es handelt sich um einfache Handwerkerarbeit, die v. a. Opferzeremonien für Saturn darstellt, den Nachfolger des punischen Baal Hammon. Im Museum sind Beispiele ausgestellt.

Felsenreliefs

Bei Luftaufnahmen 1961 nach heftigen Niederschlägen wurde am Nordrand des Tempelberges das Arbeitslager der kaiserlichen Steinbrüche entdeckt. Es wurde ab 154 n. Chr. auf einer Fläche von rund 40 000 m² angelegt (bislang wurden erst rund 8000 m² freigelegt) und durch über 1 m hohe Mauern gefängnisähnlich umschlossen. Um größere Höfe gruppierten sich Arbeits-, Wohn- und Verwaltungsgebäude, Depots, Stapelplätze, aber auch Thermenanlagen und Heiligtümer sowohl für die Arbeiter als auch für die Verwalter. In den Lagern lebten die Sklaven und zur Zwangsarbeit »ad metalla« in den Steinbrüchen Verurteilte, darunter viele Christen.

Arbeitslager

Seit dem 2. Jh. n. Chr. war die so genannte Fabrica der wichtigste Bau innerhalb des Lagers. In sechs langen, noch einmal ummauerten Werkhallen wurden in einer hochentwickelten, spezialisierten Serien-

Marmormanufaktur

produktion für den Export bestimmte Produkte hergestellt, u. a. Schalen, Mörser, Stößel, Schminkpaletten, Platten, Reliefteller. Ihre Fertigung erfolgte an verschiedenen, gut erkennbaren Arbeitsplätzen nach dem Prinzip der Arbeitsteilung, dem Fließband vergleichbar, bis das vollendete Produkt am nördlichen Lagertor herauskam.

Steinbrüche In den Steinbrüchen selber zeigen gut erhaltene, bis zu 20 m hohe Steinbruchwände überall Spuren römischer Bruchtätigkeit, manche nicht abtransportierte Quader tragen Inschriften mit den Namen des Kaisers, der Konsuln, des für die Steinbruchzone verantwortlichen Beamten sowie die Bezeichnung des Bruchabschnittes.

★★ Chott el Djerid · Chott el Jerid

F/G 8

Gouvernorate: Tozeur, Kebili und Gabès

Höhe: bis etwa 1,50 m unter dem Meeresspiegel

»Die Einsenkung des Schottgebiets ist heutzutage zum großen Teil mit Sandmassen gefüllt, und nur in der Mitte der einzelnen Vertiefungen hat sich eine ziemlich beträchtliche Wassermasse erhalten ... Nur an einzelnen Stellen ist es möglich, sich ohne Lebensgefahr darauf zu wagen. Wehe dem, der auch nur eine Handbreit von dem schmalen Pfad abweicht! Die Kruste gibt nach, und der Abgrund verschlingt augenblicklich sein Opfer.« Obwohl er nie dort war, hat Karl May (1842–1912) dem Chott el Djerid in »Durch die Wüste« ein literarisches Denkmal gesetzt.

Salzsee am Rand der Sahara

Anfahrt ► Wo einst Kara Ben Nemsi und sein treuer Begleiter Hadschi Halef Omar unter großen Risiken den Salzsee überquerten, verläuft heute eine asphaltierte Straße, die man von Djerba über Gabès (GP 1) und Kebili (GP 16; 226 km) erreicht.

Die arabisch und französisch Chott und deutsch Schott genannten Salzseen teilen Tunesien in zwei beinahe gleich große Teile. Die »Grenze« verläuft südlich der Linie zwischen Tamerza (unweit der algerischen Grenze), Gafsa und Meknassy. Auf tunesischem Boden beginnen die Schotts mit dem im Westen gelegenen **Chott el Gharsa** – er liegt bis zu 17 m unter dem Meeresspiegel und ist die tiefste Stelle Tunesiens –, der sich im Chott el Djerid sowie in seinem östlichen Ausläufer, dem **Chott el Fadjadj**, fortsetzt. Die drei Salzseen füllen gemeinsam die Senke eines

? WUSSTEN SIE SCHON ...?

- Der Schott, der aussieht wie eine flache Scheibe, ist in Wahrheit ein gigantischer Riss in der Erdkruste, eine abflusslose Senke, aufgefüllt mit Salzen, Gips und anderen Sedimenten, die aus dem Gebirge hinuntergeschwemmt wurden. Seinen Namen verdankt der Salzsee den Palmwedeln, Djerid.

200 km breiten Grabenbruchs (7700 km^2) von Ostalgerien bis zum Golf von Gabès. Er trennt die sich nördlich erstreckende Zentraltunesische Steppe, die in Richtung Süden immer karger wird, von der Wüste südlich der Schotts. Diesen Übergang kann man auf der Fahrt von Tozeur aus beobachten. Im Nordwesten bestimmt noch vorwiegend flache Steppenlandschaft das Bild, dann öffnet sich die endlos erscheinende Salzkruste der Chotts, die an manchen Stellen von tiefvioletten, völlig übersättigten Salzwasserlachen unterbrochen wird. Im Südosten kündigen mit Palmen bewachsene Dünen die Nefzaoua-Oasen an.

Entstehung

Die teilweise unter dem Meeresspiegel liegende Senke entstand vor rund 1,5 Mio. Jahren im Jungtertiär durch tektonische Verschiebungen (nordafrikanischer Grabenbruch). Einst soll sie vom Meer überflutet gewesen und später ausgetrocknet sein. Im Frühjahr und Herbst lassen mitunter starke Regenfälle und unterirdische, aus den nördlichen Bergen stammende Quellen große Salzwasserlachen und Salzsümpfe entstehen. Der Niederschlag verdunstet jedoch sehr schnell – im Sommer ist die Verdunstung 25-mal stärker als der Wasserzufluss – und lässt die aus dem Gestein herausgespülten Salze an der Oberfläche zurück. Weite Teile der Chotts sind mit einer bläulich-weiß schimmernden, an Raureif erinnernden Salzkruste überzogen, die teilweise in mächtigen, bizarren Formen auskristallisiert ist.

Der Chott: Sandfelder, Salzkrusten und unergründliche Wasserlachen

Unter den Chotts befinden sich fossile Grundwasserstöcke, welche die umliegenden Oasen bewässern. An manchen Stellen treten sie als Süßwasserquellen (Aïn, Plural Aioun) an die Oberfläche. Die Schotts El Gharsa und El Fadjadj sind im Frühjahr beliebte Brutplätze von Flamingos aus Nordtunesien, die hier ihren Nachwuchs ausbrüten und aufziehen. Anfang Juli verlassen sie die Salzseen wieder.

Überfahrt Zwischen Kebili (genauer Bechri) und Kriz (bei Tozeur) verläuft eine 1981 von der Armee gebaute, 52 km lange Dammstraße (GP 16). Eine Überfahrt ist ganzjährig problemlos möglich. An der Strecke laden ein paar einfache **Erfrischungsbuden** zu kurzem Halt ein; auch Sandrosen und Mineralien werden angeboten. **Übernachtungsmöglichkeiten** gibt es in ►Tozeur oder Kebili (►Douz). In den Sommermonaten erfreut sich hier das Strandsegeln großer Beliebtheit. Eine besonders schöne Art, die Region zu erkunden, ist ein Ausflug mit dem Heißluftballon ab Nefta und Tozeur (Auskunft in den Hotels).
Kommt man von Kebili und fährt während der Mittagsstunden in Richtung Tozeur, kann man Fata Morganas bestaunen. Der verrostete Bus im Schott nahe der Ausfahrt Tozeur ist kein Zeugnis eines Unfalls, sondern das Überbleibsel einer Werbeaktion. Allerdings sollte man auf keinen Fall die asphaltierte Straße verlassen, denn wenn das Auto durch die vermeintlich harte Deckschicht in den tückischen Salzschlamm bricht, hilft auch kein Vierradantrieb mehr.
Einen Vorgeschmack auf die Sandwüste bekommt man, wenn man die Dammstraße für einen Abstecher auf einer asphaltierten Straße Richtung Debabcha verlässt. Parallel zur Nebenstraße zieht sich eine kleine Sanddüne. Je nach Kondition kann man sie erklettern.

! *Baedeker* TIPP

Rosen aus Sand

Wer sich für Sandrosen interessiert: Schöne Exemplare findet man z. B. auf dem Marché des roses de sable, Sandrosenmarkt, 10 km westlich von Nefta (►Tozeur). Neben den zerbrechlichen Gebilden findet man auch Mineralien und andere typische Souvenirs.

★★ Djerba

L/M 8

Gouvernorat: Médenine
Hauptstadt: Houmt-Souk
Einwohner: 120 000
Höhe: Meereshöhe bis 54 m ü. d. M.

Djerba, La Douce, die Sanfte, wird die südlichste Insel im Mittelmeer genannt. Sie liegt 3 km vor der tunesischen Südküste im Golf von Gabès, der seit der Antike auch Kleine Syrte heißt, und garantiert 324 Sonnentage im Jahr sowie kilometerlange feinsandige Strände, die sanft ins türkisfarbene Meer abfallen.

Die Fadhloun-Moschee, eine von rund 250 Moscheen auf Djerba

Größte Mittelmeerinsel Nordafrikas

Darüber hinaus gibt es auf der in weniger als drei Flugstunden aus Mitteleuropa zu erreichenden Insel vieles zu entdecken: lichte Wälder aus Oliven-, Feigen- und Granatapfelbäumen sowie Hunderttausende von Palmen, traditionelle Architektur, das friedliche Nebeneinander der muslimischen, christlichen und jüdischen Einwohner sowie das wohlgeordnete Chaos der Souks in der Inselhauptstadt Houmt-Souk. Schließlich ist Djerba der ideale Ausgangspunkt für Ausflüge in den Süden Tunesiens, in die Bergdörfer des Dahar, in die Oasen am Rand der hier weit gehend erschlossenen Wüste.

Landschaft

Geologisch gehört das nur 514 km² große Djerba zum Festland. Als sich jedoch nach der Eiszeit der Mittelmeerspiegel hob, wurde die Insel von der Küstenebene getrennt. Noch heute ist der kleine Golf von Bou Grara, der Djerba vom Festland trennt, flach und lagunenhaft. Bis auf eine 54 m ansteigende Anhöhe bei Guellala ist die Insel flach. Ein großes Problem ist von jeher die Wasserversorgung, denn auf der niederschlagsarmen Insel gibt es kein oberirdisches Gewässernetz. Abgesehen von der Fremdenverkehrsregion, die über zwei Pipelines vom Festland mit Wasser versorgt wird, ist Djerba von rund 4000 Brunnen und 2000 Zisternen abhängig, deren Wasser leicht salzhaltig ist. Die Wasserqualität nimmt allerdings zum Landesinnern hin zu. Dies spiegelt sich in der Struktur der Landwirtschaft wider: An der Inselküste wachsen vorwiegend ertragsarme Dattelpalmen

DJERBA ERLEBEN

AUSKUNFT

Commissariat Général au Tourisme
Houmt-Souk
Bd. de l'Environnement/
Route de Sidi Maharès
Tel. 75 65 05 44, 75 65 00 16
Fax 75 65 05 81 und
Syndicat d'Initiative
Place des Martyrs (neben der Post)
Tel. 75 65 09 15

Syndicat d'Initiative
Midoun, gegenüber dem Café de la Jeunesse, Tel. 75 65 80 74

ANREISE

Mit dem Flugzeug

Der internationale Flughafen Djerba-Mellita liegt ca. 10 km westlich von Houmt-Souk; von hier verkehren Busse und Taxis nach Houmt-Souk und in die Hotelzone.

Mit dem Auto

Mit der Fähre: Von der GP 1 Gabès – Médenine zweigt kurz hinter Mareth die MC 116 ab. Nach rund 50 km erreicht man bei Djorf die regelmäßig zwischen dem Festland und Adjim auf Djerba verkehrenden Autofähren (5.00 bis 22.00 Uhr; Überfahrt ca. 15 Min.). Über den sog. Römerdamm: Von der GP 1 Gabès – Médenine zweigt etwa 15 km nordwestlich von Médenine die MC 118 in Richtung Zarzis ab. 20 km nordwestlich von Zarzis beginnt die 6,4 km lange Dammstraße nach El Kantara.

GUT ZU WISSEN

Gesundheit

Seit Kurzem praktiziert auf Djerba ein Allgemeinmediziner, der in Deutschland seine Ausbildung gemacht hat: Dr. Faouzi Sma, Midoun, Villa 584 Ouled Amor, Tel. 96 95 81 24 (rund um die Uhr), 75 73 08 00 (während der Dienstzeiten), www.angelfire.com/mn3/carmussa/cabinet.html.

Unterwegs auf der Insel

Zwischen 6.30 und 20.30 Uhr verkehren Linienbusse zwischen den Hotelzonen und den beiden Städten Houmt-Souk und Midoun sowie zu anderen Zielen auf der Insel. Die Zeiten können an den Rezeptionen der Hotels erfragt werden. Darüber hinaus gibt es gelbe Taxis und Touristenbähnchen. Auch Fahrräder und Motorroller sind ein beliebtes Fortbewegungsmittel. Fahrräder können u. a. bei Rais, Houmt-Souk, Av. Abdelhamid el Khadhi, Tel. 75 65 03 03, und in vielen Hotels oder bei kleineren Anbietern in den Hotelzonen gemietet werden. Wer es nicht so eilig hat, lässt sich von einer der vielen Pferdekutschen (Calèches), die in der Nähe der Hoteleingänge warten, spazieren fahren.

Von der Insel auf das Festland

Vom ***Busbahnhof*** (Gare Routière; Houmt-Souk, Av. H. Bourguiba) fahren regelmäßig Busse über Adjim nach Gabès, Matmata, Tozeur, Kebili, Sfax und Tunis sowie über El Kantara und den Damm nach Zarzis, Médenine, Tataouine und Ben Guardane.

Abendunterhaltung

Beliebte Treffpunkte sind das Casino (►S. 244) und die beiden Diskotheken Pasha (Plage de Sidi Maharès, im Fünf-Sterne-Hotel Royal Garden, Tel. 75 74 57 77) und Kleopatra (beim Hotel Ksar Djerba, Tel. 75 73 10 29).

Einkaufen

ONAT/Socopa-Läden gibt es in Houmt-Souk (Av. Habib Bourguiba;

Tel. 75 65 00 40) und in Midoun (gegenüber der Post; Tel. 75 65 05 56). In Midoun findet einer der schönsten Bauernmärkte der Insel statt, ►Tipp S. 243.

Unter den Läden in Houmt-Souk fallen zwei besonders auf: »Michelle« (Rue des Antiquaires, Tel. 75 65 25 32) und »Aries« (Rue 9 Avril, in der Nähe der Place Hédi Chaker, Tel. 75 62 39 20). In beiden gibt es u. a. sehr schöne Stricksachen, bemalte und gebatikte Kleider und Blusen und ausgesuchten Schmuck. Die Ladeninhaberinnen sind Europäerinnen, bei ihnen gelten Festpreise.

ESSEN

► Fein & teuer

① ***Haroun***
Houmt-Souk
Tel. 75 65 04 88
Das für seine Fischgerichte bekannte Restaurant liegt sehr schön am Hafen. Nationale und internationale Speisen. Große Getränkeauswahl.

El Ferida
Route Touristique (im Casino)
Tel. 75 75 75 37
Obwohl das Restaurant zum Casino gehört, sind die Preise sehr moderat. Vom Angebot, der Zubereitung und vom Geschmack der Gerichte wird auch der Gourmet angenehm überrascht sein.

► Erschwinglich

② ***El Hana***
Houmt-Souk
Tel. 75 65 05 68
Das Schweizer Ehepaar Rudolf führt dieses Restaurant am Eingang zum Markt. Hier findet der Gast vor allem europäische Kost zu moderaten Preisen. Frau Rudolf setzt sich gern für einen Augenblick zu Ihnen und zeigt stolz ihr »Goldenes Buch«.

③ ***Baccar***
Houmt-Souk; Tel. 75 65 07 08
Das an der Place Farhat Hached gelegene Restaurant serviert vorzugsweise einfache Fischgerichte. Und, wen wundert es, die Sitze im Freien sind besonders beliebt.

Le Phare
Tel. 75 65 83 83
direkt unter dem Leuchtturm an der Ostküste Djerbas. Es steht unter italienischer Leitung, daher ist die Speisenauswahl hier kaum anders als in der Lombardei. Alles al dente, selbst tunesische Spezialitäten, erlesene lokale Weine und zum Abschluss ein »ristretto« (Kaffee), in dem der Löffel stehen bleibt.

Daly Mezray
Plage de Sidi Maharès
an der viel befahrenen Hauptstraße Richtung Houmt-Souk, ca. 1 km hinter dem Casino auf der linken Straßenseite; Tel. 75 75 85 35
Café und Restaurant eines deutsch-tunesischen Ehepaares.

Le Khalife
Midoun
Route du Phare
Tel. 75 65 78 60
Eines der wirklich guten Restaurants, am Ortseingang von Midoun aus Richtung Leuchtturm gelegen. Man sitzt auf einer Terrasse und kann aus einer reichhaltigen Speisekarte auswählen: Suppen oder kalte Vorspeisen, zum Hauptgang vielleicht einen gegrillten Loup de mer (Wolfsbarsch) mit feinen Kräutern. Und zum Abschluss einen thé à la menthe.

► Preiswert

④ ***Arischa***
Houmt-Souk
Tel. & Fax 75 65 03 84

Im Restaurant in der ehemaligen Karawanserei (Fondouk) gegenüber der katholischen Kirche gibt es ausgezeichneten Fisch (sowie ein sehr einfaches Hotel mit 40 Betten).

ÜBERNACHTEN IN DEN HOTELZONEN

► Luxus

Aldiana Djerba Atlantide
Tel. 75 73 06 22, Fax 75 73 06 25
www.aldiana.de
Der 2004 neu eröffnete Club (760 Betten; all inclusive) lädt mit buntem Unterhaltungs-, Wasser- und sonstigem Sportangebot, Wellnessbereich, Kinderbetreuung und hoteleigenem Strand zu einem schönen Urlaub ein. Im Hauptrestaurant gibt es ein Buffet, am Abend wird das Essen auch am Strand serviert.

Palm-Beach Palace
Tel. 75 75 77 77, Fax 75 75 88 88
palm.direction@gnet.tn
Haus (639 Betten) der französischen Accor-Gruppe direkt am Strand. Man findet ein Freibad, ein Hallenbad, vier Restaurants (davon zwei à la carte), Balneotherapie unter ärztlicher Leitung, äußerst geräumige und sehr geschmackvoll eingerichtete Zimmer.

Djerba Menzel
Tel. 75 75 03 00
Fax 75 75 04 90
jerba.menzel@planet.tn
Eines der ältesten Häuser der Insel (1270 Betten) und gleichzeitig eines der neuesten Hotels, da es von Grund auf erneuert wurde. Es steht unter spanischer Leitung und bietet Buffets zu allen Mahlzeiten, natürlich auch Restaurant à la carte; Schwimmbecken innen und außen und einen etwas kleinen Strand. Rund um die Uhr eher leger. Romantische Lage mitten in einem Palmenhain.

► Luxus/komfortabel

Dar Jerba
Tel. 75 74 51 91, Fax 75 74 57 46
www.darhotels.com
Obwohl es sich beim Dar Jerba um das größte Hotel Afrikas handelt (2800 Betten), fühlt man sich in den fünf unterschiedlichen 2- bis 4-Sterne-Hotels nicht verloren. Weiträumig angelegtes Bungalowdorf mit allen Einrichtungen einer Stadt (einschließlich einer Polizeistation und eines Postamtes mit eigener Postleitzahl). Gute Küche in neun verschiedenen Restaurants.

► Komfortabel

Calimera Yati-Beach
Tel. 75 74 65 50, Fax 75 74 54 25
dje.mgr@yati.com.tn
Hotel-»aktiv«-Anlage (596 Betten) »all inclusive«, direkt am Leuchtturm mit feinsandigem Strand, Frei- und Hallenbad. Gut ausgestattete Zimmer, eigene Ranch und Tennisplätze. Sehr kinderfreundliches Haus mit vielfältigen Wassersportmöglichkeiten.

Komplex Djerba Jasmina
Tel. 75 73 17 40, Fax 75 73 07 47
jasmina@gnet.tn
Der Eigentümer, Hamadi Charif, ist ein Hotelier »alter Schule«. So bietet er in diesen drei Anlagen (Jasmina Park mit Thalassotherapie, Jasmina Playa für gehobene Ansprüche und Djerba Jasmina; insg. 900 Betten) fast alles. Das reicht vom Relaxen ohne störende Animation bei ärztlich überwachter Thalassotherapie über abendliches Flanieren auf einer eigens dafür angelegten Straße mit Laternen bis zum klassischen Familienhotel mit allem, was das Herz begehrt: feine Speisen, schöne Zimmer, Satellitenfernseher, Mietsafe, Tennis, Minigolf etc. Der Komplex hat eine der höchsten Wiederkehrraten der Insel.

Hier läuft einem das Wasser im Munde zusammen: großes Buffel im Hotel Dar Jerba.

Palma Jerba
Tel. 75 75 08 30, Fax 75 75 08 32
palma.djerba@gnet.tn
Weiträumige Anlage im Südosten der Insel (820 Betten). Großzügig ausgestattete Unterkünfte, Pools, Kindergarten und reichhaltige Buffets. Das Animationsprogramm ist ebenso erwähnenswert wie die Disko – eine der schönsten der Insel. Das »Centre Oasis« befindet sich gegenüber.

▶ Günstig

Homère
Tel. 75 75 02 22, Fax 75 75 05 55
homere@planet.tn
Haus in Strandnähe (360 Betten) mit sehr breit gefächertem Animations- und Ausflugsprogramm, Hallen- und Freibad, einem Restaurant à la carte und sehr freundlichem Personal. Das Hotel organisiert sowohl Reisen in die Wüste als auch Marktbesuche in Midoun und Houmt-Souk.

Ksar Djerba
Tel. 75 73 20 60, Fax 75 73 37 80
new_evasion@topnet.tn
Klein, aber fein (268 Betten) und die angesagteste Diskothek weit und breit (»Kleopatra«). Gemütlich eingerichtete Zimmer mit Fernseher, zum großen Teil auch mit Balkon. Zum Strand (etwa 100 m) geht man über die Straße. Reichliche Speisenauswahl (Buffet) zu allen Mahlzeiten, breites Sportprogramm, Ausflüge sowie ein gutes Kinderanimationsprogramm.

Sidi Slim
Tel. 75 75 04 50, Fax 75 75 04 49
contact@sidislimhotel.com
Eines der letzten Hotels der Insel mit ursprünglichem Charme. Die Bungalows (226 Betten) liegen direkt am etwas felsigen Strand. Restaurant à la carte, ein maurisches Café, Süßwasserpool und Diskothek. Kinder freuen sich vor allem über die Wasserrutschbahn. Eine Minigolfanlage sowie ein breites Ausflugsprogramm runden den guten Gesamteindruck ab. Angegliedert ist der Campingplatz Sidi Ali.

wirtschaftlichen Aufschwung, als sich Djerba zu einem berüchtigten Piratennest entwickelte. Zu zweifelhafter Berühmtheit gelangte insbesondere der Korsarenführer Dragut (1485–1565), der die volle Unterstützung des osmanischen Sultans besaß. Um 1550 baute er zunächst die Festung von Houmt-Souk aus, um sich spanischer Vergeltungsexpeditionen besser erwehren zu können. Im Jahr 1560 suchten die Spanier eine endgültige Entscheidung. Sie rückten mit 30 Schiffen und 30 000 Mann gegen Houmt-Souk vor und nahmen die Festung ein. Auf ihrem Rückweg wurde die Flotte von Dragut angegriffen, an die 18 000 Spanier und Malteser verloren dabei ihr Leben. Anschließend belagerte Dragut die Festung und als sich die dort verbliebenen 5000 Soldaten ergeben mussten, wurden sie bis auf den letzten Mann geköpft. Zur »Abschreckung« ließ Dragut die Schädel vor der Festung zu einer Pyramide auftürmen und erst 1848 wurde das makabre Symbol beseitigt. Heute erinnert ein Mahnmal an die unrühmliche Vergangenheit der Festung von Houmt-Souk. In der Folgezeit gelangte Djerba zunächst unter türkische und ab 1881 unter französische Herrschaft, gegen die sich mehrere Aufstände richteten. Ein Anschlag auf die **Synagoge La Ghriba** im Jahr 2001 kostete 16 Menschenleben.

✶ Houmt-Souk

Inselhauptstadt

Das quirlige Houmt-Souk an der Nordküste Djerbas ist die Inselhauptstadt (30 000 Einw.). Ein Fischerhafen, eine lebendige Altstadt mit malerischen, labyrinthartigen Soukgassen prägen den Ort, dessen Name »Marktviertel« bedeutet. Und tatsächlich wirkt die Stadt auch zunächst wie ein einziger Souvenirladen. Abseits der üblichen Touristenrouten entdeckt man jedoch Spuren des ursprünglichen Ortes.

Sehenswertes

✶ Altstadt ►

Hauptachse von Houmt-Souk ist die etwa 2 km lange Avenue Habib Bourguiba. Das eigentliche Stadtzentrum sind die drei ineinander übergehenden, von Restaurants, Läden und Cafés gesäumten Plätze Mongi Bali, Farhat Hached und Béchir Seoud. Östlich der Av. Habib Bourguiba schließt sich die hübsche Altstadt mit den Souks an. In den verwinkelten, teils überdachten Gassen herrscht vor allem an den **Markttagen** (Mo., Do.) reges Treiben. Im Soukviertel gibt es noch drei **Fondouks** oder Karawansereien, wie die mehrgeschossigen Lagerhäuser und Herbergen auch genannt werden, die um einen mit Arkaden versehenen Innenhof gebaut wurden. Darin fanden früher die von weither angereisten Kaufleute Unterkunft und die Ware ein sicheres Lager. Heute sind zwei der Fondouks zu einfachen Hotels bzw. zu einem Restaurant umgebaut (z. B. Aricha, ►S. 235).

Sakralbauten

Die islamischen Sakralbauten der Stadt sind aus dem 17. Jh. und nur für Muslime zugänglich. Am Ostrand der Medina erhebt sich die sog. **Fremdenmoschee Djamâa el Ghorba** (Mosquée des Etrangers) mit ihrem viereckigen, mit Schriftbändern verzierten Minarett.

Houmt-Souk *Orientierung*

Essen
1. Haroun
2. El Hana
3. Baccar
4. Aricha

Übernachten
Alle aufgeführten Hotels liegen in der so genannten Hotelzone, Zone Touristique, Sidi Maharès oder Séguia.

Schräg gegenüber steht die Zaouia des Sidi Brahim (1674). Der benachbarte Kuppelbau mit Kamin ist ein Hammam. Folgt man der Avenue Habib Thameur nordwärts, erreicht man nach etwa 200 m linker Hand die so genannte **Türkenmoschee Djamâa et Tourk** (Mosquée des Turcs). Mit sieben Kuppeln und dem runden Minarett gilt sie als die schönste Moschee der Stadt. Gegenüber der Türkenmoschee steht die 1848 im Auftrag der Franzosen errichtete katholische Kirche, in der bald wieder Gottesdienste stattfinden werden.

★★ Musée des Arts et Traditions Populaires (ATP)

Das Volkskundemuseum ist in den Räumen zweier ehemaliger religiöser Bruderschaften (Zaouia) aus dem 18. Jh. untergebracht, die schon alleine sehenswert sind (Sa. – Do. 8.00 – 12.00, 15.00 – 19.00, im Winter 9.30 – 16.30 Uhr). Ausgestellt werden traditionelle und religiöse Trachten der Bewohner Djerbas, wertvoller Silberschmuck (beachtenswert sind in diesem Raum auch das Kuppelgewölbe aus Tonröhren sowie der umlaufende Gipsfries), eine Töpferwerkstatt, Keramikerzeugnisse in den inseltypischen Farben, eine traditionelle Küche, große Amphoren zur Aufbewahrung von Lebensmitteln sowie reich verzierte Hochzeitstruhen für die Aussteuer.

Bordj el Kebir

Am Meer erhebt sich die Festung Bordj el Kebir, auch Bordj Ghazi Mustafa oder Fort Espagnol genannt (tgl. 8.00 – 12.00, 15.00 Uhr bis Sonnenuntergang). Der Vorgängerbau entstand 1284 auf römischen Fundamenten im Auftrag der Spanier. Dieser wurde im 15. Jh. dann als Bollwerk gegen die Spanier verstärkt; 1560 – 1570 baute sie der berüchtigte Korsarenführer Dragut schließlich zu der heute noch erkennbar mächtigen Festung aus.

Marina

Zwischen Bordj el Kebir und dem Hafen entstand eine Marina mit Jachthafen, Hotel und Ferienwohnungen, Restaurants und anderen Freizeiteinrichtungen. Auf halber Strecke in Richtung Hafen erinnert ein kleiner Obelisk an die bereits erwähnte **Schädelpyramide**.

Flamingoinsel ►

Vom Hafen starten Boote zu einem Ausflug zur Flamingoinsel (Ras R'mel oder Ile des Flamands). Auch wenn die zartrosafarbenen Vögel eher von November bis Januar hier zu sehen sind, lohnt der Ausflug zur ansonsten unbewohnten Halbinsel mit schönen Sandstränden (zu buchen entweder vor Ort oder über die Hotels).

Umgebung von Houmt-Souk

Man verlässt Houmt-Souk und fährt über die neue, am Meer entlangführende Schnellstraße zur einstigen Festung **Bordj Djillidj** (1745; heute Leuchttum), dem nordwestlichsten Punkt der Insel. Etwa 200 m weiter (Richtung Flughafen) zweigt rechts eine bei Trockenheit leicht zu befahrene Piste in Richtung Adjim ab. Sie verläuft entlang der recht einsamen Westküste (**Plage de Sidi Djimour**). Unterwegs lohnt ein Stopp bei der nicht mehr genutzten kleinen Moschee Sidi Djimour. **Adjim**, der kleine Hafenort mit seiner neuen Marina, war einst Zentrum der Schwammfischerei. Heute ist er für Autoreisende eines der beiden Eingangstore zur Insel (von hier verkehren die Fähren nach Djorf auf dem Festland).

Inselrundfahrt

Er Riadh, Hara Sghira

Von Houmt-Souk sind es nur 8 km nach Er Riadh, dem früheren Hara Sghira (= kleines Ghetto), der zweiten jüdischen Gemeinde neben Hara Kebira (= großes Ghetto) am südöstlichen Stadtrand von Houmt-Souk. Die Juden waren nach der Zerstörung Jerusalems (70 n. Chr.) auf Djerba eingewandert. Andere Quellen berichten, dass be-

In diesen Tonkrügen werden Tintenfische gefangen; im Hintergrund das Bordj el Kebir.

reits im 6. Jh. v. Chr. nach der Zerstörung Jerusalems durch Nebukadnezar die ersten Juden nach Djerba kamen. Im 16./17. Jh. gesellten sich noch zahlreiche jüdische Andalusienflüchtlinge hinzu. Sie fanden friedliche Lebensbedingungen auf der Insel vor, denn die Djerbi waren fremden Religionen gegenüber äußerst tolerant. Noch vor 100 Jahren stellte die jüdische Minderheit einen Anteil von 10 % an der Inselbevölkerung. Erst die Gründung Israels nach dem Zweiten Weltkrieg führte zu einer starken Abwanderung. Heute gibt es auf Djerba nur noch etwa 3000 Juden.

★ **Synagoge La Ghriba**

Eindrucksvollstes Denkmal der Juden auf Djerba ist die 1 km östlich von Er Riadh gelegene Synagoge La Ghriba (= die Wundertätige; samstags für nichtjüdische Besucher nicht zugänglich; Besucher müssen die Schuhe ausziehen und eine Kopfbedeckung tragen). Der heutige, äußerlich eher unscheinbare Bau stammt aus den 1920er-Jahren. Um seine Entstehung ranken sich verschiedene Sagen, u. a. soll an dieser Stelle ein vom Himmel gestürzter Meteorit aufgeschlagen sein. Den Innenraum zieren kunstvoll bearbeitete Täfelungen und alte Leuchter. Wertvollster Besitz sind sehr alte Thorarollen, die Andersgläubigen jedoch verborgen bleiben. Die Ostwand ist mit zahlreichen Votivtafeln geschmückt, auf denen immer wieder der Fisch und die Hand der Fatima zu erkennen sind, die traditionellen Glückssymbole auch der jüdischen Glaubensgemeinschaft. Jedes Jahr ist La Ghriba Zielpunkt von Wallfahrten, wenn 33 Tage nach Ostern Gläubige aus aller Welt eintreffen.

◀ Laghba-Omer-Fest

Eindrucksvollstes Denkmal der Juden auf Djerba: La Ghriba

El May, Sedouikech

In dem kleinen Ort El May steht einer der schönsten Moscheen Djerbas (Oum et Turkiya; 16. Jh.). Von hier geht es nach Sedouikech. Der Besuch des nach Guellala zweiten Töpferdorfs lohnt vor allem dienstags, dann ist Markttag.

★ Guellala

Guellala, etwa 11 km südlich von Er Riadh an der Südküste, ist das Zentrum des Töpferhandwerks auf Djerba. Das antike Haribus (der Name kommt von Heres = das Gefäß) lieferte einst seine berühmten Erzeugnisse bis weit in die Sahara hinein und auch heute noch säumen zahlreiche Töpferläden die Hauptstraße. Der Ton wird in bis zu 80 m tiefen Schächten gewonnen, anschließend trocknet er zwei bis drei Tage, wird zerkleinert und mit Wasser aufbereitet (für rote Keramik benötigt man Süßwasser, für weiße Salzwasser). Nach ihrer Fertigung müssen die Töpferwaren 60 Tage trocknen, anschließend werden sie in Ziegelöfen, die halb unter der Erde liegen, vier Tage lang gebrannt. Weitere zehn Tage bleiben sie hier liegen, um langsam kalt zu werden. Schon von Weitem sieht man das neue **Volkskundemuseum**(tgl. 8.00 – 18.00, im Sommer bis 20.00 Uhr). Mit seinen strahlend weißen Gebäuden um einen schönen Innenhof erinnert es an eine mittelalterliche Zitadelle. Vorgestellt werden die Festkultur sowie der Alltag in verschiedenen Regionen Tunesiens. Zum Museum gehören ein maurisches Café, Souvenirläden und eine Töpferei.

★★ Musée des Arts et Traditions (ATP) ▶ ⌚

Einen Besuch wert ist auch die an der Küste gelegene Ibaditen-Moschee **Sidi Yati** (9. Jh.). Sie wird nicht mehr genutzt und kann daher auch von Nichtmuslimen besichtigt werden (Anfahrt: man verlässt Guellala in Richtung El Kantara, im Nachbarort El Fahmine biegt man auf einen zum Meer führenden Feldweg).

El Kantara

El Kantara, am Beginn des Römerdamms im Südosten Djerbas, besteht aus ein paar Häusern und einer Kaserne, die auf die nur 120 km entfernte Grenze zu Libyen hinweist. An den einst bedeutenden römischen Handelsposten **Meninx** erinnern nur wenige verstreut liegende steinerne Überreste östlich der Straße nach Sedouikech. Eine lange Geschichte hat der 6,4 km lange Römerdamm, der die Insel mit dem Festland verbindet. Er ruht auf römischen, vielleicht sogar auf noch älteren Fundamenten. Parallel zum Damm verlaufen die Rohre, welche die im Nordosten der Insel liegenden Hotels der wasserarmen Insel mit Süßwasser vom Festland versorgen. Folgt man der Küstenstraße Richtung Aghir, ragt eine schmale Landzunge weit ins Meer. Auf ihrer Spitze steht das Bordj Castille, eine ursprünglich aus dem 13. Jh. stammende, im 15. Jh. erweiterte Festung.

◄ Bordj Castille

Midoun

Midoun, die zweitgrößte Stadt auf Djerba, liegt inmitten von Gärten, Obst- und Dattelhainen (7000 Einw.) im Osten der Insel, etwa auf halbem Weg zwischen den beiden Hotelzonen (►S. 244). Hier leben viele Nachkommen der einst aus Afrika verschleppten Sklaven, die ab 1848 hier Markt halten durften. Städtischer Mittelpunkt ist der Marktplatz (Place Meninx). Darüber hinaus gibt es eine kleine Fußgängerzone mit Souvenirläden, Cafés, Restaurants und der Post. Während der Hauptsaison findet dienstagnachmittags in der Nähe des Rathauses eine »**Fantasia**« statt, wo u. a. eine traditionelle Hochzeitsfeier vorgeführt wird (alles ist echt und zeigt recht anschaulich, wie auch heute noch traditionell geheiratet wird, nur die Braut fehlt). In dem maurischen Café Le Gourmet mit Terrasse auf der gegenüberliegenden Straßenseite gibt es feines Gebäck, leckere Torten, Kuchen und Cappuccino (Av. Habib Bourguiba).

! *Baedeker* TIPP

Markt in Midoun

Bereits ab Donnerstag am späten Nachmittag geht es los. Dann bauen die Händler und Bauern aus der Umgebung ihre Stände auf und breiten ihre Waren aus: Berge von Obst und Gemüse, bunte Gewürze, wohlriechende Kräuter, Korbwaren, Stoffe, Matratzen, Schuhe, Ramsch ... alles, was man sich nur vorstellen kann. Er gehört zu den schönsten Bauernmärkten der Insel und dauert bis samstagvormittags.

✶ Fadhloun-Moschee

An der Straße Midoun – Houmt-Souk passiert man etwa 4 km hinter Midoun die hübsche Fadhloun-Moschee. Ihre schmucklosen Räume zeugen von der Strenge der Ibaditen-Architektur. Sie wird nicht mehr genutzt und ist auch für Nichtmuslime zugänglich (tgl. außer freitags). Besichtigt werden können der schlichte Gebetssaal und die Räume für die rituellen Waschungen. Im ummauerten Innenhof wird Regenwasser gesammelt, das in die darunter gelegene Zisterne abfließt. Hinter der Moschee liegt ein kleiner Friedhof.

In Mahboubine, 4 km südwestlich von Midoun, fällt die 1903 erbaute El-Kateb-Moschee auf, eine verkleinerte Kopie der Hagia-Sofia-Moschee in Istanbul.

◄ Mahboubine

Zone touristique · Hotelzone

Die meisten Hotels auf Djerba liegen in der so genannten Zone touristique, Hotelzone. Sie beginnt im Nordosten Djerbas und zieht sich entlang der Küste bis nach Aghir. Hier säumen fast hundert weiß verputzte, nicht immer im klassischen maurischen Stil erbaute Hotels zum Teil in Dreierreihen die Strände. Dazwischen liegen einige Villen und Bungalows wohlhabender Djerbi und Europäer.

★ **Plage de Sidi Maharès**

Die ältere, größere und mit Hotels fast ganz zugebaute der beiden Hotelzonen Djerbas ist der Strand von Sidi Maharès. Sie beginnt etwa 9 km südöstlich von Houmt-Souk und erstreckt sich ca. 15 km lang bis zum Ras Tourgueness, dem Leuchtturm der Insel. Sehenswürdigkeiten gibt es hier keine, sieht man vom **Spielkasino** (nach seinem Besitzer auch Pasino genannt) einmal ab. Letzteres wartet mit Spielsälen, einem maurischen Kaffeeraum, Ladengalerie, Wintergarten und dem vorzüglichen Restaurant El Ferida auf (tgl. 10.00 bis 4.00 Uhr morgens, die Spielsäle sind ab 17.00 Uhr geöffnet; Tel. 75 75 75 37). Bewundernswert sind hier die von marokkanischen Künstlern geschaffenen Decken aus Holz mit Blattgoldauflagen. Der rot-weiß gestreifte **Leuchtturm** Ras Tourgueness erhebt sich zwischen Dattelpalmen 54 m hoch (nicht zugänglich). Hier beginnt eine kleinere Straße, die auf einer schmalen und mit einigen Hotels bebauten Landzunge verläuft. An deren Spitze liegt recht einsam das Clubhotel Coralia Lalla-Hadhria (derzeit geschlossen). Etwas südlich vom Leuchtturm entstand der **Parc Djerba Explore**. Zu dem Freizeitpark gehören u. a. die sehenswerten Museen Lalla Hadhria und Djerba Heritage sowie die Ile aux Crocodiles, außerdem verschiedene Läden, Gastronomie und ein Hotel. Vorgestellt werden tunesische und arabische Kunst, traditionelles Kunsthandwerk und Gebräuche (tgl. 9.00 – 18.00, im Sommer bis 20.00 Uhr; www.djerbaexplore.com).
Die landeinwärts gelegene Lagune Sidi Garous ist ein beliebtes Quartier von Wasservögeln; am Ausgang zum Meer liegen die Boote der Fischer von Midoun vor Anker.

Pasino ►

Ras Tourgueness ►

★ **Plage de la Séguia**

Südlich des Leuchtturms beginnt die zweite Zone touristique von Djerba, die sich etwa 11 km bis nach Aghir zieht. Der Strand von Séguia ist, bis auf wenige Ausnahmen in der Nähe von Aghir, fast so dicht bebaut wie der Strand von Sidi Maharès. Allerdings gibt es hier einige felsige Abschnitte und die Strände sind häufig mit Palmen bewachsen.

Aghir ►

In Aghir gibt es direkt am Meer einen Campingplatz und ein neu errichtetes Jugendhotel, wo mit dem internationalen Jugendherbergsausweis übernachtet und einfach gegessen werden kann. Voranmeldungen sind vor allem während der Sommermonate unbedingt ratsam (Centre de Jeunesse, Tel. 75 75 02 66).

Folklorezentrum Oasis ►

Heiße Nächte bei orientalischer Musik, Bauchtanz, Schlangenbeschwörungen ... Dieses und vieles andere ist im Oasis zu sehen. Ein maurisches Café, eine Cafeteria und eine landestypische Speisenfolge bilden mit einem Biergarten (romantisch!) einen originellen Rahmen selbst für den einmal wöchentlich stattfindenden karibischen Abend. In dem Zentrum gegenüber dem Hotel Palma Jerba können Kinder ab 10.00 Uhr den Streichelzoo besuchen und ab 20.00 Uhr gibt es folkloristische Darbietungen (Reservierung ist empfehlenswert, Tel. 75 75 01 73, Fax 75 75 01 74).

Ausflüge von Djerba

Gightis

Verglichen mit den großartigen Römerstädten im Norden Tunesiens sind die Ausgrabungen von Gightis recht bescheiden. Nach Ankunft der Djerba-Fähre in Djorf biegt man nach links auf die MC 108 in Richtung Médenine. Die Ruinenstadt liegt hinter dem Ortsende des Dorfes Bou Grara, etwa 20 km südlich von Djorf (Di. – So. 8.30 bis 12.00, 15.00 – 19.00 Uhr). Bereits im 6. Jh. v. Chr. gründeten aus Tyros stammende Phönizier hier einen Handelsposten. Dank seiner ge-

Palmen sorgen für Schatten: Strand bei Aghir.

schützten Lage in der Bucht der Kleinen Syrte entwickelte er sich zu einem wichtigen Hafen und Karawanenumschlagplatz. 46 n. Chr. übernahmen die Römer die Stadt und bauten sie weiter aus. Zwar überlebte sie den Niedergang Roms und wurde im 4. Jh. sogar Hochburg des Christentums in Südtunesien, der Vandalensturm aber brachte das Ende. Die Byzantiner nutzten Gightis als Steinbruch zum Bau ihrer Festung nördlich des Zentrums.

Ausgrabungen ► Zunächst stößt man auf die Reste der **Thermen** mit kalten und heißen Bädern, einer 10 x 66 m großen Anlage mit einer runden Arena, dem ehemaligen Sportplatz (Palaestra). Am besten erhalten ist das etwa 200 m östlich gelegene, unter Kaiser Hadrian angelegte **Forum**, um das die wichtigen öffentlichen Gebäude lagen. Nördlich standen die Apollo, Concordia und Herkules geweihten Tempel, östlich ein Dionysostempel (Liber Pater) mit einem Portikus aus 28 Marmorsäulen. Im Westen folgen der einstige Kapitols- oder Podiumstempel, von dem nur noch die Stufen zum Podium und sechs Säulenstümpfe übriggeblieben sind. Vermutlich wurden hier Isis und Serapis verehrt, aus Ägypten und dem Orient stammende Gottheiten. Eine Pflasterstraße führte vom Forum hinunter zum mittlerweile verlandeten Hafen. Der Marktplatz und die Villen der Oberschicht lagen südlich des Forums, jenseits des Oued Djebel-el-Hassian, und boten Aussicht aufs Meer. Im Südwesten der Stadt sind Reste des Merkurtempels (Anfang 3. Jh.) erhalten. An drei Seiten war er von einem Portikus aus 19 Säulen umgeben. Den nördlichen Abschluss des Geländes bilden die Reste einer byzantinischen **Festung**.

! Baedeker TIPP

Gou-Gou

Die Volkstanzgruppe tritt gelegentlich in Hotels und bei privaten Feiern auf. Die Männer tragen gelbe Röcke und rote Hauben, ihren schweren Trommeln entlocken sie Geräusche, die an ein Gewitter erinnern. Zum Instrumentarium gehören u. a. ein Dudelsack sowie ein kleines, aber lautes Blasinstrument aus Stierhorn. Zu diesen temperamentvollen Musikdarbietungen tanzen die Mitglieder der Truppe ausgelassen, andere balancieren bis zu zwölf schwere Tonkrüge auf dem Kopf. Eine der Hauptfiguren ist Bou Sâadia, der mit seiner langen Nase aus einem Ziegenhorn an einen Medizinmann erinnert.

✶ Zarzis

Palmen und Strände

Die **Küstenoase** Zarzis – ausgesprochen wird es Djarsis – ist das zweite Zentrum des Badetourismus in Südtunesien. Sie liegt auf dem Festland, knapp 30 km südlich von El Kantara/Djerba, auf der Akkara-Halbinsel. Die sog. Hotelzone mit ihren schönen Sandstränden und den wie auf Djerba in Gärten, teils unter Palmen direkt am Meer gelegenen Hotels erstreckt sich knapp 10 km lang zwischen dem Kap bei Ksar Zaouia und Zarzis. Geografisch gehören sie zum Hafenort Souihel. Im Unterschied zu Djerba ist die Atmosphäre hier ruhiger, das gilt allerdings auch für das Freizeitangebot. Die Stadt Zarzis (30 000 Einw.) liegt noch 3 km südlich und ist von einer Oase umge-

ZARZIS ERLEBEN

AUSKUNFT

Syndicat d'Initiative
Route touristique
Tel./Fax 75 70 54 45

ANFAHRT

Von Djerba über El Kantara und den Römerdamm; die MC 117 führt direkt nach Zarzis (ca. 30 km); landschaftlich schöner ist die nach etwa 3 km von der Hauptstraße MC 117 nach links abbiegende Route touristique/Route des Hôtels. Sie führt am Meer und den Hotels entlang. Von Houmt-Souk fahren Busse nach Zarzis (Gare Routière beim Hafen). Touristenbusse verkehren zwischen Zarzis-Innenstadt und der Hotelzone. Es gibt auch einen schönen Küstenweg am Strand entlang nach Zarzis. Für die Strecke zwischen Ortsende Souihel und Zarzis sollte man ca. 1 Stunde rechnen.

GUT ZU WISSEN

Markttage sind montags und freitags.

ESSEN

► Erschwinglich

Abou Nawas
Route touristique
Tel. 75 75 15 83
Auf den Tourismus zugeschnittenes Haus, in dem man auch orientalisch speisen kann. Es heißt, man sollte Couscous eigentlich nur bei Freunden essen. Hier genießen auch Einheimische das Nationalgericht. Oder darf es etwas aus dem Meer sein? Den Abend beschließt man bei einem thé à la

Hier bleiben keine Wünsche offen: Hotel Odyssée in Zarzis.

menthe oder einer Wasserpfeife. Beim Bezahlen ist man über den Preis dann angenehm überrascht.

ÜBERNACHTEN

► Luxus

Odyssée
Tel. 75 70 57 05
Fax 75 70 56 34
odyssee.resort@planet.tn
Hotelanlage (680 Betten) im maurischen Stil mit schöner Lobby, Restaurants à la carte, Hallenbad mit Thermalbecken und Souvenirshops. Die Zimmer sind sehr geschmackvoll eingerichtet. Das Haus bietet außerdem einen Mini-Club, einen feinen Sandstrand, der teils von Felsen unterbrochen ist, Thalassotherapie und ein breites Sportprogramm. Ca. 10 km nördlich von Zarzis – für Individualisten.

► Komfortabel

Gightis (auch Jektis)
Tel. 75 70 58 00, Fax 75 70 50 02
In Anspielung auf den alten römischen Ort Gightis in der Bucht von Bou Grara erhebt sich dieses Clubhotel (409 Betten) am Strand von Zarzis. Sehr gutes Essen, kinderfreundliche Betreuung und Ausflugsmöglichkeiten in die Sahara hinterlassen den Eindruck eines gut geführten Hauses.

Sangho Club
Tel. 75 70 51 24
Fax 75 70 57 15
sangho.zarzis@planet.tn
Clubleben in dieser Anlage (722 Betten) bedeutet Faulenzen, aber auch ein überdurchschnittlich hohes Freizeitangebot: Reiten, Surfen, Segeln und Bogenschießen sind nur eine kleine Auswahl. Zweckmäßig eingerichtete Zimmer, reichhaltiges Essen vom Buffet, Disko, Mini-Club und verschiedene Ausflugsmöglichkeiten mit eigenen Landrovern runden das Angebot ab. Schönste Gartenanlage Südtunesiens mit Lehrpfaden.

ben. Diese wurde erst Ende des 19. Jh.s von den Franzosen angelegt und zählt rund 700 000 Olivenbäume und etwa 110 000 Dattelpalmen. In Zarzis leben noch viele Nachfahren der einst aus dem Sudan verschleppten Sklaven. Deren Traditionen werden von der berühmten Volkstanzgruppe Gou-Gou bewahrt (►Baedeker Tipp S. 246).
Die Stadt wurde von den Franzosen Anfang des 20. Jh.s an der Stelle des römischen Gergis wieder gegründet. Ihr eigentliches Ortszentrum ist recht klein. Direkt neben der 1970 erbauten Moschee steht eine Synagoge. In Zarzis gibt es die nach Djerba größte jüdische Gemeinde Südtunesiens. Selbstverständlich gibt es Einkaufsmöglichkeiten, Restaurants und Cafés. Insgesamt ist es jedoch viel ruhiger und weniger touristisch als auf Djerba. Am lebhaftesten geht es hier montags und freitags zu, während des bunten Marktes. Etwa 1 km südlich erstreckt sich der moderne **Hafen** mit einer Freihandelszone, der der Stadt einen wirtschaftlichen Aufschwung bescherte, diente doch der alte Hafen vor allem der Fischerei und den Schwammtauchern. Richtung Médenine hinter dem Krankenhaus rechts findet mittwochs und freitags der Marché des Chameaux statt, der Tiermarkt, auf dem u. a. Dromedare ihre Besitzer wechseln.

Ben Guardane (45 km südlich von Zarzis, 80 km südöstlich von Médenine; 8000 Einw.) ist eine Ölbaum-Oase im äußersten Osten der Djeffara-Ebene, nur noch 32 km von der Grenze nach Libyen entfernt. Einst war es ein wichtiger Marktort für Nomaden, der sich unter französischem Protektorat und vor allem seit der Grenzöffnung nach Libyen in den 1980er-Jahren zur Stadt entwickelte. Einziger Anziehungspunkt ist der **Markt**, Souk Libya, auf dem alle erdenklichen Waren gehandelt werden, von den Dingen des täglichen Bedarfs über Zigaretten bis hin zum billigen libyschen Benzin. Zahlreiche Händler kommen aus dem Nachbarland. Die Haupttage sind donnerstags und samstags. In der Umgebung von Ben Guardane gibt es verschiedene recht einsame Sandstrände, die zum Campen einladen, aber bis auf wenige Ausnahmen wegen der geringen Wassertiefe zum Schwimmen ungeeignet sind. In Ben Guardane leben die Hillali, die Nachfahren der einst so gefürchteten Beni-Hillal-Nomaden. Für eine Weiterreise nach Libyen wird ein Visum benötigt, das man zuvor bei der libyschen Botschaft des jeweiligen Heimatlandes beantragt haben muss. Wird man ohne gültiges Visum angetroffen, drohen strenge Strafen, Ausweisung sowie lebenslanges Einreiseverbot, nachdem die jeweiligen Botschaften eingeschaltet wurden.

Ben Guardane

i Ben Guardane

- Bureau de Tourisme
  Ras Jedir
  Tel. 75 72 61 58
  Fax 75 72 62 20

★★ Dougga

H 3

Gouvernorat: Siliana **Höhe:** 520 – 600 m ü. d. M.

Das antike Thugga ist die besterhaltene Römerstadt in Afrika. Inmitten herrlicher Landschaft, umgeben von Wiesen und Olivenhainen, stehen die Ruinen, von Weitem sichtbar, auf einem Plateau am Rande der Monts de Téboursouk, deren Flanken im Norden steil und im Süden sanft in das Tal des Oued Khalled abfallen.

UNESCO-Weltkulturerbe

In der Nähe befindet sich die heute noch genutzte Quelle Aïn Mizeh. Die in römischer Zeit nicht ummauerte Stadt nahm ungefähr 25 ha ein. Ursprünglich war sie ohne Plan gebaut und im Gegensatz zu den meist rechtwinklig angelegten römischen Städten ein Labyrinth gepflasterter Straßen, die nur für Fußgänger benutzbar waren.

Geschichte

◄ Numidische Gründung

Die Wahl des Siedlungsplatzes auf einem steil abfallenden Hang (Tukka = steiler Fels) lässt wie in Sicca Veneria (►El Kef) und ►Bulla Regia auf eine numidische Gründung schließen. Im 2. Jh. v. Chr. wurde die Siedlung vom Numiderkönig Masinissa zu einem Adels-

Dougga, das antike Thugga, ist die interessanteste Römerstadt in Afrika.

oder Königssitz erweitert. Die Reste einer megalithischen Mauer, ein Baal-Heiligtum, Dolmengräber sowie ein numidisches Mausoleum stammen aus dieser Zeit. Etwa 105 v. Chr. siedelten sich die ersten Römer in der Umgebung der Stadt Thugga an, die laut Diodorus Siculus (griech. Geschichtsschreiber, 1. Jh. v. Chr.) bereits damals »von einer schönen Größe« war. Unter Cäsar wurde die Stadt 46 v. Chr. der Provinz Africa Nova einverleibt. Die numidische Siedlung auf dem Burgberg blieb jedoch bestehen, die römischen Verwalter und Veteranen siedelten sich im Tal an. Im Laufe der Zeit wuchsen die numidische und die römische Siedlung zusammen. 205 n. Chr. wurde die Stadt zu einem Municipium erhoben und alle freien Bürger erhielten das römische Bürgerrecht. Als Thugga 261 zur Colonia Licinia ernannt wurde, war die Stadt auf dem Höhepunkt ihrer Entwicklung; damals zählte sie rund 25 000 Einwohner. Aus dieser Zeit stammen die meisten öffentlichen Gebäude, aus Spenden wohlhabender römischer Großgrundbesitzer erbaut, sowie die noch zugänglichen Privathäuser. Ende des 3. Jh.s begann der Niedergang. Unter byzantinischer Herrschaft wurde die Stadt befestigt, die Steine dafür aus antiken Monumenten herausgenommen. Irgendwann wurde die Stadt aufgegeben. Flüchtlinge aus Andalusien, die sich in der Umgebung niederließen, belebten den Olivenanbau wieder. Entdeckt wurde das Ruinenfeld im 17. Jh., die Ausgrabungen begannen 1899.

Thugga wird römisch ►

261 n. Chr. – Colonia Licinia ►

★ Ausgrabungen

Theater

Öffnungszeiten: tgl. 8.00 – 19.00, im Winter 8.30 – 17.30

Der folgende Rundgang beginnt beim Theater, das 168/169 n. Chr. im Auftrag eines reichen Stadtbewohners nach römischem Grundriss in eine Hangmulde hineingebaut wurde (► Abb. S. 188/189). Sein Durchmesser beträgt 120 m. Drei Ränge mit je 19 Sitzreihen steigen im Halbrund 15 m an, ein Bogengang bildet den oberen Abschluss der rund 3500 Zuschauer fassenden Cavea (Zuschauerraum). Die Ehrengäste saßen auf den Orchesterplätzen. Eine mit vielen Nischen für Marmorstatuetten versehene niedrige Mauer (Pulpitum) trennte den Zuschauerraum vom Bühnenraum (Proscenium). Der schöne Ausblick ins Tal, über die antike Stadt bis hin zu dem unterhalb gelegenen numidischen Mausoleum (► S. 256), war ursprünglich durch eine hohe Bühnenrückwand verstellt, von ihr stehen nur noch einige Säulen. Ihre Schauseite bestand aus drei übereinanderstehenden Säulenreihen mit Treppenaufgang. Durch ein Bühnenportal gelangt man in eine korinthische Säulenhalle, das ehemalige Foyer des Theaters. Eine Inschrift nennt den großzügigen Mäzen und beschreibt die Räumlichkeiten des Theaters. Im Untergeschoss des Bühnenhauses befanden sich Magazin- und Requisitenräume.

Saturntempel

Der **nördlich oberhalb des Theaters** gelegene Saturntempel wurde 195 n. Chr. an die Stelle eines vorrömischen Baal-Heiligtums gebaut (von diesem wurden einige Ascheurnen und Grabstelen gefunden). Die östliche Schmalseite bildet ein mit vier Säulen geschmücktes Vestibül. Der Innenhof ist an drei Seiten von einem korinthischen Portikus umgeben, drei Cellae bilden die Westseite. In der unter dem Innenhof liegenden Zisterne wurde der Kopf der Saturn-Statue gefunden, die vermutlich die mittlere Cella schmückte (heute im Bardo-Museum in ► Tunis), die südlichste Cella hat einen Teil ihres mit

DOUGGA ERLEBEN

ANFAHRT

Am südwestlichen Ortsausgang Téboursouk folgt man einer kleineren mit »Dougga Ruines« beschilderten Straße zum 7 km nördlich gelegenen Ausgrabungsgelände (Entfernung von Tunis: 110 km, von El Kef: 60 km).

GUT ZU WISSEN

Der zweite (untere) Eingang liegt an der GP 5 beim modernen Ort Dougga. An den Eingängen werden auch Führer (guide) vermittelt, angesichts der Größe des Ausgrabungsgeländes durchaus empfehlenswert. Beim oberen Eingang gibt es ein kleines Café. In dem römischen Theater findet alljährlich im Juli und August ein internationales Theater-Festival statt.

ÜBERNACHTEN

► **Günstig**

Thugga
Tel. 78 46 66 47
Fax 78 46 67 21
Einfaches Hotel außerhalb von Téboursouk an der GP 5, mit Restaurant.

Thugga Dougga

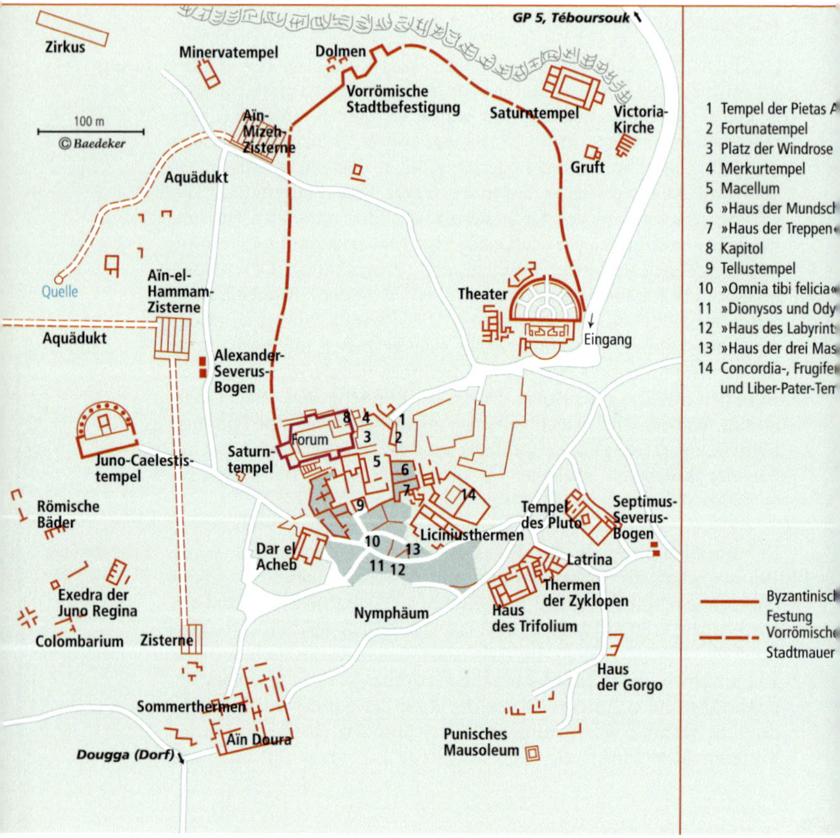

Stuck überzogenen Gewölbes bewahrt. Unterhalb des Tempels liegt die sog. **Gruft**. In der heidnischen Nekropole führen sieben Stufen zu einem unterirdischen Kultraum (Hypogäum) hinunter.

Victoria-Kirche

Die Victoria-Kirche ist ein kleiner, dreischiffiger Bau mit Mosaikresten. In der unter dem erhöhten Presbyterium liegenden Krypta wurde ein Sarkophag mit der Inschrift Victoria gefunden. Die kleine Kirche wurde Anfang des 5. Jh.s n. Chr. auf unregelmäßigem Grundriss mit Steinen aus dem Saturntempel erbaut.

Tempel der Pietas Augusta

Wieder zum Theater zurückgekehrt, folgt man einer von verfallenen Läden und Häusern gesäumten gepflasterten Straße in Richtung Kapitol. Das Regenwasser wurde in den in der Straßenmitte gelegenen Vertiefungen aufgefangen und unterirdisch abgeleitet. Zunächst gelangt man zum kleinen, halbrunden Tempel der Pietas Augusta (links; 2. Jh. n. Chr.). Davor stehen auf einem Sockel noch zwei Pfeiler mit korinthischen Kapitellen. Weiter folgen der Unterbau eines der Fortuna geweihten Tempels sowie eine kleine Moschee.

Platz der Windrose

Der von Säulenhallen umgebene Platz der Windrose wurde um 190 n. Chr. als Erweiterung des Forums angelegt. Das mit Kalksteinen gepflasterte Rechteck wird im Osten durch einen Halbkreis geschlossen. Namengebend ist eine in den Boden eingeritzte Windrose aus dem 3. Jh. mit den Namen der zwölf Winde: Septentrio, Aquilo, Euraquilo, Vulturnus, Eurus, Leuconotus, Auster, Libonotus, Africus, Favonius, Argestes und Circius.
Im Norden schließt der dem Gott des Handels geweihte **Merkurtempel** den Platz. Ein zehnsäuliger Portikus führt in das Heiligtum, welches aus drei Kultnischen (Cellae) besteht, vielleicht ein Hinweis auf eine afrikanische Dreifaltigkeit.
Den südlichen Abschluss bildet der **Marktplatz** (Macellum), ursprünglich wohl im 1. Jh. n. Chr. angelegt, jedoch Ende des 2. Jh.s zu einem Fleischmarkt umgebaut. Beim Bau der byzantinischen Festung im 6. Jh. wurde er größtenteils zerstört.
Im Osten des Platzes stehen Wohnhäuser: das »Haus der Mundschenke«, benannt nach einem im Untergeschoss gefundenen Mosaik (Bardo-Museum, ► Tunis), sowie das »Haus der Treppen«.

Zwischen dem Platz der Windrose und dem Forum erhebt sich das auf einem Podest stehende **Kapitol**. Der den drei Göttern Jupiter, Juno und Minerva geweihte Tempel wurde 166 oder 167 n. Chr. gebaut und gehört zu den schönsten und besterhaltenen römischen Tempeln in Nordafrika. Eine monumentale Treppe führt zum Portikus vor der Cella hinauf. Die vier vorderen und zwei seitlichen

Hier wurden Jupiter, Juno und Minerva verehrt.

★★ Kapitol

korinthischen Säulen – bis auf eine sind sie aus Kalkstein geschaffene Monolithen – tragen die Reste des Giebels. In einem Fries stehen die Namen der Spender des Tempels sowie eine Widmung an die Herrscher Mark Aurel und Lucius Verus. Das Giebelfeld schmückt ein Relief, auf dem ein Mensch von einem Adler emporgehoben wird, vielleicht die Vergöttlichung des Kaisers Antoninus Pius. In der Rückwand der Cella (13 x 14 m) befinden sich die drei Nischen für die Götterstatuen, eine halbrunde in der Mitte für Jupiter, seitlich zwei rechteckige Nischen für Juno und Minerva.
Im Untergeschoss befand sich eine dreischiffige Krypta, die vielleicht als Kirche gedient hat; bei Ausgrabungen wurde hier der aus weißem Marmor bestehende Kopf der Jupiter-Kultstatue gefunden.

? WUSSTEN SIE SCHON ...?

- Die Kanalisation dieser Stadt war vorbildlich, ihre Spuren sind noch deutlich zu erkennen. Die Abwasser wurden in Ablaufrinnen geleitet und unterirdisch entsorgt. Steinerne Abflussdeckel in den öffentlichen Straßen weisen auf die unterirdischen Kanäle hin.

Im Westen schließt sich das 38,5 x 24 m große **Forum** an (angelegt zwischen 14 und 37 n. Chr.). Es war ursprünglich auf drei Seiten von Portiken umgeben, deren rot geäderte Marmorsäulen korinthische Kapitelle aus weißem Marmor trugen. Im 6. Jh. wurden jedoch Forum, Kapitol und der gegenüberliegende Saturntempel zu einer byzantinischen Festung zusammengezogen und zwei Türme hinzugefügt, die Steine dazu aus umliegenden Bauten herausgenommen.

Alexander-Severus-Bogen

Nordwestlich des Forums liegt der Triumphbogen des Alexander Severus, auch Bab er Roumia (das Tor der Römer) genannt. Er wurde um 222 – 235 gebaut, wahrscheinlich um die Verleihung von weiteren Privilegien an die Stadt zu feiern.

Zisternen

Etwas weiter nördlich liegt die Aïn-el-Hammam-Zisterne mit fünf je 33 m langen und 5 m hohen Becken für insgesamt 6000 m³ Wasser. Rund 150 m weiter befindet sich die **Aïn-Mizeh-Zisterne**. Sieben Becken hatten zusammen ein Fassungsvermögen von 9000 m³. Von hier wurden die übrigen Thermen, Brunnen und einige Wohnhäuser mit Wasser versorgt, welches über ein Aquädukt von der 12 km westlich gelegenen Quelle herbeigeführt wurde.

Minervatempel

Von dem zwischen 138 und 161 n. Chr. gebauten Minervatempel ist nur noch wenig erhalten. Das gleiche gilt für die vorrömische Stadtmauer, neben der einige römische Gräber und ein paar vorgeschichtliche Dolmen liegen.

Zirkus

Auch der weiter nördlich ausgegrabene Zirkus, 204 n. Chr. in einer natürlichen Bodenmulde eingerichtet und 170 m lang, ist mehr zu erraten als zu erkennen.

Juno-Caelestis-Tempel

Der Rückweg führt am Tempel der Juno Caelestis vorbei, der romanisierten punischen Göttin Tanit; das am häufigsten für Tanit verwendete Symbol der Mondsichel bestimmt auch seinen Grundriss. Zwischen 222 und 235 wurde das Heiligtum von Julius Gabinius und seiner Frau Julia Gabinia Venusta gestiftet. Der auf einem Podium stehende Tempel, ein Peripteros, ist von einer halbkreisförmigen Portikus-Mauer umgeben, die ihrerseits von einer ebenfalls halbrunden Mauer eingerahmt wird. Das Becken für die rituelle Reinigung befand sich östlich zwischen Ringmauer und Nebengebäude. Die Apsis an der Nordseite erhielt der Tempel, als er in eine Kirche umgewandelt wurde.
Südlich des Caelestistempels liegen die Exedra der Juno Regina, ein kleines Oratorium sowie das Columbarium der Remii, ein Grabbau aus dem 2./3. Jh. n. Chr.

Dar el Acheb

Südlich des Forums liegt dieser vermutlich 164 – 166 gebaute Tempel. Ein rechteckiges Tor führt auf einen ummauerten Hof.
Ganz im Südwesten Thuggas befinden sich in der Nähe der Aïn-Doura-Quelle die so genannten **Sommerthermen**.

Tempel der Tellus

In dem 261 n. Chr. unterhalb des Forums erbauten Tempel wurde vermutlich die Fruchtbarkeitsgöttin Tellus verehrt. In den Nischen der Cellawand standen Statuen von Tellus, Pluto und Ceres.

Verschiedene Villen

An der Richtung Osten führenden gepflasterten Straße liegen mehrere einst prachtvoll ausgeschmückte Wohnhäuser. Ihre Namen erhielten sie nach dort entdeckten Mosaiken, die im Bardo-Museum in ► Tunis ausgestellt sind. Sie wurden Mitte des 3. Jh.s nach einem in Nordafrika vielfach angewandten Grundriss errichtet: Eine Tür in der zur Straße hin fensterlosen Hauswand führte in eine Vorhalle (Vestibül). Die hinter Portiken gelegenen Zimmer öffneten sich bei größeren Häusern auf einen Garten, bei kleineren auf einen Innenhof (Peristyl). Im Sommer wurden die kühleren Untergeschosse, im Winter die Obergeschosse bewohnt. Diese auch in ►Bulla Regia verbreitete Bauweise bot sich hier durch die Hanglage besonders an.
Beim Haus **»Omnia tibi felicia«** (»Dir alles Glück«) handelt es sich vielleicht um das städtische Freudenhaus, dessen Räume sich um einen kleinen Peristylhof anordneten. Das gegenüberliegende **»Haus des Dionysos und Odysseus«** gehört zu den besterhaltenen Villen.
Weiter folgen das **»Haus des Labyrinths«** sowie das **»Haus der drei Masken«**; etwas südlich das **»Haus des Trifoliums«**. Von diesem vermutlich einst größten Privatbau sind nur noch die unteren Wohnräume erhalten. Seinen Namen erhielt das Haus nach dem kleeblattförmigen Grundriss (Trèfle = Kleeblatt) eines seiner Räume.

Thermen der Zyklopen

An das Trifolium schließen die »Thermen der Zyklopen« an. Im Untergeschoss sind Gewölbekeller erhalten. Etwas südlich folgen die eigentlichen Thermen, im Frigidarium befand sich ein Zyklopen-Mosaik (heute im Bardo-Museum in ►Tunis). Sehenswert sind die gut erhaltenen **Latrinen**: In einer hufeisenförmigen Steinbank sind zwölf Sitze eingelassen. Die Abwässer wurden unterirdisch in den Hauptkanal abgeführt, selbst ein Handwaschbecken fehlte nicht.

Bogen des Septimus Severus

Der 5 m breite Triumphbogen des Septimus Severus wurde 205 n. Chr. zur Feier der Erhebung der Stadt zum Municipium errichtet. Diese Aufwertung war mit mehreren Vorrechten (u. a. eigene Verfassung, eigener Beamtenapparat, Bürgerrecht) verbunden. Das Tor führte auf die Verbindungsstraße Karthago – Theveste (Tébessa).

Mausoleum des Ateban

Zum Schluss geht es durch Olivengärten zu dem weithin sichtbaren Mausoleum, dem einzigen erhaltenen **numidisch-punischen Bauwerk** Tunesiens. 1842 war es fast vollständig zerstört worden, als ein englischer Konsul sich eine zweisprachige Inschrifttafel aus der Fassade herausbrechen ließ. Anfang des 20. Jh.s wurde es jedoch wieder errichtet. Das dreistöckige, 21 m hohe Turmgrabmal wurde gegen Mitte des 2. Jh.s v. Chr. für Ateban, einen Zeitgenossen Masinissas, gebaut. Anhand einer zweisprachigen punisch-numidischen Inschrift (heute im Britischen Museum in London) gelang es, die von den Numidern erfundene libysche Schrift zu entziffern, eine Vorform der Tifinagh-Schrift, die heute noch von den in der Sahara lebenden Tuareg verwendet wird. Die Gestaltung des reliefgeschmückten Bauwerkes zeigt hellenistische und ägyptische Einflüsse. Ein sechsstufiges Untergeschoss trägt einen quadratischen Sockel, der an den Ecken Pilaster mit äolischen Kapitellen aufweist. Die Grabkammer war durch zwei mit Steinplatten zu verschließende Öffnungen zu betreten. Drei Stufen tragen das zweite Stockwerk, das durch kannelierte, ionische Halbsäulen gegliedert ist. Weitere drei Stufen leiten zum dritten Geschoss über, an den Ecken standen Reiterstatuen. Ein pyramidenförmiges Dach schließt das Mausoleum ab.

Mausoleum des Ateban

Licinius-Thermen

Der Rückweg führt vorbei am etwas abseits gelegenen Haus der Gorgo zu den Licinius-Thermen. Die eigentlichen Winterthermen wurden um 260 errichtet und im 4. Jh. umgebaut. Soweit es die Hanglange zuließ, wurden sie nach dem üblichen symmetrischen Grundriss erbaut. Der fast quadratische Eingangssaal lag im Norden und war von einem zwölfsäuligen Portikus umgeben, auf dem ein Amphorengewölbe (►Bulla Regia) ruhte. Die Wände waren marmorverkleidet, der Fußboden mit einem geometrischen Mosaik geschmückt. Über einen kleinen Vorraum gelangte man in das reich ausgestattete Frigidarium (Kaltbaderaum). Dem Eingangssaal gegenüber lag die Palaestra (Gymnastikraum). Über das Frigidarium gelangte man in das nördlich gelegene Tepidarium (Warmbaderaum) und anschließend in das Caldarium (Heißbaderaum), welches unterirdisch durch eine Hypokaustenheizung erwärmt wurde. Latrinen sowie ein Sudatorium (Schwitzraum) befanden sich in weiteren Nebenräumen.

Concordia-Tempel

Die neben den Thermen liegenden Concordia-, Frugifer- (= Pluto) und Liber-Pater-Tempel (= Dionysos/Bacchus) liegen hinter dem Haupteingang zu den Thermen. Sie wurden zwischen 128 und 138 n. Chr. ebenfalls mit Spendenmitteln errichtet. Am südöstlichen Ende befindet sich ein kleines, ehemals überdachtes Theater, leider wurde es durch eine später hinzugefügte Stadtmauer verbaut.

Umgebung von Dougga

Mustis

In Mustis, 12 km südwestlich von Dougga Richtung El Kef, siedelte vermutlich Marius nach seinem Sieg über Jugurtha Ende des 2. Jh.s v. Chr. einheimische Veteranen an. Die an der Handelsstraße Karthago – Theveste (Tébessa) gelegene Stadt wurde zum Municipium erhoben (wahrscheinlich von Julius Cäsar). Zwei Triumphbögen markierten die wichtigsten Straßen. Der Rundgang beginnt bei den Ruinen eines Apollontempels, daneben liegen die eines Ceresheiligtums. Eine gepflasterte Straße führt zu den Überbleibseln eines römischen Wohnhauses, etwas weiter folgen eine Ölpresse sowie östlich die Reste eines Plutontempels. Gegenüber den Grundmauern einer dreischiffigen byzantinischen Basilika erheben sich die Reste einer byzantinischen Festung, einst erbaut aus Steinen der römischen Bauwerke.

Douz und Nefzaoua-Oasen

H 9

Gouvernorat: Kebili
Einwohner: 25 000
Höhe: 60 m ü. d. M.

Das Oasenstädtchen Douz ist nach Tozeur das meistbesuchte Wüstenziel Tunesiens und Ausgangsort der Wüstenabenteurer.

Tor zur Sahara

Es ist das Zentrum der zum Großteil als Oasenbauern lebenden Mrazig-Berber und besitzt eigentlich keine Sehenswürdigkeiten. Weit über die Ortsgrenze hinaus bekannt ist Douz für das Wüstenfestival und seinen Markt. Jeden Donnerstag ab frühmorgens geht es hier sehr lebhaft zu, dann findet auf dem Marktplatz einer der größten Märkte Südtunesiens statt. Der Viehmarkt liegt südwestlich (Marché des bêtes; Zugang von der Av. des Martyrs).

** Donnerstags-Markt ►

Der **Dorfkern** ist in zehn Minuten zu umrunden und besteht aus dem von Arkaden gesäumten Marktplatz und den umliegenden Cafés, kleinen Pensionen, einfachen Restaurants und Agenturen für Wüstentouren. In den Arkaden sind zahlreiche winzige Läden untergebracht: Hier kann man Sandrosen, Schmuck, bestickte Kissen, Kleidung, blaue Tuareg-Tücher und wunderschöne Kelims kaufen.

! *Baedeker* TIPP

Festival International du Sahara

Jedes Jahr im Winter ist Douz vier Tage lang der Mittelpunkt von Tunesien. Dann füllen Tausende Bewohner der nördlichen Sahara, Männer in weißen Djellabahs und nach schwerem Rosenparfüm duftende Frauen, die Gassen und Plätze des Ortes. Sie treffen sich hier, um ihr Können zu zeigen. Kamele kämpfen miteinander, Pferde rennen um die Wette, Slughi (eine Hundeart) jagen Hasen. Musik- und Tanzvorführungen, Gedichtwettbewerbe und Verkaufsausstellungen werden abgehalten und Hochzeitsrituale vorgeführt. Touristen sind keine Seltenheit mehr und immer gerne gesehen.

Sehenswertes in Douz

Vom Ortsmittelpunkt führt die Av. des Martyrs westlich zur Place des Martyrs, wo u. a. das Fremdenverkehrsbüro sowie gegenüber der Kaserne das Musée de Sahara liegen. Das Museum gibt einen Einblick in das Leben der Bewohner der südtunesischen Sahara. Man erfährt etwas über die Verzierungen in den Gesichtern der Frauen, warum Berberschmuck immer aus Silber ist (weil Gold keine Baraka, keine segensreiche Kraft, besitzt) oder wie ein Berberzelt angefertigt wird. Breiten Raum nehmen Flora und Fauna der Sahara ein (Di. – So. 9.00 – 16.30 Uhr, im Sommer über Mittag geschl.).

* **Musée de Sahara**

Wüstentourismus

Hauptanziehungspunkte von Douz sind die Oase mit rund 350 000 Palmen rund um den Ortskern und vor allem die Nähe der Wüste. Von hier starten Jeepsafaris oder Dromedartouren (Méharées). Angeboten werden Kurzausritte, die allerdings lediglich den Hauch einer Ahnung, was Wüste ist, vermitteln, oder einwöchige Trips auf den Spuren der alten Karawanenpfade in die Oase Ksar Ghilane im Südosten oder zu den Salzseen.

Der Aufschwung des Wüstentourismus hat zum Bau einer sog. **Zone touristique** mit etwa 4500 Betten im Süden der Oase geführt. Das bedeutet zwar viele Arbeitsplätze und Deviseneinnahmen, aber auch die Verschärfung eines der Hauptprobleme im regenarmen Süden Tunesiens, der Wasserversorgung, denn die Hotels sparen nicht am Nass. In einer tunesischen Stadt kommt ein Einheimischer pro Tag

In der Kleinstadt findet jeden Donnerstag einer der größten Märkte Südtunesiens statt.

DOUZ ERLEBEN

AUSKUNFT

Office de Tourisme
Place des Martyrs
Tel. 75 47 03 51
Herr Boukhriss spricht deutsch und ist hilfsbereit.

ANFAHRT

Busverbindungen mit Kebili, Gabès und Tozeur sowie über Zâafrane nach Sabria und El Faouar.

AUSFLÜGE IN DIE WÜSTE

Es gibt Tages- und Wochentouren in die Wüste, mit Dromedaren oder Geländewagen. Eine Liste von Veranstaltern gibt es im Fremdenverkehrsamt. Empfehlenswerte Anbieter sind Taib Debayr, Tel. 98 23 24 60, und Douz Voyages, Tel. 75 47 13 37.

ESSEN

▶ Fein & teuer
Tej El Elkhayam
Tel. 75 47 24 46
Neues Restaurant in den Dünen neben dem Platz des Saharafestivals; abends mit Animation, sonst herrscht hier Wüstenruhe. Überwiegend tunesische Spezialitäten. Wer will, kann hier sein Zelt aufschlagen!

▶ Erschwinglich
Ali Baba
5, Avenue Habib Bourguiba
Tel. 75 47 24 98
Dieses gute Restaurant wird von jungen Leuten geführt, mit Garten, wo in einem Berberzelt gegessen werden kann. Direkt an der Straße nach Kebili.

► **Preiswert**

La Rose
Avenue du 7 Novembre
Tel. 75 42 21 76
Gute tunesische Küche gleich neben dem Souk; zum Restaurant gehört auch das gegenüber gelegene gleichnamige Café.

N. C. Ennacim
hinter der Louage-Station, Ecke Rue de la Liberté
Es fällt schwer, die angebotenen Mengen zu vertilgen. Die richtige Adresse für Couscous mit Hammelfleisch in sehr pikanter(!) Sauce. Dazu gibt es viel Brot und alkoholfreie Getränke. Und den obligatorischen Tee zum Abschluss. Sehr preisgünstig.

ÜBERNACHTEN

► **Luxus**

El Mouradi
Tel. 75 47 04 81, Fax 75 47 15 89
www.elmouradi.com
Hotel des Möbelkonzerns Mouradi mit 432 Betten. Flache Anlage in den Farben des Sandes mit Thermalswimmingpool und klimatisierten Räumlichkeiten.

Oasis (Dar Kebili)
in Kebili
Tel. 75 49 14 36, Fax 75 49 12 95
www.darhotels.com
Zur Dar-Gruppe gehörendes Hotel (248 Betten) am Eingang zur Oase von Kebili. Viel Orientalisches gruppiert sich um einen Innenpool. Super eingerichtete Zimmer mit TV und Minibar. Ein Erlebnis im Winter. Große Halle mit Bar und Tanzfläche für Leïla, die Bauchtänzerin.

► **Komfortabel**

Saharien
Im Palmenhain
Tel. 75 47 13 37, Fax 75 47 03 39
hoteloasis@gnet.tn
Mitten im Palmenhain gelegen; mit drei Pools, um die sich die 150 Bungalows gruppieren. Ausgezeichnete Küche.

Mehari
Tel. 75 47 04 81, Fax 75 47 15 89
mehari.douz@planet.tn
Direkt unterhalb der großen Sanddüne gelegen, gleicht dieses Hotel (252 Betten) eher einer Festung. Klimatisierte Räume, gute Küche und Thermalbecken. Ausrittmöglichkeiten per Kamel zu den Dünen und zum Festplatz.

El Faouar
in El Faouar, 45 km südwestlich von Douz
Tel. 75 46 05 31, Fax 75 46 07 76
Klimatisierte, geräumige Zimmer am Rand der Sahara; blumengeschmückte Innenhöfe. Übernachtung auch im Nomadenzelt. Außerdem Zeltplatz neben dem Haus.

Les Dunes
Ca. 20 km von Kebili entfernt in Richtung Tozeur, 5 km vor Souk-Lahad links (ausgeschildert)
Tel. 75 48 07 11
Fax 75 48 06 53
Letzte Übernachtungsmöglichkeit vor der Schott-Durchfahrt; Zimmer klimatisiert.

► **Günstig**

Hôtel du 20 Mars
Rue du 20 Mars
Tel. 75 47 09 69
Fax 75 47 02 71
hotel20mars@planet.tn
20 einfache Zimmer mit und ohne Dusche um einen Innenhof. Freundliche Atmosphäre. Die Inhaber organisieren auch Wüstentouren (Nefzaoua Voyages).

mit etwa 130 Litern Wasser aus, in den Wüstenzonen gar mit nur etwa 10 Litern. Ein ausländischer Besucher benötigt dagegen 300 bis 400 Liter. Dieses Wasser fehlt der Landwirtschaft, z. B. den Dattelpalmen, die von unterirdischen Quellen gespeist und mühevoll bewirtschaftet werden. Infolge der intensiven Nutzung des Wassers sinkt der Grundwasserspiegel. In nicht einmal zehn Jahren, sagen die Experten, wird es in den Oasen große Wasserprobleme geben.

El-Hofra-Dünen

Beliebtestes Nahziel von Douz sind die El-Hofra-Dünen, 3 km südlich von Douz. Am Ende der Zone touristique mit den Hotelburgen der gehobenen Mittelklasse haben sich im Lauf der Jahrhunderte bis zu 30 m hohe Sandberge aufgetürmt. Von ihrer Kuppe genießt man einen weiten Blick über die endlos erscheinende Sandwüste des Grand Erg Oriental. Vor allem zum Sonnenauf- bzw. -untergang sind sie stark besucht. Hier warten auch die Dromedare mit ihren Begleitern auf Touristen für Wüstenausflüge.

◄ Kamelstation

Nefzaoua-Oasen

Inseln in der Wüste

»Inseln in der Wüste«, Orte ohne Luxushotels, die die Vergangenheit bewahrt haben und (bislang) vom Rummel des internationalen Tourismus verschont blieben – als solche bezeichnen Wüstenausflügler die Oasen Zâafrane, Sabria und El Faouar, die lediglich wenige Kilometer westlich von Douz entfernt liegen.

Die Nefzaoua-Oasen ziehen sich als etwa 80 km langer Gürtel zwischen den Salzseen der ► Chotts im Westen und Norden und dem Ausläufer des Djebel Tebaga im Nordosten hindurch. Insgesamt handelt es sich – einschließlich Douz und Kebili – um rund 40 kleinere Siedlungen mit insgesamt etwa 52 000 Einwohnern. Seit Urzeiten kämpfen die Bewohner gegen den Untergang ihrer Oasen. Fangzäune aus Palmwedeln, die sog. Djerids, und Drahtgeflecht sollen die fortschreitende Versandung verhindern, angesichts der zunehmenden Austrocknung des nördlichen Afrikas eine Sisyphusarbeit. Wie die Djerid-Oasen (► Tozeur) verdanken die Oasen ihre Existenz unterirdischen Quellen, da die jährliche Niederschlagsmenge nur ärmliche 60 bis 80 mm erreicht. Mit viel Aufwand wurden Bohrungen niedergebracht. Der in der Tiefe herrschende Druck reicht aus, das bis 60 °C warme Wasser an die Oberfläche zu bringen. Hier läuft es über Kühltürme in die Vorratsbehälter oder direkt in die Oasen. Die Verteilung des Oberflächenwassers erfolgte bis vor einigen Jahrzehnten über das Foggara-System (► S. 50). Heute sind die meisten dieser unterirdischen Schächte verfallen und Motorpumpen und Kanäle übernehmen die Versorgung.

i Nefzaoua-Oasen

- Auskunft: Bureau de Tourisme
  Route de Zâafrane
  Tel. 75 23 00 75 und 75 47 03 41
  Busverbindungen mit Gabès, Tozeur, Douz, Sousse und Tunis
  Übernachten: Im Hotel El Faouar, ► S. 260

Douz ist einer der Ausgangsorte für Wüstenausflüge.

Kebili Kebili, Verwaltungs- und Marktzentrum der Nefzaoua-Oasen (6000 Einw.; Dienstagsmarkt), liegt knapp 30 km nördlich von Douz zwischen dem Chott el Djerid im Westen sowie dem Chott el Fadjadj im Norden. Bis zum Verbot des Sklavenhandels Mitte des 19. Jh.s war Kebili ein wichtiger Karawanen-Umschlagort vor allem für Sklaven aus Schwarzafrika. Auch heute leben hier und in Douz noch zahlreiche Haratin, wie die dunkelhäutigen Nachkommen genannt werden. Während des französischen Protektorats war Kebili Garnisonsstadt; die ehemalige Kaserne, das Fort des Autrûches, Bordj el Nâam = Straußenfort, ist heute ein einfaches Hotel. Der Ort ist v. a. Ausgangsort für Ausflüge in die Nefzaoua- und Djeridoasen sowie für eine Überquerung des ► Chott el Djerid. Rund um das kleine Thermalbecken an der Straße nach Douz befindet sich ein nettes kleines Café mit Souvenirstand. Wer ein wenig Zeit mitbringt, sollte am Abend ein Glas Tee in der **Station Nefzaoua** trinken. Hier an der Straße nach Blidet, etwa 1 km hinter der Ortsausfahrt links, treffen sich die Wüstenfahrer und tauschen Neuigkeiten aus (Tel. 75 49 27 10). Alljährlich Mitte November wird das **Dattelfest** gefeiert. Die Datteln, der Haupterwerbszweig der Stadt, stammen aus kontrolliertem Anbau.

? WUSSTEN SIE SCHON ...?

- Kebili und Ben Guardane (S. 249) sind die Hotspots des Landes. Hier wurden im Juli bzw. August mit jeweils 55 °C die absoluten Höchsttemperaturen Tunesiens gemessen.

Zâafrane Kommt man aus Douz, erreicht man nach 13 km als Erstes Zâafrane, einen ausgedehnten, bereits seit langem besiedelten Ort, dessen alter Teil (links von der Straße) allmählich vom Sand verschluckt wird. Hier leben v. a. Angehörige der Adhara, halb sesshafte Nomaden. Die Männer helfen während der Erntemonate im Norden Tunesiens und erhalten somit das Getreide für die Familie und das Vieh. Eine Außenstelle des Fremdenverkehrsamtes am Ortsende vermittelt Dromedarritte und Ausflüge in die Wüste.

Sabria, El Faouar Etwa 20 km weiter, vorbei an der Oase Sabria, wo vor allem Ghrib-Angehörige, sesshaft gewordene Beduinen leben, erreicht man schließlich El Faouar (3000 Einw.). In dem recht jungen Ort findet freitags der Markt statt. Auf sicherer Asphaltstraße fährt man über Blidet und Kebili zurück nach Douz (ca. 100 km). Erfahrene und entsprechend ausgerüstete Reisende können bei Zerzine den direkten Weg nach Douz nehmen (21 km).

Ksar Ghilane Die Oase am Rand der Sahara erreicht man von Douz nur mit einem Allradfahrzeug (rund 140 km). Die Strecke bis zum Café Tarzan, 52 km, ist noch asphaltiert; von hier geht es dann auf der so genannten Pipelinepiste noch 72 km bis nach Ksar Ghilane (►Tataouine, Umgebung).

★★ El Djem

L 5

Gouvernorat: Mahdia
Einwohner: 15 000
Höhe: 110 m ü. d. M.

Wahrzeichen der kleinen Stadt zwischen Sousse und Sfax ist ihr römisches Amphitheater, das bedeutendste römische Bauwerk Nordafrikas. Egal aus welcher Richtung man sich nähert, immer fällt der Blick auf die im Zentrum gelegene Arena, deren Mauern die umliegenden Hausdächer deutlich überragen.

El Djem gestern und heute Bereits im 3. Jh. v. Chr. hatten die Punier den Ort besiedelt. Bedeutung erhielt er jedoch erst, als Cäsar hier 46 v. Chr. die römische Stadt Thysdrus an einer wichtigen Verkehrsstraße sowie in der Mitte eines großen Olivenanbaugebietes gründete. Da im damaligen Rom eine starke Nachfrage nach Olivenöl bestand, das nicht nur als Nahrungsmittel und Brennstoff, sondern auch bei der Herstellung von Seifen und Essenzen benötigt wurde, erlebte die Stadt einen raschen Aufschwung. Bereits unter Kaiser Hadrian (2. Jh.) war sie das bedeutendste Olivenanbauzentrum Nordafrikas. In der 20 000 bis 30 000 Einwohner zählenden Stadt häuften sich enorme Reichtümer an, die teilweise – wie anderswo auch – in öffentliche und private Bauten flossen. Ein Symbol des Wohlstandes sollte auch das Amphitheater

Das Amphitheater in El Djem ist die besterhaltene römische Ruine Afrikas.

werden, mit dessen Bau Ende des 2. Jh.s begonnen wurde. Aber noch vor seiner Vollendung setzte der Niedergang von Thysdrus ein. Anlass war die Wiedereinführung der **Olivenölsteuer** 238 n. Chr., die einen sich über ganz Tunesien ausbreitenden Aufstand auslöste. In Thysdrus ermordeten aufgebrachte Großgrundbesitzer mit Hilfe der Juvenes (► Makthar) den kaiserlichen Steuereinnehmer. Die Erhebung wurde niedergeschlagen, die Stadt geplündert. Von diesem Schlag erholte sich Thysdrus nicht mehr. Später wurde das Theater zur Festung umgebaut, u. a. diente es 699 der Berberführerin Damia Kahina (El Kahina ► Berühmte Persönlichkeiten) als Schlupfwinkel. Nach deren Sieg wurde der Ort aufgegeben und erst in der französischen Kolonialzeit wieder besiedelt.

✶✶ Amphitheater

Afrikanisches Kolosseum

Das in der Ortsmitte gelegene Amphitheater ist nach dem römischen Kolosseum und dem Theater von Pozzuoli (bei Neapel) das viertgrößte Theater des Römischen Reiches. Rang drei nahm das Amphitheater von Karthago ein, das jedoch in seiner Ursprungsform nicht erhalten blieb. Für die modernen Forscher ist es das schönste Bauwerk und das Symbol für das römische Afrika. Die Länge des allseitig geschlossenen ovalen Baukörpers misst 148 m, seine Breite beträgt

122 m (römisches Kolosseum 188 x 156 m). Auch die Höhe der Anlage ist mit 36 m (römisches Kolosseum 50 m) äußerst beeindruckend. Über 30 000 Zuschauer konnten hier sportlichen Wettkämpfen, blutigen Gladiatorenkämpfen sowie Tierkämpfen (Venationes) beiwohnen – nur Seeschlachten waren wegen Wassermangels nicht durchführbar. Damit war die Anlage für Thysdrus eigentlich viel zu groß, doch ging es der Stadt wohl vor allem darum, ihren Wohlstand zu demonstrieren. Und obwohl die Arena von El Djem über Jahrhunderte als Steinbruch diente, war sie besser erhalten als das Kolosseum in Rom.
Heute stehen noch zwei Drittel der aus drei übereinanderliegenden Bogengängen bestehenden Außenmauer. Die deutlich erkennbaren Breschen ließ 1695 der türkische Bey Mohammed in die Nord- und Westfassade sprengen, zu häufig hatten sich berberische Rebellen im Theater verschanzt (►3-D S. 266).

**** Musée Archéologique**

Das Archäologische Museum besitzt nach dem Bardo-Museum in Tunis die bedeutendste Mosaikensammlung. Es liegt ca. 500 m vom Theater entfernt an der Straße nach Sfax (tgl. 8.00 – 19.00, im Winter nur bis 17.30 Uhr). Um einen Säulenhof sowie in den umliegenden Sälen sind Kleinfunde aus der Römerzeit, u. a. Terrakotten, Öllampen und Münzen, sowie einige **großartige Mosaike** mit geometrischen, pflanzlichen und Tier-Darstellungen aus dem 2. Jh. n. Chr. zu sehen.

EL DJEM ERLEBEN

AUSKUNFT

Syndicat d'Initiative
beim Amphitheater

GUT ZU WISSEN

Die Eintrittkarte umfasst den Besuch des Theaters und des Museums (einschließlich des Ausgrabungsgeländes).
Im Juli und August internationale Theater- und Konzertveranstaltungen im Amphitheater, Auskunft: Tel. 73 69 07 14; Montagsmarkt.

ESSEN

► Preiswert

Du Bonheur
Rte. de Sfax
(beim Bahnhof)
Beliebt bei Einheimischen und Touristen.

ÜBERNACHTEN

► Komfortabel

Hôtel Club Ksar El-Jem
Rte. de Tunis
Tel. 73 63 28 00
Fax 73 63 03 90
hotel.ksareljem@gnet.tn
Recht großzügig angelegtes Hotel, etwas außerhalb der Stadt, mit Terrasse und Schwimmbad.

► Günstig

Hôtel Julius
Rte. de Sfax
(beim Bahnhof)
Tel. 73 63 04 19
Fax 73 63 05 23
Einfaches Hotel mit gemütlichem Restaurant; die Zimmer liegen um einen Innenhof; am ruhigsten sind die im Erdgeschoss.

Sie stammen aus den Villen reicher römischer Grundbesitzer und zeigen u. a. einen Tiger, der seine Krallen in den Rücken eines wilden Esels schlägt, der daraufhin zusammenbricht, oder die »Dannatio ad bestias«, die Verurteilung zum Tode durch wilde Tiere, eine Hinrichtungsart vor allem für Kriegsgefangene.

Römervillen ► Auf dem Gelände hinter dem Museum liegen westlich einer Straße mit gut erhaltenem Pflaster die Reste ehemals luxuriöser Römervillen. Ihre Mauern aus rohem Ziegelstein stehen nicht mehr, nur die Grundmauern aus mit Zement, Sand und Kalk verbundenen Kieselsteinen haben überdauert. Die Hauptsehenswürdigkeit ist das **»Africa-Haus«**, die Rekonstruktion einer rund 3000 m² großen Privatvilla (www.maisonafrica.com). Wunderbare Mosaiken schmücken die Fußböden, darunter auch das namengebende Mosaik der »Africa«. Der Frauenkopf mit einer Kopfbedeckung aus Elefantenhaut zeigt die einst wohl sehr populäre Göttin (►Umschlagrückseite). Außergewöhnlich ist auch das Mosaik »Rom und seine Provinzen«, auf dem die »Africa« erneut auftaucht.

Weitere Sehenswürdigkeiten in El Djem ► Auf der dem Museum gegenüberliegenden Straßenseite, jenseits der Bahnlinie, gibt es ein kleineres, etwa 6000 Zuschauer fassendes Amphitheater (1. Jh. n. Chr.), im Westen der Stadt weitere Überreste des römischen Thysdrus (eine Übersichtskarte befindet sich im Vorraum des Museums).

El Kef

G 3

Gouvernoratshauptstadt **Höhe:** 700 – 800 m ü. d. M.
Einwohner: 72 000

Die von einer Kasbah gekrönte Stadt El Kef (Kef = Fels) liegt am Hang des Dir el Kef, eines südlichen Ausläufers des Hohen Tell.

Die arabisch auch Chikka Benar genannte Stadt ist Marktzentrum mit einem viel besuchten **Donnerstagsmarkt** und ein guter Standort für den Besuch einiger der bedeutendsten historischen Stätten Tunesiens wie ►Dougga, ►Bulla Regia und ►Makthar.

El Kef gestern und heute

Bereits die Numider hatten an dieser beherrschenden Stelle eine Siedlung gegründet. Sie fiel am Ende des Ersten Punischen Kriegs (241 v. Chr.) an Karthago, das hier aus Eryx (heute Erice, Sizilien) zwangsversetzte Söldner ansiedelte. Diese nannten die Siedlung nach Sicca Veneria, der von ihnen verehrten Göttin der Liebe, die gleichzusetzen ist mit Astarte (bei den Puniern), Aphrodite (Griechen) und Venus (Römern). 240 – 237 v. Chr. war Sicca Veneria Zentrum eines blutigen Aufstands. Unter Augustus wurde es zur Colonia erhoben. Bereits 256 war Sicca Veneria Sitz eines Bischofs.

Ihre Vorbilder für wilde Tiere fanden die Mosaikkünstler in den Amphitheatern: Hier reitet der junge Weingott Dionysos auf einem Löwen.

Nach den Einfällen der Vandalen und erst recht nach den arabischen Eroberungen wurde es aufgegeben und erst im 16. Jh. als El Kef wieder gegründet. Lange Zeit wurde der Grenzort sowohl von Algerien als auch von Tunesien beansprucht. Im 18. Jh. fiel er endgültig an Tunis. Im Zweiten Weltkrieg war El Kef zeitweise Sitz der französischen Protektoratsregierung, 1942 provisorische Hauptstadt des befreiten Tunesien.

Sehenswertes in El Kef

Stadtbild

Die Kasbah beherrscht die sich den Berg hinaufziehende Altstadt; Reste der einstigen Stadtmauer ziehen sich ostwärts bis zum ehemaligen Präsidentenpalast. Die Unterstadt am Fuß der Altstadt (Bahnhof; Busbahnhof) entstand während der französischen Protektoratszeit. Ausgangspunkt eines Stadtrundgangs ist die **Place de l'Indépendance**. Die alte Quelle **Ras el Aïn** versorgte einst die elf je 11 x 7 m breiten römischen Zisternen mit Wasser (im Norden der Stadt, beim Stadttor Bab Ghdar). Vom Unabhängigkeitsplatz folgt man der Rue Farhat Hached zur frühchristlichen dreischiffigen Kirche St. Peter (4. Jh.) hinauf, auch Dar el Kous genannt. In dem überwölbten Narthex wurden bis zur Unabhängigkeit Gottesdienste abgehalten. Über dem Türsturz an der rechten Außenwand sind noch christliche Symbole zu erkennen. Die erhöhte, gut erhaltene Apsis ähnelt derjenigen aus der Festungskirche in Haïdra (►S. 272).

◄ Dar el Kous

Etwas oberhalb, gegenüber einer seit langem verlassenen Synagoge, steht das im 17. Jh. errichtete **Mausoleum** des Husseïn Ben Ali, Vater des ersten Husseinitenherrschers.

Kuppeln und Minarett der Moschee und Zaouia des Sidi Bou Makhlouf

EL KEF ERLEBEN

AUSKUNFT

Informationen über die Medina und ihre Sehenswürdigkeiten:
Association pour la Sauvegarde de la Medina
Place de l'Indépendance,
gegenüber vom Hotel Sicca Veneria.

GUT ZU WISSEN

Donnerstagsmarkt
Festival Sidi Bou Makhlouf: Konzert- und Theaterveranstaltungen im Juli und August.

ESSEN

► **Erschwinglich/Preiswert**

Chez Venus
Rue Farhat Hached
Zentral gelegenes Lokal im Bistrostil; große Auswahl an tunesischen und europäischen Gerichten (Fr. geschl.).

ÜBERNACHTEN

► **Günstig**

Les Pins
Ca. 2,5 km außerhalb vom Zentrum, am Rand eines kleinen Pinienhains
Tel. 78 20 43 00
Fax 78 20 24 11
Relativ neues Hotel, dessen Zimmer um einen kleinen Innenhof liegen; mit kleinem Schwimmbad.

Résidence Vénus
Rue Mouldi Khamessi
Tel. 78 20 46 95
Etwas versteckt gelegenes kleines Gasthaus.

Hauptsehenswürdigkeit ist die an der Place Bou Makhlouf im Herzen der Medina sich erhebende Kasbah (tgl. 7.00 – 19.00 Uhr). Die türkische Festung wurde 1679 auf byzantinischen Fundamenten errichtet. Bis vor Kurzem diente sie als Kaserne. Zur Zeit wird sie restauriert. Vom Turm genießt man einen schönen, von der etwas nordöstlich oberhalb gelegenen Bastion sogar einen noch weiteren Blick.

Kasbah

Vor der Kasbah befindet sich auch die sog. Basilika, die lange als Große Moschee Djamâa el Kebir genutzt wurde. Im 8. Jh. war sie an der Stelle einer frühchristlichen Basilika errichtet worden. Heute wird sie als Festraum genutzt. Im Inneren und im Garten sind Steinfragmente, Mosaikenreste und Stelen ausgestellt.

Basilika, Djamâa el Kebir

Die hübsche Moschee und Zaouia des Sidi Bou Makhlouf (etwas weiter östlich) mit zwei gerippten Kuppeln und einem achteckigen Minarett geht auf das 17. Jh. zurück. Ihr Inneres ist mit fein gearbeiteten Stuckverzierungen und schönen Wandfliesen geschmückt, die Kuppel des dreischiffigen Gebetsaals ruht auf antiken Säulen.

Mosquée Sidi Bou Makhlouf

Die Zaouia des Sidi Ben Aïssa (1784) etwas weiter östlich war Sitz der Rahmania-Bruderschaft und beherbergt heute das Volkskundemuseum (Di. – So. 9.00 – 13.00, 16.00 – 19.00 Uhr).

Musée Regional des Arts et Traditions

Umgebung von El Kef

Weithin sichtbar erhebt sich südlich von El Kef der nach dem numidischen König Jugurtha benannte Tafelberg, auch Kalâat es Senan genannt. Mit 1271 m Höhe ähnelt er einem mächtigen Kegelstumpf, dessen Wände z. T. 70 m senkrecht emporragen (Anfahrt: auf der GP 17, südlich von Tajerouine, Wechsel auf die GP 18 Richtung Algerien und weiter auf der MC 79 über Kalâat es Senan nach Aïn Senan; zu Fuß knapp 2 Std. bis zum Plateau). Auf halber Höhe passiert man einen byzantinischen Torbogen. In 1271 m Höhe liegen die Reste einer byzantinischen Festung, Höhlenwohnungen sowie das Marabout des Sidi Abd el Jouad. Die Fernsicht ist großartig.

Kalâat es Senan/ Table de Jugurtha

Ein Abstecher führt zu dem bislang nur zu einem kleinen Teil ausgegrabenen Ruinenfeld der antiken Stadt Althiburos (Anfahrt: südlich von Tajerouine Wechsel auf die GP 18 Richtung Tunis, weiter auf der MC 172; 7 km vor Dahmani/Ebba Ksour folgt man einer ausgeschilderten Piste). Vermutlich hatten bereits die Numider hier eine Siedlung gegründet, die – wie El Kef auch – nach dem Dritten Punischen Krieg viele Karthagoflüchtlinge aufnahm. Unter Hadrian (117 – 138 n. Chr.) wurde die Stadt zum Municipium erhoben. Ihrer günstigen Lage an der Verbindungsstraße Karthago – Theveste (Tebessa), ihrem fruchtbaren Hinterland und nahe gelegenen Steinbrüchen verdankte Althiburos einen raschen Aufstieg. Im 4. Jh. war sie Bischofssitz. Vandalen- und Arabereinfälle besiegelten ihren Niedergang.

Medeina

Ausgrabungen ► Das 44,60 x 37,15 m große und gepflasterte **Forum** ist noch gut zu erkennen, von dem Portikus sind noch einige korinthische Säulenkapitelle erhalten. Im Südosten war es vom Kapitol begrenzt. Zwischen Forum und Kapitol verläuft ein gepflasterter Weg. Unweit nordwestlich stehen die Reste eines 128 n. Chr. errichteten Hadriantors, am anderen Ende gelangt man zu einem gut erhaltenen Brunnen. Südlich hiervon liegt das Amphitheater, von dem noch einige Bögen erhalten sind, sowie etwas weiter östlich ein Mausoleum.

Nordwestlich vom Forum steht das nach einem Mosaik benannte »Maison de Pêche« (Haus des Fischfangs; das Mosaik befindet sich im Bardo-Museum, ► Tunis); auf der anderen Seite des Flusses stehen zwei weitere römische Häuser, »La Maison des Muses« (Haus der Musen) sowie »L'Edifice du Asclepeia« (Haus des Aesculap). Das letztere, ein Privathaus, war im 3./4. Jh. umgebaut worden (die Mosaiken der beiden Häuser sind ebenfalls im Bardo-Museum).

Haïdra · Ammaedara

Kurz vor der algerischen Grenze, bei Haïdra, erstreckt sich das Ruinenfeld der antiken **Berberstadt** Ammaedara (Anfahrt: von El Kef, 80 km, bzw. Kasserine, 60 km, über die GP 17; beim Bergbauort Kalâat Khasba, auch Kalâat Djerda genannt, auf die GP 4; Eisenbahnverbindung Tunis – Kalâat Khasba, von hier unregelmäßige Busverbindung mit Haïdra, 18 km). Sie lag an der Handelsroute von Hadrumentum (Sousse) über Karthago nach Theveste (Tebessa, Algerien).

Ammaedara Haïdra

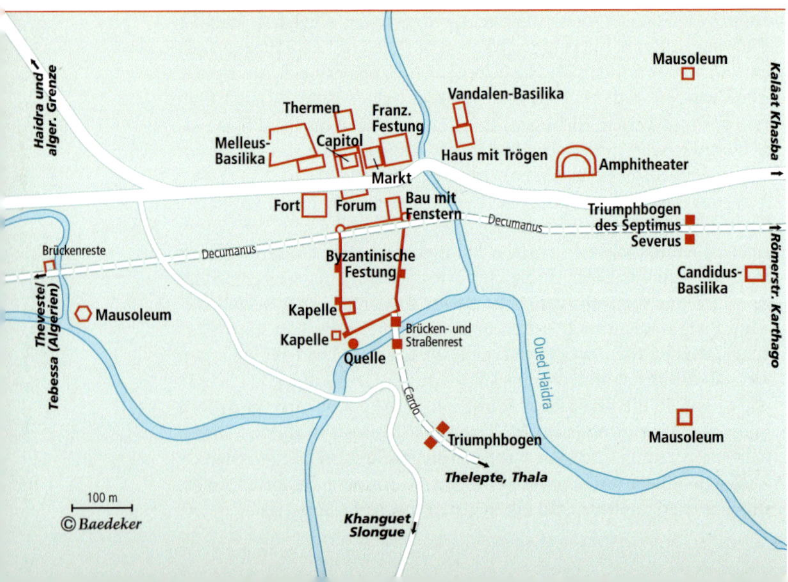

Triumphbogen des Septimus Severus

Unter Augustus war hier die berühmte dritte Legion Augusta zur Grenzsicherung der Provinz Africa stationiert. Später wurde Ammaedara zur Kolonie erhoben. In byzantinischer Zeit war die Stadt Bischofssitz. Seit 1883 wird sie ausgegraben. Die heutige Straße führt mitten durch das Ausgrabungsgelände und verläuft parallel zur einstigen Handelsroute, dem antiken **Decumanus**.

Eindrucksvoll ist die Ruine der unter Justinian (527 – 565) errichteten Festung, deren Grundriss einem Parallelogramm (200 x 110 m) entsprach. Die Westseite war mit vier Türmen, die Ostseite mit einem Turm verstärkt. 1840 wurde ihre Nordseite wieder errichtet, die Südseite bei Überschwemmungen des Oued Haïdra fortgespült. Der Decumanus verlief an ihrer Nordflanke, die (eingestürzte) Brücke an ihrer Südostseite war der Zugang zur Verbindungsstraße Thala – Thelepte. Innerhalb der Festung sind Reste einer kleinen Kapelle mit einer erhöhten Apsis gefunden worden, an ihrer Nordostseite die Reste des sog. **Baus mit Fenstern** (Edifice à fenêtres).

✶ ◄ Byzantinische Festung

Nördlich der Durchfahrtsstraße liegt die Hauptbasilika, auch Melleus-Basilika genannt (Ende 4. Jh.). Darin fanden sich zahlreiche Gräber, auch das des namengebenden Bischofs Melleus. An die Basilika schließen das römische **Forum** mit spärlichen Resten des Kapitols, der kaum noch zu erkennende Markt(?) sowie die Thermen an. Östlich folgen die von den Franzosen erbaute Festung (hier ist ein

◄ Melleus-Basilika

Museum geplant) und die Grundmauern einer dreischiffigen **vandalischen Basilika**. Die Mauern südlich gehören zum sog. Bau mit Trögen. Sein Grundriss ähnelt dem einer Basilika, die Tröge lassen an ein Nahrungsmittellager oder Poststation(?) denken.

Edifice à Auges ►

An den spärlichen Reste eines ehemals freistehenden **Amphitheaters** (299 n. Chr.) vorbei erreicht man den Triumphbogen des Septimus Severus (195 n. Chr.), der später in die byzantinische Festung eingebaut wurde und daher so gut erhalten ist. Vor dem Triumphbogen sind stadteinwärts noch Pflasterspuren des Decumanus zu erkennen.

Triumphbogen ►

Basilika ►

Die dreischiffige Candidus- oder Märtyrer-Basilika (4. – 7. Jh.) rund 100 m südlich wurde über einer Nekropole errichtet. Ihre Außenmauern (in der antiken »Fachwerk-Technik« des Opus Africanum) wurden später durch eine zweite innere Mauer verstärkt. Im Norden und Süden des Triumphbogens stehen zwei **Mausoleen**; das in der Nähe des Oued Haïdra ist zweistöckig, ein viereckiger Sockel trägt eine Art Tempel mit davorstehenden Säulen.

Thala

Die GP 17 in Richtung ►Kasserine passiert das 1017 m hoch gelegene Thala (4000 Einwohner). Bei den am Ortseingang beiderseits der Durchfahrtsstraße verstreut liegenden Ruinen handelt es sich vielleicht um das von Sallust im »Bellum Jugurthinum« erwähnte Thala.

Gabès

K 8

Gouvernoratshauptstadt
Einwohner: 75 000
Höhe: Meereshöhe bis 30 m ü. d. M.

Die Gouvernoratshauptstadt am Golf von Gabès, der antiken Kleinen Syrte, wird häufig als Tor des Südens bezeichnet. Sie ist eine der beiden weltweit einzigen Oasen, die direkt am Meer liegen (die andere ist Zarzis).

Wo sich Sahara und Mittelmeer treffen

Das Wirtschaftsleben der größten Stadt Südtunesiens wird außer von Landwirtschaft und Fischfang vor allem in jüngerer Zeit von Industriebetrieben getragen, die sich am neuen Hafen angesiedelt haben. Wichtige Erwerbszweige sind immer noch die traditionelle Teppich-, Flecht- und Schmuckherstellung sowie der Anbau der Henna-Pflanze. Wegen des selbst im Winter sehr milden Klimas, der ausgedehnten Oase und der herrlichen Sandstrände hat in den letzten Jahren der Fremdenverkehr leicht an Bedeutung gewonnen.

Gabès gestern und heute

Der phönizische Handelsplatz erlebte dank seiner Lage am Kreuzungspunkt aus der Sahara kommender Karawanenwege einen raschen Aufschwung. Die Römer ernannten Gabès zur Colonia Tacapae (= bewässerter Ort). Jedoch kehrte sich die Gunst der Lage schon bald ins Gegenteil um. Alle nach Nordafrika einfallenden Er-

GABÈS ERLEBEN

AUSKUNFT

Bureau de Tourisme
Avenue Habib Thameur/Place de la Libération
Tel. 75 27 02 54

EINKAUFEN

Einkaufsmöglichkeiten gibt es im ONAT/Socopa-Kunsthandwerkszentrum, Avenue Farhat Hached, sowie im Soukviertel. Montags sind die Läden allerdings geschlossen.

ESSEN

► Erschwinglich

① ***El Mazar***
Avenue 7 Novembre
Tel. 75 27 20 65
Französische und tunesische Küche, ausgezeichnete Fischgerichte, dazu erlesene Weine. Sehr gutes Preis-Leistungs-Verhältnis.

► Preiswert

② ***Oasis***
im gleichnamigen Hotel (siehe Seite 276)
Preiswert und schmackhaft, vor allem sehr gute Fischgerichte.

③ ***Boukachoukha***
60 Rue Ali Djemel, beim Hotel Ben Nejima
Tel. 75 22 03 87
Einfache, aber reichliche Mahlzeiten. Sucht man Kontakt mit Einheimischen, is(s)t man hier richtig.

Gabès *Orientierung*

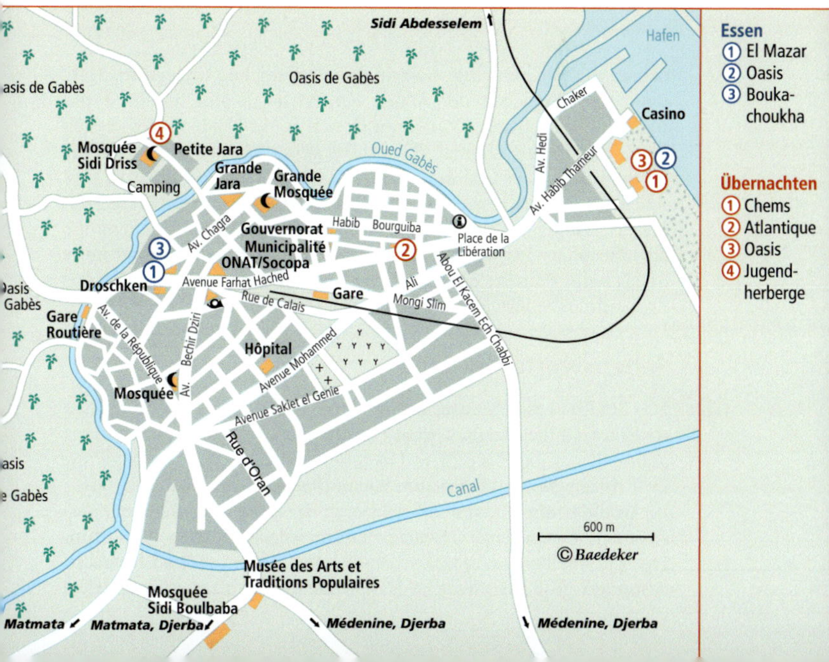

ÜBERNACHTEN

► **Komfortabel**

① ***Chems***
Tel. 75 27 05 47
Fax 75 27 44 85
hotelchems@gnet.tn
Zur Ibero-Gruppe gehörendes, schon etwas älteres Hotel (400 Betten) am weiten Sandstrand von Gabès. Die Zimmer sind gründlich renoviert und der Service gut. Ideal für Kinder.

③ ***Oasis***
15, Avenue Habib Thameur
Tel. 75 27 07 82, Fax 75 27 17 49
hotoasis@gnet.tn
Zum Teil neu errichtetes Hotel mit eigenem Strand; trotz etwas schwerfälligem Service hinterlässt es einen recht guten Eindruck.

► **Günstig**

② ***Atlantique***
4, Avenue Habib Bourguiba
Tel. 75 22 00 34
Wiedereröffnetes Haus aus der Kolonialzeit in Bahnhofsnähe mit vielen liebevoll aufgearbeiteten nostalgischen Details.

Chellah Club
in der Oase Chenini du Gabès
Tel. 75 22 44 42
Einfache, sehr saubere Zimmer in schöner Umgebung mitten in der Oase mit eigenem Flair.

Baedeker-Empfehlung

④ ***Jugendherberge***
Rue de l'Oasis
Tel. 75 27 02 71
Sehr preiswert übernachtet man in der neu erbauten Jugendherberge in Drei- und Vier-Bett-Zimmern gegenüber der Moschee Sidi Driss.

oberer zogen durch diese Gegend. Eine Beruhigung trat erst im 7. Jh. unter der Herrschaft der Araber ein, nachdem Sidi Boulbaba, der Barbier des Propheten Mohammed, sich in der Stadt niedergelassen hatte. Unter französischem Protektorat verlor Gabès seine Bedeutung an die Städte Sfax und Sousse. Im Zweiten Weltkrieg geriet es zwischen die Fronten der deutschen und alliierten Truppen (Mareth-Linie, 35 km südlich). Erst die Industrialisierung (u. a. Verladestation des Phosphats aus Metlaoui, Zementfabrik), der Hafenausbau sowie touristische Projekte ermöglichten den Aufstieg von Gabès zum bedeutendsten Industriestandort im Süden Tunesiens.

Sehenswertes in Gabès

In der Stadt Das Stadtbild ist überwiegend modern. Die beiden Hauptgeschäftsstraßen sind die Avenue Farhat Hached und die Avenue Habib Bourguiba, die in die Place de la Libération münden. Ihre Verlängerung in Richtung Norden führt zum Hafen (Port).

Im **Grande Jara** genannten Soukviertel bei der großen Moschee verströmen verschiedene Gewürze, traditionelle Kosmetika, Duftpflanzen und -steine einen Hauch von Orient. Das Angebot an **Henna** ist besonders groß, die Stadt ist Hauptlieferant des alten orientalischen

Empfehlenswert: eine Kutschfahrt durch die Oase

Färbemittels, dessen Aroma leicht an Spinat erinnert. Jenseits des Oued liegt das alte, **Petite Jara** genannte Stadtviertel mit der ursprünglich aus dem 11. Jahrhundert stammenden **Moschee Sidi Driss** und dem Campingplatz.

★ Zaouia Sidi Boulbaba

Die Hauptsehenswürdigkeit von Gabès liegt am südwestlichen Stadtrand, auf einem Hügel links der Straße nach Matmata. Es handelt sich um das Grabmal Sidi Boulbabas. Der Weggefährte, Barbier und Freund des Propheten Mohammed hatte sich im 7. Jh. Gabès als Altersruhesitz gewählt. Einmal im Jahr am Ende des Fastenmonats Ramadan wird dieses Heiligen gedacht. Die Wände des zugänglichen Hofes sind mit schönen Kacheln und Schriftbändern geschmückt.
Die ehemalige Koranschule (Medersa; 17. Jh.) unmittelbar daneben beherbergt ein kleines Volkskundemuseum (Musée des Arts et Traditions Populaires; Di. – So. 9.00 – 12.00, 14.00 – 17.00 Uhr).

★ Oase von Gabès

Hauptanziehungspunkt von Gabès ist die sich im Norden und Westen ausdehnende, etwa 2000 ha große Oase mit kleineren Ortschaften. Der Ausflug kann mit dem Auto oder beschaulicher mit einer Pferdedroschke (Calèche) unternommen werden. Sie stehen am Ortseingang, nahe dem Busbahnhof (Gare Routière). Der Fahrpreis

Je nach Sorte bringt eine Palme zwischen 30 und 100 kg Datteln im Erntejahr.

sollte vorher vereinbart werden. In der Oase wachsen über **400 000 Dattelpalmen** und ausgedehnte Obstbaumkulturen. Das Wasser stammt vom 10 km entfernt entspringenden Oued Gabès und aus künstlich erschlossenen artesischen Quellen. Große Probleme entstanden jedoch durch die geringen Niederschläge der letzten Jahre sowie das Abpumpen des Wassers für Industriezwecke. Berühmt ist der hier gewonnene Palmensaft **Laghmi**. Schon Plinius schrieb in seiner »Naturgeschichte«: »Wenn man die Syrten und Leptis Magna erreicht, trifft man auf eine afrikanische Stadt namens Tacapae ... Im Schatten der hohen Palmen wächst die Olive, unter der Olive der Feigenbaum, darunter der Granatapfel und der Wein, unter dem Wein das Getreide und das Gemüse; eine Pflanze gedeiht im Schatten der anderen und alle bringen im selben Jahr Frucht hervor.« An diesem Bild hat sich nichts Grundlegendes geändert.

? WUSSTEN SIE SCHON ...?

- Den aus Dattelpalmen gewonnenen Saft Laghmi trinkt man am besten noch vormittags. Da der Saft äußerst schnell gärt, kann man bereits am Abend von dem am Morgen erworbenen Saft einen Schwips bekommen!

Chenini du Gabès ▶

Der beliebteste, für seine schönen Korbwaren bekannte Ort in der Oase ist Chenini du Gabès, etwa 4 km westlich von Gabès. Hier fährt man zu dem etwas großspurig **Barrage Romain** genannten Damm. Die großen Quadersteine, die das kleine Wasserbecken einfassen, stammen vermutlich von einem Damm aus römischer Zeit, der einst den Ablauf des Oued Gabès regulierte. Längst hat ein moderner Staudamm dies übernommen. Von hier kann man bequem zu Fuß in die Oase zum **Chellah Club** spazieren (►S. 276). Von seinem Aussichtsplateau hat man einen schönen Blick über die Baumwipfel.

Umgebung von Gabès

El Hamma du Gabès

Bereits die Römer nutzten die 50 °C warmen, leicht schwefelhaltigen Quellen des Thermalbads Aquae Tacapitanae (heute El Hamma = Bad, 27 km westlich von Gabès). Überreste der alten Becken sind erhalten. Besonders lebhaft geht es hier mittwochs zu, am Markttag.

Mareth

Das an sich unbedeutende Städtchen (4000 Einw.; Dienstagsmarkt), 30 km südlich von Gabès an der GP 1 in Richtung Médenine, war im März 1943 Schauplatz erbitterter Kämpfe zwischen 160 000 alliierten und 76 000 deutschen und italienischen Soldaten. Das Musée de la Ligne Mareth (Di.–So. 9.00–17.00 Uhr) informiert in allen Sprachen der beteiligten Länder recht eindrucksvoll über diese Periode.
2 km südlich von Mareth zweigt eine schöne Bergstraße nach Toujane (25 km, ►Matmata) ab und 1 km weiter südlich die Straße nach Djorf, zur Fähre nach ►Djerba (Adjim 44 km).

Oudref

Die Oase, 15 km nordwestlich von Gabès in Richtung Tozeur, ist für ihre bunten Webarbeiten bekannt. In der Kooperative sind sie um einiges günstiger als in anderen Orten (Mo.–Fr. 8.00–12.30, 15.00 bis 17.30, Sa. 7.30–12.00 Uhr). Hier entstehen auch Hambel genannte lange Zelttücher mit farbigen Streifen, als Mergoum bekannte glattfaserige Teppiche mit geometrischen Mustern, hübsche Sattelteppiche (Bocht) und Damenschals (Bakhnoug).

Gafsa

G 7

Gouvernoratshauptstadt
Einwohner: 60 000
Höhe: 325 m ü. d. M.

Die Stadt am Übergang zwischen Steppe und Wüste wird von einer ausgedehnten Gebirgsoase mit Dattelpalmen, Ölbaumhainen und Obst- und Weingärten umgeben.

Geeigneter Ausgangsort für Ausflüge

Gafsa, Handels-, Verkehrs- und Verwaltungsmittelpunkt in der Sahelzone, besitzt abgesehen von einer kleinen Medina ein modernes Stadtbild. Es ist ein guter Ausgangspunkt für Ausflüge in die Seldja-Schlucht (► unten) oder zu den Bergoasen Chebika, Tamerza und Midès (►Tozeur). Bislang noch recht wenig touristisch ist der bunte **Mittwochsmarkt**, der in der und um die Rue Ali Belhaouane stattfindet; der Tiermarkt liegt 5 km außerhalb an der Straße nach Tunis.

Gafsa gestern und heute Die Gegend von Gafsa war bereits im 8. Jt. v. Chr. besiedelt. Nach dem Fundort (abgeleitet vom römischen Capsa) erhielt diese Kultur am Übergang vom Paläolithikum zum Neolithikum den Namen Capsien. In der Kaiserzeit entwickelte sich eine wichtige Garnisons- und Thermalstadt, die 505 von den Byzantinern übernommen wurde und bald darauf 80 000 Einwohner zählte. 680 wurde sie beim Einfall der Araber zerstört. Die heutige Stadt entstand 1434 unter den Hafsiden. Ihr Aufschwung setzte Anfang des 20. Jh.s mit der Entdeckung

GAFSA ERLEBEN

AUSKUNFT

Bureau de Tourisme
Place des Piscines Romaines
Tel. 76 22 16 44

ESSEN

► Fein & teuer

① ***Semiramis***
Rue Ahmed Snoussi
Tel. 76 22 10 09
Gegenüber dem Souk. Für viele das beste Restaurant der Stadt mit französischer und tunesischer Küche.

► Erschwinglich

In den Hotel-Restaurants ② Mâamoun und ③ Gafsa Hotel (siehe rechts)

► Preiswert

④ ***Pizzeria Tony***
Rue Ahmed Snoussi
Kleines Restaurant, wo sich viele Jugendliche treffen.

⑤ ***Khalfallah***
Avenue Taïeb M'hiri
Tel. 76 22 56 24
Fax 76 22 98 00
Schlichtes, beliebtes Hotelrestaurant mit einfachen tunesischen Gerichten.

ÜBERNACHTEN

► Luxus

① ***Gafsa Palace***
Route de Tunis
Tel. 76 21 76 00
Fax 76 21 76 70
www.gafsa-palace.com
Neu errichtetes Hotel (400 Betten). Aus Kairouan kommend vor Gafsa, beim Flughafen. Das letzte Hotel in dieser Kategorie auf der Reise in den Süden und zum Chott el Djerid.

► Komfortabel

② ***Mâamoun***
Avenue J. Abdennaceur, Place Afrique
Tel. 76 22 44 41
Fax 76 22 64 40
Schönes Hotel im Zentrum mit 67 Zimmern, Schwimmbad und Restaurant. Abends mit Animation.

► Günstig

③ ***Gafsa Hotel***
10, Rue Ahmed Snoussi
Tel. 76 22 40 00
Fax 76 22 47 47
Neueres Hotel (93 Betten) im Stadtzentrum. Die Zimmer sind einfach und sauber, aber nicht alle Zimmer sind klimatisiert.

④ ***La Lune***
Avenue J. Abdennaceur
Tel. 76 22 02 18
Fax 76 22 09 80
Einfaches Hotel; die Zimmer nach hinten sind ruhig und haben Ausblick auf die Oase.

Gafsa Orientierung

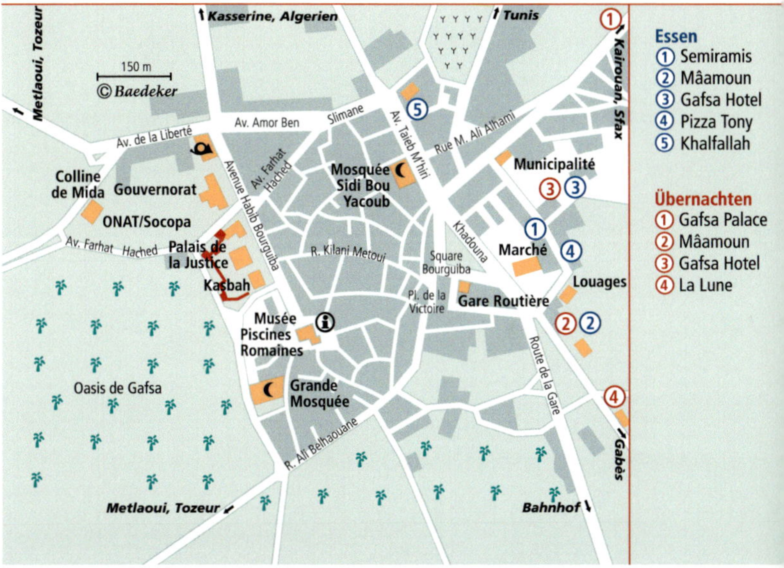

von Phosphatvorkommen in der Umgebung ein. Im Zweiten Weltkrieg wurde Gafsa schwer zerstört, nach Kriegsende jedoch fast originalgetreu wieder aufgebaut.

Sehenswertes in Gafsa

Square Bourguiba

Mittelpunkt der Stadt ist der von Läden und Cafés gesäumte Square Bourguiba, an den sich die recht modernen Markthallen anschließen. Im Westen öffnet er sich auf die kleinere Place de la Victoire, Mittelpunkt der geschäftigen Medina. Die Sehenswürdigkeiten liegen westlich an der Av. Habib Bourguiba. Auffälligstes Bauwerk ist die Kasbah, die 1434 von dem Hafsiden Abou Abdallah Mohammed auf den Grundmauern der byzantinischen Festung errichtet wurde. 1943, bei der Explosion eines deutschen Munitionsdepots, wurde sie beschädigt. Ihr Äußeres wurde sorgfältig restauriert; im Innern befindet sich ein Freilichttheater.

◄ Kasbah

★ Piscines Romaines

Am Ende der Av. Habib Bourguiba liegen die Hauptsehenswürdigkeiten von Gafsa, die Römischen Bäder. Zwei mit einem kleinen Tunnel verbundene, 4 m tiefe Becken werden von 25 °C warmen Thermalquellen gespeist. Die mächtigen Quadersteine der Beckeneinfassungen stammen aus der Römerzeit. Heute springen von den Beckenrändern oder von am Rande stehenden Palmen Jungen in die Fluten und erwarten dafür von den Touristen ein kleines Trinkgeld.

An das größere Becken grenzt der ehemalige türkische **Bey-Palast**, heute Verwaltungssitz. Den dreibogigen Laubengang tragen Säulen mit antiken Kapitellen.

Musée Archéologique

An dem Platz neben dem Fremdenverkehrsamt steht das kleine Archäologische Museum (Di. – Do. 8.30 – 13.00, 15.00 – 17.45 Uhr, Fr., Sa. nur vormittags). Zu sehen sind Fundstücke aus der Umgebung aus der Capsien-Epoche, Keramikreste und römische Mosaiken, teils Originale, teils Reproduktionen. Zu den Schätzen gehören eine Figur aus der Capsien-Kultur (ca. 8000 v. Chr.) und ein römisches Mosaik mit Wettkampfszenen aus dem 4. Jh. n. Chr.

Grande Mosquée

Von den Römischen Bädern lohnt ein Spaziergang durch die engen Gassen der Altstadt. Etwas südwestlich steht die ursprünglich aus dem 14. Jh. stammende, in den 1960er-Jahren wieder aufgebaute Große Moschee, deren Minarett von Weitem zu sehen ist. Der Grundriss erinnert an die Sidi-Oqba-Moschee von Kairouan.

ONAT/Socopa

Am Stadtausgang in Richtung Tozeur befindet sich die Verkaufsausstellung der ONAT/Socopa; angeboten werden u. a. die Spezialitäten Gafsas: feine Teppiche und weißrot gestreifte Wolldecken, von deren Herstellung zahlreiche Familien leben.

Colline Mida

Einen schönen Blick über die Stadt, die Oase und das umliegende Bergland hat man vom rund 50 m hohen Mida-Hügel aus (Zufahrt von der Straße in Richtung Tozeur).

Umgebung von Gafsa

Oase von Gafsa

◄ Lalla

Die aus drei großen Hainen mit rund 120 000 Palmen bestehende Oase umgibt die Stadt halbkreisförmig im Süden, Osten und Westen. Die 7 km südöstlich gelegene Oase Lalla ist die landschaftlich reizvollste. Man verlässt Gafsa in Richtung Gabès und biegt gleich nach Überqueren der Bahnlinie links ab. Vom kleinen Café oberhalb des Oued Melah genießt man einen schönen Blick auf die Oase.

Tiermarkt und Zoo Orbata

In Orbata, ca. 5 km außerhalb des Zentrums (in Richtung Tunis; ausgeschildert), findet mittwochmorgens der Viehmarkt statt. In einem Freigehege leben Strauße, Ziegen und Gazellen, in teils sehr engen Käfigen Löwen, Adler und Affen.

El Guettar

El Guettar ist eine kleine Oasensiedlung 18 km südöstlich von Gafsa am Chott el Guettar. Die qualitativ hochwertigen Dattelpalmenhaine am Fuß des Djebel Orbata werden hier teils noch von traditionellen Foggaras bewässert, wie sie sonst nur in Mittelalgerien und in den

← *Die Thermalquellen sprudeln seit der Antike. Und genauso lang sorgen die römischen Bäder schon für Spaß und Erfrischung.*

Nefzaoua-Oasen am Südostrand des Chott el Djerid üblich sind (► S. 50). Heute sind jedoch viele dieser Stollen verfallen.

Nationalpark Bou Hedma Der 170 km² große Nationalpark erstreckt sich etwa zwischen Gafsa und Sfax, am Nordrand des Sahel, zwischen Djebel Bou-Hedma (790 m ü. d. M.) im Norden und Djebel Orbata (1164 m ü. d. M.) im Süden. An Wildtieren lieben hier u. a. Gazellen, Königsadler, Säbelantilopen, Chamäleons, Landschildkröten.

Metlaoui Metlaoui, 42 km südwestlich von Gafsa am Südrand eines Ausläufers des Tell-Atlas gelegen, ist das Zentrum des südtunesischen Phosphatbergbaus, 90 % der tunesischen Gesamtproduktion stammen von hier. Industrieanlagen sowie Arbeitersiedlungen bestimmen das Stadtbild (20 000 Einw.), gigantische Abraumhalden, Transport- und Förderbänder die umliegende weißgraue, zerpflügte Wüstenlandschaft. Entdeckt wurden die Phosphatvorkommen 1886 von Philippe Thomas, einem französischen Militärtierarzt und Hobby-Paläontologen. Zehn Jahre später begann die französische, inzwischen verstaatlichte Phosphatgesellschaft (Phosphates de Gafsa) mit dem Abbau. Zu dem größten Industriebetrieb Tunesiens, der ca. 15 000 Arbeiter und Angestellte beschäftigt (in den Gruben am Djebel Mdilla arbeiten weitere 2000 Menschen), gehören außerdem Schulen, Krankenhäuser, ein Bahnhof, zentrale Verwaltungseinrichtungen sowie eine große landwirtschaftliche Versuchsfarm. Im Zentrum der Stadt gibt es ein kleines Museum (tgl. 9.00 – 12.00, 14.00 – 17.30 Uhr), in dem Fossilien und eine Schmetterlingssammlung ausgestellt sind.

Musée Choumovitch ►

✶ ✶ Gorges de Seldja

Seldja-Schlucht Die wilde, vom Oued Seldja bis zu 200 m tief eingeschnittene Seldja-Schlucht liegt 10 km westlich von Metlaoui. Besonders malerisch ist die **»Coup du Sabre«**, Säbelhieb, genannte Engstelle. Der Legende

GORGES DE SELDJA ERLEBEN

ANFAHRT

Metlaoui ist Ausgangsort für eine Zugfahrt durch die Seldja-Schlucht; Zugverbindungen mit Gafsa, Busverbindungen mit Tozeur, Gafsa und Redeyef sowie zu den Bergoasen Tamerza, Chebika und Midès (►Tozeur).

LÉZARD-ROUGE-FAHRT

Da der Zug in der Hauptsaison oft ausgebucht ist, wird Einzelreisenden empfohlen, mindestens eine Stunde vor Abfahrt am Bahnhof in Metlaoui (Gare; im Stadtzentrum) zu sein.

Auskünfte über den Fahrplan:
Zentrale in Tunis, »Hermes Travel«, Tel. 71 79 96 34, Fax 71 79 98 10;
am Bahnhof Metlaoui, Tel. 76 24 10 59;
in einem kleinen Reisebüro direkt beim Bahnhof Metlaoui, Tel. 76 24 14 69, Fax 76 24 16 04.

Mit der »Roten Eidechse« durch die Seldja-Schlucht

nach war sie vom Berberprinz Al Mansour in den Felsen geschlagen worden, als er sich mit seiner Geliebten Leila auf der Flucht befand. An den Felswänden sind noch Reste einiger Verankerungen einer römischen Staumauer zu erkennen. Am Ausgang der Schlucht liegt die Quelle Ras el Aioun, wo Philippe Thomas 1886 das Phosphat entdeckte. Leider schlängelt sich ein durch die Abraumhalden schmutzig-grau gefärbtes Rinnsal durch die Schlucht. Von einem Marsch entlang dieses Baches ist abzuraten, da der Boden ziemlich schlammig ist. Außerdem sind hier Giftschlangen (afrikanische Kobras) zu Hause, die man besser nicht stören sollte. Der Fußweg weiter oben, entlang oder auf den Bahngleisen, ist jedoch bestens begehbar. Unnötig hervorzuheben, dass gutes Schuhwerk sowie Vorsicht beim Herannahen eines Zuges Voraussetzungen für diese Wanderungen sind. Eine besondere Attraktion ist die Fahrt durch die Schlucht mit dem Lézard Rouge. Die so genannte **Rote Eidechse** ist ein Salonzug, den der französische Staat 1913 dem tunesischen Bey Mohammed Naceur Pacha geschenkt hatte. Abfahrtszeit für die etwa zweieinhalbstündige, etwa 20 km lange Tour, die am Bahnhof von Metlaoui beginnt, ist in der Regel 10.00 Uhr. Unterwegs werden ein paar Fotostopps eingelegt (Auskunft über Fahrplan/Karten ►links).

◄ Fahrten mit dem Lézard Rouge

? WUSSTEN SIE SCHON …?

- Mit jährlich 6 Mio. Tonnen Phosphat ist Tunesien fünftgrößter Lieferant der Welt. Phosphat ist ein wichtiger Grundstoff der chemischen Industrie für die Herstellung von Dünger, Waschpulvern sowie Rostschutzmitteln.

★★ Hammamet

L 3

Gouvernorat: Nabeul
Einwohner: 26 000
Höhe: Meereshöhe bis 50 m ü. d. M.

Hammamet liegt an der gleichnamigen Bucht der Halbinsel ► Cap Bon. Dank seiner herrlichen Sandstrände hat es sich zu einem der beliebtesten Badeorte Tunesiens entwickelt.

Die Medina liegt malerisch auf einer weit ins Meer hinausspringenden Felszunge, überragt von der mit hohen Mauern umgebenen Kasbah. Nördlich und südlich erstrecken sich prächtige Sandstrände, hier liegen auch die beiden Touristenzonen. Die ältere im Norden ist fast mit dem Nachbarort ► Nabeul zusammengewachsen, die jüngere, **Yasmine-Hammamet**, liegt ca. 15 km südlich (►S. 290).

Hammamet gestern und heute

Bereits im 2. Jh. gründeten die Römer nahe der heutigen Stadt eine kleine Siedlung namens Pupput, von der noch bescheidene Reste existieren. Entdeckt wurde das Fischerdorf jedoch erst Anfang des 20. Jh.s von Schriftstellern und Künstlern wie Paul Klee, Gustave Flaubert, August Macke, Guy de Maupassant, Oscar Wilde und André Gide. Ihnen folgten nach dem Ersten Weltkrieg wohlhabende Eng-

Hammamet Orientierung

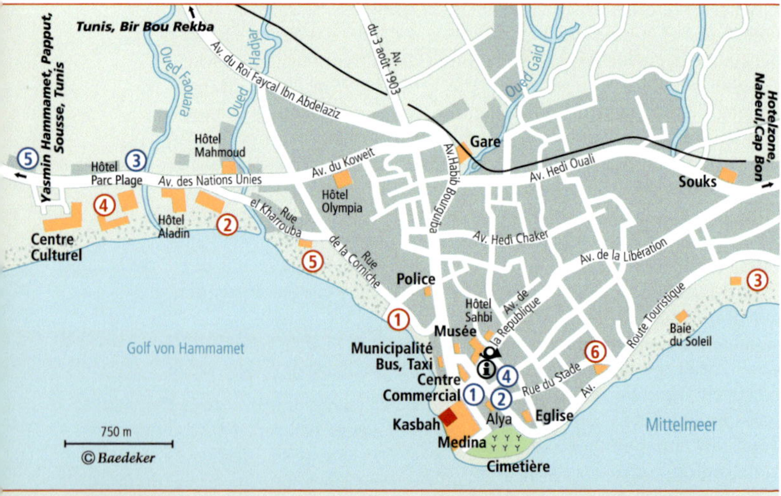

Essen
① Les 3 Moutons
② Le Berbère/Brauhaus
③ Ismail's / Zum Alten Fritz
④ Abid
⑤ Le Petit Prince

Übernachten
① Dar Hayet
② Sindbad
③ Royal Azur
④ Continental/Parc Plage
⑤ Les Charmes
⑥ Bellevue

HAMMAMET ERLEBEN

AUSKUNFT

Bureau de Tourisme
Avenue de la République/Rue Ali Belhaouane
Tel. 72 28 04 23

ANFAHRT

Hammamet, 63 km südöstlich von Tunis, ist über die Autobahn sowie über die GP 1 mit der Hauptstadt verbunden. Zugverbindungen (Bahnhof, Gare, im Zentrum sowie 4 km östlich vom Zentrum in Bir Bou Rekba) mit Nabeul und Bir Bou Rekba, von dort Anschluss nach Tunis sowie Sousse/Sfax. Vom Busbahnhof (Gare Routière) regelmäßige Verbindungen u. a. nach Tunis (ca. 1,5 Std.), Nabeul und zu Zielen auf der ►Cap-Bon-Halbinsel.

GUT ZU WISSEN

Im Sommer finden Theater- und andere Kulturveranstaltungen statt. Nachtclubs und Diskotheken gibt es in einigen der großen Hotels. Zwischen dem Ortszentrum (Kasbah) und den Hotelzonen im Nordosten und Südwesten verkehren regelmäßig Busse bzw. Touristenbähnchen (Petit train). In der Umgebung gibt es zwei Golfplätze (Golf Jasmin und Golf Citrus).

ESSEN

► Fein & teuer

① *Les 3 Moutons*
Tel. 72 28 09 81
Der Name des berühmtesten Restaurants der Gegend im Stadtzentrum bei der Kasbah bedeutet »Die drei Schafe«. Hammel und Fisch werden hier in vielen Variationen zubereitet. Dazu kommen eine reichhaltige Weinkarte und eine große Auswahl an leckeren Nachspeisen.

② *Le Berbère/Brauhaus*
Rue du Stade
Tel. 72 28 00 82
Ausgezeichnete Speisen auf herrlicher Terrasse. Angeschlossen ist ein deutsches Brauhaus, wo frisch gezapftes Bier (nach deutschem Reinheitsgebot gebraut) aus dem glänzenden Kupferkessel ausgeschenkt wird. Auf Wunsch gibt es auch originale Bierseidel. Reservieren nicht vergessen!

► Erschwinglich/Preiswert

③ *Ismail's/Zum Alten Fritz*
Rue des Nations Unies (beim Hotel Continental)
Tel. 72 28 35 22
Kleines, sehr gemütliches Restaurant mit deutscher Küche. Hier finden Sie auch Ausgefallenes wie zu Zeiten des Alten Fritz. Reservierung sehr zu empfehlen.

④ *Abid*
Rue Belhaouane/Ecke Rue des Yasmins
Kleiner, aber sehr sauberer Imbiss mit reichhaltiger Karte.

⑤ *Le Petit Prince*
Av. Moncef Bey
Tel. 72 22 67 02
In Richtung Hammamet-Süd gelegenes Restaurant. Gut gefüllte Teller mit Meeresfrüchten, auch Langusten oder Muscheln. Moderate Preise und ein sehr angenehmes Ambiente laden zum Wiederkommen ein.

ÜBERNACHTEN

► Luxus

① *Dar Hayet*
Tel. 72 28 33 99
Fax 72 28 04 24
www.darsaid.com.tn

Kleines, aber feines Hotel (105 Betten), das auf Individualität Wert legt. Der Gast wird wie ein König behandelt. Eigener Zubringerdienst zum Flugplatz von Tunis und zum Golfplatz. Ausgesuchte Meeresspezialitäten, frisch zubereitet. Hübscher Strand in Sichtweite zur Medina.

② ***Sindbad***
Rue El Kharrouba
Tel. 72 28 01 22
Fax 72 28 00 04
Hotel der Luxusklasse, das keine Wünsche offen lässt. Die drei Mahlzeiten werden als Buffet angeboten, ein Restaurant à la carte steht wie eine Diät-Küche, sofern man seine Wünsche vorher anmeldet, auch zur Verfügung. Großzügiges Animationsprogramm und sehr geschmackvolle, große Räumlichkeiten runden den perfekten Urlaub ab.

③ ***Royal Azur***
Av. Assad Ibn Fourat
Tel. 72 27 85 00
www.orangers.com.tn
Schon fast ein Geschäftshotel: Abgesehen von einer riesigen Lobby, großzügig ausgestatteten Zimmern, Buffets auch nach den offiziellen Öffnungszeiten des Restaurants und Animation für jedes Alter stehen auch Schuhputzmaschinen und Eiswürfelautomaten an den strategisch wichtigen Stellen.

► Komfortabel

④ ***Continental/Parc Plage***
Av. des Nations Unies
Tel. 72 28 02 20
Fax 72 28 04 09
continental.hammamet@gnet.tn
In einem großen Park direkt am Meer gelegenes Hotel (350 Betten) mit schlicht eingerichteten Zimmern, einer Diskothek und einer gut ausgestatteten Bar. Das reichhaltige Mittagsmenü gleicht das allerdings etwas magere Frühstück wieder aus.

⑤ ***Les Charmes***
Rue El Kharrouba (neben dem Hotel Sindbad)
Tel. 72 28 04 92
Fax 72 28 18 21
Neues Hotel in einfachem, sehr sauberem Stil (340 Betten). Geschmackvoll zubereitete Speisen. Sehr kinderfreundlich. Viele Ausflugsmöglichkeiten in die nähere und weitere Umgebung.

► Günstig

⑥ ***Bellevue***
Av. Assad Ibn Fourat
Tel. 72 28 11 21
Fax 72 28 31 56
Kleines Hotel (78 Betten) in Strandnähe mit einem gewissen Charme, der viele Besucher, die Ruhe brauchen und nicht so sehr auf Animation und den Lärm einer Diskothek Wert legen, zum Wiederkommen einlädt. Gutes, reichliches Essen, saubere, geschmackvoll eingerichtete Zimmer. Der Besitzer kümmert sich um jeden seiner Gäste persönlich.

länder, Amerikaner und Franzosen, die sich in Hammamet großzügige Villen errichten ließen. Der eigentliche Aufschwung setzte gegen Ende der 1960er-Jahre ein, als internationale Tourismusmanager die tunesischen Küsten entdeckten. Hammamet wude Tunesiens bedeutendster Badeort und während der Hauptsaison gibt es in dem Städtchen mehr Touristen als Einheimische. Im Januar 2000 starb hier der ehemalige italienische Ministerpräsident Bettino Craxi. Er hatte sich seiner rechtskräftigen Verurteilung in Italien – u. a. wegen Korruption – durch die Flucht nach Tunesien entzogen, das ihm aufgrund seiner Freundschaft mit dem Präsidenten Ben Ali Asyl gewährte.

Sehenswertes in Hammamet und Umgebung

★ **Medina**

Die kleine, von einer aus dem 15. Jh. stammenden Mauer umgebene Medina ist ein Labyrinth enger und verwinkelter, teilweise überdachter Gassen, die von weiß getünchten Häusern gesäumt werden. Gleich hinter dem Haupttor, Bab el Souk, findet man Souvenirhändler, deren Angebot ganz und gar auf die Touristen abzielt. Die beliebtesten Artikel sind Stickereien, Keramik, Lederwaren und Teppiche. Im Dar Hammamet, einem traditionellen tunesischen Haus, sind Trachten und Gebrauchsgegenstände ausgestellt.
Die **Große Moschee** mit ihrem rechteckigen Minarett stammt aus dem 15. Jh.; 1972 wurde sie restauriert. Daneben befindet sich die als

Die von Mauern umgebene Medina Hammamets liegt direkt am Strand.

Koranschule benutzte, 1798 errichtete Sidi-Abdel-Kader-Moschee. An der Ostseite der Medina liegen ein alter französischer sowie ein islamischer Friedhof.

Kasbah

Die im 15. Jh. auf älteren Fundamenten errichtete kleine Festung lohnt einen Besuch. Ihr Eingang befindet sich neben dem Hauptzugang zur Medina (tgl. 8.30 – 17.30, im Winter zwischen 13.00 und 15.00 Uhr geschl.). Von der oberen Terrasse (Café) hat man einen schönen Blick über die Bucht, den Fischerhafen und die Altstadt.

Weitere Sehenswürdigkeiten

Nordwestlich der Medina liegt der Mittelpunkt des **modernen Hammamet**. Von hier gehen auch die beiden Hauptgeschäftsstraßen (Avenue Habib Bourguiba und Avenue de la République) mit ihren Läden und Restaurants ab. Im Scheitelpunkt der beiden Straßen steht das 1979 eröffnete Einkaufszentrum (Centre Commercial).

Dar Sebastian, Centre Culturel

Eine Oase der Ruhe ist das in einem gepflegten Park mit Orangen- und Zitronenbäumen, Bougainvilleen und Hibisken gelegene Internationale Kulturelle Zentrum (97, Av. des Nations-Unies; tgl. 9.00 bis 18.00 Uhr). Einst war es die Villa des Rumänen **Georges Sebastian**, der sich in den 1920er-Jahren als erster Millionär und Lebemann in Hammamet niedergelassen hatte. Frank Lloyd Wright, der große amerikanische Architekt, nannte »Dar Sebastian« das schönste Haus, das er kenne. Mit seiner weißschwarzen Art-Déco-Einrichtung ist es eine gelungene Synthese traditioneller tunesischer und puristischer Architekturvorstellungen der 1920er-Jahre. Zum illustren Kreis, der hier ein- und ausging, gehörten u. a. Winston Churchill – er soll hier mit dem Schreiben seiner sechsbändigen Memoiren begonnen haben – und Feldmarschall Rommel, der auf dem Rückzug von El Alamein ein paar Tage Halt machte. In dem Parkgelände finden im Juli und August **internationale Musik- und Theaterfestivals** statt. Die Arena wurde 1964 nach griechisch-römischem Vorbild für diese Zwecke errichtet.

! *Baedeker* TIPP

Erfrischung mit Meerblick

Nach einem Bummel durch die Medina lädt das stimmungsvolle maurische Café am Fuß der Kasbah außerhalb der Stadtmauer zu einem Minztee oder einer kühlen Erfrischung ein.

Pupput

Weiter südlich, zwischen den Hotels Samira Club und Tanfous, liegt das Ausgrabungsgelände der römischen Siedlung Pupput (tgl. 9.00 bis 19.00, im Winter nur bis 17.00 Uhr) mit einigen bescheidenen steineren Überresten.

Yasmine-Hammamet

Yasmine-Hammamet, ca. 15 km südlich, wurde 2004 eröffnet und ist Themenpark, Stadt und Hotelsiedlung in einem. Hier gibt es (fast) alles: riesige Hotelpaläste, Ferienhäuser, den größten Jachthafen Tunesiens, mit Palmen gesäumte Strandpromenaden, eine **nachgebaute**

Medina einschließlich einer Kopie des legendären Café des Nattes aus Sidi Bou Saïd, Ladenpassagen, feine Restaurants und Fast-Food-Lokale sowie eine Diskoszene.

★ Kairouan

K 4

Gouvernoratshauptstadt
Einwohner: 95 000

Höhe: 60 m ü. d. M.

»Kairouan, das sind nicht isolierte Impressionen, das ist ein Ganzes. Extrakt aus Tausendundeiner Nacht, durchdringendes und berauschendes Aroma, gleichwohl erleuchtend ...« So beschrieb Paul Klee 1914 die von Minaretten überragte Hochburg des Islam, viel besuchte Pilgerstätte und Zentrum der Teppichherstellung.

Vierte heilige Stadt des Islam

Kairouan, zwischen Sousse und Sfax am Westrand des Sahel gelegen, ist die älteste Stadt in Nordafrika und nach Mekka, Medina und Jerusalem die vierte heilige Stadt des Islam. Bis heute hat sie ihr ara-

Kairouan: Die heilige Stadt des Islam ist auch ein Zentrum der Teppichherstellung.

bisch-moslemisches Erscheinungsbild bewahrt. Die ummauerte Medina mit ihren bedeutenden Sakralbauwerken gehört zu den schönsten und meistbesuchten Sehenswürdigkeiten des gesamten Maghreb und seit 1988 zum UNESCO-Weltkulturerbe.
Als Ziel für Millionen Pilger ist die fünftgrößte Stadt des Landes einer der wichtigsten Fremdenverkehrsorte Tunesiens. Berühmt ist sie auch durch die hier gewebten und geknüpften Teppiche. Zwar verfügt sie über keine ausreichenden Quellen, aber die Ebene von Kairouan wird v. a. im Winter von starken Regenfällen überschwemmt, die im Südwesten der Stadt mithilfe eines Damms und bei Sidi Sâad mit einer Talsperre aufgefangen werden. Mit dem Wasser wird Schafzucht, Getreide- und Obstanbau betrieben. In kleineren Industriebetrieben werden die Agrarerzeugnisse weiterverarbeitet.

Kairouan gestern und heute

Oqba Ibn Nafi, Befehlshaber des nach Nordafrika vorstoßenden arabischen Heeres und seit 670 Gouverneur von Ifriqiya, errichtete 671 n. Chr. **mitten in der Steppe** sein Feldlager. Die Berge im Rücken boten natürlichen Schutz vor berberischen Überfällen, die davorliegende weite Ebene machte Überraschungsangriffe der Byzantiner, die immer noch die Küste beherrschten, unmöglich. Kairouan wurde der Ausgangspunkt für die islamischen Eroberungen in Afrika bis nach Spanien. Als die Aghlabiden im 9. Jh. Kairouan zu ihrer Hauptstadt wählten und ausbauten, erlebte es seine größte Blütezeit. Aber bereits im 10. Jh. verlor die Stadt ihre führende Rolle an das 916 gegründete Mahdia. Der endgültige Niedergang setzte mit dem Einfall der Beni-Hillal-Nomaden ein, die 1057 Kairouan plünderten und zerstörten, die religiösen Bauten jedoch verschonten. Im 14. Jh. wurde die Stadt von den Hafsiden wieder aufgebaut und im frühen 18. Jh. von den Husseiniten erweitert. Auch wenn Tunis unbestrittener politischer Mittelpunkt wurde, seine religiöse Bedeutung für die nordafrikanischen Moslems konnte sich Kairouan bewahren. Bis ins 19. Jh. hinein war es Christen und Juden sogar untersagt, die Stadt zu betreten. Und immer noch gilt die Überlieferung, dass sieben Wallfahrten nach Kairouan zum Mouled-Fest die vorgeschriebene Pilgerfahrt (Hadsch) in das ferne Mekka ersetzen.

Sehenswertes in Kairouan

Aghlabiden-Bassins

Die Aghlabiden-Bassins, etwa 1 km nördlich der Medina, stammen ursprünglich aus dem 9. Jh. und dienten zur Wasserversorgung des Aghlabiden-Palastes; er stand an der Stelle des heutigen Friedhofs (► S. 297) und der Stadt. Über einen Aquädukt wurde das Quellwasser aus dem 36 km entfernt gelegenen Djebel Cherichera herangeführt. Zunächst wurde es in dem kleineren Becken (37 m Durchmesser, 17-eckig) geklärt. Anschließend floss es in das größere Becken, welches 50 000 m³ Wasser fassen konnte (48-eckig, 128 m Durchmesser, 10 m Tiefe). Auf dem Pfeiler in der Mitte des größeren Beckens stand vermutlich einst ein kleiner Pavillon.

KAIROUAN ERLEBEN

AUSKUNFT

Syndicat d'Initiative
Avenue de la République
bei den Aghlabidenbassins,
gegenüber dem Hotel Continental

Office de Tourisme
Place des Martyrs
beim südlichen Medinator

GUT ZU WISSEN

Sammeleintrittskarte und Führer
Die Stadtbesichtigung beginnt man am besten beim Touristenbüro bei den Aghlabidenbassins. Nur hier bekommt man eine Sammeleintrittskarte, und, was sehr zu empfehlen ist, einen autorisierten *Stadtführer* (Guide; andere Angebote, die zum Teil mit verblüffenden Sprachkenntnissen und äußerst hartnäckig vorgetragen werden, sollte man freundlich, aber bestimmt ablehnen). Seine Anwesenheit erleichtert nicht zuletzt den Umgang mit den teils sehr aufdringlichen Souvenirhändlern in der Medina.

Besichtigungszeiten
Der Innenhof der Sidi-Oqba-Moschee ist Sa. – Do. 8.00 – 14.30 Uhr für Nichtmuslime zugänglich, die übrigen islamischen Bauwerke in der Regel tgl. 9.00 – 18.00 Uhr.

Weitere Informationen
Montags findet ein viel besuchter Markt statt. Im September werden in Sidi Ali Ben Nasrallah Fantasias, Reiterfestspiele, organisiert (Auskünfte beim Fremdenverkehrsamt).
Beim Kauf eines Teppichs sollte man auf das staatliche Siegel achten und Preisvergleiche anstellen. Ein großes Teppichangebot gibt es im ONAT/Socopa-Laden, Rue Ali Zouaoui, außerhalb der Medina. In der gleichen Straße liegt auch das sog. ONAT-Teppichmuseum (auch Teppichverkauf). Empfehlenswert ist außerdem das Centre des Traditions et des Métiers d'Art in der Medina (nördlich vom Bir Barouta, siehe unten; hier gelten Festpreise).
Probieren Sie unbedingt Kairouans süße Spezialität: *Makroud.* Die rautenförmigen kleinen Grieskuchen, mit Dattelmus gefüllt, werden überall in der Medina angeboten und finden sich als Muster auch auf vielen Teppichen.

ESSEN

► Erschwinglich/Preiswert

① ***Zâafrane***
Gutes Restaurant an der Straße nach Raqqada – Gabès. Obwohl ständig überfüllt, fühlt man sich gut und aufmerksam behandelt. Feine Couscous-Gerichte.

② ***Le Bonheur***
Gegenüber der Post
Einfache, leckere Briks. Freundliche Bedienung und sehr preiswert.

③ ***Sabra***
Av. de la Republique, in der Nähe des Rathauses
Tel. 77 23 50 95
Wie bei Muttern speist man in diesem kleinen Restaurant; Couscous-Spezialitäten.

ÜBERNACHTEN

► Luxus

① ***Kasbah***
In der Kasbah
Av. Ibn Jazzar
Tel. 77 23 60 01
kasbahhotel@gnet.tn

Das sehr schöne Hotel (200 Betten) befindet sich in der umgebauten Kasbah. Es bietet alles, was in dieser Kategorie erwartet werden kann, u. a. zwei Restaurants, ein schönes Schwimmbad im Innenhof, ein Hammam, ein maurisches Café, jedoch keine Disko. Es ist, wie die anderen Häuser in Kairouan auch, ein reines Durchgangshotel für Rundreisende.

► **Komfortabel**

② ***Amina***
Route de Tunis
Tel. 77 22 65 55
Fax 77 23 54 11
Ebenfalls Durchgangshotel (202 Betten) am Ortseingang, wenn man von Norden kommt, neben der Autofabrik (GM). Hotel neueren Baujahrs mit einfachen Zimmern und wenig abwechslungsreicher Küche. Bar und Mini-Disko.

③ ***Continental***
Gegenüber von den Aghlabidenbecken
Tel. 77 23 11 35
Fax 77 22 99 00
Das renovierungsbedürftige Haus (352 Betten) gegenüber den Aghlabidenbecken und dem Syndicat d'Initiative bietet einfache Unterkunft auf der Durchfahrt. Einfache Küche und Swimming-Pool. Ganzjährig Mückenplage!

► **Günstig**

④ ***Splendid***
Rue 9 Avril
Tel. 77 23 15 22
Preiswertes Hotel in der Nähe der Post, mit einfachen, sehr sauberen und klimatisierten Zimmern. Die Küche ist ausgezeichnet.

★★ Medina

Kairouans rund 1 km lange und 500 m breite Medina (Altstadt) gilt als die besterhaltene in ganz Tunesien. Sie wurde von den Husseiniten zwischen 1706 und 1712 zwischen den Fundamenten einer von 1052 stammenden, 3,5 km langen, 10 m hohen, mit vielen Türmen befestigten und teils begehbaren Backsteinmauer errichtet und seither mehrfach restauriert. Drei Stadttore sind erhalten, Bab et Tounes, Bab el Khouka und Bab ech Chouhada, **Hauptachse ist die Rue Ali Belhaouane**. Kairouans im Vergleich zu anderen tunesischen Städten deutlich kleinere Neustadt schließt sich im Süden an die Medina an (►S. 300).

Sidi-Oqba-Moschee

3-D siehe S. 88 ►

An der Kasbah (heute Fünf-Sterne-Hotel, ► S. 293) vorbei geht es zur Sidi-Oqba-Moschee, auch **Große Moschee** genannt, die sich im Nordosten der Medina erhebt. Dieses bedeutendste und zugleich älteste islamische Bauwerk in Nordafrika mit seinem gewaltigen, in die Umfassungsmauer einbezogenen Minarett, Vorbild für die ganze spätere maurische Sakralarchitektur, wurde in ihren Ursprüngen von dem arabischen Eroberer und Stadtgründer Kairouans, Oqba Ibn Nafi, 672 errichtet. In der Folgezeit mehrfach abgerissen, wiedererrichtet, umgebaut und erweitert, war die Moschee um 836 unter dem Aghlabiden Ziyed Allah in ihrer heutigen Form fertiggestellt.

Kairouan Orientierung

Essen
① Zâafrane
② Le Bonheur
③ Sabra

Übernachten
① Kasbah
② Amina
③ Continental
④ Splendid

Anschließend folgten noch mehrere Renovierungen (v. a. 1025, 1294, 1618, 1968 – 1973). Einst war sie Mittelpunkt der Siedlung, die sich jedoch, wie deutlich auf dem Stadtplan zu erkennen ist, allmählich nach Südwesten ausdehnte.

Innenhof ► Die gesamte Anlage ist etwa 135 m lang und 80 m breit. Von der Westmauer, wo sich die Midha, der Raum für Waschungen, befindet, gelangt man in den mit Marmorplatten ausgelegten Innenhof, in den mehrere Tore führen. Er misst 95 x 80 m, bildet ein leicht verschobenes Viereck und ist an drei Seiten von einem zweischiffigen Bogengang mit antiken Säulen umgeben. Unter dem leicht zur Mitte hin gesenkten Hof befinden sich Zisternen. An seiner Nordseite erhebt sich das mächtige Minarett, während der Gebetssaal mit seiner herrlichen Fassade die Südseite einnimmt. Die zwei Joche tiefe, von einer gerippten Kuppel geschmückte Vorhalle entstand im 9. Jahrhundert.

Kairouan *Sidi-Oqba-Moschee*

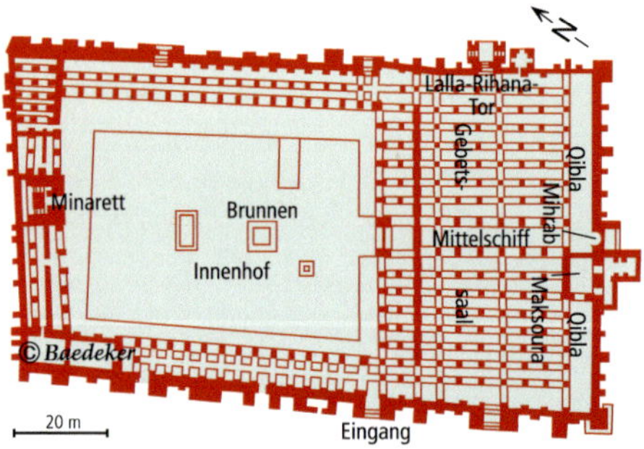

Im Innern der Moschee

Siebzehn geschnitzte Zedernholztüren öffnen den aus ebenso vielen Schiffen bestehenden **Gebetssaal**. Das deutlich breitere Mittel- oder Hauptschiff führt auf die Qibla-Wand und stößt vor dem Mihrab, der Gebetsnische, auf ein entsprechendes Querschiff. Das Joch vor dem Mihrab krönt eine der ältesten Steinkuppeln Nordafrikas. Der 80 x 40 m große Saal ist ein Säulenwald mit wunderbaren Säulenschäften und Kapitellen aus den verschiedenen Ruinenstätten des Landes (u. a. aus Karthago und Hadrumetum, dem antiken Sousse). Mit den Säulen im Hof beträgt ihre Gesamtzahl 414.

Mihrab ► Der nach Mekka ausgerichtete Mihrab (spätere Messungen ergaben, dass die Richtung um 30° abweicht) wird von 130 kostbaren Fayencefliesen eingefasst. Bei ihrer Bemalung wurde durch die Zugabe von Metalloxyden eine edelmetallartige Färbung erreicht. Dieses Verfahren war im Westen noch nicht bekannt, als die Fliesen 862 aus Bagdad eingeführt wurden. Die Rückwand ist mit 28 verzierten Marmorplatten (60 x 45 cm groß) verkleidet. Marmorsäulen tragen den Rundbogen über der Mihrabnische. Rechts daneben steht der mit

Minbar ► kostbarsten Intarsien verzierte hölzerne Minbar (Gebetskanzel), der ebenfalls im 9. Jh. im Auftrag von Ibrahim Ibn Aghlab hergestellt wurde. Er ist damit der älteste erhaltene Minbar der gesamten islamischen Welt. Im Islamischen Museum (►S. 300) sind ein Nachbau sowie Fotos des Minbar zu sehen. Die **Maksura** (eine Art Raumteiler, hinter welcher der Herrscher am Gebet teilnahm) ist ein geschnitztes Meisterwerk von 1022.

Das Minarett der Sidi-Oqba-Moschee diente früher auch als Wachtturm.

Minarett

Das 35 m hohe Minarett wurde 724 – 728 errichtet. Es ist der älteste Teil des gesamten Baus und der älteste Moscheeturm Nordafrikas. Einst diente es auch als Wachturm. Seine drei sich nach oben verjüngenden viereckigen Geschosse sind mit Zinnenkränzen, Blendbögen und offenen Bögen verziert. Das dritte Geschoss trägt die mit drei Kupferkugeln versehene, gerippte Kuppel (13. Jh.). Hinauf führen Treppen, deren 128 Stufen zum Teil aus frühchristlichen Grabplatten bestehen. Auf diese Weise sollte der Sieg des Islam über das Christentum symbolisch zum Ausdruck gebracht werden.

Tor der Lalla Rihana

Das nach einer Heiligen benannte Lalla-Rihana-Tor an der Ostseite der Sidi-Oqba-Moschee führt direkt in den Gebetssaal. Der den mächtigen Moscheemauern vorgesetzte quadratische Bau stammt von 1294 und ist in spanisch-maurischem Stil verziert. Einen schönen Blick auf Moschee und Altstadt genießt man von der dem Minarett gegenübergelegenen Stadtmauer.

◄ Friedhof

An der Stelle des ausgedehnten Friedhofs, 200 m nördlich der Großen Moschee, außerhalb der Stadtmauer, stand ursprünglich der Aghlabiden-Palast.

Mosquée des Trois Portes

Auf dem Boulevard Ibrahim Ibn Aghlab entlang der Westmauer der Moschee gelangt man nun in die Medina und zu dem zweiten bedeutenden Sakralbau Kairouans, der Moschee der drei Tore oder Djâama Tleta Bibane. Sie wurde 866 von einem andalusischen Gelehrten gestiftet. Beachtenswert ist die schön gestaltete Fassade mit den drei Toren. Zwei Kufifriese fassen ein Schmuckband ein. Das Minarett wurde ebenso wie der unterste Schriftfries 1440 hinzugefügt.

Bir Barouta Nur ein paar Schritte sind es zum Bir (= Brunnen) Barouta aus dem 17. Jahrhundert. Das angeblich über eine unterirdische Verbindung mit der heiligen Zemzem-Quelle in Mekka verbundene Wasser wird per Schöpfrad nach oben befördert. Ein Dromedar mit verbundenen Augen treibt das Göpelwerk des Wasserrades an.

ONAT/Centre des Traditions et des Métiers d'Art ► Um die Ecke befindet sich das ONAT/Centre des Traditions et des Métiers d'Art mit einer Verkaufsausstellung vieler Teppiche und anderer Kunsthandwerkserzeugnisse (es gelten Festpreise).

Zaouia Sidi Abid el Ghariani Die nahe gelegene Zaouia des Sidi Abid el Ghariani ist die Grabstätte eines Heiligen, der im 14. Jh. in der Stadt lebte. Der Bau ist ein Meisterwerk arabisch-maurischer Architektur (14. Jh.). Der Raum mit der Grabstätte des Heiligen kann besichtigt werden. Über einen Innenhof mit schönen Arkaden gelangt man in einen Seitenraum mit prächtig bemalter Holzdecke, fayencen- und stuckverzierten Wänden sowie dem aus Holz geschnitzten Sarkophag des Heiligen.

Bab ech Chouhada Das 1722 erbaute Bab ech Chouhada (Porte des Martyrs, Märtyrertor) ist das Haupteingangstor zur Medina. Auf der Innenseite sind im Mauerwerk antike Steine erkennbar. Hier beginnt die belebte Hauptstraße der Altstadt, **Rue Ali Belhaouane**. Sie führt vorbei an der El-Bey-Moschee (rechts) und der Moschee El Maalek (links) zum Bab et Tounes (Tunistor; 1771), dem nördlichen Eingangstor in

Souks ► die Altstadt. Die Soukviertel wurden vor allem im 17. und 18. Jh. eingerichtet. In dem überdachten Gassengewirr sind teilweise noch alte Gewerbe vertreten: Schneider, Lederhandwerker, Schuster u. a. haben ihre Werkstätten neben Parfüm- und Souvenirhändlern. Auf einem kleinen, von Arkaden gesäumten Platz findet vormittags der Gemüsemarkt statt.

Weitere Sehenswürdigkeiten in Kairouan

Mosquée des Sabres Außerhalb der Medina liegt die von fünf gerippten Kuppeln bekrönte sog. Säbelmoschee, auch **Zaouia Sidi Amor Abbada** genannt, das 1860 erbaute Grabmal für den als Heiligen verehrten Schmied Sidi Amor Abbada (Di. – So. 9.00 – 16.00 Uhr). Um das Grabmal sind gewaltige von ihm geschmiedete Säbel, Steigbügel, Anker, Truhen, seine Tabakspfeife sowie Holztafeln mit seinen Prophezeiungen aufgestellt.

Zaouia de Sidi Sahab, Mosqué du Barbier Das nach der Sidi-Oqba-Moschee meistbesuchte Denkmal und Wallfahrtsziel Kairouans ist die Grabstätte von Sidi Sahab (tgl. 8.00 bis 17.30 Uhr). Der Komplex entstand zwischen 1629 und 1692 über dem Grabmal des 685 verstorbenen Gefährten Mohammeds (Sahbi

Das Grab Sidi Sahabs in der Barbiermoschee ist ein Pilgerziel. →

Kairouan *Zaouia Sidi Sahab*

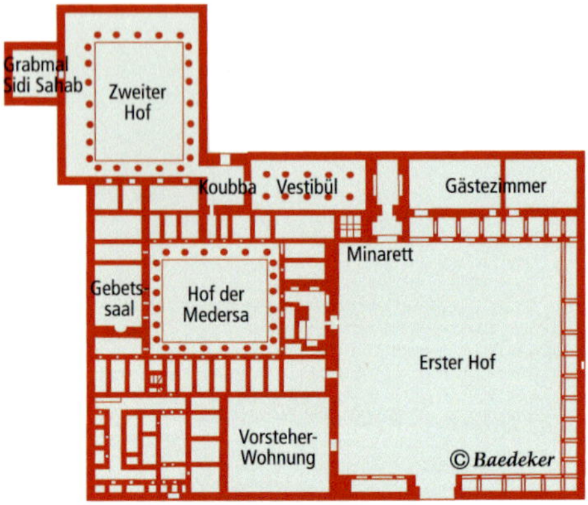

= Freund), der als Zeichen seiner Verehrung immer drei Barthaare des Propheten bei sich trug. Daher wird die Zaouia auch **Barbiermoschee** genannt (Sidi Sahab war jedoch nicht Mohammeds Barbier, Sidi Boulbaba ruht in Gabès).

Der Bau beherbergt neben dem Grab des Heiligen eine Medersa (Koranschule), eine Herberge für Pilger und eine Moschee. Sehenswert ist er v. a. wegen seiner Ausschmückung, die zu einem großen Teil im 19. Jh. entstand. Prachtvolle Wandkacheln und Stuckarbeiten sowie feine Schnitzkunst spiegeln den Geschmack der osmanischen Epoche wider. In dem Flügel links nach dem Eingang befinden sich der Wohnbereich des Vorstehers, Gästezimmer sowie die Anlagen für die rituellen Waschungen; dem Eingang gegenüber steht das Minarett. Das überkuppelte Mausoleum mit dem Grab Sidi Sahabs, der eigentlich Abu Djama el Balani hieß, liegt im Nordwesten der Anlage.

Neustadt Hauptachse der Neustadt ist die Av. Habib Bourguiba. Kaffeehäuser und Souvenirläden säumen die belebte Fußgängerzone. Sie beginnt an der Place des Martyrs, am Haupteingangstor in die Altstadt.

Umgebung von Kairouan

Reqqada Reqqada liegt 10 km südwestlich von Kairouan, an der Straße nach Gabès. Man erreicht es auch mit dem Bus von der Avenue Haffouz aus. Von der einstigen Residenz des Aghlabiden-Herrschers Ibrahim II. (875 – 902) gibt es nur noch spärliche Überreste: ein kleineres und ein größeres Wasserbassin (Letzteres misst ca. 130 x 180 m) sowie Teile der Grundmauern. Das sehenswerte Islamische Museum ist in einem ehem. Präsidentenpalast untergebracht (Di. – So. 9.00 – 16.00, Fr. bis 13.00, im Juli, Aug. 8.15 – 14.15 Uhr). Ausgestellt sind Funde aus Kairouan, den Aghlabiden-Residenzen Reqqada und Al Abbasiya sowie weiteren Städten in der Umgebung. Die unweit vom Museum gelegenen Ausgrabungen von Sabra Mansourya (eine vom Kalifen El Mansour Mitte des 10. Jh.s gegründete Residenz auf rundem Grundriss) werden gesondert gezeigt. Gleich im Eingangssaal sind ein Modell der Sidi-Oqba-Moschee sowie eine Nachbildung des Mihrab zu sehen. In den übrigen Sälen sind Gravuren mit historischen Stadtansichten, Münzen der verschiedenen Dynastien (Aghlabiden, Fatimiden, Ziriden), alte islamische Koranschriften, u. a. auf

★ Musée National d'Art Islamique ▸

einer blau gefärbten Gazellenhaut, verschiedene Keramik und eine Sammlung beschrifteter Grabstelen ausgestellt. Das Museum ist noch unvollständig; die Ausstellungsstücke sind nur arabisch beschriftet.

Sidi Ben Nasrallah

In diesem nordwestlich von Kairouan gelegenen Dorf züchten Zlass-Halbnomaden arabische Vollblüter. Im Sommer organisieren sie Fantasia genannte Reiterfestspiele.

★★ Mahdia

M 4/5

Gouvernoratshauptstadt
Einwohner: 40 000
Höhe: Meereshöhe

Die Hafenstadt liegt an der Sahelküste geschützt auf einer kleinen, felsigen Halbinsel, die 1,5 km lang, knapp 500 m breit und nur durch einen schmalen Isthmus mit dem Festland verbunden ist.

Sie ist Wirtschaftszentrum des südlichen Sahel und der zweitwichtigste Fischereihafen. In der hübschen Medina hat sie viel mittelalterlichen Charme bewahrt. Im Nordwesten locken schöne Strände, hier entstand eine Hotelzone. Die Neustadt schließt sich im Westen und im Süden an. Freitagvormittags findet auf der Place Farhat Hached, vor dem modernen Hafen, ein viel besuchter Markt statt.

Mahdia gestern und heute

Bereits die Phönizier hatten die strategisch günstige Lage Mahdias erkannt und im Norden der Halbinsel einen heute noch genutzten Hafen angelegt. Weder von der punischen noch von der römischen Siedlung sind nennenswerte Überreste erhalten. 1907 fanden jedoch Schwammfischer ein 86 v. Chr. vor der Küste gesunkenes Schiff (heute im Bardo-Museum in Tunis, ► Special S. 306). Die Blütezeit der Stadt setzte 913 ein, als sie von dem Fatimidenkalifen Obeid Allah el Mahdi neu gegründet und nach diesem auch benannt wurde. Er ließ auf der Halbinsel seine Residenz errichten und ihren landseitigen Zugang durch eine 11 m dicke Mauer mit vier Bastionen sichern. Anschließend siedelte der Mahdi von Reqqada (bei Kairouan) nach Mahdia über (921). Von hier eroberten die Fatimiden Ägypten, wohin sie 973 ihre Residenz verlegten. Mahdia fiel in einen Dornröschenschlaf. Im 16. Jh. war die Stadt eine Piratenhochburg und zwischen den Supermächten Spanien und Türkei sehr umkämpft. Erst in der französischen Kolonialzeit erwachte sie wieder zu neuem Leben.

! *Baedeker* TIPP

Handgewebte Seidenstoffe

Im Torbau der Skifa el Kahla bieten freitags Frauen handgewebte Stoffe an – für die Mahdia in ganz Tunesien bekannt ist. Seidenschals und -pantoffeln, Kissenbezüge u. a. gibt es in einem Laden in der Medina (Rue el Mansour).

Blick vom Museumsdach auf den modernen Hafen von Mahdia

Sehenswertes in Mahdia

✶✶ Medina Der Hauptanziehungspunkt Mahdias ist die hübsche Medina mit schattigen Plätzen, Cafés und Restaurants sowie zahlreichen Souvenirläden, in denen Töpfer- und Lederwaren sowie Teppiche angeboten werden. In den Seitenstraßen findet man Werkstätten. Hin und wieder sieht man Männer an Handwebstühlen, die die in ganz Tunesien bekannten Seidenstoffe für Hochzeitstrachten anfertigen.

✶ Skifa el Kahla Den Zugang zur Altstadt bildet heute wie zur Zeit der Fatimiden der gewaltige Torbau der Skifa el Kahla, Schwarzes Tor oder auch Bab Zouila genannt. Der 44 m lange Torweg war früher in die 175 m lange und 11 m dicke Mauer integriert. Der heutige Bau wurde 1554 mit den Steinen aus der fatimidischen Residenz errichtet. Von den ehemaligen, auf polygonalen Sockeln ruhenden Rundtürmen, die im Norden und im Süden von der Meerseite die Mauer zusätzlich verstärkten, sind im Norden noch Stümpfe erhalten. Die eigentliche Wohnstadt Zouila erstreckte sich westlich der Festung.

✶ Museum In dem kleinen Museum rechts vor der Skifa sind Amphoren und Stelen aus punischer Zeit und römische Mosaiken zu sehen. Das Obergeschoss ist der arabischen Zeit gewidmet: Holztruhen, Stoffe und Teppiche, Münzen, Gold- und Silberschmuck sowie illustrierte Seiten aus dem Koran (Di.–So. 9.00–13.00, 16.00–19.00 Uhr). Vom Museumsdach hat man einen schönen Blick bis zur Spitze der Halbinsel, den modernen Hafen sowie die Neustadt im Südwesten.

Auf der **Rue Obeid Allah el Mahdi**, einer der Hauptstraßen der Medina, gelangt man zur hübschen Place du Caire, ein idealer Ort, um im Schatten unter Bäumen und mit Blick auf die Mustapha-Hamza-Moschee (18. Jh.) im **Café la Medina** einen frisch gepressten Orangensaft oder einen Milchcafé zu genießen!

✶ **Place du Caire**

Weiter geht es zur Place el Kadhi Noamene mit der **Slimen-Hamza-Moschee** und der **Großen Moschee** direkt am Meer. Sie wurde 921 vom Stadtgründer Obeid Allah el Mahdi als erste fatimidische Moschee nach dem Vorbild der Sidi-Oqba-Moschee von Kairouan errichtet und war auf zwei Seiten mit der Festungsmauer verbunden. Als die Spanier diese sprengten, wurde auch die Große Moschee bis auf die Nordfassade zerstört. In den 1960er-Jahren wurde sie an der ursprünglichen Stelle nach altem Grundriss rekonstruiert. Das monumentale, der Mauer vorgestellte Eingangsportal war der Kalifenfamilie vorbehalten. Der Innenhof wird an drei Seiten von einer Galerie mit Hufeisenbögen umgeben. Der neunschiffige Gebetssaal besitzt den gleichen Grundriss wie sein Vorbild in Kairouan. Das auf den Mihrab hinführende Mittelschiff ist länger als die acht übrigen. Das Joch vor dem Mihrab wird von einer Kuppel gekrönt.

✶ ◄ Grande Mosquée

MAHDIA ERLEBEN

AUSKUNFT

Rue El Hoez (am Eingang in die Medina)
Tel. 73 68 10 98

VERKEHR

Die Schnellbahn Métro du Sahel verbindet mehrmals täglich Mahdia über Monastir, Halt auch am internationalen Flughafen Monastir-Skanès, mit Sousse.

GUT ZU WISSEN

Zwischen Hotelzone und Medina verkehren regelmäßig Busse, in der Hauptsaison auch Touristenbähnchen (Trains touristiques).

Im Juli/August finden die sog. Nuits de Mahdia statt. Während beleuchtete Fischerboote auf das Meer hinausfahren, werden an Land klassische und volkstümliche Tänze aufgeführt.

ESSEN

► Preiswert

① ***Le Lido***
Av. Farhat Hached
Tel. 73 68 13 39
Beschreibung ►unten, Le Quai

② ***Le Quai***
Av. Farhat Hached
Tel. 73 68 18 67
Diese beiden kleinen sauberen Restaurants Le Lido und Le Quai liegen direkt nebeneinander am Hafen. Sie zeichnen sich durch hervorragenden Service aus. Sehr fein zubereitete Fischspezialitäten sowie köstliche Nachspeisen.

Mahdia Orientierung

Essen
① Le Lido
② Le Quai

Übernachten
① Mélia Mouradi
② Mahdia Palace
③ Cap Mahdia
④ El Medina

ÜBERNACHTEN

► Luxus

① ***Mélia Mouradi***
Zone Touristique
Tel. 73 68 21 11
info.mahdia@elmouradi.com
Das wohl feinste aller Mouradi-Häuser (594 Betten) direkt am Strand lässt keine Wünsche unerfüllt, u. a. exotische Früchte zum Dessert, erlesene Weine, Mini-Club für die Kleinen, Diskothek für Teens und Twens, Odeon für die Älteren.

② ***Mahdia Palace***
Zone Touristique
Tel. 73 68 37 77
www.mahdiapalace.com
Das elegante Hotel am Strand bietet alle Annehmlichkeiten, u. a. Wellnesscenter mit Thalassotherapie und 9-Loch-Golfplatz.

► Komfortabel

③ ***Cap Mahdia***
Zone Touristique
Tel. 73 68 03 00, Fax 73 68 04 05
Diese weitläufige Clubanlage (528 Betten) liegt ebenfalls unmittelbar am Sandstrand. Sie bietet (einschließlich der Getränke) Schlemmeressen vom Buffet, RiesenDisko, geräumige Zimmer sowie Ausflugsmöglichkeiten in die entferntesten Winkel Tunesiens. Die Kinder werden im Mini-Club betreut.

► Günstig

④ ***El Medina***
Rue el Mehdi
Tel. 73 69 46 64, Fax 73 69 63 84
In der Altstadt gelegenes, sehr ruhiges Hotel. Der Service ist angenehm, die Zimmer sauber und die Preise sehr modest.

Von der Großen Moschee sind es nur wenige Schritte bis zum gewaltigen Festungskomplex des Bordj el Kebir. Das quadratische Bollwerk entstand 1595 unter Abu Abd Allah Mohammed auf dem höchsten Punkt der Halbinsel, an der Stelle des Palasts des Stadtgründers Mahdi. Besuchenswert ist die Festung vor allem wegen des herrlichen Ausblicks von ihren zinnenbewehrten Mauern (Di. – So. 9.00 – 13.00, 15.00 – 18.00, im Winter 9.30 – 16.30 Uhr). **Bordj el Kebir**

Zwischen Festung und Leuchtturm am Cap Africa erstreckt sich ein Friedhof (Cimetière). In der Nähe des Leuchtturms liegen noch einige schiitische Gräber (10. Jh.) sowie Mauerreste von Zisternen. **Cap Afric**

Der Alte Hafen von Mahdia (Ancien Port Fatimide) geht vermutlich auf den punischen Kothon zurück. Eine etwa 15 m lange, schmale Fahrrinne wurde von zwei von den Fatimiden errichteten Wehrtürmen bewacht, die in die Stadtmauer einbezogen waren und erst später mit einem Bogen verbunden wurden. **Ancien Port**

Auf dem Rückweg kann man ein traditionell eingerichtetes arabisches Wohnhaus besichtigen (Rue M. Abessalam; Juni – Aug. tgl. 9.00 bis 23.00, Sept. – Mai 9.00 – 18.00 Uhr). **Dar Sghir**

Fahrt zum Ras Boutria

Für archäologisch besonders interessierte Besucher bietet sich von Mahdia ein Ausflug entlang der Küste über Salakta und Chebba zum 59 km südlich gelegenen Ras Boutria an.
Nach 14 km erreicht man hinter dem Städtchen Ksour Essaf die bescheidenen Ruinen des antiken Sullectum (Salakta). Vermutlich wurde von hier die Arena in El Djem mit Löwen für die Gladiatorenkämpfe versorgt. ◄ Salakta

Nach 23 km folgt Chebba. Am vorgelagerten Cap Ras Kaboudia stehen die auf byzantinischen Grundmauern errichteten Ruinen des Ribat Bordj Khadidja. Er gehörte zu einer Kette gleichartiger Anlagen, die im 8. Jh. von den Abbasiden entlang der tunesischen Sahel-Küste errichtet wurden (►Sousse, ►Monastir). Die antike Siedlung an dieser Stelle hieß Caput Vada. Sie machte in byzantinischer Zeit Geschichte, als hier 533 der oströmische Feldherr Belisar landete, bevor er den Vandalen eine vernichtende Niederlage beibrachte. **Chebba**

Etwa 15 km südlich von Chebba liegt das Cap Ras Boutria (Anfahrt: 8 km südlich der Ortschaft Mellouleche zweigt eine Straße in Richtung Küste ab) mit den Resten des antiken Acholla. Das Ausgrabungsfeld enthält neben den Grundmauern römischer Häuser auch die bescheidenen Ruinen eines Amphitheaters und einer Thermenanlage. Die großartigen Mosaiken, u. a. das berühmte Mosaik »Triumph des Bacchus«, befinden sich im Bardo-Museum in ►Tunis. **Ras Boutria** ◄ Acholla

Die Spuren der Bohrmuscheln sind deutlich zu erkennen.

2000 JAHRE IM SCHLICK

Um 80 v. Chr. verlässt ein circa 27 m langer, schwer beladener Frachtsegler den Hafen Piräus in Athen. Sein Ziel, wahrscheinlich ein Hafen in Mittelitalien, erreicht er nicht. Ein Mastbruch, der Verlust der Segel oder ein Sturm lässt das Schiff von seinem Kurs abkommen und vor der Küste Nordafrikas, nur 5 km vom rettenden Ufer von Mahdia, sinken.

Im Jahr 1907 entdeckten griechische Schwammtaucher in 40 m Tiefe das Wrack und rund 60 mit Muscheln und Schwämmen überzogene Marmorsäulen, zwischen denen auf dem Meeresboden Statuen, kleinere Marmorteile und einige Bronzefiguren lagen. Der spektakuläre Fund erregte die Aufmerksamkeit von Alfred Merlin, dem jungen Direktor des Bardo-Museums in Tunis. Zwischen 1908 und 1913 fanden aufwendige Bergungskampagnen statt. Dies war die **Geburtsstunde der Unterwasserarchäologie**, trotz erschwerter Bedingungen: Die Archäologen konnten nicht tauchen, die griechischen Taucher nur nach Anweisungen arbeiten, ihre Ausrüstung war zentnerschwer und ihr Bewegungsraum unter Wasser stark eingeschränkt, da sie ihre Atemluft über einen mit dem Boot verbundenen Schlauch erhielten. Weitere Expeditionen, u. a. unter Leitung Jean Jacques Cousteaus Ende der 1940er- und Mitte der 1950er-Jahre sowie zuletzt 1993 mit Unterstützung der Deutschen Gesellschaft zur Förderung der Unterwasserarchäologie (DEGUWA), brachten faszinierende Details über das Wrack von Mahdia ans Tageslicht.

300 Tonnen Schiffsladung

Die Ladung war insgesamt rund 300 Tonnen schwer: **Architekturteile**, darunter Marmorsäulen, ionische und korinthische Kapitelle und Säulenbasen, **Kunst- und Gebrauchsgegenstände** wie Prunkvasen aus Marmor, sog. Krater, die mit figürlichen Reliefs verziert sind, Kandelaber, Inschriften, Skulpturen aus Marmor und Bronze, Möbelbeschläge aus Bronze, Ampho-

Die Bronzeherme mit dem bärtigen Kopf des Weingottes Dionysos nach ihrer Restaurierung

ren und Mühlsteine sowie **Schiffszubehör** wie Anker, Teile einer Lenzpumpe sowie Essgeschirr und Amphoren mit Trinkwasser und Lebensmittel für die Schiffsbesatzung und Passagiere. Zu den schönsten Gegenständen gehören die geflügelte Statue eines Eros, des griechischen Liebesgottes, eine 106 cm hohe Bronzeherme mit dem bärtigen Kopf des Weingottes Dionysos, die Statuette eines Fackelläufers, fast lebensgroße Bronzeköpfe des jugendlichen Dionysos und Ariadnes, eine Gruppe tanzender Zwerge aus Bronze, sog. Grotesken, monumentale Marmorvasen, Kandelaber für Öllampen und Weihrauchschalen, von mindestens 22 Ruhebetten (Klinen) werden verzierte Bronzebeschläge geborgen – ihre Holzrahmen und -beine hatten sich im Wasser längst zersetzt. Alles in allem gehört das Wrack zu den **größten und bedeutendsten Schiffsfunden der Antike**.

Ein Teil der Marmorskulpturen war ganz und gar unversehrt, denn der Schlamm auf dem Meeresboden hatte sie geschützt. Nur dort, wo sie dem Meerwasser direkt ausgesetzt waren, konnten Bohrmuscheln den Marmor angreifen und regelrecht durchlöchern.

Diebesgut oder Handelsware?

Eine Zeitlang wurde vermutet, das Schiff habe Raubgut aus der Plünderung Athens durch Sulla 86 v. Chr. geladen. Aber die meisten Gegenstände zeigten keine Gebrauchsspuren. Heute geht man davon aus, dass es sich vor allem um Handelsware aus Athener Werkstätten auf dem Weg nach Rom handelte. Die fast 70 Säulenschäfte kamen direkt aus den pentelischen Marmorbrüchen bei Athen. Es gab aber auch einige »Antiquitäten« an Bord, darunter die Bronzeherme, die, das zeigen Spuren, schon früher aufgestellt gewesen war. Die Ausgrabungsfunde, sogar Teile des Kiels, gehören heute zu den Schätzen des **Bardo-Museums** in Tunis (Literatur: »Das Wrack. Der antike Schiffsfund von Mahdia«, Gisela Hellenkemper Salies u. a.; Rheinisches Landesmuseum Bonn, 1994).

✶ Makthar · Mactaris

H 4

Gouvernorat: Siliana
Einwohner: 14 500
Höhe: 950 m ü. d. M.

Der kleine, erst 1887 wieder gegründete Marktort liegt zwischen Bergland und Steppe in Tunesiens zweitgrößter Agrarregion (nach dem Medjerda-Tal). Vor über 1800 Jahren war Makthar eine blühende Stadt, deren Ruinen neben ►Dougga und ►Bulla Regia zu den bedeutendsten archäologischen Stätten Tunesiens gehören.

Makthar gestern und heute

Bereits im 2. Jh. v. Chr. gründeten Numider an dieser Stelle, von der sich die zwischen Bergland und Steppe gelegenen Verbindungswege gut kontrollieren ließen, eine Siedlung. Nach der Zerstörung Karthagos 146 v. Chr. zogen viele punische Flüchtlinge nach Makthar, das damals noch außerhalb der römischen Provincia Africa lag. Dies führte schnell zu einer Punisierung in Sprache, Religion und Sitten. Die Überreste eines Tophet (►Carthage) sowie zahlreiche Grabstelen und punische Inschriften bezeugen die Langlebigkeit des punischen Einflusses. Es dauerte beinahe 200 Jahre, bis die Romanisierung von Mactaris, wie die Römer den Ort nannten, vollzogen war. Erst unter Trajan, zu Beginn des 2. Jh.s n. Chr., wurde die Siedlung zum Municipium erhoben, 180 erhielt Mactaris unter Marc Aurel den Status einer Colonia und somit alle Bewohner das römische Bürgerrecht. Es verwaltete rund 60 in der Umgebung gelegene Dörfer und wurde eine der reichsten Städte der Provinz. Getreide-, Oliven-, Vieh- und Textilienhandel entwickelten sich zu höchster Blüte. Dies schlug sich auch in einer regen Bautätigkeit nieder. In byzantinischer Zeit wurde die Stadt befestigt. Die arabische Eroberung brachte den Niedergang, die Einfälle der Beni Hilal (1050) besiegelten ihr Ende. Nach der Neugründung durch die Franzosen als Verwaltungs- und Marktort 1887 begannen 1914 die ersten Ausgrabungen in Makthar. Bislang wurde erst ein Drittel des äußerst weitläufigen antiken Stadtgebietes freigelegt. Montags findet ein gut besuchter Markt statt.

i Anfahrt

- Am Busbahnhof (Gare Routière, am Marktplatz) treffen Busse aus Tunis, Teboursouk/Tunis, Le Kef, Sbeïtla/Kasserine und Kairouan ein.

✶ Ausgrabungen

Museum

Öffnungszeiten:
tgl. 8.00 – 19.00,
im Winter bis 17.30

Das Ausgrabungsgelände wird über den Museumsgarten direkt an der Ausfallstraße Kairouan – El Kef betreten. In dem kleinen Museum sind u. a. Grabsteine und Stelen teilweise mit punischen Inschriften und Symbolen wie Halbmond, Tauben, Pfau, Weintraube, Granatapfel und Fische aus dem 1. Jh. v. Chr. bis zum 3. Jh. n. Chr.

ausgestellt. Aus römischer Zeit stammen Skulpturen und Architekturfragmente, aus byzantinischer Zeit einige Bronzen, Öllampen und ein Bodenmosaik mit Tierdarstellungen und einer Inschrift (6. Jh.).

Im Gelände

Hinter dem Museum sind die Reste eines in eine **Basilika** umgewandelten Tempels zu sehen. Eine gepflasterte römische Straße mit tiefen Wagenspuren führt an einem **Amphitheater** mit erhaltener Arena

Mactaris *Makthar*

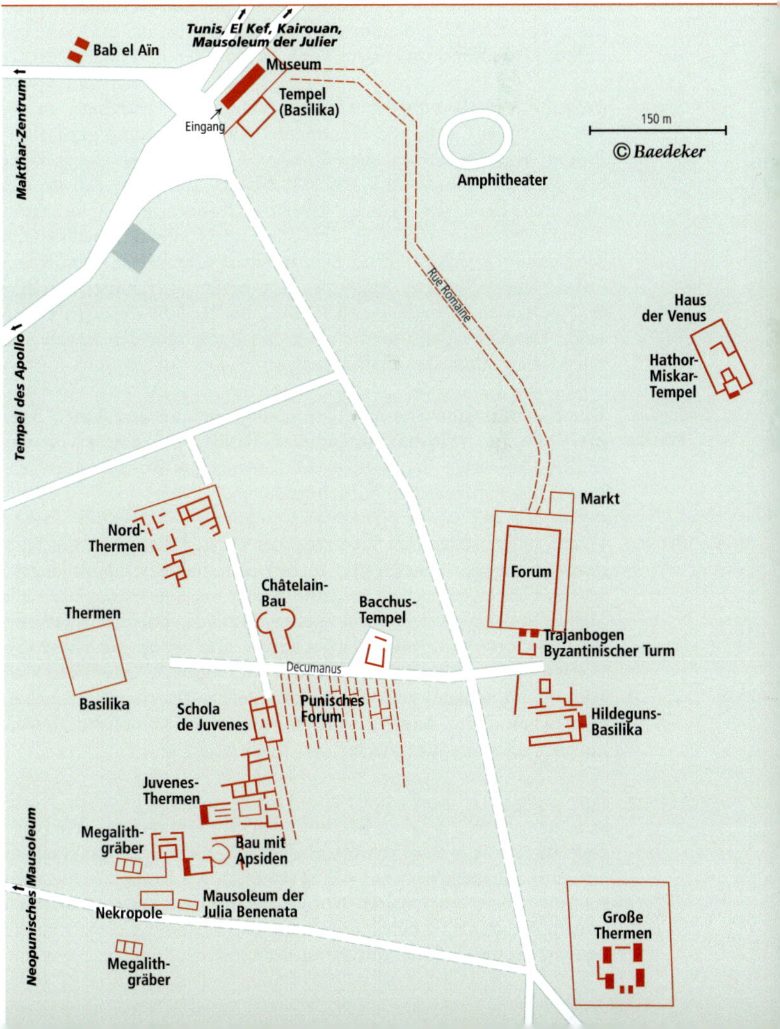

(westlich) vorbei auf eine Anhöhe hinauf. Von oben erkennt man schon den sehr gut erhaltenen Bogen des Trajan (►unten).

Hathor-Miskar-Tempel ► Östlich liegt der kleine Hathor-Miskar-Tempel. Vermutlich im 1. Jh. v. Chr. als punisches Heiligtum errichtet (Hathor Miskar war eine ägyptische Liebesgöttin), wurde es im 2. Jh. erneuert und im 4. Jh. zu einer christlichen Basilika umgebaut. Der Grundriss besteht aus einem ummauerten Vorhof, einer Vorhalle sowie der Cella. Auf einer Inschrift sind die Namen dreier Sufeten (punische Stadtverwalter) vermerkt. Die Apsis wurde wohl im 4. Jh. angefügt. In einer Kammer unter dem Heiligtum wurde der Tempelschatz aufbewahrt.

In dem anschließenden römischen Haus (**Maison de Venus**) wurde ein gut erhaltenes Bodenmosaik gefunden: Venus, die ihre Sandalen ablegt, sowie Vögel und Fische (2./3. Jh.).

Forum Vermutlich zu Beginn des 2. Jh.s entstand das rechteckige, an der Kreuzung von Cardo und Decumanus gelegene, marmorgepflasterte Forum. Von den umliegenden Portiken und Gebäuden gibt es keine Spuren mehr. Nordöstlich schließt sich ein kleiner Markt an. Am südlichen Ende des Forums erhebt sich der prächtig erhaltene

Trajanbogen ► Trajanbogen, der 116 n. Chr. zur Feier der Erhebung Mactaris zum Municipium errichtet wurde. Eine Inschrift widmet ihn »dem Kaiser Caesar Nerva Trajanus Augustus, dem besten aller Kaiser, Besieger der Germanen, Armenier und Parther, im 21. Jahr seiner tribunizischen Gewalt«. Später vermauerten die Byzantiner den Bogen und integrierten ihn in ihre Festungsanlage.

Hildeguns-Basilika Durch den Trajanbogen hindurch gelangt man zu den Resten einer dreischiffigen, mehrmals veränderten Basilika mit einem von vier Säulen flankierten Taufbecken. Hier wurde ein Vandalenfürst namens Hildeguns aus dem 5. Jh. begraben.

Große Thermen Weiter südlich folgen die Überreste der Großen Thermen, die Ende des 2. Jh.s erbaut wurden und zu den besterhaltenen in Afrika zählen. Das Untergeschoss ist vollständig erhalten. Die Wände der Cella Media, an die das Frigidarium (Kaltbad) und das Caldarium (Warmbad) anschlossen, ragen 12–15 m empor und zeigen noch ihre Gewölbeansätze, schöne Bodenmosaike sind freigelegt. Sehenswert sind auch die im Rankenwerk der Säulenkapitelle auftauchenden Fabeltiere, Zeichen dafür, dass zur Entstehungszeit des Komplexes libysch-punisches Kulturgut in Mactaris noch lebendig war.

Punisches Forum Eine gepflasterte Straße führt zum älteren punischen Forum. Nördlich hiervon steht der dem **Bacchus geweihte Tempel** des Liber Pater. Bacchus war wohl einer der Stadtheiligen. Von dem Heiligtum ist außer einer Doppelkrypta nur wenig erhalten, das heutige Mauerwerk stammt von einem späteren Bau. Vorbei an den Resten eines nach seinem Ausgraber »Châtelain« genannten Gebäudes gelangt man zu den sog. Nord-Thermen mit schönen Fußbodenmosaiken.

Schola de Juvenes: Einst versammelten sich hier Schüler, später dann Christen.

Schola de Juvenes

Vom Punischen Forum Richtung Süden kommt man zum Komplex der Schola de Juvenes, einer Schule der Jugend, eine auch aus anderen Städten bekannte Einrichtung. In diesen Anstalten wurden junge Männer nicht nur in sportlicher und militärischer Hinsicht, sondern auch in Politik, Steuerrecht und Warenkunde unterrichtet. Mit dem Bau der Schola von Mactaris war 88 n. Chr. begonnen worden, wie eine im Ruinengelände gefundene Inschrift, auf der namentlich 70 Mitglieder aufgezählt werden, beweist. Aber erst gegen Ende des 2. Jh.s war der Gesamtkomplex fertiggestellt. Besonders gut erhalten ist die so genannte Palaestra, ein durch den wohlhabenden Bürger Julius Piso gestiftetes Gymnasium mit einem von korinthischen Säulen umgebenen Innenhof, sowie ein kleiner Vorlesungsraum. Auch die Basilika, die ehemalige Versammlungshalle von 88 n. Chr., die später als christliche Kirche diente (der Altar ist ein punischer Sarkophag), ist noch gut zu erkennen. Besondere Beachtung verdienen hier ein dem Stifter und seiner Tochter Julia gewidmetes Denkmal und die schön verzierte Säule für die Tochter.

Weitere Sehenswürdigkeiten

Südlich an die Schola grenzen die **Juvenes-Thermen**, das frühchristliche **Mausoleum der Julia Benenata** aus dem 4. Jh. sowie ein mit vier Apsiden ausgestatteter Bau (Edifice aux Auges; drei Apsiden wurden nachträglich im 4. Jh. angefügt). Unmittelbar dahinter liegt eine **Nekropole**, die seit der Gründung von Mactaris bis ins 4. Jh. als Begräbnisstätte diente, sowie mehrere freigelegte Dolmen- oder megalithische Gräber aus numidischer Zeit.
Ungefähr 300 m westlich gelangt man zu einem zweistöckigen, von einem Pyramidendach gekrönten **Mausoleum**. Es ist die römische

Version der aus numidisch-punischer Zeit übernommenen turmförmigen Grabmäler, von denen nur ein Beispiel in ► Dougga erhalten geblieben ist. Nordwestlich liegen die Überreste eines **Apollotempels** (2. Jh.), der vermutlich an der Stelle eines Baal-Hammon-Heiligtums errichtet wurde. Hier sind auch noch die Überbleibsel eines Aquädukts zu erkennen. Außerhalb des Ausgrabungsgeländes erhebt sich das antike Stadttor Bab el Aïn (restauriert); hier, nahe am Bach, befand sich das Baal Hammon geweihte punische Tophet. Nordöstlich vom Museum erhebt sich das halb zerfallene Mausoleum der Julier.

Umgebung von Makthar

Hammam Zouakra

In der Umgebung liegen noch weitere, erheblich weniger bedeutende Ausgrabungsstätten. In Hammam Zouakra (19 km nordwestlich) sind Ruinen der antiken Siedlung (Triumphbogen, megalithisches Denkmal, Mausoleen) zu sehen.

★ Ellès

Numidische Megalithgräber sind auch in Ellès, dem antiken Thigibba, erhalten. Über 40 dieser Großsteingräber wurden hier entdeckt. Riesige, mehrere Tonnen schwere Steinquader, bis zu 12 m² groß und 50 cm dick, bedecken die zu den Grabkammern führenden, ebenfalls aus Steinen zusammengestellten Grabgänge (Anfahrt: GP 12 Richtung El Kef, nach rund 27 km Abzweigung Richtung Süden und noch 12 km bis zum Dorf Ellès).

La Kesra

Das **alte Berberdorf** La Kesra »klebt« 1078 m hoch an einem mit Aleppo-Kiefern bewaldeten Felsen, etwa 20 km südwestlich von Makhtar oberhalb der nach Kairouan führenden GP 12. Hat man den Ort auf einer steilen, kurvigen Straße erreicht, geht es nur zu Fuß weiter. Auf dem höchsten Punkt befinden sich der Marabout des Sidi Ameur und die Reste einer byzantinischen Festung.

★★ Matmata

18

Gouvernorat: Gabès
Einwohner: 6000
Höhe: 650 m ü. d. M.

Im Bergland von Matmata gruben die Menschen seit Jahrtausenden zum Schutz vor Hitze und Feinden ihre Wohnungen ins Erdreich: Matmata ist das älteste und bekannteste Höhlendorf.

Sehenswertes in Matmata und Umgebung

Dahar-Bergland

Matmata liegt im zerklüfteten, von vielen Tälern durchzogenen Bergland von Dahar, Kulisse von George Lucas' Weltraummärchen »Krieg der Sterne« (► Baedeker Special S. 390). Der schmale, wüstenhafte,

MATMATA ERLEBEN

AUSKUNFT

Bureau de Tourisme
In Matmata
Route de Gabès
Tel. 75 24 00 75

Syndicat d'Initiative
Route de Toujane
Tel. 75 24 01 14

ANFAHRT

Aus Gabès kommend passiert man zunächst Matmata Nouvelle, von wo es noch 15 km bis zur Höhlenstadt sind. Landschaftlich sehr schön ist die Strecke von Médenine über Metameur und Toujane nach Matmata (61 km).

ESSEN

► Preiswert

Rym
an der Ausfahrt in Richtung Matmata Nouvelle
Einfache Kost auf schöner Aussichtsterrasse.

Chez Abdoul
Place Centrale
(bei der Abzweigung nach Tamezret/Douz, gegenüber dem Syndicat d'Initiative)
Sehr einfache Gerichte.

ÜBERNACHTEN

► Luxus

Diar El Barbar
An der Straße nach Tamezret/Douz, ca. 1 km außerhalb des Ortes
Tel. 75 24 00 74; Fax 75 24 01 44
Dieses unterirdisch angelegte Haus hat exklusiv eingerichtete Zimmer rund um einen riesigen Innenhof. Klimatisiert. Zwei Restaurants à la carte.

► Komfortabel

Ksar El Amazigh
An der Ausfallstraße in Richtung Douz, links vor dem Diar El Barbar
Tel. 75 24 00 88
Fax 75 24 01 73
Harmonisch fügt sich dieses Haus (100 Betten) in die Berglandschaft ein. Andalusischer Baustil, Pool. Romantiker schwärmen von den Sonnenuntergängen. Gutes Restaurant mit internationaler Küche.

Matmata
Tel. 75 24 00 66
Fax 75 24 01 77
Angenehme Unterkünfte in einer Bungalowanlage mitten im Ort. Stellplätze für Wohnmobile, Zimmer mit Bad, WC und Klimaanlage. Preislich günstig für das, was geboten wird, selbst der Pool fehlt nicht. Sehr gute Küche.

► Günstig

Les Berbères
Tel. 75 24 00 24
Fax 75 24 00 97
Hier schliefen die Hauptdarsteller von »Der Krieg der Sterne«. 80 Betten in elf Zimmern unter der Erde. Im Innenhof sind Filmrequisiten ausgestellt. Nur Hartgesottenen zur Übernachtung zu empfehlen.

Auberge Chambhala
in Toujane
von Matmata kommend an der Hauptstraße links
Tel. 98 66 34 82
Sieben einfache Zimmer, ein kleines Badezimmer; der junge Inhaber bereitet auch Essen, verkauft Teppiche und Tonwaren.

bis auf 750 m ansteigende Felsrücken (Dahar = Rücken) beginnt südwestlich von ►Gabès und erstreckt sich bis nach ►Tataouine. Zur Djeffara-Ebene fällt er in mehreren Stufen ab. Im Dahar leben traditionell die Djebalia, Berglandbewohner, die sich im 11. Jh. vor den Einfällen der Beni Hillal hierher zurückgezogen haben. Die Bevölkerung lebt vor allem von der Landwirtschaft, was bei den geringen Jahresniederschlägen ein Problem darstellt. Daher ist hier die so genannte Djessour verbreitet. Djessouren sind niedrige Erdwälle, die in kleinen Schluchten und Wadis treppenartig hintereinander angelegt sind. Die Wälle verhindern, dass wertvoller Boden weggeschwemmt wird; sie fangen den Niederschlag auf, der tiefer in die sandigen Erdschichten eindringt und auf diese Weise länger verfügbar bleibt. Auf den terrassenförmigen Feldern wachsen meist Dattel-, Oliven- und Feigenbäume, sehr selten Getreide. Die über Generationen weitergegebene Djessour geht jedoch immer mehr zurück. Zum einen ist die Arbeit recht mühselig, zum anderen ist die Konkurrenz der billigen Agrarprodukte aus der EU und den USA sehr groß. Stattdessen verpachten die Bauern ihr Land an Hirten, die mit ihren Ziegen- und Schafherden auf Dauer Vegetation und Boden »verwüsten«.

Djessour ►

? WUSSTEN SIE SCHON ...?

- ... dass im regenarmen Dahar 25 Schafe oder Ziegen etwa 350 ha Weidefläche benötigen?

Matmata Nouvelle

Alt-Matmata mit den unterirdischen Höhlenwohnungen liegt 15 km südlich von **Matmata Nouvelle**, Neu-Matmata, dem Zentrum der Berbersiedlungen. Es entstand in den 1960er-Jahren, als die Bewohner aus den umliegenden Höhlendörfern von der tunesischen Regierung hierher umgesiedelt wurden. Für Reisende sind die einzige Tankstelle im Matmata-Bergland, die Post und die Bank interessant.

Maison Troglodyte

Schon 5 km vor Alt-Matmata laden erste Schilder mit »Maison troglodyte« zur Besichtigung von **Höhlenwohnungen** ein. Zwar ist der Eintritt frei, aber die Bewohner – der griechische Schriftsteller Herodot nannte sie Troglodyten – leben mittlerweile vor allem vom Verkauf von Andenken bzw. vom Trinkgeld der Touristen, die sie durch ihre Häuser führen. In Haddej (ca. 3 km südöstlich) sind noch einige der weit verstreut gelegenen Höhlenwohungen bewohnt, u. a. eine unterirdisch betriebene Ölmühle und eine sog. Heiratshöhle.

Haddej ►

★★ Matmata

Kurz vor Ortsbeginn hat man einen ersten Blick auf Matmata. Allerdings ist dieser eher enttäuschend, denn in Matmata dominieren mittlerweile die vielen modernen oberirdischen Häuser. Nach offiziellen Angaben leben noch etwa 3000 Menschen in den rund 250 Wohnhöhlen, tatsächlich jedoch wohl nur noch ca. 200. In einigen Wohnhöhlen sind einfache Hotels untergebracht, andere können ge-

Die Höhlenwohnungen bieten Schutz vor Hitze, Wind und Kälte. →

gen Eintritt bzw. Trinkgeld und den Kauf von Reiseandenken besichtigt werden. Ein kleines Museum in einer ehemaligen Wohnhöhle (hinter dem Hotel Sidi Driss) zeigt sehr anschaulich die traditionelle Berberkultur. Andere Wohnhöhlen verfallen leider. Näheres über die Architektur der Wohnhöhlen ►S. 81.

Beni Mtir Auch Beni Mtir liegt teilweise unter der Erdoberfläche. Man erreicht es aus Matmata kommend auf der GP 16 in Richtung Tamezret. Nach etwa 6 km biegt man auf eine Piste ab, die etwa 500 m in Richtung Norden führt. Eine gelegentlich noch genutzte Ölmühle befindet sich in Felsgrotten unterhalb der fünfkuppeligen Moschee. Der 20-minütige Fußmarsch zum hoch gelegenen verlassenen Dorf lohnt wegen des schönen Ausblicks vor allem bei Sonnenuntergang.

> ! *Baedeker* TIPP
>
> **Tipp zur Besichtigung**
>
> Schon bei der Ankunft eines ortsfremden Pkws stürmen von überall her Kinder und Jugendliche, die sich als Führer durch die Höhlenstadt anbieten. Am besten besichtigt man Matmata jedoch mit einem autorisierten Führer (guide) erkennbar an dem Namensschild, das er deutlich sichtbar an seiner Kleidung trägt. Die Vermittlung erfolgt entweder über das Syndicat d'Initiative im Ort oder über die Hotels.

✶✶ Tamezret Das kleine Berberdorf Tamezret (12 km westlich von Matmata; 1000 Einw.) mit seinen verschachtelten Natursteinhäusern und in den Fels gehauenen Wohnungen liegt malerisch auf einem Hügel. Treppenförmig angelegte Wege und verwinkelte Gassen führen steil bergan. Unbedingt besuchenswert ist das auf halbem Weg angelegte kleine **Museum** mit liebevoll zusammengetragenen Möbeln, einigen Kostümen und allerlei Werkzeugen. Am höchsten Punkt des Ortes befindet sich das **Café Berbère**, von seiner Dachterrasse bietet sich ein grandioser Rundblick über das bergige Umland.

Zeraoua Zeraoua, ein 7,5 km nördlich von Tamezret gelegenes, verlassenes Berberdorf, erreicht man nur zu Fuß oder mit dem Geländefahrzeug. Ungehindert kann man hier durch die teilweise verfallenen Gassen und Wohnhäuser schlendern und einen respektvollen Blick in Moscheen und Marabouts werfen (Anfahrt: Am westlichen Ortsende von Tamezret steht ein Schild; zunächst ist die Piste schwer zu erkennen).

Techine Ein rund 85 km langer Abstecher vom Höhlendorf Matmata führt durch abwechslungsreiche, teils bizarre Berglandschaft. Zunächst geht es auf der MC 104 (Teerstraße) in Richtung Toujane, an den Marabouts von Sidi Moussa und Sidi Khelifa vorbei nach Techine (13 km), dessen Bewohner zum großen Teil in Neubauten wohnen. Die einstigen Wohnhöhlen dienen heute meist als Lagerräume. Ein Museum informiert über die **Wohnkultur der Berber**. Weitere Höhlenwohnungen gibt es in Zriba, 3,5 km westlich von Techine.

Zriba ►

Verschachtelte Natursteinhäuser in Tamezret

★ **Toujane**

Ein lohnenswerter Abstecher führt von Metameur nach Toujane (32 km). Zwar ist die Straße streckenweise etwas eng und kurvenreich, dafür wird man immer wieder mit herrlichen Ausblicken auf die karge Berglandschaft belohnt. Wo immer es möglich ist, wachsen auf von niedrigen Erdwällen (Djessouren) gesäumten Feldern Olivenbäume und Palmen (siehe S. 314). Der Ort liegt auf halber Höhe des Kef Toujane (612 m) und ist für seine gewebten Teppiche und ausgezeichneten Honig bekannt. Den schönsten Blick hat man von den hoch gelegenen Ruinen zweier kleiner Burgen (Kalâa; 1,5 Std. Fußmarsch, sehr beschwerlich). Im **Café de Montagne** bei der Speicherburg gibt es Tee aus Rosmarin und Thymian, guten Honig sowie eine bescheidene Übernachtungsmöglichkeit (Auberge de la Montagne, Tel. 98 92 97 56), außerdem Teppiche und eine alte Ölmühle zu besichtigen (von Matmata kommend auf der Hauptstraße links). Die Fahrt nach Matmata ist nur geübten Fahrern zu empfehlen.

Médenine

K / L 9

Gouvernoratshauptstadt
Einwohner: 43 000
Höhe: 84 m ü. d. M.

Zwischen Küste und Dahar-Bergland in Richtung Libyen erstreckt sich die Djeffara-Ebene, Hauptstadt dieser Region ist Médedine.

MÉDENINE ERLEBEN

ESSEN / ÜBERNACHTEN

► Erschwinglich/Komfortabel

Hotel Sangho
Place du 7 Novembre
Tel. 75 64 38 78
Fax 75 64 05 50
Modernes Standardhotel im einzigen Hochhaus in Médenine (80 Betten), klimatisierte Zimmer. Im ersten Stock ist die einzige Möglichkeit, etwas vornehmer zu essen. Da wenig frequentiert, ist die Auswahl eher dürftig, das Essen selber aber gut. Obwohl im Landesinnern gelegen, werden speziell Meeresfrüchte lecker zubereitet.

Idealer Ausgangsort Médenine bietet für Touristen wenig Sehenswertes außer dem recht ursprünglichen Mittwochs- und Donnerstagsmarkt. Es ist jedoch ein guter Ausgangsort für Ausflüge im Umkreis. Ursprünglich war es eine wichtige Station auf dem Karawanenweg aus dem Inneren Afrikas ans Mittelmeer. Unter den Franzosen war hier eine Garnison stationiert und Bourguiba förderte den Aufstieg der Stadt als Verwaltungszentrum des zweitgrößten Gouvernorats des Landes. Bis in die 1950er-Jahre gab es in und um Médenine die bedeutendste Ansammlung der für Südtunesien charakteristischen Ghorfas (►Baedeker Special S. 364). Doch bereits unter französischem Protektorat und noch in den 1960er-Jahren wurden sie im Zuge falsch verstandener Stadtsanierung größtenteils abgerissen. So ist Médenine heute eine überwiegend moderne Stadt.

Sehenswertes in Médenine und Umgebung

✶ Ghorfakomplex in Médenine In Médenine ist lediglich an der Ausfallstraße in Richtung Gabès ein einziger Ghorfakomplex erhalten, heute eine Art Einkaufszentrum für Souvenirs und Ramsch aller Art zu recht überhöhten Preisen. Unbedingt empfehlenswert ist es, auf das Dach hinaufzusteigen (die Treppe befindet sich am Fotogeschäft), um von hier oben einen Blick in einen dahinterliegenden, nicht rekonstruierten Ghorfakomplex zu werfen.

Djeffara-Ebene Zwischen Gabès im Norden und der libyschen Grenze erstreckt sich die Wüstensteppe der Djeffara-Ebene, seit dem 7. Jh. die Heimat arabischer und arabisierter Halbnomaden, der Djeffari. Zur Erntezeit sieht man auch heute noch häufig ihre Zelte. Jedoch weisen verlassene Ksour und Ghorfas darauf hin, dass die jahrhundertealte Lebensform des Nomadismus vorüber ist. Einige erfahren – vereinzelt – als Sehenswürdigkeit herausgeputzt eine neue Verwendung.

✶ Metameur Metameur (ausgesprochen wird es Mat'amr; ca. 6 km nördlich von Médenine) hat noch weitgehend sein altes Ortsbild erhalten und wird von einem Ghorfa-Komplex überragt. Die rund 600 Jahre alten Speicher gruppieren sich um zwei Höfe, einige sind restauriert, andere verfallen. Eine Pause kann man im gegenübergelegenen Café el Ghorfa einlegen. Von Metameur führt eine einfache Straße weiter nach Toujane (ca. 32 km, ►Matmata). Die nach Matmata weiterführende Bergstraße ist nur geübten Autofahrern zu empfehlen.

Beni Kheddache

Über die MC 113 Richtung Westen kommt man zu dem Steilhang jener Berge, wo zahlreiche Speicherburgen Südtunesiens liegen (►Baedeker Special S. 364). Wenige Kilometer vor Beni Kheddache sieht man linker Hand den spektakulär auf einem Bergsporn gelegenen **Ksar Jouamâa** (oder Djouama). Rund um den Markt- und Verwaltungsort **Beni Kheddache** (34 km südwestlich von Médenine) liegen einige besuchenswerte Dörfer: Ksar el Hallouf (»Schweineburg«; 12 km nordwestlich) ist eine kleine Oase in bizarrer Bergwelt; oberhalb vom Ort steht ein Ksar aus dem 13. Jh.; ein Teil der zweigeschossigen Ghorfas wird als Hotel genutzt (Relais Ksar el Hallouf, Tel. 75 63 71 48; 5 Zimmer, Kat. günstig. Preis vorher aushandeln).

★ ◄ Ksar el Hallouf

Über das Dörfchen **Ksar Jedid** mit einer einstöckigen Ghorfa-Anlage erreicht man wieder die MC 113 und Médenine (20 km).

Ghorfas, wie die Vorratsspeicher der Berber heißen, in Médenine

★ Monastir

L 4

Gouvernoratshauptstadt
Einwohner: 80 000

Höhe: Meereshöhe

Monastir nimmt die Spitze einer kleinen, felsigen Halbinsel am südlichen Ende des Golfs von Hammamet ein. Die Geburtsstadt des ersten Staatspräsidenten besitzt eine kleine, ummauerte Medina, im Norden schließen sich kilometerlange feinsandige Strände an.

Monastir gestern und heute

Zusammen mit dem Villenvorort Skanès hat sich Monastir zu einem der bekanntesten Ferienzentren des Landes entwickelt. Entlang der nach Norden verlaufenden Route touristique wechseln prachtvolle Luxushotels, hübsche Villen und nüchterne Hotelhochhäuser einander ab. Neben dem Fremdenverkehr spielen Olivenölverarbeitung und Salzgewinnung eine Rolle.

Bereits die Phönizier hatten an dieser strategisch günstig gelegenen Stelle eine Handelsniederlassung namens Rous Penna gegründet, welche die Römer als Ruspina weiter besiedelten. Während des Bürgerkrieges zwischen Pompejus und Cäsar zwischen 49 und 46 v. Chr. hatte letzterer hier sein Hauptquartier in Nordafrika aufgeschlagen. Im 8. Jh., als die Araber die nordafrikanische Küste mit einer Kette

Das erste einer ganzen Kette von islamischen Wehrklöstern: der Ribat von Monastir

von Wehrklöstern überzogen, entstand auch hier ein Ribat, dem die Stadt ihren aus dem Griechischen abgeleiteten Namen verdankt: Monasterion (= Kloster). Nachdem die Beni Hillal im 11. Jh. Kairouan zerstört hatten, war Monastir zeitweise sogar die heiligste islamische Stadt Tunesiens. Später sank es jedoch zu einem unbedeutenden Markt- und Fischerort ab, der erst nach der Unabhängigkeit Tunesiens und dank der besonderen Förderung Bourguibas neue Bedeutung erlangte.

MONASTIR ERLEBEN

AUSKUNFT

Office de Tourisme
Av. de l'Indépendance
Tel. 73 52 02 05

Syndicat d'Initiative
L'Esplanade (beim Ribat)
Tel. 73 46 07 69

ANFAHRT

Der internationale Flughafen Monastir-Skanès liegt 9 km außerhalb in der Nähe der Hotelzone von Skanès an der Straße nach Sousse. Von hier fahren die Métro du Sahel (eine Schnellbahn) und Busse ins Stadtzentrum und in die Hotelzone.
Die Metro du Sahel verkehrt zwischen Sousse und Mahdia.

GUT ZU WISSEN

In der Hauptsaison verkehren außer der Métro du Sahel auch so genannte Trains touristiques (Touristenbähnchen) zwischen der Hotelzone und dem Stadtzentrum.
Im Sommer finden im Ribat so genannte Son-et-Lumière-(Licht-und-Ton-)Veranstaltungen statt.

ESSEN

In der Marina gibt es viele Cafés und Restaurants mit einem breiten Angebot, vom Schnellimbiss bis zum gepflegten Lokal.

► Fein & teuer

① ***Le Grill***
In der Marina von Monastir
Tel. 73 46 21 36
Hier ist man unter sich, wenn man vorher reserviert hat. Man sollte nicht glauben, was so ein einfacher Grill hervorzaubert, wenn man ihn richtig bedient. Feinste Langusten (nicht zu teuer), aber auch das Filet kommt lecker zubereitet auf den Teller. Edle Weine runden den Aufenthalt ab.

② ***Le Pirate***
Port de Pêche El Ghédir
Tel. 73 46 81 26
Das Lokal genießt einen hervorragenden Ruf, liegt jedoch etwas

außerhalb im modernen Fischerhafen im Osten von Monastir (Di. – So. 19.00 – 24.00, So. auch 12.00 – 15.00 Uhr). Das Besondere: Es gibt ein Fischmenü zu einem Festpreis und aus Überzeugung des Inhabers keinen Alkohol.

► Erschwinglich

③ ***Al Hambra***
Esplanade
Tel. 73 46 53 58
Kleines, sympathisches »Restaurant à l'européenne« zwischen Ribat und Bourguiba-Platz mit Terrasse.

④ ***Le Chandelier***
Am Eingang zur Marina von Monastir
Tel. 73 46 22 32
Das Lokal liegt im Hafen der Marina. Die reichhaltige Speisekarte mit ihren Fischspezialitäten, tunesisch zubereitet, ist groß gedruckt, sodass sie bei Kerzenlicht mühelos gelesen werden kann. Angenehmes Ambiente bei gedämpfter Musik.

ÜBERNACHTEN

► Luxus

① ***Emir Palace***
Zone Touristique (am Flughafen)
Tel. 73 46 79 00, Fax 73 46 38 23
In unmittelbarer Flugplatznähe und direkt am Strand gelegen, bietet dieses Hotel außer 486 Betten eine riesige Eingangshalle, geräumige Zimmer, reichliches Essen, europäische Küche, Transfer zum Golfplatz, Ausflüge ins nahe Sousse und bis nach Tunis.

► Komfortabel/Günstig

② ***Sahara Beach***
Tel. 73 46 10 88, Fax 73 46 14 70
Eine riesige Anlage (2000 Betten), an der Bahnstation »Aeroport« gelegen. Schöne Zimmer (schallisoliert wegen des Flugplatzes) mit herrlichem Blick auf den Sonnenuntergang über dem Meer. Gutes und reichhaltiges Essen, Freizeitangebote.

③ ***Eden Club***
Zone touristique, gegenüber dem Elektrizitätswerk
Tel. 73 46 66 10, Fax 73 46 66 16
Fast schon etwas zu legere Clubanlage (370 Betten): Manche Kellner haben zwar den Wink des Gastes gesehen, ihn wohl aber als Gruß verstanden. Reichhaltiges Essen vom Buffet, kurzer Weg zum Strand.

④ ***Monastir Centre***
Tel. 73 46 78 00
hncenter@planet.tn
Obwohl man zwei Straßen passieren muss, um an den Strand zu gelangen (wem das zu weit ist, der kann den riesigen Pool benutzen), fühlt man sich recht wohl hier. Gute Küche, große Räume.

⑤ ***Ribat***
Av. Habib Bourguiba, Strand von Monastir
Tel. 73 46 12 22, Fax 73 46 02 14
Etwas älteres Haus mit eigenem Strand und schöner Aussicht von der Terrasse. Geräumige Zimmer. Ausgezeichnetes Restaurant. Meeresfrüchte sind die Spezialität des Restaurants. Großes Animationsprogramm auch für die Kleinen.

► Günstig

⑥ ***Esplanade***
Av. Habib Bourguiba, neben dem Hotel Ribat
Tel. 73 46 70 12
Fax 73 46 00 50
Sehr einfaches, renovierungsbedürftiges Hotel mit ca. 200 Betten; im Restaurant wird internationale Küche serviert.

Monastir Orientierung

Essen
① Le Grill
② Le Pirate
③ Al Hambra
④ Le Chandelier

Übernachten
① Emir Palace
② Sahara Beach
③ Eden Club
④ Monastir Centre
⑤ Ribat
⑥ Esplanade

Sehenswertes in Monastir

★★ Ribat
Öffnungszeiten: tgl. 8.00 – 19.00, im Winter nur bis 17.30

Das bedeutendste Bauwerk Monastirs ist das alte Ribat, das 796 von Harthama Ben Ayan auf einer kleinen Anhöhe vor dem Hafen errichtet wurde und zusammen mit dem Wehrkloster von ► Sousse, mit dem es in Sichtverbindung stand, zu den ältesten arabischen Festungsanlagen in Nordafrika gehört. Im Unterschied zu Sousse wurde das Ribat von Monastir weiter verstärkt, u. a. im 9. und 11. Jh. die Kasbah um das Ribat herumgebaut, das auf diese Weise seine dominierende Stellung in der Medina behielt. Im 16./17. sowie im 18./19. Jh. erhielt es weitere Anbauten.

Seine ursprüngliche Seitenlänge beträgt nur 32,80 m. An seiner Südostseite erhebt sich der dreigeschossige (begehbare) Nador. Um den vermutlich einst den Männern vorbehaltenen Haupthof sind auf drei Seiten die ehemaligen Mönchszellen, Vorratsräume und Kasematten angeordnet. Das Männer-Ribat war durch ein Tor von dem wohl im 9. Jh. angefügten (Frauen?-)Ribat getrennt.

Islamisches Museum ► Den ehemaligen Gebetssaal im Obergeschoss nimmt heute ein Museum ein (Mo. geschl.). Ausgestellt sind u. a. eine Münzsammlung (10. – 11. Jh.), Koranschriften (8. – 12. Jh.), ägyptisch-koptisches Leinen sowie feine Seidenstoffe, Kunsthandwerk aus Glas und Bronze, Keramik, Schmuck sowie ein aus Cordoba stammendes Astrolabium von 927. Auf den wuchtigen Rundturm führen 90 Stufen. Die Mühe lohnt, von oben genießt man einen schönen Blick. Sowohl innerhalb als auch um das Ribat herum entstanden zahlreiche Filme; u. a. drehte hier 1976 der italienische Regisseur Franco Zefirelli Szenen für seinen Film »Jesus von Nazareth«.

Monastir *Ribat*

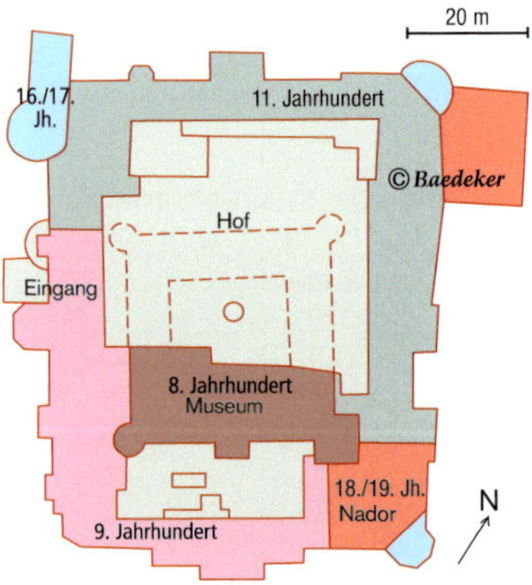

Zu Füßen des Ribat liegt die im 9. Jh. errichtete und im 11. Jh. von den Ziriden vergrößerte **Große Moschee**.

Gleich nebenan, auf dem Gelände des Hotel Esplanade, finden sich Überreste eines weiteren Ribat mit der **Grabmoschee der Heiligen Lalla Saïda**. In Richtung Medina steht das restaurierte Erdgeschoss des **Sidi-Dhouib-Ribat**, des dritten Ribats von Monastir.

Cimetière Sidi el Mézeri Im Nordwesten schließt sich an das Ribat ein Friedhof mit wunderschönen alten Marabouts an, die teilweise mit Kufi-Schriftbändern und Fayencenschmuck verziert sind, u. a. das aus dem 12. Jh. stammende Grabmal des Sidi el Mézeri. Die Größe des Friedhofs hängt mit dem Wunsch zahlreicher Muslime zusammen, in der Nähe des als Heiligtum geltenden Wehrklosters begraben zu werden.

Bourguiba-Mausoleum ► Am nördlichen Ende des Friedhofs, in einer Achse mit den zwei modernen achteckigen Pavillons am Eingang des Friedhofs erhebt sich das mit einer goldenen Kuppel versehene Mausoleum (1963) der Familie Bourguiba. Die zwei schlanken, 25 m hohen Minarette sind aus italienischem Marmor.

Medina Die Medina ist von einer erst im 18. Jh. errichteten, zinnenbewehrten Mauer umgeben. Dem Fremdenverkehr zuliebe wurde sie in den letzten Jahren vollständig renoviert und macht einen vielleicht zu gepflegten Eindruck. Die Angebote der Souk-Händler sind vor allem auf Touristen ausgerichtet und die Preise entsprechend hoch.

Erwähnenswerte Bauwerke sind hier das Geburtshaus Bourguibas in der Rue Trabelsia mit dem Musée du Mouvement National (Geschichte der Unabhängigkeit Tunesiens) sowie die **Bourguiba-Moschee** (Rue de l'Indépendance). Ihr achteckiges, 41 m hohes Minarett ist schon von Weitem zu erkennen. Sie wurde in Anlehnung an die

Die mächtigen Mauern des Ribat von Monastir hielten auch Kanonenkugeln stand.

Hammouda-Pacha-Moschee in Tunis 1963 gebaut. Der auf 86 Säulen ruhende Gebetssaal kann 1000 Menschen aufnehmen. Gegenüber zeigt ein kleines Museum traditionelle Alltags- und Festkleider aus den Regionen Tunesiens (tgl. 9.00 – 12.00, 15.00 – 18.00 Uhr).

◄ Musée du Costume traditionnel
⌚

Weitere Sehenswürdigkeiten

◄ Marina

Südöstlich der Medina liegt das Geschäftszentrum der Neustadt, u. a. mit dem modernen Kongressgebäude, Theater und Bibliothek. Unterhalb des Ribat entstand um einen modernen Jachthafen (Port de Plaisance) ein Touristenkomplex mit Apartmenthäusern, Cafés, Restaurants und Läden sowie verschiedener Dienstleistern (Tauchclub, Polizei, Mietwagenverleih, Anbieter von Bootsausflügen etc.).

Vor der Küste liegen zwei kleine, über einen Damm mit dem Festland verbundene **Inseln**, Sidi el Ghadamsi und Ile el Oustania.

Eine Uferpromenade, die **Corniche**, führt von der Marina einen schmalen öffentlichen Strand entlang in Richtung Süden. Hier liegen zahlreiche Hotels. Ein Damm führt zu den kleinen, felsigen **Ilots des Pigeons** (Taubeninseln) hinüber. Nach etwa 1 km erreicht man den alten, gut 2 km weiter den modernen **Fischereihafen**.

! *Baedeker* TIPP

Nicht nur für Tauchprofis

Verschiedene, im Jachthafen ansässige Anbieter organisieren Ausfahrten oder Tauchgänge mit dem Boot zu den etwa 20 km vor Monastir gelegenen Kuriat-Inseln.

Skanès Nördlich von Monastir führt die Route de la Falaise zu dem Villen- und Hotelvorort Skanès. In Skanès, direkt an der Durchfahrtsstraße, befindet sich auch der ehemalige Präsidentenpalast hinter einer hohen Mauer mit einem großen schmiedeeisernen Tor.

Umgebung von Monastir

Lamta Lamta, ca. 15 km südlich, liegt an der Stelle von Leptis Minor, einer der ersten phönizischen Stützpunkte an dieser Küste und »kleine Schwester« von Leptis Magna, das in Libyen liegt. Nach ihrem Anschluss an Rom wurde die Stadt unter Trajan (98 – 117) Ehrenkolonie; sie erhielt ein Theater, Thermen, Zisternen und später auch christliche Basiliken. Das Gelände erstreckt sich zwischen Meer und Straße (Metro-Station Lamta). In einem kleinen Museum erzählen Mosaiken, Sarkophage, Skulpturen und Keramiken von der langen Geschichte der Stadt (tgl. außer Mo. 9.00 – 13.00, 16.00 – 19.00 Uhr).

★ Nabeul

L 3

Gouvernoratshauptstadt
Einwohner: 40 000
Höhe: Meereshöhe

Nabeul, die größte Stadt des ►Cap Bon, bildet mit dem nur 10 km entfernten ►Hammamet das zweitgrößte Ferienzentrum Tunesiens, ohne jedoch so stark vom Fremdenverkehr geprägt zu sein.

Zentrum der Keramikindustrie Die meisten Hotels liegen an der Route touristique nach Hammamet. An das antike Neapolis (griechisch = Neustadt), eine karthagische Gründung im 5. Jh. v. Chr., die im 2. Jh. n. Chr. von den Römern übernommen und später zur Kolonie erhoben wurde, erinnern nur wenige Überreste, die 1964 beim Bau eines Hotels zufällig entdeckt wurden, darunter Amphoren mit **Garum**.

Im 16. und 17. Jahrhundert ließen sich hier Flüchtlinge aus Andalusien nieder, deren Einfluss auf das Kunsthandwerk, besonders auf die Töpferei, bis heute spürbar ist. Nabeul ist Hauptort des Töpferhandwerks in Tunesien, bekannt sind auch die Erzeugnisse der Mattenflechter und Steinmetzen sowie Stickerei- und Webarbeiten. Im Umland werden Zitrusfrüchte und Weintrauben angebaut, die Produkte freitags auf dem weit über die Ortsgrenzen bekannten Markt verkauft.

? WUSSTEN SIE SCHON ...?

- Garum (griechisch = Gáron) hieß das Maggi der Antike. Hergestellt wurde die bekannteste und beliebteste Speisewürze auf der Basis von fermentiertem Fisch. Über die Griechen und Karthager gelangte sie bis zu den Römern und noch im Mittelalter wurde sie in ganz Europa verwendet.

NABEUL ERLEBEN

AUSKUNFT

Office de Tourisme
Av. Taïeb Mhiri
Tel. 72 28 67 37 und 72 28 68 00

Syndicat d'Initiative
Av. Habib Bourguiba
Tel. 72 22 30 06

ANFAHRT

Zug- und Busverbindungen über Hammamet/Bir Bou Rekba nach Tunis oder Sousse bzw. Monastir.

GUT ZU WISSEN

Nabeuls Keramiksortiment reicht von einfacher Gebrauchskeramik bis zu kunstvoll bemalten Kacheln, Tellern, Krügen oder Vasen. Den besten Überblick über Qualität und Preise vermittelt ein Besuch im ONAT/Socopa-Laden (Av. Habib Thameur).

ESSEN

▶ Erschwinglich

① *L'Olivier*
Tel. 72 28 66 13
Im Gegensatz zum benachbarten Hammamet bieten die wenigen Lokale hier besten Service an. Gerade l'Olivier (der Olivenbaum) zeichnet sich dadurch besonders aus. Hier lässt man sich am besten von den Fischgerichten verzaubern, die mit leckeren Saucen gereicht werden. Versuchen Sie »Loup de Mer«. Kaum einer bereitet ihn besser zu.

② *Lukullus*
Am Hotel Lido
Tel. 72 22 69 99
Ausgezeichnete Küche. Spezialisiert sind die Köche hier auf Krustentiere und alles, was das nahe Meer hergibt. Lecker zubereitet, fachmännisch gereicht. Dazu einen Wein aus der erlesenen Sammlung. Angemessenes Preisniveau.

▶ Preiswert

③ *Au Bon Kif*
Av. Belhaouane
Tel. 72 22 27 83
Ohne vorherige Anmeldung werden Sie kaum Platz finden. Die Dame trägt das »kleine Schwarze«, der Herr den Anzug. Sie sind bei Kerzenlicht unter sich und lassen sich tunesische Spezialitäten munden. Das Gläschen Thé à la menthe mit einem schwimmenden Minzblatt obendrauf serviert man nach dem Abendessen automatisch.

④ *Rondinella*
Rue Farhat Hached
Tel: 72 28 63 11
Auch hier: sehr lecker zubereitete Fischspezialitäten wie »Loup de Mer« oder »Dorade«. Hervorzuheben sind die vielen Saucen. Ein erlesener Wein rundet das Angebot ab.

ÜBERNACHTEN

▶ Luxus

① *Keops*
Tel. 72 28 65 55; Fax 72 28 60 24
Man könnte meinen, das Hotel (638 Betten) sei wesentlich älter als etwa 10 Jahre: Manche Reparaturen würden durchaus lohnen. Trotzdem: die Zimmer sind groß und sauber, die Mahlzeiten reichlich. Der Service könnte persönlicher sein. Strandnähe

② *Aldiana*
Tel. 72 28 55 00; Fax 72 26 56 64
www.aldiana.de
Der Urlauber findet hier eine weitläufige Anlage unter deutscher Regie (536 Betten) mit vielen Leckerbissen in gastronomischer wie in spielerischer Hinsicht: bestes Buffet-Essen

und Weltklasse-Trainer bei Tennis, Squash und Golf. Dazu Reiten, Segeln, Surfen und, und, und ...

► Komfortabel

③ ***Lido***
Tel. 72 22 69 99; Fax 72 28 01 04
Unter schweizerischer Leitung, erfreut dieses Hotel (990 Betten) direkt am Strand seine Gäste vor allem in kulinarischer Hinsicht: Es wird aufgetragen, dass sich die Tische biegen. Außerdem bieten sich viele Möglichkeiten zum Aktivurlaub an, u. a. ein Selbstverteidigungskurs für weibliche Urlauber. Eigene Schweinemetzgerei.

④ ***Les Pyramides***
Direkt am Strand
Tel. 72 28 57 75
www.groupe-sassi.com.tn
Ein sauberes kinderfreundliches Hotel mit ausladenden Räumlichkeiten (Zimmer, Studios und Apartments). Reichliche Menü-Auswahl zu den beiden Hauptmahlzeiten sowie ein breites Animationsprogramm.

► Günstig

⑤ ***Aquarius***
Tel. 72 28 56 82; Fax 72 28 57 77
Etwas für Faulenzer. Bewusst einfache Unterkünfte nach Robinson-Art (682 Betten). Dafür kulinarische Genüsse mit Fünf-Sterne-Charakter nach Club-Med-Art. Und zum Feiern gibt es immer einen Anlass, meist rund um die Uhr, laut und ausgelassen, aber weit weg von den Unterkünften. Sehr angenehmer Aufenthalt.

⑥ ***Monia Club***
Gegenüber dem Ausgrabungsgelände
Tel. 72 28 57 13; Fax 72 28 57 13
Viele Wiederkehrer fühlen sich beim Besitzer, Herrn Kaçem, der sich stets persönlich um individuelle Betreuung seiner Gäste bemüht, bestens aufgehoben. Gute Küche und 16 einfache, saubere Zimmer.

Sehenswertes in Nabeul

Place du 7 Novembre

Nabeul ist eine überwiegend moderne Stadt. Ihr Wahrzeichen ist ein riesiger bemalter Tonkrug auf der Place du 7 Novembre im Ortszentrum, gegenüber dem Bahnhof, Symbol der langen Töpfertradition. Die ab hier palmengesäumte Av. Habib Bourguiba führt bis zu den Stränden.

Musée Archéologique

Das kleine archäologische Museum gegenüber vom Bahnhof ist sehenswert (Av. Habib Bourguiba; Di. – So. 9.00 – 13.00, 15.00 – 19.00, im Winter 9.30 – 16.30 Uhr). In der Eingangshalle hängen eine Karte des Cap Bon mit den wichtigsten Grabungsstätten und der Plan des antiken Neapolis. Ausgestellt sind Funde aus punischer und römischer Zeit wie Keramik, Öllampen aus gebranntem Ton, Schmuck und Münzen, zum Teil aus Kerkouane (► Cap Bon); Tonstatuen der Götter Baal Hammon und Tanit aus dem 1. Jh. n. Chr. sind Zeugnisse für die Lebendigkeit punischen Glaubens auch nach dem Untergang des karthagischen Reiches. Im Innenhof sind römische Mosaiken, u. a. aus Kelibia (2./3. Jh. n. Chr.) und aus Neapolis (4. Jh.), sowie römische Grabstelen (4. Jh.) und Statuenreste zu sehen.

Das am Ortsrand gelegene Ausgrabungsgelände mit den Resten von Neapolis ist nicht zugänglich.

Medina

Eine Hauptsehenswürdigkeit von Nabeul ist der Wochenmarkt am Freitagvormittag (Aufbau ab donnerstagnachmittags), wobei es auf dem sog. Kamelmarkt in der Rue el Arbi Zarouk (ab 6.00 Uhr) keine Dromedare, sondern Rinder, Ziegen und Esel gibt. Aber auch an den übrigen Wochentagen ist das Angebot aus den Keramik-, Steinmetz- und Webwerkstätten in den unzähligen Souvenirläden in der Av. Habib Thameur und deren Fortsetzung Farhat Hached riesig. Mit der Av. Hédi Chaker bilden sie das Geschäftszentrum. Bei den Töpferfarben herrschen grün (ein Gemisch aus Blei und Kupferoxid) sowie gelb (Blei und Antimon) vor. Eine Familie aus Djerba hatte diese Technik im 17. Jh. nach Nabeul gebracht. Die geometrischen Ornamente gehen dagegen auf antike Vorbilder zurück. Von der Av. F. Hached führen Seitenstraßen zur **Großen Moschee**.

Umgebung von Nabeul

Cap Bon, Hammamet

Von Nabeul aus bieten sich eine Rundfahrt um die Halbinsel ►Cap Bon oder Besuche der punischen Ausgrabung in **Kerkouane** (ca. 75 km nördlich) oder ►Hammamet (10 km südlich) an.

Nabeul *Orientierung*

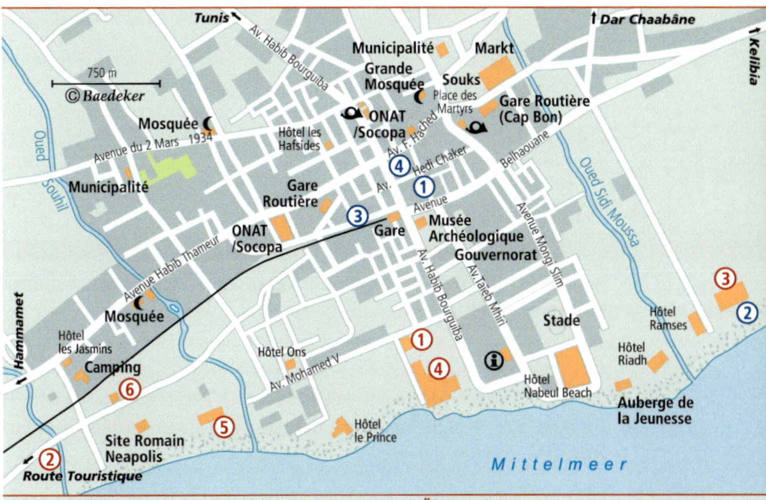

Essen
① L'Olivier
② Lukullus
③ Au Bon Kif
④ Rondinella

Übernachten
① Keops
② Aldiana
③ Lido
④ Les Pyramides
⑤ Aquarius
⑥ Monia Club

Nabeul ist das Keramikzentrum Tunesiens, ob industriell oder handgefertigt.

Dar Châabane Auf der Weiterfahrt in Richtung Cap Bon passiert man den kleinen Kunsthandwerkerort Dar Châabane (2 km nordöstlich). Er ist für seine Steinmetzerzeugnisse berühmt, die sich als Türen- und Fensterumrahmungen in fast allen Teilen des Landes wiederfinden.

Beni Khiar Nicht weniger bekannt ist das 5 km nordöstlich gelegene Weberdorf Beni Khiar, dessen kunstvoll nach alten Mustern hergestellten Wolldecken, Kleider und Kelims sich bei den Touristen großer Beliebtheit erfreuen. Hier befindet sich auch der Fischereihafen von Nabeul.

★★ Sbeïtla · Sufetula

H 5

Gouvernorat: Kasserine
Einwohner: 8 000
Höhe: 537 m ü. d. M.

Das moderne Marktstädtchen Sbeïtla ist touristisch uninteressant, die Ruinen der römischen Stadt Sufetula gehören jedoch mit ► Dougga und ► Bulla Regia zu den berühmtesten antiken Sehenswürdigkeiten des Landes.

Geschichte Über die Vergangenheit von Sufetula ist wenig bekannt, die Stadt selber bislang nur zu einem kleineren Teil ausgegraben, auch erschweren byzantinische Überbauungen die Arbeit. Gegründet wurde Sufetula vermutlich unter den Flaviern Ende des 1. Jh.s n. Chr. Anfangs war es ein Municipium (unabhängige Stadt), später römische Kolonie. Seit dem 3. Jh. siedelten hier Christen, aus dieser Zeit stammen mehrere Kirchen. 647 rückte Sufetula kurzfristig in das Rampenlicht der Weltgeschichte, als hier der Exarch Gregorios residierte, der sich in Sufetula vom oströmischen Kaiser Konstantin II. lossagte und zum Gegenkaiser ausrufen ließ. Er fiel jedoch im selben Jahr bei der ersten Schlacht gegen die vorrückenden Araber. Um 698 geriet auch Sufetula unter arabische Herrschaft. Die neuen Herren gründeten südlich der antiken Stadt das heutige Sbeïtla. Sufetula verfiel. Die Existenz des Ruinenfeldes wurde in Europa erst zu Beginn des 18. Jh.s bekannt, erste Ausgrabungsarbeiten 1907 aufgenommen. Von der Gesamtfläche Sufetulas ist heute etwa ein Drittel freigelegt. Nach Schätzungen der Archäologen muss die antike Stadt einst etwa 10 000 Einwohner gehabt haben.

★★ Ausgrabungen

Die Ruinen von Sufetula liegen am westlichen Stadtrand von Sbeïtla, an der Straße nach Kasserine. Bei der Anfahrt sieht man auf der rechten Straßenseite den hervorragend erhaltenen **Triumphbogen für Diokletian** (l'Arc de Dioclétian) aus dem 3. Jh., das ehemalige Südtor

Öffnungszeiten:
8.00 – 19.00, im Winter bis 17.30

SBEITLA ERLEBEN

GUT ZU WISSEN

Eintrittkarten gibt es direkt gegenüber dem Eingang ins Ausgrabungsgelände in einem neu erbauten Komplex mit Läden und Cafés. Hier erhält man auch weitere Informationen.

ESSEN

▸ Erschwinglich

① ***Sufetula***
Im Hotel Sufetula
Tel. 77 46 50 74
Versuchen Sie hier doch einmal einen Couscous mit Fisch. Das schmeckt Ihnen bestimmt!

▸ Preiswert

② ***Flavis***
Boulevard de l'Environnement
Hier ist man auf die Zubereitung von Merguez-Gerichten spezialisiert: Würstchen aus Kalb- oder auch Hammelfleisch. In allen Variationen werden sie gereicht: auf Tomatensoße, scharf oder nicht scharf, auf Rühreiern etc., lassen Sie sich einfach überraschen.

ÜBERNACHTEN

▸ Günstig

① ***Sufetula***
Tel. 77 46 50 74; Fax 77 46 55 82
Direkt am Ausgrabungsgelände an der Straße nach Kasserine gelegen, bietet das Haus saubere Zimmer, herrliche Aussicht auf die antike Stadt und preiswertes Essen.

② ***Bakini***
Tel. 77 46 50 48
An der Straße nach Kasserine, vor den Ausgrabungen, bei der AGIL-Tankstelle. Relativ ungepflegtes Hotel, Restaurant mit Alkoholausschank und einer Unterstellmöglichkeit für Fahrzeuge im Innenhof.

Sufetula Sbeïtla

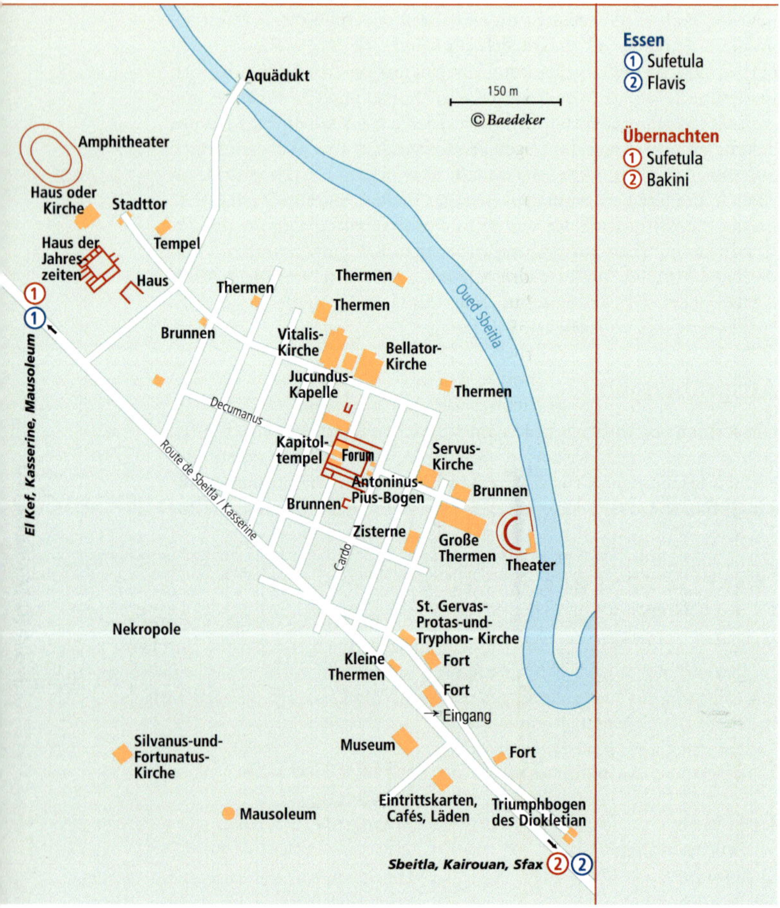

der Stadt. Auf dem leicht geneigten, vom Oued Sbeïtla im Osten begrenzten Plateau ist der typische, planmäßig angelegte Schachbrettgrundriss noch gut erkennbar, mit den sich kreuzenden Hauptstraßen Decumanus (Ost-West-Verbindung) und Cardo Maximus (Nord-Süd-Verbindung), an dessen Schnittpunkt das gut erhaltene Forum liegt. Nach dem Eingang links kommt man zunächst an kleineren byzantinischen Festungsbauwerken (Fort; 7. Jh.) und den Grundmauern einer dreischiffigen christlichen Kirche aus dem 7. Jh. vorbei (Église des Saints-Gervais-Protais-et-Tryphon), ihr gegenüber liegen die Reste einer kleinen Thermenanlage. Gleich danach geht man rechts ab, vorbei an den Überresten einer alten Ölmühle, bis

zur Ruine der Winterthermen oder Großen Thermen. Daneben stehen die Säulenreste eines Brunnens (Fontaine Publique). Unterhalb davon, am Flussufer, befindet sich ein kleines Theater.
Der einst von Läden gesäumte Decumanus führt an den Grundmauern der fünfschiffigen Servus-Kirche (Église de Servus) vorbei, die im 5. Jh. in den Peristylhof eines Tempels gebaut wurde, und endet vor einem dreitorigen Bogen, dem Zugang zum Forum.

Forum

Das 34,75 x 37,20 m große, mit Platten belegte Forum im Zentrum der antiken Stadt gilt aufgrund seines hervorragenden Erhaltungszustandes als **sehenswerteste Anlage seiner Art in ganz Nordafrika**. Betreten wird es durch den dreibogigen, mit vier korinthischen Säulen versehenen Antoninus-Pius-Bogen, das einzige Bauwerk Sufetulas, dessen Alter feststeht (139 n. Chr.). Die Schäfte der Säulen sind nicht mehr geglättet, die Arbeiten demnach nicht beendet worden. An drei Seiten war das von einer 4 m hohen Mauer umgebene Forum umsäumt von einem leicht erhöhten, Säulen tragenen Portikus, hinter dem Marktstände und Geschäftshäuser lagen.

◄ Antoninus-Pius-Bogen

Drei Kapitoltempel schmücken das Forum von Sufetula.

Kapitol Die Nordwestseite des Forums begrenzen drei gut erhaltene Tempel der Gottheiten Jupiter, Juno und Minerva. Üblicherweise wurden die drei in einem gemeinsamen Tempel mit drei Cellae verehrt (►Dougga). Hier stehen stattdessen drei unverbundene Heiligtümer. Eine ähnliche Besonderheit gibt es nur noch in der südspanischen Römersiedlung Belo. Die Tempel sind über zwei Treppen rechts und links der Rednertribüne (Rostrum) vor dem Jupitertempel zugänglich. Südöstlich des Forums liegen Reste einer aus dem 4. Jh. stammenden Brunnenanlage (Fontaine Publique).

Frühchristliches Sufetula

Bellator-Kirche ►

Verlässt man das Forum in nordöstlicher Richtung, gelangt man an den Fundamenten einer dreischiffigen Kirche vorbei zum Mittelpunkt des frühchristlichen Sufetula. Der Weg führt genau auf die Bellator-Kirche zu. Es handelt sich um die erste Bischofskirche der Stadt, die vermutlich im 4. Jh. über antiken Tempelfundamenten, schräg versetzt zum rechtwinkligen römischen Straßennetz, errichtet worden war. Der ursprünglich dreischiffige Bau wurde im Laufe der Zeit durch jüngere Anbauten ergänzt. In der ebenfalls nachträglich angefügten Apsis wurden ältere Mosaikenreste freigelegt.

Jucundus-Kapelle ►

Die links angrenzende Jucundus-Kapelle diente als Grabmal des Bischofs Jucundus, der als Abgesandter Sufetulas am Konzil von Karthago teilgenommen hatte. Vermutlich wurde er unter vandalischer Herrschaft als Märtyrer hingerichtet. Links daneben, konform mit dem römischen Kataster, befinden sich die Überreste der **Vitalis-Kirche**. Das 50 m lange und 25 m breite Gotteshaus entstand gegen Ende des 5. Jh.s an der Stelle einer größeren Villa, da die Bellator-Kirche für die Gemeinde zu klein geworden war. Es bestand aus fünf von Doppelsäulen getragenen Schiffen. Besonders schön erhalten ist die Taufkapelle mit einem mit Mosaiken geschmückten Becken; die vier Säulenschäfte des zugehörigen Ziborienaltars stehen noch an Ort und Stelle. Unmittelbar hinter der Kirche erkennt man die Ruinen der christlichen Thermen. Ein Stück Mosaikboden des vermutlich aus dem 3. Jh. stammenden Vorgängerbaues wurde freigelegt.

Mosaikgeschmücktes Taufbecken

Weitere Sehenswürdigkeiten Von der Vitalis-Kirche führt die alte Römerstraße weiter in nordwestlicher Richtung, mehr oder weniger parallel zur Straße nach Kasserine. Nach etwa 350 m erreicht man weitere römische Baureste, deren Besichtigung jedoch nur für archäologisch Interessierte von

Bedeutung ist. Links liegen die Reste eines Brunnens (Fontaine). Ein kleiner Weg führt rechts zu einer oft restaurierten, dreibogigen Aquäduktbrücke (Pont-Aqueduc; 2. Jh.) über den Fluss: Die Küstenstadt Sfax erhält über eine 166 km lange Leitung ihr Trinkwasser aus der Quelle des Sbeïtla.
Weiter führt der Weg zu den Resten eines kleinen Tempels, dessen Weihung unbekannt ist (Temple Anonyme), zu einem Stadttor aus der Severerzeit (Porte de Ville). Links folgen die Reste eines Gebäudes aus dem 5. Jahrhundert. Nach 50 m gelangt man schließlich zu einer Vertiefung im Boden, die die Lage des noch nicht freigelegten Amphitheaters nachzeichnet.
Der Rückweg führt an den Fundamenten eines nach seinem Jahreszeitenmosaik benannten, großzügig angelegten Hauses (Villa des Saisons; das Mosaik befindet sich im Bardo-Museum in ►Tunis) vorbei. Südwestlich der nach Kasserine führenden GP 13 ist noch wenig ausgegraben. Bislang gibt es nur Trümmer zweier Mausoleen sowie einer Kirche für die Heiligen Silvanus und Fortunatus (Eglise des Saints-Sylvain-et-Fortunat; 4. Jh.); sowohl Römer und Christen bestatteten hier ihre Toten. Bei einem weiter nördlich gefundenen Aschenhügel handelt es sich vermutlich um ein Tophet.

Archäologisches Museum

In dem kleinen Museum sind in drei Sälen u. a. einige Mosaiken, Keramiken, Münzen und Grabstelen ausgestellt.

Umgebung von Sbeïtla

Kasserine

Die Gouvernoratshauptstadt (24 000 Einw.; 38 km südwestlich von Sbeïtla, 570 m ü. d. M.) liegt am Nordwestrand des zentraltunesischen Steppenhochlandes, eingerahmt von den teils bewaldeten Höhenzügen Djebel Chambi (im Nordwesten, ►S. 336), Djebel Semmama (1314 m, nördlich) und Djebel Selloum (1373 m, südöstlich). Sie ist Verkehrsknotenpunkt, Marktort (Dienstagsmarkt) und vor allem Industriestandort, wo das im Steppenhochland wachsende Halfagras zu Zellulose und Papier verarbeitet wird. Am östlichen Abschnitt der 4 km langen Av. Habib Bourguiba liegt das moderne Zentrum mit Bahnhof, Geschäften und Busstation.

◄ Antike Sehenswürdigkeiten

Die antiken Sehenswürdigkeiten liegen am anderen Straßenende Richtung Gafsa. Rechts der Straße, gegenüber der Kaserne, sieht man die kargen Überreste eines turmartigen Mausoleums (Sockel und Reste zweier Wände). Etwa 600 m weiter westlich, 200 m hinter der Brücke über den Oued Derb, steht ein anderes, gut erhaltenes Turmmausoleum, welches an das numidische Mausoleum von ►Dougga erinnert. Die Fassade des dreistöckigen Baus ist im unteren Abschnitt mit einer 110 Zeilen umfassenden Inschrift versehen. Sie preist den hier mit seiner Familie bestatteten Stifter Flavius Secundus. Den mittleren Teil des Gebäudes schmücken Halbsäulen. In der Nische des dritten Stockwerkes stand ursprünglich ein Standbild des Flavius und einstmals krönte ein pyramidenförmiges Dach die Grabstätte.

Recht einsam ist es im Steppenhochland zwischen Sbeïtla und Kasserine.

Cillium Außerhalb der Stadt, kurz hinter der Abzweigung der nach Thala führenden GP 17, liegt links das Ruinenfeld des im 2. Jh. n. Chr. von den Römern gegründeten Cillium. Es ist noch wenig erforscht und nur zu einem kleinen Teil freigelegt. Am besten erhalten ist der mit Fries und Inschrift geschmückte Triumphbogen aus dem 3. Jahrhundert. Die Fundamente daneben gehören zu einer christlichen Basilika und zu einer kleinen byzantinischen Festung. Dem etwas entfernt am Berghang gelegenen Theater fehlt die Bühnenrückwand.

Djebel Chambi 15 km östlich von Kasserine erhebt sich der höchste Berg Tunesiens, der 1544 m hohe Djebel Chambi. Seit 1981 ist das über 670 km² große Gebiet Nationalpark. Dichte Wälder mit Aleppokiefern überziehen das Massiv, unterbrochen von halfagrasbewachsenen Lichtungen. Hier leben heute wieder die selten gewordenen Berggazellen, Mähnenschafe, Hyänen, Adler, Geier und Wanderfalken. Am Fuße des Berges, mitten im Wald, befindet sich das Auskunftsbüro des Nationalparkes mit einem kleinen Naturmuseum (Anfahrt: GP 17 Richtung Thala/El Kef; Abzweigung nach 5 km auf die nach Nordwesten führende GP 13; nach weiteren 4 km Abzweigung Richtung Dorf Chambi). Die Piste ist bis auf 1300 m Höhe befahrbar (mit Geländewagen; Informationen im Arrondissement Forestier, Kasserine). Außerdem gibt es hier eine Sendestation und das kleine Bleibergwerk Kef (Felsen). In einem rund zweistündigen Fußmarsch erreicht man von dieser Stelle den mit einem Halbmond gekrönten Gipfel.

? WUSSTEN SIE SCHON ...?

- Der höchste Punkt Tunesiens ist die Spitze des 1544 m hohen Djebel Chambi; die tiefste Stelle mit 17 m unter dem Meeresspiegel befindet sich im Chott el Gharsa (► S. 228)

Thelepte

Rund 30 km südwestlich von Kasserine (GP 17 Richtung Gafsa; Abzweigung auf die nordwestwärts führende GP 15; rund 700 m hinter dem belebten Ort) liegt beiderseits der Straße und der Bahngleise das nur für archäologisch Interessierte sehenswerte Ruinenfeld der einstigen römischen Garnisonsstadt Thelepte (Kedima bei den Byzantinern).

Sufes, Sbiba

An der MC 71 in Richtung El Kef, 40 km nördlich von Sbeïtla, liegt die kleine Ortschaft Sbiba mit dem Ruinenfeld der ehemaligen Römersiedlung Sufes. Die Reste eines Nymphäums, einer Basilika sowie der Mauern einer byzantinischen Festung sind jedoch so spärlich, dass sich ein Ausflug nur für archäologisch besonders interessierte Besucher lohnt.

Sfax

L 6

Gouvernoratshauptstadt
Einwohner: 400 000
Höhe: Meereshöhe

Sfax ist die zweitgrößte Stadt des Landes und bedeutender Industriestandort. Die von einer Stadtmauer umschlossene Medina gehört zu den schönsten in ganz Tunesien.

Wirtschaftlich sehr erfolgreich

Dennoch spielt der Fremdenverkehr keine Rolle, da die Küstenstadt nur einen bescheidenen aufgeschütteten Sandstrand hat. Dafür liegt Sfax im größten Olivenanbaugebiet Tunesiens: Über 8 Mio. Olivenbäume wachsen bis etwa 60 km in die Steppe hinein. In mehr als 400 Ölmühlen werden die Oliven weiterverarbeitet und auf der Olivenbörse verkauft. Industrie gibt es in Form von Phosphatwerken, Seifen-, Textil-, Möbelfabriken und Halfagrasverarbeitung. Eine große Rolle spielt auch der Handels- und Fischereihafen, werden hier doch über 20 % der tunesischen Fangerträge angelandet. Durch den Ausbau des Hafens und den Anschluss an die Phosphatbahn von Gafsa nach Metlaoui entwickelte sich die Stadt zum wichtigsten Exporthafen des Landes.

Sfax gestern und heute

Sfax entstand Anfang des 9. Jh.s auf den Ruinen der römischen Vorgängersiedlung Taparura, von der jedoch wenig erhalten ist. Dank des Handels mit Olivenöl erlebte die Stadt einen ungeahnten Aufschwung, bis die Verwüstungen der Beni-Hillal-Nomaden diese Entwicklung beendeten. Von 1148 an war die Stadt wie die meisten Küstenstädte von den Normannen besetzt, die 1159 von den Almohaden vertrieben wurden. Schwere Schäden erlitt Sfax bei seiner Eroberung 1881 durch französische Truppen und im Zweiten Weltkrieg, als es von den Achsenmächten besetzt und 1942 – 1943 von den Alliierten bombardiert wurde.

SFAX ERLEBEN

AUSKUNFT

Office de Tourisme
Av. M.-H. Khefacha, am ehemaligen Fischerhafen

Syndicat d'Initiative
Av. Habib Bourguiba / Place de l'Indépendance

ANFAHRT

Der Flughafen liegt etwa 10 km westlich der Stadt an der GP 14 in Richtung Gafsa. Von hier gibt es regelmäßig Verbindungen nach Tunis und Paris.

ESSEN

► Fein & teuer

① *Le Corail*
39, Rue Habib Mâazoun
Tel. 74 21 03 17, 74 22 73 01 und 98 41 03 93
Gehört zu den besten Adressen; v. a. lecker zubereitete Fischgerichte oder eine Platte Meeresfrüchte. Oder auch europäische Küche. Sehr gutes Preis-Leistungs-Verhältnis.

► Erschwinglich

② *Baghdad*
63, Avenue Farhat Hached
Tel. 74 22 38 56
Klein, aber fein: sehr lecker zubereitete Spezialitätenmenüs, Fisch- und Fleischgerichte tunesischer oder europäischer Küche. Ein Glas Thé à la menthe rundet den Aufenthalt ab.

► Preiswert

③ *Le Printemps*
53, Avenue Habib Bourguiba
Tel. 74 22 69 73
Hier hat man sich auf französische und tunesische Fischgerichte spezialisiert. Moderate Preise. Sonntags Ruhetag.

ÜBERNACHTEN

► Luxus

① *Les Oliviers Palace*
25, Avenue Hédi Chaker
Tel. 74 20 19 99; Fax 74 20 18 88
www.goldenyasmin.com
Haus der Spitzenklasse. Da Sfax kein Touristenziel ist, sondern Geschäftsleute hier ihre Partner besuchen, darf das Haus ruhig so eingerichtet sein wie anderswo ein gutes Geschäftshotel auch. Ein Abendessen ist hier extrem teuer, aber auch extrem gut.

► Komfortabel

② *Les Arcades*
Avenue des Martyrs
Tel. 74 40 07 00; Fax 74 40 55 22
Das Stadthotel (51 Z.) liegt an einer Ausfahrtsstraße, ca. 10 Min. zu Fuß von der Medina entfernt; die Zimmer zum schönen Garten sind ruhig.

► Komfortabel/Günstig

③ *Thyna*
Rue Habib Mâazoun / Place Marbourg Bab Bhar
Tel. 74 22 53 17
www.hotel-thyna.com
Kleines Hotel vor den Toren der Medina (neben dem Restaurant Le Corail). Die Zimmer und ein kleines maurisches Café im 1. Stock gruppieren sich um einen Innenhof.

► Günstig

④ *Habib*
Rue Bordj Ennar
Tel. 74 22 13 73
Das Hotel liegt in der Medina, in der Nähe des Stadttors Bab Diwan. Hier gibt es eine Reihe kleinerer Hotels, unter denen sich das Habib durch Sauberkeit, Deckenventilatoren und den Charme der 1950er-Jahre auszeichnet.

Sfax Orientierung

Essen
① Le Corail
② Baghdad
③ Le Printemps

Übernachten
① Les Oliviers Palace
② Les Arcades
③ Thyna
④ Habib

Sehenswertes in Sfax

Ville Nouvelle

Zwischen Hafen und Medina erstreckt sich die in der französischen Protektoratszeit entstandene Neustadt mit ihrem schachbrettartigen Grundriss. Mittelpunkt ist die **Place de la République** mit einem Bourguiba-Denkmal, hier kreuzen sich die von Ost nach West verlaufende Avenue Habib Bourguiba und die zur Medina führende Avenue Hédi Chaker. Nur einige Häuser aus der Kolonialzeit sind erhalten, u. a. das Rathaus (Municipalité) im neomaurischen Stil mit einem schlanken, minarettartigen Turm. Hier ist ein kleines **archäologisches Museum** untergebracht (Musée Archéologique; Mo. – Sa. 8.00 – 13.00, 15.00 – 17.45 Uhr) mit einigen punischen, römischen und byzantinischen Fundstücken sowie ziemlich angeschlagenen Mosaiken). In der Neustadt liegen auch die meisten öffentlichen Gebäude, u. a. das in einem Pavillon untergebrachte Fremdenverkehrsamt, Banken sowie die Post mit einem Fassadenschmuck des tunesischen Künstlers Zubeir Turki.

★★ **Medina**

Kasbah ►

Borj Ennar ►

Die nur etwa 400 x 500 m große Medina ist von einer gut erhaltenen, rund 2 km langen Stadtmauer umgeben, die im 9. Jh. von den Aghlabiden aus gepresstem Lehm gebaut und später befestigt wurde. Man betritt die Altstadt durch das Haupttor Bab Diwan (1306; mehrfach verändert). Im Südwesten erhebt sich die Kasbah (17. Jh.; kleines Museum traditioneller Architektur; Di. – So. 9.30 – 16.30 Uhr). Die Festung Borj Ennar, Feuerturm, im Südosten der Medina ist aus dem 12. Jh. (Sitz der Association de Sauvegarde de la Médina, die u. a. über den Erhalt der Medina informiert). Bei einem Bummel durch die Medina entdeckt man unzählige kleine Läden mit einem breiten (und nicht auf Touristen ausgerichteten) Angebot, Werkstätten, Cafés, Märkte und Wohungen. Anders als in sonstigen orientalischen Städten ist das Straßennetz weitgehend rechtwinklig angelegt, vermutlich entlang der Fundamente des römischen Taparura. Hauptachsen sind die Rue Mongi Slim sowie die Rue de la Driba. Einige Häuser haben schöne, massive Tür- und Torfassungen. In einer Seitenstraße befindet sich das **Volkskundemuseum**, Musée des Arts et Traditions Populaire (ATP; Di. – So. 9.30 – 16.30 Uhr). Schon das Gebäude Dar Jallouli ist sehenswert: ein zweistöckiger Palast einer wohlhabenden andalusischen Familie aus dem 17. Jh. mit einem von Hufeisenbögen umgebenen Innenhof und fein ziselierten Fenster- und Türrahmungen aus Gabès-Stein. Ausgestellt sind viele Dinge des alltäglichen Lebens: Vorratsgefäße, Küchengeschirr, eine Gewürzsammlung, Hinterglasbilder, volkstümlicher Schmuck, Einrichtungsgegenstände, Trachten und Beispiele arabischer Schriftkunst.

★ Dar Jallouli ►

Grande Mosquée ►

Die Rue de la Grande Mosquée, eine Parallelstraße zur Rue Mongi Slim, führt zur **Großen Moschee**. Gegründet wurde sie bereits 849, im 10./11. Jh. das erste Mal umgebaut und unter den Türken 1759 vollendet. Nichtmuslime dürfen nur den Innenhof betreten (Sa. bis Do. 9.00 – 14.00 Uhr). Das aus drei sich verjüngenden Stufen bestehende Minarett ähnelt demjenigen von Kairouan. Besonders schön sind seine reichen Verzierungen mit Kufischriften, Zierbändern und Zacken. An der Ostseite der Moschee trägt eine byzantinische Platte folgende Inschrift: »Schenke uns die Tugend und ihre Gefährtin, das Glück, damit beide das Dir geweihte ehrwürdige Haus zieren.« Das Dekor der Fassade wurde von den Türken angebracht.

Zwischen der Großen Moschee und dem Haupteingang im Norden, Bab el Djebli, erstreckt sich das **Soukviertel** (montags ist Ruhetag). Hier wurden die eigentlich in Kairo spielenden Marktszenen des

Blick von den Kasbahmauern über die Neustadt

Films »Der englische Patient« gedreht. Auf der Place Bab Djebli, außerhalb der Medina, findet ein großer Lebensmittelmarkt (Marché) statt, dahinter erhebt sich die Neue Moschee (Nouvelle Mosquée).

Hafen

Der zweitgrößte Handelshafen Tunesiens ist über einen kurzen Kanal mit dem Mittelmeer verbunden. Bis zur Eröffnung des 3 km südlich der Stadt gelegenen neuen Fischereihafens lag die Fischereiflotte von Sfax in den beiden kleineren Becken, heute ist hier an der Südseite die Abfahrtsstelle der **Kerkennah-Fähren**. Der kleine, nicht besonders empfehlenswerte Strand erstreckt sich etwas südöstlich außerhalb. An das Hafengelände schließen sich Industriebauten und Salinen an. Das gewonnene Salz wird vor allem nach Europa exportiert.

Umgebung von Sfax

Thyna

Verlässt man Sfax Richtung Gabès (über die GP 1), kommt man an einem Soldatenfriedhof der Alliierten sowie an einer Phosphataufbereitungsanlage vorbei. Nach 12 km erreicht man die Reste des antiken **Thaenae**, östlich der Straße, in der Nähe des von Weitem sichtbaren Leuchtturmes von Thyna. Thaenae war die südöstlichste Grenzstadt Carthagos. Unmittelbar südlich begann die von den Römern 146 v. Chr. errichtete **Fossa Regia**, die Grenze zwischen der römischen Provinz und dem Königreich Numidien (sie führte bis nach Thabraca/Tabarka). Unter Hadrian (117 – 138 n. Chr.) wurde die Stadt zur Colonia. Freigelegt sind Reste von Thermen mit Mosaiken, Wohnhäusern und einer Kirche (4./5. Jh.). Die Nekropole im Osten des Geländes war um ein achteckiges Mausoleum angelegt.
Richtung Norden schließen ausgedehnte **Salinen** an. In den Winter- und Frühjahrsmonaten halten sich hier gerne Wattvögel auf (Informationen im Fremdenverkehrsbüro von ►Sfax).

Iles Kerkennah · Kerkennah-Inseln

Eine Handvoll fast unberührter Inseln

Der aus sieben Inseln bestehende, 180 km² große Archipel liegt 20 – 40 km östlich von Sfax vor der tunesischen Küste. Die Inseln sind flach (höchster Punkt: 13 m ü. d. M.) und sandig, Palmen- und Olivenhaine wechseln mit wüstenhafter Steppe ab. Hannibal wählte die Kerkennahs zu seinem Exil, nachdem er 202 v. Chr. in der Schlacht von Zama unterlegen war. Sallust, der Statthalter Cäsars, richtete hier seinen Stützpunkt im Kampf gegen die Pompejaner ein. Die Ruinen der römischen Inselhauptstadt Cercina, die unterhalb des Bordj el Hassan lag, werden zur Zeit ausgegraben. In den darauffolgenden Jahrhunderten gerieten die Inseln ins Spannungsfeld der Auseinandersetzungen zwischen Arabern und Christen, später ins Schussfeld der Spanier in ihrem Kampf gegen die Korsaren. Die Dörfer wurden zerstört und schließlich verlassen. Die Vorfahren der heutigen Inselbewohner siedelten erst im 17. und 18. Jh. vom Festland auf die Insel über. Ins Licht der Geschichte rückten die Kerkennah-Inseln während des tunesischen Unabhängigkeitskampfes. Hier wur-

KERKENNAH ERLEBEN

ANFAHRT

Je nach Saison vier- bis achtmal täglich Fährschiffe vom ehem. Fischerhafen der Sonatrak-Gesellschaft in Sfax zur Anlegestelle Sidi Youssef an der Südwestspitze der Insel Gharbi. Die Überfahrt dauert 75 Minuten. Von Sidi Youssef mehrmals täglich Busverbindung mit den im Inneren der Insel gelegenen Orten und den Strandhotels in Sidi Frej.

GUT ZU WISSEN

Die Gewässer um die Insel sind sehr seicht. Zum Baden geeignet ist vor allem der Strand in der sog. Hotelzone Sidi Frej; Alternativen sind Bootsausflüge in tieferes Gewässer vor der Küste, wo man auch sehr schön schnorcheln kann.

ESSEN / ÜBERNACHTEN

► Erschwinglich/Komfortabel

Résidence Cercina
Sidi Frej
Tel. 74 48 96 00
Fax 74 48 98 78
hotel.cercina@planet.tn
16 Zimmer am Strand; freundliche Besitzer, die eine familiäre Atmosphäre schaffen. Schöne Terrasse, das Restaurant genießt einen guten Ruf. Fahrradverleih, auf Wunsch auch Vermittlung von Bootsausflügen.

Grand Hôtel
Sidi Frej
Tel. 74 48 98 61
Fax 74 48 98 66
www.grand-hotel-kerkennah.com.tn
Empfehlenswertes Hotel im Norden von Sidi Frej (225 Betten); im Sommer oft ausgebucht, zwei Restaurants und Sportangebot.

► Günstig

Cercina
Adresse siehe oben, Résidence Cercina
Die Unterkunft ist etwas einfacher als in der Résidence; alles andere stimmt überein.

de der Gewerkschaftler Farhat Hached geboren und von Chergui floh Habib Bourguiba 1945 nach Libyen.

Bewohnt sind nur die beiden Hauptinseln **Gharbi und Chergui** (rund 16 000 Einw.). Ein 1 km langer, auf römischen Fundamenten erbauter Damm verbindet sie. Die Niederschläge sind gering (200 mm/Jahr) und die Früchte der halben Million Dattelpalmen dienen hauptsächlich als Viehfutter. Die Inselbewohner leben in 13 verschiedenen Dörfern vor allem von Fischfang, Schwammtauchen und Handwerk. Zwischen Mitte Oktober und Ende April werden **Tintenfische** wie auf Djerba mit aneinander gebundenen Tonkrügen gefangen, Die Tiere verkriechen sich darin nachts gerne und müssen am nächsten Morgen nur hochgezogen und herausgeholt werden. Auch die Fischfangmethode ist uralt: Im flachen Wasser rund um die Insel stecken überall Palmzweige in V-Form; mit den Gezeiten werden Fische wie durch einen Trichter in diese Reusen gelockt. In den letzten Jahren hat der Tourismus etwas Fuß gefasst. Vor allem Ruhesuchende fühlen sich hier wohl. Mittelpunkt ist die **Touristenzone** Sidi Frej an der Südwestküste von Chergui, westlich der Ortschaft Ouled Kaçem. Die auch **Grand Kerkennah** genannte Insel ist 22 km lang und im Norden bis zu 10 km breit. Hauptort der kleineren Insel Gharbi (14 x 7 km) ist **Mellita**. Hier steht die Ruine eines türkischen Verteidigungsturmes (Tour Mellita; 16. Jh.). Die gut befahrbare Straße durchquert beide Inseln. Über das im Innern gelegene **Remla**, Hauptort der Insel Chergui (Tankstelle, Post, Bank, Geschäfte, einfache Unterkünfte), erreicht man El Kellabine, El Abassia (phönizischer Name: Cercina), Geburtsort von Farhat Hached, und schließlich das Dorf Ech-Chergui, von wo Bourguiba nach Libyen flüchtete. El Attaia im Nordosten von Chergui ist der neue Fischerhafen des Ortes.

◄ Hauptinseln

◄ Chergui, Sidi Frej

◄ Gharbi

! *Baedeker* TIPP

Tintenfisch-Festival

Festlicher Höhepunkt auf den Kerkennah ist das Festival du Poulpe, Tintenfisch-Fest, Ende März.

★★ Sousse

L 4

Gouvernoratshauptstadt
Einwohner: 200 000

Höhe: Meereshöhe bis 50 m ü. d. M.

Sousse, die Hauptstadt des Sahel und drittgrößte Stadt Tunesiens, liegt am feinsandigen Strand des Golfs von Hammamet, umgeben von ausgedehnten Ölbaumhainen, Gemüse- und Obstgärten.

Hauptstadt des Sahel

Ihre sanft an einem Hang aufsteigende Medina, das in der Kasbah untergebrachte hervorragende archäologische Museum, schöne Sandstrände im Norden und einige besuchenswerte Ziele in der Um-

Restaurant eines treuen Kundenstamms, der auf die schmackhaft zubereiteten Speisen (Meeresfrüchte) schwört.

⑦ ***Les Jasmins***
22, Av. Habib Bourguiba
Ziemlich versteckt in einer kleinen Nebengasse zur Av. Habib Bourguiba, bietet sich dieses Restaurant dem Kenner von leckeren Fischspezialitäten an. Sehr sauber.

⑧ ***Pizzeria Dodo***
Rue El Hajra/Rue el Maar
Tel. 73 21 23 26
Nicht nur Pizza, auch Geflügel wird hier fein zubereitet. Und das in einem Restaurant inmitten der Altstadt, mit altem, traditionellem Dekor. Sie wollen Fisch? Gibt's hier auch.

ÜBERNACHTEN

► Luxus

① ***Diar El Andalous***
Port El Kantaoui
Tel. 73 24 62 00
Fax 73 24 63 48
mercurediarelandalous@planet.tn
Das Hotel (609 Betten) liegt direkt am Meer und bietet so ziemlich alles, was man sich von einem luxuriösen Urlaub erträumt. Dahinter steht die straffe Organisation der Accor-Gruppe.

② ***Boujâafar***
Av. Habib Bourguiba
Tel. 73 22 60 30
Fax 73 22 65 95
www.abounawas.com.tn
Eines der sechs Abou-Nawas-Hotels in und um Sousse, direkt am Strand gelegen, mit einer Sauna, dem obligatorischen Hammam und einer Thalasso-Therapie. Von außen macht das Haus eher den Eindruck eines Geschäftshotels. Man ist angenehm überrascht wegen der geräumigen, sehr sauberen Zimmer und der erlesenen Speisen.

► Komfortabel

③ ***Riadh Palms***
Route de la Corniche
Tel. 73 22 57 00
Fax 73 22 83 47
riadh.palms.hotels@planet.tn
Fast wie ein Wolkenkratzer steht dieses Hotel (1000 Betten) an einer Straßenkreuzung in Sousse gegenüber einem Einkaufszentrum und in unmittelbarer Nähe des Strandes. Der Speisesaal ist in Anbetracht der vielen Gäste etwas zu klein geraten, sodass in mehreren Schichten gegessen werden muss. Ansonsten sehr sauber, zuvorkommendes Personal. Hier überwintern deutsche Senioren bis zu drei Monate lang.

④ ***Justinia***
Bd. Hédi Chaker
Tel. 73 22 63 81
Fax 73 22 59 93
In unmittelbarer Nähe zum »Boujâafar« (►links). Wer den Pool benutzen will, geht ins Nachbarhotel »Nour«. Ansonsten hat das Justinia saubere Zimmer (172 Betten), die sehr einfach, fast spartanisch eingerichtet sind. Bad oder Dusche sind vorhanden, die Diskothek sorgt für eine schlaflose Nacht, sollte man Sie direkt darüber einquartiert haben. Zimmer also vorher zeigen lassen.

⑤ ***Jinene***
Hammam Sousse
Route de la Plage
Tel. 73 24 18 00
Fax 73 24 29 89
hotel.jinene@planet.tn
Wenn man in diesem Haus in Port El Kantaoui (430 Betten) nicht pünktlich am Buffet ist, riskiert man auf-

gewärmte Gerichte. Saubere Zimmer, stets desinfiziert. Der Duft der Blumen aus dem Park hat kaum eine Chance, in die Zimmer zu dringen. Mit eigenem Strand und Swimmingpool.

⑥ ***Abou Sofiane***
Hammam Sousse
Tel. 73 24 64 44; Fax 73 24 64 22
Sauberes, schon etwas älteres Hotel (600 Betten) in einer Parkanlage in Sousse. Trotz einiger infrastruktureller Mängel fühlt man sich wohl. Die Küche bietet reichhaltige Auswahl am Buffet, für die Kleinen und Kleinsten ist im Mini-Club gesorgt, Teens und Twens können sich bis zum Sonnenaufgang in der Disko vergnügen.

► Günstig

⑦ ***Paris***
15, Rue Rempart-Nord
Tel. 73 22 05 64
Fax 73 21 90 38
Neben dem Busbahnhof und hinter dem Bab Bhar gelegen, bietet dieses kleine Hotel sehr saubere Räumlichkeiten rund um einen Innenhof. Es wird Familienanschluss angeboten und nicht erst, wenn man zum wiederholten Mal gekommen ist.

⑧ ***Tergui***
Chott Meriam/Route de Sousse
Tel. 73 28 44 88
Fax 73 28 44 94
Sollten alle Zimmer in Sousse und Umgebung ausgebucht sein, findet der Gast ziemlich sicher hier in Chott Meriam, nördlich von Port El Kantaoui, eine Unterkunft (575 Betten). Besonders viel Wert wird auf die Grünanlage gelegt. Das Essen ist gut und reichhaltig, die Zimmer einfach, aber sehr sauber. Viel Aufmerksamkeit wird den Kindern gewidmet.

gebung wie ► Kairouan, ► Monastir, ► Mahdia und ► El Djem machen Sousse zu einem besonders schönen Ferienort.
Die wirtschaftliche Bedeutung von Sousse liegt im Hafen (Export von Agrarerzeugnissen, Phosphat), in der Fischerei und der Industrie (u. a. Maschinenbau, Texil- und Elektroindustrie, Baustoffe). Auch der Fremdenverkehr erlebte einen ungeahnten Aufschwung. Zusammen mit ► Monastir und Port El Kantaoui gehört Sousse heute zu den **bedeutendsten Tourismusregionen Tunesiens**.

Sousse gestern und heute

Bereits im 9. Jh. v. Chr. war das antike Hadrumetum eine wichtige Niederlassung der Phönizier. Während des Zweiten Punischen Krieges bekämpfte Hannibal von hier aus die Truppen Scipios. Im Dritten Punischen Krieg wechselte die Stadt die Fronten und erhielt als Hadrumetum dafür wichtige Privilegien, die sie durch ihre Parteinahme für Pompejus im Bürgerkrieg gegen Cäsar wieder verlor. Ende des 3. Jh.s wurde sie unter Diocletian (284 – 305) Hauptstadt der oströmischen Provinz Byzancea. Anschließend wurde Hadrumetum erst von den Vandalen, die es Hunericopolis nannten, und dann wieder von den Byzantinern, die es in Justinianopolis umtauften, erobert. Ende des 7. Jh.s wurde die Stadt von den Truppen Oqba Ibn Nafis restlos zerstört, sodass von den römischen Baudenkmälern au-

Die Medina von Sousse: ein Häusermeer und am höchsten Punkt die Kasbah

ßer den Katakomben aus dem 2./3. Jh. n. Chr. fast nichts erhalten geblieben ist. Erst 200 Jahre später, unter den Aghlabiden, wurde hier **Susa** als Hafen der damaligen Hauptstadt Kairouan neu gegründet. Damals entstanden Ribat, Große Moschee, Kasbah und die Stadtmauer. Im 12. Jh. wurde Sousse von den sizilianischen Normannen erobert, 11 Jahre später von den Almohaden zurückerobert. Im 16. Jh. folgten die Türken, deren Herrschaft 1881 mit dem kampflosen Einmarsch der Franzosen endete.

Place Farhat Hached

(Verkehrs-)Mittelpunkt der Neustadt ist die Place Farhat Hached, von der die wichtigsten Straßen sternförmig abgehen. Nördlich erstreckt sich die **Neustadt** mit der von Läden, Banken und anderen Geschäftshäusern gesäumten **Avenue Habib Bourguiba**, die in den **Strandboulevard Hédi Chaker** übergeht. Östlich folgt der Hafen. In der Südwestecke der Place Farhat Hached stand einst das **Bab el Bhar**, Meerestor. Bis zur Versandung etwa im 16. Jh. bildete es die Einfahrt in ein inneres Hafenbecken, an dessen Stelle im 18. Jh. eine Befestigung angelegt wurde. Seit ihrer Zerstörung im Zweiten Weltkrieg klafft hier eine Lücke, durch welche die Medina betreten wird.

★★ Medina

Die an einem Hang über dem Hafen gelegene, 700 x 500 m große und weitgehend unveränderte Medina ist von einer 859 errichteten Stadtmauer umgeben, die 874 und 1205 erneuert sowie verstärkt wurde. Die mächtigen behauenen Steine der rund 2 km langen Umfassung stammten aus dem antiken Hadrumetum. Ursprünglich besaß sie sechs Tore, von denen heute noch zwei erhalten sind, das **Bab el Khabli** im Süden und das **Bab el Gharbi** an der Westseite. Der Ostdurchgang Bab el Djedid wurde erst 1864 errichtet.

Große Moschee

Nach wenigen Metern trifft man auf die Große Moschee, die 851, wenige Jahre nach der Neugründung der Stadt durch die Aghlabiden, nach dem Vorbild der Sidi-Oqba-Moschee in Kairouan errichtet wurde. Nichtmuslime dürfen nur den Innenhof betreten (tgl. außer freitags 9.00 – 14.00 Uhr). Ursprünglich besaß die Moschee zwei Wehrtürme, von denen aus der Innenhafen überwacht wurde. Die Minarettkuppeln wurden erst später aufgesetzt. In einer Ecke führt eine Treppe zu einer Sonnenuhr. Die mit Zinnen versehene Mauer ist innen an drei Seiten von einer Galerie umgeben, ein kunstvoller Kufifries umzieht ihre Fassade. Auf massiven Stützpfeilern ruhen hohe Hufeisenbögen. Die Vorhalle (Narthex) vor dem dreizehnschiffigen Betsaal entstand 1675. Der ursprünglich nur drei Joche tiefe Gebetssaal mit einem Tonnengewölbe war bereits im 10. Jh. zu klein geworden und wurde deshalb um weitere drei Joche mit einem Kreuzgratgewölbe in Richtung Qiblawand verlängert. Der Anbau ist etwas höher geraten. Beachtenswert ist die Ausschmückung der Aghlabiden-Kuppel (heute überwölbt sie das 4. Joch, einst krönte sie das Joch vor dem Mihrab).

Blick in den Innenhof der Großen Moschee

RIBAT VON SOUSSE

★★ Ribats sind wuchtige Wehrklöster, die um 800 von den Aghlabiden überall an Tunesiens Küsten errichtet wurden, von denen jedoch nur wenige erhalten geblieben sind. Sie dienten zur Verteidigung bei Angriffen von der Meerseite, bei Überfällen der Berber vom Inland und als Pilgerherberge.

Öffnungszeiten:
Apr. – Mitte Sept. tgl. 8.00 – 19.00, sonst nur bis 17.30 Uhr

① Bollwerk, Kloster und Herberge

Hier lebten (teils auch nur befristet) die Kämpfer des »Heiligen Krieges«. In Friedenszeiten widmeten sich die »Krieger-Mönche« ihren religiösen Aufgaben und sorgten für die Verbreitung des islamischen Glaubens im Landesinneren. In Notzeiten boten die Ribats der Bevölkerung Schutz vor feindlichen Angriffen und dienten vor allem als Ausgangspunkt für die »heiligen« Angriffs- und Verteidigungskriege. Manche sehen in ihnen die frühen Vorbilder für die späteren christlichen Ordensritter.

② Festungsarchitektur

Vermutlich wurde das Ribat von Sousse um 787 mit einem beinahe quadratischen Grundriss und einer Kantenlänge von knapp 38 m erbaut. Seine 13,5 m hohen Außenmauern sind mit vier Ecktürmen sowie drei Türmen in den Seitenwänden verstärkt. 821 wurde an seiner Südostecke der 27 m hohe Nador, ein sich nach oben verjüngender Wachturm, hinzugefügt. Eine enge Wendeltreppe führt auf den Turm, von dem man einen wunderbaren Blick auf Medina, Große Moschee und Hafen hat.

③ Eingang

Der einzige Zugang zum Ribat, ein rechteckiger Torbau, befindet sich an seiner Südseite. Zwei auf antiken Säulen ruhende byzantinische Kämpferblöcke tragen den Bogen. Früher verstärkte im Kriegsfall ein eisernes Falltor zusätzlich den Zugang. Zu sehen sind noch der Fallschacht und die Laufrillen unmittelbar vor dem Durchgang.

④ Wachräume, Mönchszellen, Gebetssaal

Durch einen Vorraum mit einem frühen Kreuzrippengewölbe, von dem sich auf beiden Seiten ehemalige Wachräume öffnen – in einem befindet sich ein kleiner Souvenir-Laden –, gelangt man in den Innenhof. Im Erdgeschoss ordnen sich hinter Säulengängen die Mönchszellen, Stallungen und Vorratsräume. Ihnen ist ein Portikus vorgelagert. Treppen führen ins Obergeschoss. Die eine Längsseite nimmt ein elfschiffiger Gebetssaal ein, der älteste erhaltene in Afrika.

Das R
für di
Kriege
und K
schiffi

★★ Ribat

Das benachbarte Ribat stammt aus der Aghlabiden-Zeit und ist eines der schönsten Beispiele islamischer Architektur (►3-D S. 350). Mit dem Bau der Kasbah im Südosten der Medina verlor das Ribat seine einstige militärische Bedeutung. Ab dem 11. Jahrhundert verfiel es zusehends, größere Restaurierungen erfolgten jedoch erst, als es 1722 in eine Medersa (Koranschule) umgewandelt wurde. Heute gehört es mit dem Ribat von ►Monastir zu den besterhaltenen in Tunesien.

Zaouia Zakkak

Knapp 100 m westlich des Ribats erhebt sich das stilistisch beinahe an die Renaissance erinnernde achteckige Minarett der aus türkischer Zeit stammenden Zaouia Zakkak. Darin befinden sich eine Moschee, eine Medersa (Koranschule) sowie ein Mausoleum. Sehenswert ist die auf antiken Säulen ruhende Galerie des quadratischen Innenhofs.

Soukviertel

Die malerische Rue el Aghalba beginnt gleich hinter dem Ribat und führt bis zum Ostrand der Medina. Folgt man der südwärts verlaufenden Rue d'Angleterre, kommt man ins Soukviertel, ein Gewirr teils überdachter Gassen mit verschiedensten Läden und Werkstätten. Vor allem in den Nebengassen sind die Händler noch nicht so stark auf die Touristen eingestellt. In der Verlängerung der Rue d'Angleterre, der Rue el Maar, stehen die beiden Moscheen Sidi Ali Ammar und die nur 8 m² große Bou Ftata. Letztere wurde vom Baumeister der Großen Moschee vermutlich zwischen 838 und 841 errichtet. Ihr fayencenverziertes Minarett ist jedoch viel jünger.

> **! *Baedeker* TIPP**
>
> **Ausgesuchte Souvenirs**
>
> Die Rue Souk el Reba und ihre Verlängerung Rue Souk el Caïd führen durch die Medina zum Stadttor Bab el Gharbi hinauf. Auffallend schöne Souvenirs, darunter Antiquitäten, ausgesuchte Stoffe und Keramik – zu Festpreisen – gibt es bei Tamzgha, einem kleinen Laden nur 150 m unterhalb des Stadttors.

Der mit einer Zickzackrippenfassade versehene Kuppelbau **Kalaout el Koubba** (11. Jh.). Er beherbergt ein kleines Volkskundemuseum (Mo. – Do. 9.00 – 13.00, 15.00 – 17.30, Sa., So. 10.00 – 14.00 Uhr).

★ Dar Essid ►

Das kleine Museum in einem der ältesten Wohnhäuser der Medina stößt direkt an die Stadtmauer. Nach dem Tod des Hausherrn, eines wohlhabenden Arabers, wurde es wieder so hergerichtet, wie es um die vorige Jahrhundertwende ausgesehen haben mag (tgl. 10.00 – 19.00 Uhr). Zu sehen sind außer der Einrichtung Alltagsgegenstände, Trachten und Schmuck. Schön ist auch der Blick vom Turm über die Medina.

Kasbah

Die Kasbah wurde im Jahr 859 am höchsten Punkt der Medina, an der Stelle einer byzantinischen Befestigungsanlage errichtet. Ihr 30 m hoher Turm ist nach einem der ehemaligen Bauaufseher, Khalef el Fatah, benannt und einer der ältesten Turmbauten in ganz Nordafrika. Ihre oberste Plattform liegt rund 50 m über dem Turm des Ribat. Wegen dieses Vorteils übernahm die Kasbah die militärische Bedeutung des Ribats und auch heute noch dient der Khalef el Fatah als Leuchtturm (nicht zugänglich).

★★
Musée Archéologique

Öffnungszeiten:
Di. – So.
9.00 – 12.00
15.00 – 19.00,
im Winter nur bis 18.30

Im Erdgeschoss der Kasbah ist das nach dem Bardo-Museum in Tunis und zusammen mit dem Museum in El Djem bedeutendste Archäologische Museum Tunesiens untergebracht. Zu sehen sind punische, römische und frühchristliche Exponate. Unter den Arkaden des kleinen **Innenhofes** sind Mosaike mit geometrischen, mythologischen und Tiermotiven sowie christlichen Symbolen aus den Katakomben von Sousse zu sehen. Das Mosaik des bärtigen Ozeanushaupts (2. Jh.) schmückte einst einen Brunnen; nach dem Relief des »Guten Hirten« wurde einer der Katakombenstollen benannt.
Ein Mosaik zeigt Anker und Fisch. Letzterer wurde zum Symbol und Erkennungszeichen während der Christenverfolgungen. Die griechischen Anfangsbuchstaben »Iesous CHristos THeou Yios Soter« [Jesus Christus, Gottes Sohn, Heiland] ergeben zusammengesetzt das Wort Ichthys = Fisch.

i Eingang zur Kasbah

- Der Eingang zur Kasbah liegt außerhalb der Medina an der Rue Kaçem Ech Chebbi.

In **Saal 2** fällt das aus römischen Thermen stammende Mosaik auf, dessen mittleres Medaillon ein Medusenhaupt zeigt (2. Jh.). **Saal 3** beherbergt weitere Meisterwerke der Mosaikkunst, u. a. Satyr und Bacchantinnen (3. Jh.), »Triumph des Bacchus« (3. Jh.), Szenen von Fischfang und Seefahrt, Zeus (als Adler) entführt Ganymed (3. Jh.), Apoll und die Musen (3./4. Jh.). **Saal 4** enthält Funde aus dem Tophet von Hadrumetum (6. Jh. v. Chr. – 1. Jh. n. Chr.): Urnen, Lampen und mit verschiedenen Tanit-Symbolen verzierte Stelen.
Ein mosaikverzierter Gang führt in die Räume 6, 7 und 8 mit Funden aus punischen, römischen und frühchristlichen Gräbern.

◄ Großer Hof

In dem großen, bepflanzten **Hof der Kasbah** sind u. a. Torsi, Sarkophage, Säulen, Kapitelle und Grabplatten zu sehen. Von hier geht es in **Saal 9** mit den Mosaiken eines Tricliniums (Speisesaal), den Jahreszeiten und Monaten (3. Jh., El Djem) sowie des tragischen Poeten (aus einem römischen Haus südlich des Museums). In **Saal 10** behandeln Freskenreste (2. – 3. Jh.) mythologische Themen. Ein Bodenmosaik aus einem Triclinium in **Saal 11** zeigt die Vorbereitung zu einem Tierkampf im Amphitheater (3. Jh.). Einen schönen Blick hat man von der Dachterrasse (Zugang vom Hof der Kasbah).

★
◄ Ausblick

Katakomben

1888 wurden am westlichen Stadtrand von Sousse frühchristliche Katakomben entdeckt. Das Labyrinth aus unterirdischen Stollen wurden zwischen dem 2. und 4. Jh. von Christen in das weiche Gestein gehauen. Der Name stammt aus dem Griechischen (Coemeterium = Rastplatz), die jetzige Bezeichnung von »catacombas«, dem Namen einer alten römischen Grabstätte, die an der Via Appia in

Rom liegt. Bislang wurden drei Stollen freigelegt: die Katakomben des Guten Hirten (Les catacombes du Bon Pasteur; 1,6 km lang, 6000 Gräber, spätes 3. Jh.), die des Hermes (2500 Gräber, 3. Jh.) und die des Severus (5000 Gräber; frühes 4. Jh.). Zugänglich ist nur ein kleiner Abschnitt, wobei die meisten Gräber zugemauert sind. Insgesamt wurden um die 15 000 in Tücher eingewickelte Tote in teilweise übereinanderliegenden Wandnischen beigesetzt, die mit Ziegel- oder Marmorplatten verschlossen wurden (Lage: ca. 2 km außerhalb des Stadtzentrums Richtung Sfax/Kairouan, in der Nähe der Rue Abou Hamed el Ghazali; Di. – So. 9.00 – 19.00, im Winter bis 17.00 Uhr).

Umgebung von Sousse

★ Port El Kantaoui 10 km nördlich schließt sich das 1979 in maurischem Stil gebaute Port El Kantaoui (= Hafengarten) an, ein Komplex aus Luxushotels, Appartementhäusern, Restaurants, Cafés, Nachtklubs, Läden und Sportanlagen (Tennis, Golf, Reiten, Segeln etc.). Herzstück ist ein Jachthafen mit über 300 Liegeplätzen. Von hier ziehen sich noch viele Kilometer Hotels und Appartementhäuser die Küste entlang. Hinter dem Eingangstor befindet sich ein Bureau de tourisme.

Hergla Der kleine Ort (6000 Einw.), 35 km nördlich von Sousse, ist Nachfolger des antiken Horraca Caelia, das im 2. Jh. n. Chr. die Grenze zwi-

Archäologisches Museum in Sousse: Mosaik des tragischen Poeten

schen den Provinzen Byzancea und Zeugitania bildete. Während der arabischen Invasion wurde es völlig zerstört. Sehenswert ist die aus dem 18. Jh. stammende Moschee, deren Kuppel in der bereits aus ► Bulla Regia bekannten Amphorenbauweise errichtet ist. Sie wurde über dem Grab des im 10. Jh. verstorbenen Sidi Bou Mendil erbaut. In einer Geschichte aus 1001 Nacht konnte der Heilige sein Taschentuch in einen Fliegenden Teppich verwandeln.

Im »Hafengarten« Port El Kantaoui

Rund 43 km nördlich von Sousse liegt **Enfidha** (5000 Einw.). Bereits vor der französischen Kolonialherrschaft unterhielten die Beys hier ein großes Landgut, das sie 1880 an eine französische Privatgesellschaft verkauften. Heute gehört das über 100 000 ha große Landwirtschaftszentrum dem Staat (Sonntagsmarkt). In der einstigen Kirche ist ein kleines Museum, ausgestellt sind frühchristliche Mosaike aus Uppenna und Sidi Abich (5 und 3 km nördlich) sowie byzantinische und römische Keramik.

Takrouna

Etwa 6 km westlich von Enfidha liegt malerisch auf einem Felsen Takrouna, ein ehemaliges Berberdorf, das im Zweiten Weltkrieg stark umkämpft war. Leider ist es mittlerweile stark vom Fremdenverkehr überlaufen. In der Dorfmitte stehen eine kleine Moschee sowie das Grabmal des Ortsheiligen Sidi Abd el Kader.

★★ Tabarka

G 2

Gouvernorat: Jendouba
Einwohner: 8000
Höhe: Meereshöhe

Die kleine Hafenstadt gehört wegen ihrer schönen Lage in einer weiten Bucht, herrlichen Sandstränden und den mit Korkeichen und Pinien bewachsenen Kroumirie-Bergen im Hinterland zu den attraktivsten Ferienorten Tunesiens.

✶✶ Badeurlaub und Kultur

Tabarka liegt im äußersten Nordwesten nahe der algerischen Grenze in einer weiten Bucht. Geradlinige, teils baumbestandene Straßenzüge mit weißen Häusern und blauen Fensterläden bestimmen das Ortsbild. Bis vor Kurzem lebten die Einwohner vor allem von Landwirtschaft, Fischfang, Korallen- und Korkverarbeitung. Mittlerweile hat der Fremdenverkehr die Vorzüge des Orts entdeckt: die Felsküste im Westen, das glasklare Wasser – ein Paradies für Unterwasserfischer –, lange, feinsandige Strände im Osten, die reizvolle Kroumirie im Hinterland.

Korallenküste ►

Die großartigen römischen Ausgrabungsstätten ► Bulla Regia, ► Chemtou und ►Dougga sind nur zwischen 60 und 155 km entfernt. Bislang entstanden einige Hotels, ein Flughafen, ein Jachthafen und ein 18-Loch-Golfplatz, ideal für alle, die Ruhe und Erholung mit einem Kultururlaub verbinden möchten.

Korallen

Einst war Tabarka für seinen Korallenreichtum bekannt und ein Zentrum der Korallenverarbeitung. Auch heute werden noch in vielen Geschäften Halsketten, Nadeln und Broschen angeboten. In der Zwischenzeit sind die Korallengärten rücksichtslos geplündert worden, die Preise sind entsprechend.

Tabarka gestern und heute

Bereits im 5. Jahrhundert v. Chr. hatten die Phönizier an dieser Stelle einen Handelsplatz angelegt und die vorgelagerte Insel durch einen Damm mit dem Festland verbunden. Danach nutzten die Römer Thabraca und verschifften von hier Marmor aus Chemtou, Getreide und Olivenöl aus Béja und Holz sowie Raubtiere aus den Wäldern der Kroumirie nach Rom. Auch das Christentum war stark verankert, u. a. stammen die »Totenmosaiken« des Bardo-Museums in ► Tunis aus einer Kirche, die sich zwischen dem Bordj Messaoud und dem Bordj el Djedid (►S. 359) befand.

Als 1540 der berüchtigte Pirat Dragut (um 1485 – 1565), der von seinem Stützpunkt Djerba aus die Gewässer um Malta, Sizilien, Sardinien und Korsika unsicher machte, in die Hände einer italienischen Handelsflotte gefallen war, kam die kleine Tabarka vorgelagerte Insel im Austausch für seine Freilassung an die Genueser Adelsfamilie Lomellini. Diese ließ auf dem Felsen eine mächtige Festung errichten, in deren Schutz sich Fischfang und Korallenhandel entwickeln konnten. 1881 wurde Tabarka ein wichtiger militärischer Stützpunkt der Franzosen und war 1942/1943 heftig umkämpft.

! *Baedeker* TIPP

Über und unter Wasser

Tabarka gehört zu den schönsten Tauchrevieren im Mittelmeer. Interessenten wenden sich u. a. an Loisirs de Tabarka (im Hafen; Tel. 78 67 06 64, diving.tunisie@planet.tn), Méhari Diving Center (c/o Tunisie Voyages, Route Touristique El Morjène, Tel. 78 67 14 44, www.meharidiving center.com) oder Club Nautique Municipal (am Eingang des Hafens, Tel. 78 67 14 78). Die Umgebung lädt aber auch zu Wanderungen und Reitausflügen ein (Auskunft in den Hotels oder beim Fremdenverkehrsamt).

TABARKA ERLEBEN

AUSKUNFT

Office de Tourisme
Av. du 7 Novembre
Tel. 78 67 35 55

ANFAHRT

Der internationale Flughafen ist 15 km vom Ortszentrum entfernt, Tel. 78 68 01 13; Tuninter verkehrt regelmäßig nach Tunis und Monastir. Im Sommer gibt es einige Direktflüge nach Europa.

GUT ZU WISSEN

Veranstaltungen
Im Juli und August verwandelt sich Tabarka: Überwiegend Jugendliche besuchen die Sport-, Kunsthandwerk- und Musikveranstaltungen der sog. Sommeruniversität, Université de l'Eté; außerdem finden statt die Fête du Corail, Korallenfest, und das Internationale Jazzfestival.

Strände
In Richtung der algerischen Grenze erstrecken sich kleine Kiesstrände, östlich des Hafens dagegen kilometerlange schöne Sandstrände.

ESSEN UND TRINKEN

► Erschwinglich

① ***Le Pirate***
Tel. 78 67 00 61
Weit über die Grenzen der Stadt hinaus ist dieses Lokal bekannt für seine hervorragenden Tintenfischspezialitäten. Sollte Ihnen nicht unbedingt danach sein, bestellen Sie Königslangusten (von den galitischen Inseln), Loup de Mer oder Scholle. Bestens zubereitet, mit feinen Soßen abgerundet, dazu ein edler Tropfen, so bleibt der Besuch hier lange in bester Erinnerung.

Tabarka Orientierung

► **Preiswert**

② ***Café Andalous***

Av. Hédi Chaker / Rue du Peuple

Man muss es einfach gesehen haben, das neben dem Hotel de France gelegene Café. Es ist vor allem originell eingerichtet: alte Puppen, die Mütze des Bahnhofsvorstehers von 1921, vergilbte Spiegel, alte Bilder etc. Und jeder Besucher mag gern etwas dazugeben, was dann die Nachfahren noch nach Jahrzehnten wiederfinden. Garantiert!

ÜBERNACHTEN

► **Luxus**

① ***Mehari***

Tel. 78 67 00 01

Fax 78 67 39 43

Recht neu erbautes Hotel der spanischen »Iberotel«-Gruppe (400 Betten) direkt am weiten Sandstrand mit bester Küche, sehr geräumigen Zimmern und Ausflugsmöglichkeiten in die nahen Berge um Aïn Draham, in die Korkeichenwälder und zu den Korallentauchern. In unmittelbarer Nähe des Golfplatzes gelegen, bietet es dem Gast erholsamen Urlaub.

Les Mimosas

► **Komfortabel**

② ***Les Mimosas***

Tel. 78 67 30 18/28

Fax 78 67 32 76

www.hotel-les-mimosas.com

Auf einer kleinen Anhöhe am Ortseingang gelegen, bietet dieses Haus (154 Betten im Haupt- und vor allem im Nebengebäude) eine wunderschöne Aussicht auf die Bucht und auf das Genueser Fort. Großzügiges Schwimmbad und Terrasse. Mit Restaurant auch für Nicht-Hotelgäste. Ideales Hotel auch für Ausflüge ins Hinterland.

③ ***Montazah Abou Nawas***

Tabarka Plage

Tel. 78 67 35 22

www.abounawas.com.tn

Direkt vor den weiten Sanddünen am Strand gelegenes Hotel mit großen Räumen, viel Animation für jedes Alter, guter Küche, Diskothek und eigener Tauchschule.

► **Günstig**

④ ***Les Aiguilles***

18, Av. Habib Bourguiba, gegenüber der Post

Tel. 78 67 37 89

Fax 78 67 30 08

Kleine, saubere Zimmer, Ruhe hat man allerdings nur zur Rückseite hin. Zum Hotel gehört auch ein gutes, preiswertes Restaurant, das nicht nur für die Gäste geöffnet hat.

⑤ ***N. C. Mamia***

3, Route de Tunis

Tel. 78 67 10 58

Fax 78 67 06 38

Familienpension unter deutscher Leitung. Die Zimmer sind sehr einfach, aber sehr sauber.

Die Genueser Festung vor der Felsküste Tabarkas

Sehenswertes in Tabarka und Umgebung

Tabarka

Hauptstraße der kleinen Stadt ist die von Geschäften, Cafés und Restaurants gesäumte Avenue Habib Bourguiba. Gegenüber dem Fremdenverkehrsamt steht das kleine **Hôtel de France**: 1952 waren hier Habib Bourguiba, Mongi Slim, Hédi Chaker und Habib Achour interniert. Heute sind in dem Zimmer Erinnerungsstücke ausgestellt.

◄ Genueser Fort

Ein ca. 400 m langer Damm verbindet die 400 x 600 m große Insel mit dem Festland. Das Fort ist nicht zugänglich, der Aufstieg bis unterhalb des Tors wegen des schönen Blicks jedoch lohnenswert.

◄ Les Aiguilles

Zu Fuß erreicht man die westlich vom alten Hafen sich erhebenden 20 bis 25 m hohen Aiguilles. Wasser und Wind haben die ockerfarbenen Felsen (Aiguilles = Nadeln) bizarr geformt.

Basilika

Bei der sog. Basilika (Basilique), ca. 100 m hinter dem Hotel, handelt es sich um die Reste einer römischen Zisterne aus dem 3./4. Jh. mit einem Fassungsvermögen von 2700 m³, die wahrscheinlich öffentliche Brunnen und Thermen versorgte. Sie wurde später von den »Pères Blancs«, den Weißen Patern (► Carthage), in eine dreischiffige, sechsjochige Kirche umgebaut. Darin ist das meist geschlossene Musée de Tabarka untergebracht. Im Sommer dient der Innenhof als Freilichtbühne.

◄ Bordj Messaoud

Auch das Bordj Messaoud etwas oberhalb war eine Zisterne, die im 12. Jh. von Kaufleuten aus Marseille und Pisa in eine Festung verwandelt und im 18. Jh. von den Türken ausgebaut wurde. Die Reste eines weiteren türkischen Forts, Bordj Djedid, weiter oben am Hang sind nicht zugänglich (Militär).

Musée du Liège In dem Korkmuseum (etwas außerhalb der Stadt an der Straße nach Aïn Draham; tgl. 8.00 – 12.00, 14.00 – 17.00 Uhr) erfährt man alles über die Verarbeitung dieses Naturproduktes.

La Galite Die felsige Inselgruppe La Galite, 35 km vor der Küste des Cap Serrat, ist ein schönes Ausflugsziel nicht nur für Schnorchler oder Taucher. Die Gewässer sind sehr fischreich. Zwar besteht keine regelmäßige Schiffsverbindung, doch Fischer aus Tabarka oder aus ►Bizerte übernehmen die Fahrt auf Anfrage. Von den sieben Inseln ist nur die 5,3 km lange und 2 km breite **Hauptinsel La Galite** bewohnt, hier leben Langustenfischer und Weinbauern. Höchster Punkt ist die Montagne de la Garde (361 m). Punische Grabstätten, römische Ruinen, verlassene Steinbrüche und Grotten findet man in der Ebene. Auf der kleinen Insel Galiton steht ein Leuchtturm. Heute lebt hier eine Kolonie geschützter Mönchsrobben.

★ Aïn Draham Eine kurvenreiche Straße führt zu dem 25 km entfernten Bergort Aïn Draham (= Silberquelle) in 823 m Höhe hinauf. Er ist ein schöner Ausgangsort für Wanderungen durch die abwechslungsreiche Landschaft mit ihren dichten Korkeichenwäldern der Kroumirie (beschilderte Wanderwege).

Tabarka: schöner Sandstrand, im Hintergrund üppig grünes Bergland

Etwas südöstlich erstreckt sich der Beni-Mtir-Stausee (Barrage), der Tunis mit Trinkwasser und Elektrizität versorgt. Unmittelbar an der tunesisch-algerischen Grenze, 15 km westlich von Aïn Draham, liegt das moderne Thermalbad Hammam Bourguiba, dessen schwefelhaltiges Heilwasser bei Atemwegserkrankungen hilft.

◄ Beni-Mtir-Stausee

Plage Zaouara

Die Plage Zaouara, ein kilometerlanger, von Dünen gesäumter Sandstrand, erstreckt sich im Osten Tabarkas bis zum Cap Negro. Im Sommer gibt es sogar ein kleines Café, Strohhütten als Umkleidekabinen und ein paar mit Süßwasser gespeiste Tanks. Anfahrt: 25 km auf der Straße nach Tunis, auf der Höhe von Ouchtata biegt man auf eine Seitenstraße Richtung Meer; nach 10 km folgt der Stausee Sidi Barrak und nach weiteren 4 km der Parkplatz des Sandstrandes.

Tataouine

K 10

Gouvernoratshauptstadt **Höhe:** 140 m ü. d. M.
Einwohner: 8500

Die Handelsstadt ging erst um 1890 aus einem Militärlager hervor und hat – außer an Markttagen – wenig Interessantes zu bieten. Sie ist jedoch ein guter Ausgangspunkt für Touren zu den Speicherburgen und Wohnhöhlen im südlichen Dahar-Gebirge.

Sehenswertes in Tataouine und Umgebung

Tataouine

Touristisch interessant sind nur die **Souks**. Vor allem die vor Ort gefertigten Teppiche genießen einen sehr guten Ruf. Die beiden Markttage montags und donnerstags sind gut besucht, u. a. wird Wolle in allen Farben angeboten. Im kleinen Museum Mémoire de la Terre, gegenüber der Einfahrt zum Hotel Sangho, sind einige Fundstücke von Dinosauriern wie Zähne und Knochen ausgestellt, die im Sand, im Stein und in Höhlen in der Umgebung gefunden worden sind.
Bis um 1000 n. Chr. war das unzugängliche Bergland unbewohnt. Nach dem Einfall der Beni Hillal um 1050 ließen sich hier Berber auf ihrer Flucht nieder und gründeten zahlreiche Orte. Diese liegen meist strategisch günstig auf einer Anhöhe und haben traditionelle Höhlenwohnungen und Speicherburgen (►Kunst und Kultur S. 81 und Baedeker Special S. 364).

! *Baedeker* TIPP

Festival des Ksour Sahariens

Unbedingt einen Besuch wert ist das meist Ende März/Anfang April stattfindende Festival des Ksour Sahariens, zu dem sich Berberstämme aus dem gesamten Süden treffen. Drei Tage lang werden Reiterspiele, nachgestellte Berberhochzeiten, Kamelrennen u. a. inszeniert. Das genaue Datum erfährt man beim Fremdenverkehrsamt (► S. 362).

★ Rundfahrt am Djebel Abiod (rund 80 km)

Weiße Berge Südöstlich von Tataouine erstreckt sich die Bergregion des Djebel Abiod (= weiße Berge), ein Ausläufer des Dahar. Die einstige Heimat der Ouderna, des mächtigsten Berberstammes im Süden, ist vom Tourismus noch recht unberührt. Die Rundfahrt führt durch schöne

TATAOUINE ERLEBEN

AUSKUNFT

Bureau de Tourisme
Avenue Habib Bourguiba
Tel. 75 85 06 86
Fax 75 85 09 99

GUT ZU WISSEN

Geübte Fahrer können die folgenden Touren bei gutem Wetter mit einem robusten Pkw bewältigen (wenn nicht, wird extra darauf hingewiesen). Allerdings müssen die letzten Abschnitte meist zu Fuß zurückgelegt werden. Die damit verbundenen Mühen werden jedoch mit grandiosen Ausblicken belohnt. Tankstellen gibt es nur in Médenine, Tataouine, Douz und Kebili (ausnahmsweise auch in Ksar Ghilane zu weit überhöhten Preisen).

ESSEN

► Preiswert

N. C. Ennacim
Av. H. Bourguiba 25
Hier treffen sich die Einheimischen in einem typischen Haus mit Innenhöfen, in denen es recht laut zugeht. Die Mahlzeiten sind reichhaltig, die Bedienung ordentlich und die Rechnungen niedrig.

Bibane
in Ksar Ghilane
Einfaches und gutes Essen gibt es im gleichnamigen Zelthotel (Campement Bibane).

ÜBERNACHTEN

► Luxus

Sangho Tataouine
Tel. 75 86 01 24
Fax 75 86 21 77
sangho.tataouine@planet.tn
►Baedeker Tipp S. 367

Pansea
in Ksar Ghilane
Tel. 75 90 05 06
Vertretung auf Djerba:
Tel. 75 62 18 70, Fax 75 62 18 72
www.pansea.com
Die schönste und komfortabelste Unterkunft der Oase. 60 Zelte mit Bad und Dusche; einfache, aber geschmackvolle Einrichtung, bequeme Betten, Klimaanlage.

► Komfortabel

Dakyanus
El Ferch, 5 km außerhalb, an der Straße nach Chenini
Tel. 75 83 21 99
Fax 75 83 21 98
dakyanus@gnet.tn
Empfehlenswertes, neu errichtetes Hotel mit Schwimmbad und Restaurant (150 Betten).

► Günstig

La Gazelle (arab. Ghazala)
Av. Hédi Chaker
Tel. 75 86 00 09; Fax 75 86 28 60
Klimatisierte Räume (46 Betten), gute Küche, Duschen und bewachter Parkplatz.

Landschaft und an Speicherburgen vorbei, die wie Adlernester an kahlen Felsen kleben. Die Straße ist durchgehend asphaltiert.

★ **Beni Barka**

Man verlässt Tataouine auf der GP 19 in Richtung Remada und biegt auf die Straße nach Beni Barka/Mastouria ab. Kurz vor Beni Barka zweigt eine Piste nach rechts ab, die knapp 4 km bergauf zum Fuß eines Felsen führt (der letzte Abschnitt kann nur mit dem Geländewagen oder zu Fuß bewältigt werden). Er wird von der Ruine des Ksar Beni Barka (14. Jh.) gekrönt, einer imposanten Speicherburg.

> **!** *Baedeker* TIPP
>
> **Riesen der Vorzeit**
>
> Die zerfurchten Bergrücken zwischen Matmata und Tataouine waren bis vor 66 Mio. Jahren noch von Urwäldern überzogen und ein bevorzugtes Weide- und Jagdgebiet von Dinosauriern. Heute zählen sie zu den reichsten paläontologischen Ausgrabungsgebieten Nordafrikas. Ein paar von den Dinosauriern haben die Tunesier aus Stein und Kunststoff in Lebensgröße nachgebildet. Sie stehen hoch oben und schwer zugänglich in den Felsen.

Von der Hauptstraße biegt etwa 200 m südlich der Abzweigung nach Tounkett eine Piste nach rechts ab. An dieser rund 50 m oberhalb der Asphaltstraße verlaufenden Strecke liegen mehrere Ksour. Beachtenswert ist nach etwa 2 km der gut erhaltene und teilweise restaurierte **Ksar el Aoidid**. Nicht weit entfernt folgt der festungsartige **Ksar Daghagra**, dann führt die Piste wieder ins Tal hinunter nach Mastouria, wo sie auf die Hauptstraße einmündet.

◄ Abstecher

Nach ca. 6 km passiert man die Ortschaft Tamelest, links auf einem Hügel sieht man die Reste eines weiteren Ksar (13. Jh.). Ein weiterer Abstecher führt südlich der Hauptstraße zu dem ebenfalls hoch gelegenen **Ksar Sedra** (auch Bou Ziri genannt). Unterhalb haben seine Erbauer zahlreiche Gänge weit in die Felsen hineingetrieben. Vom Gipfel des Felsens mit der Ruine einer Burg hat man eine grandiose Aussicht.

★★ **Ksar Ouled Soltane**

Die Hauptstrecke gabelt sich ca. 3 km hinter Tamelest. Links erreicht man nach weiteren 3 km den Ksar Ouled Soltane, eine der eindrucksvollsten Speicherburgen Südtunesiens. Die insgesamt 320 Ghorfas – die ältesten stammen aus dem 13., die jüngste aus dem 19. Jh. – gruppieren sich um zwei Innenhöfe. Im zweiten Innenhof gibt es ein kleines Café. Sein Besitzer setzt sich für den Erhalt der Ghorfas ein und weiß viel über ihre Bedeutung im Leben der Berber zu erzählen. In den bis zu fünf Stockwerken hohen Ghorfas sind noch Steinwannen und Nischen zur Lagerung verschiedener Vorräte zu erkennen. Manche Gewölbe und Türbögen sind mit Ornamenten, u. a. Hand- und Fußabdrücken, geschmückt.

★ **Ezzara**

Weiter geht es nun hinunter nach Mghit. Kurz hinter der Siedlung folgt man der Straße (über El Gabel) nach Ezzara (knapp 12 km

Einst besaß jede Berberfamilie mindestens einen Ghorfa, in dem sie Teile ihres Besitzes einlagerte, wenn sie auf Wanderschaft ging.
In Ksar Ouled Soltane gruppieren sich 320 Ghorfas um zwei Innenhöfe.

SPEICHERBURGEN

Zwischen Mareth (bei Gabès) und der libyschen Grenze (und weit bis nach Libyen hinein) gibt es viele Zeugnisse berberischer Architektur. Die Rede ist von Wohnhöhlen, die entweder wie in Matmata in den Lehmboden oder wie in Chenini in die Bergflanken hineingegraben wurden, und Ksour bzw. Ghorfas, Speicherburgen. Beide sind Schutzbauten und hängen mit den landschaftlichen und klimatischen Bedingungen dieser Region am Rande der Sahara und mit den Lebensgewohnheiten ihrer Erbauer, der Berber, zusammen.

Ghorfas sind eigentümliche schmale, von einem Tonnendach überwölbte Bauten. Aus vielen wabenartig übereinander gebauten Ghorfas entstand ein **Ksar** (Plural **Ksour**). Der Ksar war ein Gemeinschaftsspeicher der als Nomaden oder Halbnomaden lebenden Berber. Jede Familie besaß einen oder mehrere Ghorfas und war auch für deren Erhalt verantwortlich. Hier lagerten sie ihre Lebensmittelvorräte, wie Getreide, Öl und Trockenobst, oder Teile ihrer Wertsachen, wenn sie mit ihren Viehherden auf Wanderschaft gingen. Während ihrer Abwesenheit blieb die Anlage unter der Aufsicht eines Wächters.

Da Ghorfas feste Bauten sind, boten ihre Mauern aber auch vorübergehend Schutz vor räuberischen Überfällen anderer nomadischer Stämme. Das Fehlen von jeglichen Trinkwasserzisternen belegt jedoch, dass die Ksour nicht zum dauerhaften Wohnen angelegt waren.

Heute spielen die Ksour, wie die Höhlenwohnungen auch, praktisch keine Rolle mehr. Bereits während des französischen Protektorats und noch in den 1960er-Jahren wurden sie im Zuge einer falsch verstandenen Stadtsanierung großenteils abgerissen, andere sind verfallen. Ihre »Wiederentdeckung« in den letzten Jahren, auch durch den Fremdenverkehr, lässt hoffen, dass dieses Erbe der nomadischen Kultur und jahrtausendealten Tradition nicht ganz verloren geht.

Geschichte

Die **ältesten Speicherburgen** gehen ins 11. Jh. zurück und hängen mit den Einfällen der aus Oberägypten stammenden Beni Hillal zusammen. Die Ksour wurden auf den kahlen Bergkuppen hoch über den Siedlungsplätzen errichtet. Obwohl sie kaum Verteidigungseinrichtungen besitzen, erwecken sie wegen ihrer exponierten Lage den Eindruck von Festungen (z. B. Chenini, Douiret und Guermessa). Aus großer Entfernung sind sie zunächst gar nicht zu erkennen, weil sie Farbe und Form des Untergrundes angenommen haben. Sie scheinen mit dem Berg zu verschmelzen, aus ihm herauszuwachsen. In diesen Fällen spricht man auch von einer **Kalâa** (Festung). Später wurden die Ksour auf leichter zugänglichen Tafelbergen errichtet (z. B. Ksar Ouled Soltane, 16. Jh.; Ksar Ezzara, Ksar Jouamâa, ca. 1760). Im 19. Jh. »erreichten« die Ksour schließlich die Ebenen. Da sie auch immer eine soziale Funktion als Treffpunkt und Handelsplatz hatten, entwickelten sich einige zu Marktplätzen und weiter zu Städten wie Médenine, Metameur und Zarzis.

Architektur

Die Ghorfas wurden immer um einen rechteckigen Innenhof wie Bienenwaben auf- und nebeneinander gestellt. Nach außen bildeten ihre fensterlosen Rückseiten eine Mauer. Bei Bedarf wurde ein Ksar erweitert, dann führt eine Verbindungstür von dem äußeren jüngeren Ksar zum innen gelegenen älteren (z. B. in Ksar Ezzara und Ksar Ouled Soltane). Die **Anzahl der Speicher** ist unterschiedlich, im Durchschnitt sind es 150 bis 200 Räume; mit rund 320 Ghorfas brechen Ksar Ouled Soltane und Ksar Beni Barka alle Rekorde.

Konstruktion

Ein Ghorfa (= arab. Raum) ist ein halbrunder, von außen geschlossener, fensterloser Raum, etwa 4 bis 5 m tief, 2 m hoch und 2 m breit. Seine einzige Öffnung geht auf den Innenhof. Gebaut ist er aus Lehm.

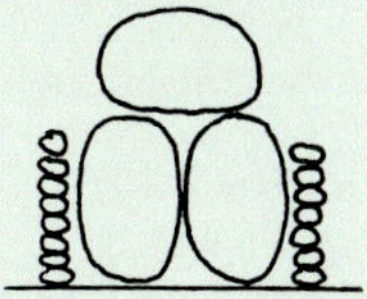

Zunächst werden Säcke mit Erde gefüllt und aufgestellt. Um die Säcke herum werden die Außenmauern errichtet. Den oberen Abschluss bildet zunächst eine Halfagrasmatte. Diese Konstruktion wird mit einem Gewölbe aus Lehmziegel mit Gipsmörtel geschlossen. Dann entfernt man die Säcke und mauert die Vorderfront bis auf eine circa 70 cm hohe Öffnung zu. Diese wird mit einer massiven Palmholztür und einem soliden Schloss verriegelt.

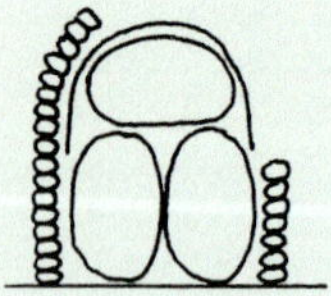

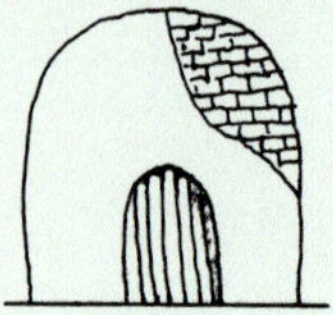

Die Ghorfas wurden zu ganzen Komplexen nebeneinander und bis zu fünf Stockwerken übereinander gestellt und miteinander durch geländerlose Treppen, aus dem Mauerwerk ragende Trittsteine oder Leitern verbunden. Manchmal sind die Eingangstüren oder die Decken mit Inschriften oder irgendwelchen Verzierungen geschmückt und die Räume entsprechend den zu lagernden Vorräten eingeteilt. Die Belüftung erfolgt über zwei Löcher an der Innen- und Außenwand der Ghorfas. Wenn zwei angrenzende Ghorfas demselben Besitzer gehören, können sie miteinander verbunden werden.

Oft thronen Ksour aus strategischen Gründen auf Berggipfeln (Chenini, Ksar Jouamâa). Sie waren nur über steile Pfade zu erreichen und gut zu verteidigen. Es gab aber auch alleinstehende Komplexe in der Ebene, um die herum im Laufe der Zeit manchmal eine Siedlung entstand.

Heutige Nutzung

Einige Ghorfas werden noch als Speicher genutzt. In Ksar Ouled Soltane wurden zwei Ghorfas zu einem kleinen Café umgebaut. In anderen werden Souvenirs verkauft wie in Médenine oder in Metameur. Bis vor einigen Jahren waren in verschiedenen Ghorfas noch einfache, aber romantische Hotels untergebracht; die meisten von ihnen wurden wegen Baufälligkeit geschlossen. Eine besondere Karriere erlebten andere Ghorfas als Kulisse für futuristische Filme (►Baedeker Special S. 390).

vom Ksar Ouled Soltane aus) mit einer noch vollständig in das dörfliche Leben integrierten Speicherburg. Von hier sind es noch rund 20 km bis nach Tataouine. An der Strecke liegt das teils noch genutzte **Ksar Djelidat** mit zwei Ghorfa-Komplexen.

Sehenswertes westlich von Tataouine

★★ **Chenini**

Chenini (1500 Einw.) gehört zu den am schönsten gelegenen und meistbesuchten Berberdörfern Südtunesiens. Von Tataouine kommend, erreicht man nach knapp 18 km zunächst Chenini Nouvelle, wohin ein Teil der Bewohner des alten Chenini umgesiedelt wurde. Die Umgehungsstraße führt direkt zu einem Parkplatz unterhalb des Höhlendorfs. Chenini liegt etwa 500 m hoch am Fuß zweier Hügel. Den einen krönt ein massiver, stark verfallener Ksar aus dem 13. Jh.; in der anderen Erhebung gibt es zahlreiche in die Hänge gegrabene und teils noch bewohnte Höhlenwohnungen (► S. 81). Auf dem dazwischen liegenden Sattel hebt sich eine leuchtend weiß gekalkte Moschee mit einem etwas schiefen Minarett malerisch von den Erdfarben ab. Der Zauber der Lage überdeckt jedoch nicht die Armut. Wenn man eine der Höhlenwohnungen betreten möchte, empfiehlt es sich, einen offiziellen Führer zu nehmen (an Namensschild und Ausweis zu erkennen).

> ! *Baedeker* TIPP
>
> **Hotel Sangho Tataouine**
>
> Sehr schön Quartier machen kann man im Hotel Sangho, das etwas außerhalb von Tataouine an der Straße nach Chenini liegt. Das für den Ort fast luxuriöse Hotel (124 Betten) ist die letzte Möglichkeit, sich auf dem Weg in den Süden noch einmal auszuruhen, die Strecken durchzugehen und sich bei den örtlichen Behörden abzumelden. Es stellt vielerlei Ausflugsziele vor und vermittelt Führer: in die Wüste, zu zahlreichen Berberdörfern und zu Ausgrabungsstellen mit Fossilienfunden (► S. 362).

Die von neun Kuppeln überdachte **Moschee Djamâa Kedima** auf der Rückseite des Berges (man erreicht sie zu Fuß auf einem Weg, der hinter der Moschee beginnt; mit dem Auto über Neu-Chenini) wurde um 1250 teilweise in den Felsen gehauen. Auf dem Friedhof fallen sieben überlange Gräber auf. Laut einer Legende ruhen hier sieben Riesen, Les sept Dormants. In einer ehemaligen Wohnhöhle wird gute, aber stark gewürzte Küche serviert. Außerdem gibt es kühles Bier und daneben einen Souvenirladen (Relais de Chenini, Tel. 98 28 24 00; stark von Reisegruppen frequentiert; Kat. preiswert).

★ **Douirat**

Von Chenini gelangt man auf einer asphaltierten Straße nach Douirat (auch Douiret; 800 Einw.; 20 km von Chenini, 21 km südwestlich von Tataouine). Wie Chenini besteht es aus der in den 1970er-Jahren erbauten Neustadt (Douirat-Nouvelle) und dem alten Berberdorf Douirat auf einem Bergrücken, ist allerdings wesentlich weniger besucht als Chenini. Der Legende nach geht die Siedlung auf den Marabout Ghazi Ben Douaieb zurück, der sich vor 600 Jahren, vermutlich

Chenini gehört zu den schönsten Berberdörfern Südtunesiens. Der Ksar auf der Bergspitze ist fast mit dem Untergrund verschmolzen.

aus Marokko kommend, hier niederließ. Oben thronen die Reste der befestigten Speicherburg. Erhalten sind auch Höhlenwohnungen. Einige Häuser um die Moschee wurden als Filmkulisse restauriert. Douirat für sich alleine hat man als Camper: Direkt unterhalb des aufgegebenen Bergdorfs bietet das Centre de Camping et des Vacances einfache Unterkünfte und Campingstellplätze, allerdings ohne Verpflegung. Voranmeldung ist auf jeden Fall erforderlich (Tel. 75 86 05 30, Fax 75 86 22 32).

Douirat für sich alleine ▶

Ksar Ouled Dabbab Auf dem Rückweg passiert man nach ca. 11 km den Ksar Ouled Dabbab. Eine Stichstraße führt zum verlassenen Ksar hinauf. Mit einer Seitenlänge von 300 m gilt er als größte erhaltene Speicherburg.

Nördlich von Tataouine

★ Guermessa Guermessa (2000 Einw.; 20 km westlich von Tataouine; Anfahrt zunächst wie nach Chenini, nach ca. 6 km folgt man der beschilderten Abzweigung nach rechts) besteht ebenfalls aus einem Neubauviertel im Tal und dem malerischen Höhlendorf. Letzteres liegt rechts und links eines Bergsattels, auf dem eine kleine Moschee steht (die letzten Kilometer müssen zu Fuß zurückgelegt werden). Den höheren Hügel krönt eine Burg (Kalâa), in der eine Ksarruine aus dem 13. Jh. steht; den Aufstieg belohnt ein unvergesslicher Ausblick.

Ghomrassen

Ghomrassen (auch Ghoumrassen; 5000 Einw.; 8 km von Gourmessa) ist ein recht neuer Ort (Freitagsmarkt) in einem teils engen, von kahlen Felsen eingerahmten Tal. Zentrum ist die endlose Hauptstraße mit vielen Läden, Cafés, Restaurants und Geschäftshäusern. Touristisch interessant ist der alte Ortsteil oberhalb der Neustadt in den von Wind und Wetter verformten Felsen. Großenteils verlassene Wohnhöhlen und Ghorfas gruppieren sich um eine Felsspitze mit dem Marabout des Ortsheiligen Sidi Arfa; eindrucksvoll sind auch die Ruinen des einst mächtigen Ksar. Jahrhundertelang war Ghomrassen Zentrum der einflussreichen Uerghemma (ausgesprochen: Wergemma), wie der um 1450 aus dem Zusammenschluss von Berbern und nomadisierenden Arabern entstandene Stamm hieß.

✶✶ Ksar Haddada

Das Dorf Ksar Haddada, 8 km nördlich von Ghomrassen, liegt auf einem Plateau. Eigentliche Sehenswürdigkeit ist der ausgedehnte Ghorfakomplex, der zum Teil von einer Mauer umgeben ist und einst ein kleines Hotel barg.
Er diente im Juli 1997 als Kulisse für George Lucas' Film »Krieg der Sterne«, genauer für das Dorf Mos Espa des Planeten Tatooine (► Baedeker Special S. 390). Von hier führt eine Asphaltstraße nach Beni Kheddache (18 km, ►Médenine).

Weitere Abstecher von Tataouine

✶ Ksar Ghilane

Nach Ksar Ghilane, der südlichsten Oase Tunesiens, gelangt man auf einer landschaftlich abwechslungsreichen Piste von Tataouine aus. Die Strecke ist **nur mit Allradfahrzeugen** zu bewältigen (Hinweis: von Tataouine bis zum Café Touareg 31 km und noch etwa 65 km auf der sog. Pipelinepiste bis nach Ksar Ghilane). Die Oase am Rand der Sahara ist Ziel von organisierten Jeep- und Karawanensafaris, entsprechend groß ist der Andrang. Eine kleine Attraktion stellt der im Schatten großer Tamarisken gelegene, 6 x 5 m große Quellteich dar, um den sich mehrere Cafés und Souvenirstände gruppieren. Der Ksar, die Ruine eines französischen Militärstützpunktes, einst aus römischem Baumaterial errichtet, liegt 3 km nordwestlich mitten in den Dünen. Empfehlenswert ist die Besichtigung auf dem Rücken eines Dromedars! In Ksar Ghilane kann vor der Weiterreise zünftig in Zelten, aber auch in einem Hotel übernachtet werden.

Der von Franzosen gegründete Garnisonsort **Remada** (5000 Einw.; 80 km südlich von Tataouine an der GP 19) liegt nur noch 60 km von der libyschen Grenze entfernt. Daher wird das Ortsbild vor allem von Militärs bestimmt. Touristisch

! *Baedeker* TIPP

Wie ein Nomade

Neben dem Hotel Pansea (►S. 362) gibt es einige Campingplätze; manche bieten Betten in Nomadenzelten an, fast alle haben auch Restaurants, u. a. Camping Ghilane, Tel. 75 47 07 50, und mitten im Palmenhain Camping Paradise, Tel. 75 62 05 70.

In der Wüste bei Ksar Ghilane

Interessantes gibt es hier nicht; Markttag ist sonntags. Hier beginnt das südtunesische Sperrgebiet, das nur mit Sondergenehmigungen und einem Führer befahren werden darf (Auskunft in Tataouine beim Syndicat d'Initiative oder im Gouvernorat).

Bordj el Khadra Bordj el Khadra, die südlichste Stadt Tunesiens im 350 km entfernten Dreiländereck Tunesien, Algerien und Libyen ist Militär- und Kontrollstation, außerdem Ausgangspunkt für geführte Trecking-Touren durch den Großen Östlichen Erg nach Norden, entlang der algerischen Grenze, über El Borma nach Ksar Ghilane (►S. 369). Ein Grenzübertritt ist ausgeschlossen, selbst wenn man über die nötigen Visa verfügt; es sei denn, man kann Genehmigungen der entsprechenden Botschaften vorweisen, die das genaue Datum und auch die genaue Uhrzeit des geplanten Grenzübertritts beinhalten müssen. Auch dann ist die Weiterreise ungewiss. Mit Sicherheit ist mit langer Verweildauer am Grenzposten zu rechnen.

★★ Thuburbo Majus

13

Gouvernorat: Zaghouan

Thuburbo Majus, in einem schönen Tal mitten von Hügeln 63 km südlich von Tunis gelegen, ist nach ►Bulla Regia, ►Dougga, ►Makthar und ►Sbeïtla die fünfte römische Ruinenstadt Tunesiens.

Dank ihrer Lage am Schnittpunkt wichtiger Handelsstraßen zu den Hauptstädten Hadrumetum (Sousse) und Karthago erlebte sie einen raschen Aufschwung, der sich einigen prächtigen Gebäuden aus dem 2. und Anfang des 3. Jh.s widerspiegelt. Alljährlich ist Thuburbo Majus Ziel einer **Osterprozession** zu Ehren der Heiligen Perpetua, die jedoch vermutlich nicht hier, sondern in Thuburbo Minus, dem heutigen Tebourba südwestlich von Karthago, zur Welt kam.

Geschichte

Bereits die Punier hatten diesen vielleicht schon von den Berbern bewohnten Platz – der Name Thuburbo weist auf berberische Ursprün-

Thuburbo Majus *Orientierung*

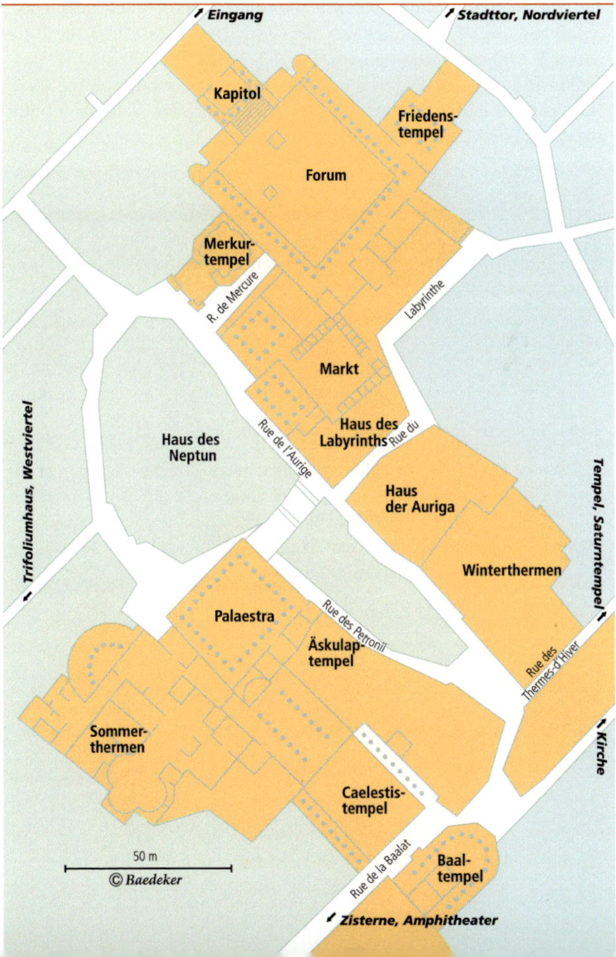

ge – besiedelt. Unter Augustus (27 v. Chr.) trat eine römische Siedlung (Pagus) neben die punische (einheimische Civitas). 128 n. Chr. erhob Hadrian sie zum Municipium, womit die Verleihung der römischen Stadtrechte verbunden war. Nun setzten eine umfassende Romanisierung und ein wirtschaftlicher Aufschwung ein. 188 verlieh ihr Commodus den Rang einer Colonia Iulia Aurelia Commoda. In den folgenden Jahrzehnten entstanden die meisten der mit prächtigen Mosaiken verzierten öffentlichen Bauten und Wohnhäuser. Gegen Ende des 3. Jh.s setzte der Niedergang ein, unterbrochen von einem kurzen Aufschwung im 4. Jahrhundert. Während dieser Zeit wurden mehrere Gebäude restauriert und erweitert und die Stadt benannte sich in Res Publica Felix Thuburbo Majus um. Vandaleneinfall, Auseinandersetzungen zwischen Katholiken und Donatisten sowie die arabischen Einfälle brachten das Ende. Eines der letzten Zeugnisse des Wohlstandes war ein Goldschatz, der Mitte des 7. Jh.s vor den Arabern vergraben wurde. 1857 wurde die Stadt wiederentdeckt und seit 1912 etwa ein Fünftel davon ausgegraben. Nach Schätzungen lebten in dem rund 40 Hektar großen Stadtgebiet einst zwischen 7000 und 12 000 Bewohner.

Eindrucksvolle Reste des ehemaligen Kapitols

✶✶ Ausgrabungen

Der Eingang in das Ruinengelände und ein kleines Café liegen nahe beim Nordtor. Die Stadt besaß drei Tore, aber keine Stadtmauer. Vielleicht lag das am Fehlen geeigneter Steinbrüche in der näheren Umgebung. Dies war jedoch sicher der Grund für die hier angewandte Art des Mauerbaus, des sog. **Opus Africanum**. Bei dieser mit unserem Fachwerk verwandten Bauweise, die bereits den Phöniziern bekannt war, wurden Pfeiler aufgestellt und die Zwischenräume mit Bruchsteinen, Kieseln oder anderem Material gefüllt.

Öffnungszeiten:
tgl. 8.00 – 19.00,
im Winter nur bis 17.30

Forum

Gleich hinter dem Eingang liegt das Forum, der Mittelpunkt des öffentlichen Lebens. Der 49 m lange, gepflasterte Platz war im Gegensatz zu Vitruv, dem Architekturlehrer der Antike, der einen rechteckigen Grundriss verlangte, quadratisch und auf drei Seiten von einem korinthischen Portikus begrenzt. Eine Inschrift auf dem Fries des Portikus nennt sein Erbauungsdatum (161 – 192) und das Jahr seiner Restaurierung (376). Das Kapitol an der Nordwestseite wurde 168 auf einem Podium, bestehend aus drei Lagen mächtiger Steinquader, errichtet. Eine breite, fünfzehnstufige Freitreppe führt zu den vier (von ursprünglich sechs) wieder aufgestellten, 8,50 m hohen korinthischen Säulen, deren Marmor aus Carrara stammte. Die Cella mit den Statuen von Jupiter, Juno und Minerva ist verschwunden, der hier ausgegrabene Kopf der einst 7 m hohen Jupiterstatue im Bardo-Museum in ►Tunis ausgestellt. Das Podium war ursprünglich gleichzeitig Schatzhaus, später stand hier eine Ölpresse. Vom Kapitol genießt man einen schönen Blick über die antike Stadt.

◄ Kapitol

Weitere Gebäude am Forum

◄ Friedenstempel, Merkurtempel

Im Nordosten des Forums liegt der Friedenstempel (Temple de la Paix): Auf einen rechteckigen Säulenhof folgt auf gleichem Niveau eine Tempelcella, ein in Afrika verbreiteter Grundriss. Südwestlich des Forums, gegenüber dem Friedenstempel, steht der Merkurtempel (Temple de Mercure), ebenfalls nach orientalischem Grundriss erbaut. Auf einen durch Ecknischen zum Achteck gewordenen Säulenhof folgt die Cella. Der Tempel wurde unter den Severern im Jahre 211 errichtet. Gegenüber dem Kapitol befand sich ein kleineres Heiligtum, rechts davon erstreckte sich die Curia, das Verwaltungszentrum der antiken Stadt. Der Markt (Marché; Ende 2. oder Anfang 3. Jahrhundert) südwestlich des Forums bestand aus zwei Portikushöfen und einem dritten Hof, der an drei Seiten von kleinen Läden gesäumt war.

◄ Markt

Wohnviertel

In dem Wohnviertel westlich des Merkurtempels bauten nacheinander Römer, Vandalen und zuletzt Byzantiner. Der Grundriss der Stadtanlage ist allerdings nicht regelmäßig, sondern, vermutlich der punischen Anlage folgend, kreuz und quer. In der Nähe des westlichen Stadttores ist die Linienführung der Straßen dagegen regelmäßiger, wahrscheinlich wurde hier kein älterer Grundriss überbaut.

Palästra der Petronier Die Palästra der Petronier (Palestre des Petronii) war eine Schenkung von Petronius Felix und seinen Söhnen. 225 stifteten sie der Stadt diesen von einem korinthischen Portikus umgebenen Wettkampfhof. Ein Teil des dekorativ mit Palmetten und Blumenornamenten versehenen Architravs blieb ebenso wie ein beliebtes, in der Südecke des Platzes eingraviertes »Spiel der 36 Buchstaben« erhalten. Ein hier gefundenes Relief mit drei tanzenden Mänaden befindet sich im Bardo-Museum. Das zur Palästra gehörende Äskulapheiligtum war dem Gott der Heilkunst und Beschützer aller Sportstätten geweiht.

Sommerthermen Die Stadt besaß Winter- (Thermes d'Hiver) und Sommerthermen (Thermes d'Eté). Die Winterthermen waren vermutlich mehrfach umgebaut worden, jedenfalls sind sie heute wenig übersichtlich. Die Sommerthermen im Südwesten der Stadt waren rund 2800 m² groß. Wie die heute im Bardo-Museum ausgestellten Statuen von Äskulap, Herkules, Merkur und Venus sowie die hier ausgegrabenen Mosaiken zeigen, waren sie prachtvoll ausgestattet. Auf den Eingang nahe der Palästra folgten Umkleideraum, Frigidarium mit drei Wasserbecken, Tepidarium, Sudatorium und Caldarium. Auf einer Stele ist das Relief mit dem Stadtwappen eingeritzt: eine Getreideähre, Weintrauben und der Zapfen einer Aleppokiefer. Im Nordwesten der Thermen liegt die einstige Latrine, ein 11 m großes Halbrund.

Baaltempel Der Baaltempel (Temple de la Baalat) im Süden folgt in seinem Grundriss sowohl römischem als auch orientalischem Einfluss. Ein halbrunder, von einem Portikus umgebener Hof öffnet sich auf einen kleinen, erhöht stehenden Tempel mit davorgesetzten Säulen.

Cerestempel Etwas weiter östlich befand sich der Cerestempel (Temple de Caelestis), welcher nach dem Erstarken des Christentums in eine dreischiffige Kirche umgewandelt wurde. Aus der Cella entstand die Taufkapelle, aus dem Vorhof wurde ein Friedhof.

Zisterne, Amphitheater 200 m südlich, am Fuß eines Hügels, liegen die Überreste einer riesigen Zisterne, die die Stadt mit Wasser versorgte; daneben das sehr verfallene Amphitheater (von dort hat man einen schönen Blick).

★★ Tozeur

F 8

Gouvernoratshauptstadt
Einwohner: 35 000
Höhe: Meereshöhe bis 60 m ü. d. M.

Die Oasenstadt ist die Hauptstadt des Bled el Djerid, des Landes der Dattelpalmen, und der letzte größere Posten auf dem Weg ins Innere des Kontinents.

Westlich erheben sich die Ausläufer des Atlas-Gebirges, südlich folgen der Chott el Djerid und die Wüste. Tozeur ist Sitz der Provinzialregierung und wichtiger Marktort (Dienstagsmarkt). Seitdem in der Stadt und der Umgebung viele Szenen des oscargekrönten Hollywoodfilms »Der englische Patient« gedreht wurden (►Baedeker Special S. 390), hat der Wüstentourismus mit Tozeur als Zentrum einen Aufschwung erlebt, davon profitiert auch das Handwerk. Typische Produkte sind Teppiche, Lederartikel und Schmuck. Überregionale Bedeutung hat der Handel mit Datteln, vor allem der Spitzenmarke Deglat en Nour (Finger des Lichts).

Hauptstadt des Bled el Djerid

Bekannt ist Tozeur vor allem für seine geschlossene Architektur. In der Altstadt – UNESCO-Weltkulturerbe – sind Torbogen, Stadtmauern und Hauswände aus sandfarbenen Lehmziegeln erbaut.

★★ Altstadt

TOZEUR ERLEBEN

AUSKUNFT

Commissariat Régional au Tourisme
Av. Abou el Kacem ech Chebbi
neben dem Hotel Continental
Tel. 76 45 05 03
Fax 76 45 05 05

Syndicat d'Initiative
Av. Habib Bourguiba
Tel. 76 46 20 34

ANFAHRT

Vom Flughafen Tozeur (6 km in Richtung Nefta) Flüge von und nach Djerba und Tunis; in der Hauptsaison landen hier auch Maschinen aus Europa. Von der Busstation (Gare Routière; Rue de la Liberté) Busse nach Nefta, Gafsa/Tunis, Gabès, Kebili, Douz und Hazaoua.

GUT ZU WISSEN

Zu Beginn der Dattelernte Ende November/Anfang Dezember findet in Tozeur ein populäres *Oasenfest* mit Umzügen, Volkstänzen und Kamelrennen statt. Man kann sich nicht nur satt sehen, sondern auch satt essen beim Genuss der reichlich angebotenen Datteln aller Sorten und man wundert sich schließlich, wieso nur die eine Sorte, Deglat en Nour, zum Export freigegeben wurde. Vorsicht: Obwohl Früchte, sind Datteln nicht gerade als Schlankmacher geeignet (100 g/275 kcal).

ESSEN

► Fein & teuer

① ***Petit Prince***
Direkt hinter dem L'Oasis, also schon inmitten der Palmen gelegen. Für gehobene Ansprüche und mit abendlicher Folklore. Französische und tunesische Spezialitäten; zum Ausklang werden Pfefferminztee und tunesische Patisserie gereicht.

► Preiswert

② ***N. C. Restaurant de la République***
Av. H. Bourguiba
In der Nähe der Moschee und unter Arkaden wird einem freundlich der Stuhl zurechtgerückt. Anschließend gibt es reichlich Nationalgerichte. Versuchen Sie mal ein Lablabi (sprich Läbläbi), eine pikante Tomatensauce mit Kichererbsen, die über Brotstücken serviert wird. Niedrige Preise.

ÜBERNACHTEN

► Luxus

① *Dar Cherait*
Tel. 76 45 48 88
Fax 76 45 44 72
hotel.darcherait@planet.tn
Jedes Zimmer dieses 2 km südlich des Zentrums gelegenen Hotels (220 Betten) ist anders eingerichtet, sehr fein, sehr orientalisch und sehr luxuriös. Hier übernachten Staatsgäste der Regierung. Entsprechend sind die Preise. Die Mahlzeiten werden von Kellnern in traditionellen Trachten gereicht. Dem Hotel ist das berühmte gleichnamige Museum angegliedert und ein Vergnügungspark zu den Märchen aus 1001 Nacht.

1001 Nacht im Dar Cherait

② *Abou Nawas Tozeur*
Tel. 76 45 35 00
Fax 76 45 26 86
abounawastozeur@gnet.tn
Dieses Hotel (184 Betten) gehört zur gleichnamigen Kette, liegt direkt am Eingang zur Oase Tozeur und verfügt (trotz unglaublicher Dürre ringsum) über einen schön angelegten Garten mit Swimmingpool und großzügig ausgestattete Räume. Hier kann man Ballonfahrten über den Chott el Djerid buchen.

► Komfortabel

③ *El Hafsi*
Tel. 76 45 21 01
Fax 76 45 27 56
Das Hotel (280 Betten) liegt unmittelbar neben dem Museum Dar Cherait. Um die Weihnachtszeit entsteht ein kleines Krippenspiel: Ein Berberzelt wird aufgebaut, Esel und Kamele stehen neben der Krippe, in der ein Baby liegt ... Sehr schöne Zimmer und reichhaltige Mahlzeiten.

► Günstig

④ *Oasis Dar Tozeur*
Tel. 76 45 23 00; Fax 76 46 15 22
Das älteste Hotel Tozeurs (248 Betten) liegt mitten im Stadtzentrum in einem schönen Garten und wurde erst unlängst renoviert. Viele Schatten spendende Palmen und familienfreundliche Preise machen dieses Hotel zu einem echten Favoriten.

⑤ *P. F. Residence Karim*
Tel. 76 45 45 74
Fax 76 45 45 74
Klein, aber fein. 4 saubere Zimmer und eine individuelle Bedienung durch den Besitzer erfreuen auch sehr verwöhnte Gäste. Die Pension liegt in der Stadtmitte und viele Fotos, Visitenkarten und Dankesbriefe beweisen die Zufriedenheit und den Wunsch der Gäste, wiederzukommen.

Durch das Vor- und Zurücksetzen einzelner Ziegel entstanden reliefartige Muster. Je nach Sonnenstand ergeben sich daraus wunderbare Schattenspiele, außerdem tragen die vorkragenden Ziegel durch den Schatten, den sie auf die darunter gelegenen werfen, zur Kühlung der Räume bei. Dieser Baustil findet sich u. a. auch in Nefta. Alle Ziegel sind 25 x 10 x 4 cm groß. Der feuchte Lehm wird mit einem Holzrahmen in die gewünschte Form gebracht. Anschließend trocknen die Ziegel in der Sonne, um dann im Ofen gebrannt zu werden.

Tozeur gestern und heute

Erstmals erwähnt wird die Siedlung in der Römerzeit als Thusuros, als wichtige Bastion zur Verteidigung der Südgrenze der Provinz Africa Proconsularis, deren Grenze nördlich des Chott el Fadjadj verlief (bei Bordj Khanguet Oum Ali). Andere römische Bastionen waren Nepte (Nefta), Aquae (El Hamma) und Thigae (Kriz). Nach der Ausbreitung des Christentums entwickelte sich Thusuros zu einer Hochburg und wurde Bischofssitz, wie ein Brief des Augustinus (► Berühmte Persönlichkeiten) an den Bischof von Thusuros beweist. Mitte des 7. Jh.s eroberten die Araber die Stadt und setzten nach rund

Tozeur Orientierung

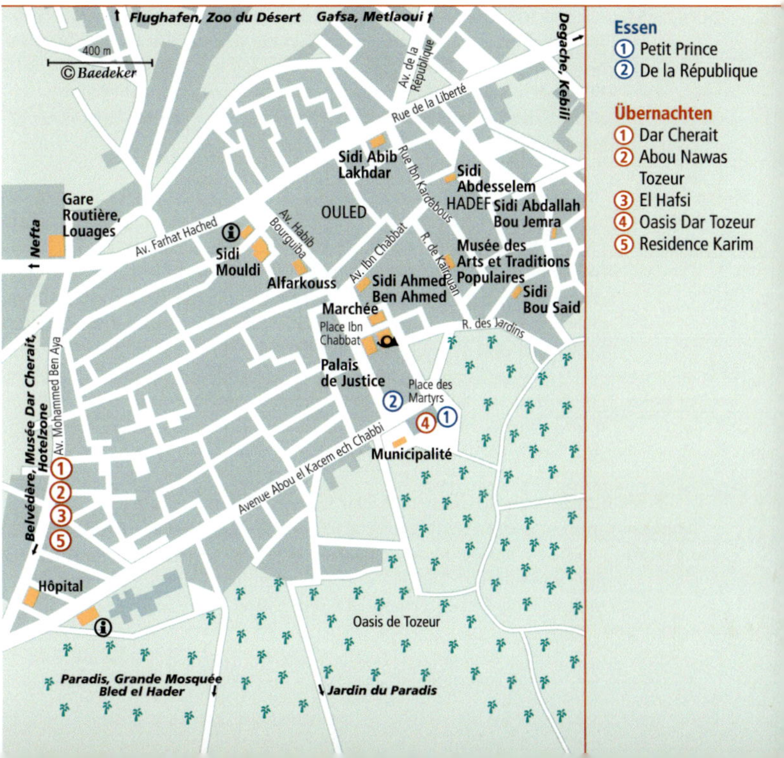

100 Jahre dauerndem Kampf den Islam durch. Sie war wichtige Station für Karawanen auf dem Weg von der Mittelmeerküste nach Schwarzafrika und Sitz bekannter Koranschulen (Medresen). Im 14. Jh. soll sie über 100 000 Einwohner gezählt haben. Der Reichtum lockte aber auch Eroberer an. Häufige Nomadenüberfälle und eine verheerende Choleraepidemie leiteten ab dem 15. Jh. den Niedergang ein.

Sehenswertes in Tozeur

Place Ibn Chabbat

Ausgangspunkt einer Ortsbesichtigung ist die zentrale Place Ibn Chabbat. Der Marktplatz trägt den Namen eines Gelehrten, der im 13. Jh. ein Wasserrecht verfasste, welches die Zufuhr und Verteilung des Wassers in den Oasen auch heute noch regelt (►S. 382). Hier liegen die Markthalle, überragt vom Minarett der Großen Moschee, viele kleine Läden, die Post, Banken, Cafés und Restaurants. Die größeren Hotels findet man vorwiegend an der Avenue Abou el Kacem ech Chebbi, der Nahtstelle zwischen Stadt und Oase.

✶✶ Altstadt Ouled Hadef

Die rund 600 Jahre alte hübsche Altstadt Ouled Hadef erstreckt sich zwischen der Durchgangsstraße Rue de la Liberté und dem Rand der Oase sowie zwischen der Avenue Habib Bourguiba und der Rue des Jardins. Enge, verwinkelte Gassen sowie schöne alte Häuser mit Fassaden in traditioneller Lehmziegelarchitektur bestimmen das Bild. Die durch Rundbögen gestützten Obergeschosse mancher Häuser berühren die gegenüberliegenden Hauswände – so entstehen sonnengeschützte Durchgänge.

Musée des Arts et Traditions Populaires

In der Rue de Kairouan befindet sich in der ehemaligen Koubba des Sidi Bou Aïssa ein kleines, etwas verstaubtes Volkskundemuseum (ATP; Di. – So. 9.00 – 12.00, 15.00 – 18.00 Uhr). Ausgestellt sind u. a. römische Säulen und Statuenrelikte des antiken Thusuros, Kunstgewerbeartikel der Gegend aus älterer und jüngerer Zeit, Einrichtungsgegenstände, Münzen, Keramik, Schmuck, Hochzeitsgewänder, Alltagsartikel und ältere Koranabschriften.

Dar Ben Azouz

Folgt man von hier der Rue des Jardins, gelangt man zum Dar Ben Azouz, einem vollständig eingerichteten Haus einer Tozeurer Familie (tgl. 9.00 – 12.00, 15.00 – 18.00 Uhr).

✶✶ Museum Dar Cherait

Ein Besuch des Museums Dar Cherait, 2 km südlich vom Zentrum, am Ende der Av. Abou el Kacem ech Chebbi, ist ein unbedingtes Muss. Es wurde nach dem Vorbild eines vornehmen Stadtpalastes mit Innenhöfen, Kachel- und Stuckverzierungen und kunstvoll bemalten Holzdecken erbaut. Zu sehen sind Gemälde der tunesischen

In der Altstadt von Tozeur fallen die reliefartigen Fassaden auf. → Sie entstehen durch das Vor- und Zurücksetzen der Lehmziegel.

Öffnungszeiten: täglich 8.00 bis spät in die Nacht

Schule, Kunsthandwerk, Waffen, Bücher, Kleider und nachgestellte Szenen aus dem Alltag wohlhabender Tunesier. Daneben findet man dort die bedeutendsten Urkunden aus der Zeit der Beys von Tunis, einen Teil ihrer privaten wertvollen Glassammlungen, Geschenke anderer Staatsmänner an die Beys sowie eine fast vollständige Münzsammlung aller Epochen Tunesiens. Ein Raum ist dem wohl berühmtesten Sohn der Stadt, **Abou el Kacem Ech Chebbi**, gewidmet, einem romantischen Dichter (►Berühmte Persönlichkeiten).

1001-Nacht-Vergnügungspark ►

Angeschlossen ist ein (nicht ganz billiger) Vergnügungspark, wo im Stil eines orientalischen Ablegers von Disney World die bekanntesten Märchen aus 1001 Nacht inszeniert werden. In teils unterirdischen Sälen tauchen Ali Baba und jede Menge Räuber, Scheherazade, Aladin mit seiner Wunderlampe und Sindbad der Seefahrer auf. Sehr empfehlenswert ist der Rundgang durch die Ladengalerie mit einem reichen Angebot u. a. an Literatur über Tunesien sowie CDs mit traditioneller Musik aus den Archiven der staatlichen Rundfunkanstalt. Selbstverständlich kann man im Dar Cherait à la carte essen oder eine Pause machen in einem schönen Café. Wer bereit und in der Lage ist, den Preis zu bezahlen, übernachtet stilecht in dem angeschlossenen Fünf-Sterne-Hotel, einem maurischen Palast aus 1001 Nacht.

! *Baedeker* TIPP

Besuch einer Ziegelei

Beim Besuch einer der kleinen Ziegeleien erfährt man einiges über die Herstellung der Ziegel und ihre Verwendung. Auch bekommt man einen Eindruck von den vielen, von Stamm zu Stamm verschiedenen Ornamenten. Einen Besuchstermin stimmt man vorher mit dem Fremdenverkehrsamt (Av. Abou el Kacem ech Chebbi) ab.

Zoo du Désert

Im Wüstenzoo des Si Tidjani, eines ehemals berühmten Schlangenjägers und Angehörigen der gleichnamigen Bruderschaft (► S. 382), werden in teilweise recht engen Käfigen Wüstentiere gehalten, die auf freier Wildbahn selten bis gar nicht anzutreffen sind, u. a. Wüstenwarane, Sand- und Hornvipern, Skorpione, Wüstenfüchse, Schakale, ein Coca-Cola trinkendes Dromedar sowie einige Raubvögel.

✶ Oase von Tozeur

Belvédère

Die schönste Sicht über die Oase und die Wüste genießt man vom etwa 20 m hohen Belvédère, einer am Oasenrand gelegenen Sandstein-Felsengruppe (zu Fuß ca. 3 km auf dem Weg links vom Museum Dar Cherait, oder mit einer der Ausflugskutschen, die vor dem Museum bzw. dem gleichnamigen Hotel auf Kundschaft warten). An ihrem Fuß, dem Ras el Aioun, entsprangen einst viele bis zu 30 °C warme Quellen. Von oben sieht man, dass die Palmen vom Absterben bedroht sind: Sie leiden unter dem katastrophalen Wassermangel aufgrund ausbleibender Regenfälle und gestiegenen Wasserverbrauchs. Der im Bau befindliche Golfplatz soll übrigens mit Brauchwasser aus der Kläranlage bewässert werden.

Paradies in der Hölle

Die Erkundung der im Süden sich anschließenden Oase, mit maximal 120 mm Regen im Jahr von den Bewohnern auch »Paradies in der Hölle« genannt, erfolgt z. B. in einer Pferdekutsche (Calèche; u. a. beim Hotel Continental), per Dromedar oder Esel (Vermittlung u. a. durch die Hotels), mit dem Fahrrad (Verleih gegenüber dem Dar Cherait) oder zu Fuß. Allerdings sollten die Preise vorab ausgemacht werden. Man erreicht die Oase mit ihren sechs kleinen Weilern über die Avenue Abou el Kacem ech Chebbi. Die wichtigsten sind Bled el Hader, Abbès und Sahraoui. In der ca. 1050 ha großen Oase werden vorwiegend Dattelpalmen (ca. 400 000) gezogen, in deren Schatten zum Teil Obstbäume und einige Bananenstauden wachsen. Die sehr viel Wasser verbrauchenden Unterkulturen sind in Tozeur nur gelegentlich vorhanden.

Bewässerung

Die Oase liegt auf einem großen Unterwassersee und wird von rund 200 Quellen und artesischen Brunnen bewässert. Die meisten Quellen entspringen in der Nähe des Belvédère und enden blind am Ende der Oase bzw. im Chott el Djerid. Die artesischen Quellen fördern Grundwasser aus einer Tiefe von ca. 60 bis 100 m, doch sinkt der Grundwasserspiegel stetig ab, sodass ihre Leistung geringer wird. An ihre Stelle treten moderne Tiefbrunnen, die aus etwa 600 bis 1500 m

In einer Pferdekutsche lässt sich die Oase am bequemsten erkunden.

Tiefe fossiles Wasser aus erdgeschichtlich älteren und feuchteren Epochen liefert, das allerdings nicht erneuerbar ist. Das kostbare Nass wird nach altem Wasserrecht über ein kompliziertes Verteilungssystem zu den einzelnen Parzellen geführt, wobei die kleinen, offenen, zum Teil gemauerten Kanälchen, die **Segouias**, die gesamte Oase netzförmig durchziehen. Die Wasserregeln wurden von dem Gelehrten **Ibn Chabbat** († 1282 in Tozeur) in der Mitte des 13. Jh.s in seinem Buch über die Oasenwirtschaft festgelegt. Danach erhält jede Parzelle je nach Lage, Größe und Bewässerungszeit (morgens, abends etc.) eine bestimmte Zeiteinheit (Khaddous) lang Wasser durch die Segouias.

Besitzverhältnisse

Die Besitzverhältnisse des bebaubaren Bodens in und um Tozeur werden wegen der zahlreichen Großfamilien und des komplizierten Erbrechts von traditionellen Vorstellungen und Strukturen bestimmt. Ein Großteil des Oasenlandes gehört nur etwa 60 Familien, d. h. weniger als 2 % der Bevölkerung, und der im gesamten westlichen Maghreb verbreiteten religiösen Bruderschaft Zaouia Tidjaniya, die sehr viel Besitz und Einfluss hat. Nur 8 % des Landes gehören Kleinbauern, die oft nur 50 oder weniger Palmen ihr Eigen nennen, aber ihr Land selbst bewirtschaften. Die Großgrundbesitzer und die religiöse Bruderschaft lassen ihr Land von Pächtern (Khammes) bewirtschaften. Diese erhalten je nach Fruchtart und Ausgang der Ernte zwischen 10 % und einem Drittel der Ernte in Naturalien als Lohn. Ihr Name Khammes leitet sich vom durchschnittlichen Anteil von 20 % (= 1/5, arabisch Khamsa = fünf) ab. Diese Besitz- und Arbeitsverhältnisse entwickelten sich, als mit dem Wegfall der Karawanenstraßen die Oasenwirtschaft zur Lebensgrundlage wurde. Reichere Grundbesitzer, Händler oder Nomaden kauften den Kleinbauern in Notzeiten zunächst das Wasserrecht ab, sperrten ihnen das Wasser und erwarben schließlich das ausgedörrte Land für wenig Geld. Die mittellos gewordenen Kleinbauern mussten sich auf ihrem ehemaligen Eigentum als Pächter verdingen. Ihr Ernteanteil reicht gerade für das Notwendigste zum Leben.

Bled el Hader

Der Weiler Bled el Hader liegt vermutlich an der Stelle des antiken Thusuros. Die ehemals fünfschiffige, aus dem 11. Jh. stammende Moschee Sidi Bou Ali in der Ortsmitte ist bis auf das sehenswerte Minarett und den 1193 errichteten Mihrab zerstört. Dieser Mihrab ist heute im neuen Gebetssaal nebenan zu finden. Rechts vom Minarett liegt auf dem nahen Friedhof der Marabout des Gelehrten Ibn Chabbat (►oben).

Abbès

Am Ausgang des Dorfes Abbès (2 km südlich von Bled el Hader) steht links der mit einer mächtigen Kuppel bedeckte Marabout des Lokalheiligen Sidi Ali Bou Lifa, ein viel besuchtes Wallfahrtsziel. Der mittlerweile abgestorbene Brustbeerbaum vor dem Marabout, auch »Le Grand Jujubier« genannt, soll noch von dem Heiligen selbst gepflanzt worden sein; daher wird er entsprechend verehrt. Etwa 400 m vom Marabout entfernt gibt es außerhalb des Ortes einen kleinen, sehenswerten **botanischen Garten**, das sog. Paradies, in dem außer Wüstentieren auch Oasenpflanzen zu sehen sind, u. a. Akazien, Aloen, Kakteen, Henna, Hibiskus und Granatapfelbäume. In einem kleinen Café werden als Besonderheit Rosenwein und Tees angeboten, beide mit Blütenextrakten versetzt. Von hier aus kann man bis zum Beginn des ►Chott el Djerid vordringen. Jedoch ist Vorsicht geboten, da während der Wintermonate der Boden schlickig sein kann und man u. U. bis zu den Knöcheln im Schlamm versinkt.

◄ Paradies

✶ Nefta

Kairouan des Südens

Das Oasenstädtchen (15 000 Einw.; 23 km westlich von Tozeur, nahe der algerischen Grenze) ist mit etwa 23 Moscheen und 100 Marabouts (Heiligengräber) das religiöse Zentrum des Bled el Djerid (Land der Palmen), ein viel besuchtes Wallfahrtsziel und letztes Zentrum des Sufismus in Tunesien. Der Ort besteht aus einer liebevoll restaurierten Altstadt und einer Neustadt, die durch die **Corbeille de Nefta** (»Korb von Nefta«) getrennt werden. Der Palmengarten ist aufgrund von Wassermangel arg in Mitleidenschaft gezogen. Auch die übrigen Ernteerträge sind deutlich zurückgegangen. Im Vergleich mit der quirligeren Nachbarstadt Tozeur ist Nefta etwas ins Hintertreffen geraten, wer jedoch Ruhe sucht, ist hier gut aufgehoben.

> **! Baedeker TIPP**
>
> **Überblick**
>
> Vor einer Stadtbesichtigung empfiehlt sich ein Blick über Nefta, die Oase und die alles umgebende Wüste. Im Vorteil sind die Gäste des Sahara-Palace-Hotels, das sämtliche Fenster, Balkone und Terrassen zu dieser Schauseite ausgerichtet hat. Genauso schön ist der Blick von der Terrasse des benachbarten Café la Corbeille.

Neben dem Café la Corbeille (► S. 384) liegt die **Zaouia des Sidi Brahim**. Darin sind der gleichnamige Heilige, ein bedeutender Sufi, sowie seine Söhne begraben. Auf verwinkelten Wegen gelangt man durch die Altstadt zur Mosquée Sidi Salem, auch Djamâa el Kebir genannt, der größten und ältesten Moschee (16. Jh.). Ein z. T. überdachtes Gässchen führt nach rechts zur **Place de l'Indépendance**. Weiter hangabwärts stößt man auf die Hauptstraße Av. Habib Bourguiba (östlich liegt die **Neustadt**). Südlich der Av. Habib Bourguiba findet man enge, malerische Gässchen, überdachte Souks und teilweise schön verzierte Hausfassaden, Mittelpunkt ist die Place de la Libération mit Geschäften, Cafés und der Markthalle. Ein traditionell eingerichtetes Privathaus lernt man im Musée Dar el Djerid (Place Sidi Mazhoud) oder Musée Dar Houidi kennen.

◄ Medina

✶ **Oase von Nefta**

Im Süden von Nefta schließt sich die über 1100 ha große Oase mit rund 400 000 Dattelpalmen an, in deren Schatten zum Teil Obst und Gemüse gedeihen. Sie wird von sandigen Wegen und kleinen Bewäs-

serungskanälen durchzogen. Die Produktivität ist jedoch sehr gering, das liegt am dramatischen Wassermangel, einer zu dichten Bepflanzung und vor allem an der rückständigen Wirtschafts- und Sozialstruktur: Wenige Großgrundbesitzer haben über 1000 Palmen, Hunderte Kleingrundbesitzer nur 50 und weniger Palmen, was nicht zuletzt auf das komplizierte Erbrecht zurückzuführen ist.
Inmitten der Oase liegt der **Marabout des Sidi Bou Ali**, das bedeutendste Grabmal und Wallfahrtsziel Neftas. Der marokkanische Hei-

NEFTA ERLEBEN

AUSKUNFT

Syndicat d'Initiative
Avenue Habib Bourguiba
Tel. 76 43 02 36

ESSEN UND TRINKEN

► Erschwinglich

② ***Café und Restaurant la Corbeille***
Neben dem Hotel Mirage am oberen Rand der Corbeille
Tel. 76 43 03 08
Sauberes Restaurant, dem ein Café angeschlossen ist. Das Essen ist gut, schöner ist die Aussicht, die man von hier über die Corbeille hat. Zu den Hauptmahlzeiten fast immer überfüllt mit Reisegruppen.

► Preiswert

① ***N. C. Les Sources***
am Rand der Corbeille
Kleines Restaurant, sehr einfach, aber reichlich. Wer es nicht zu scharf mag, sollte »musch harr« angeben (»nicht scharf«). Pfefferminztee obligatorisch.

ÜBERNACHTEN

► Luxus

① ***Sahara Palace***
Tel. 76 43 17 00
Fax 76 43 14 44
reservation@saharapalace.com.tn
Eigentlich ein »Muss«, wenigstens einmal hineinzuschauen. Erstes 5-Sterne-Hotel (216 Betten) am Rand der Wüste mit einer großartigen Geschichte der ältesten Hotelkette der Welt, der »PLM« (Paris-Lyon-Marseille). Das Haus, 1968 erbaut, wurde von Grund auf erneuert. Dem Gast bietet sich ein schöner Blick auf die Corbeille, die Oase Nefta und den Chott el Djerid. Große Räume, fast schon Salons; exzellente Küche.

► Komfortabel

③ ***Caravanserail***
Tel. 76 43 03 55
Fax 76 43 03 44
An der Durchgangsstraße nach El Oued (Algerien) gelegen, ist es das letzte Hotel (324 Betten) vor der algerischen Grenze (Hazoua, 24 km). Gute, geräumige Zimmer, klimatisiert, sehr gute Küche, Ausflugsmöglichkeiten in die Oase von Nefta, nach Tozeur, zu den nahen Sanddünen und zum größten Sandrosenmarkt der Sahara. Zum Flugplatz Tozeur sind es 25 km.

► Günstig

② ***Marhala***
Tel. 76 43 00 27
Fax 76 43 05 11
marhala@yahoo.fr
Freundliche Unterkunft des Touring-Clubs mit Klimaanlage, Pool und guten, reichhaltigen Mahlzeiten. Beliebter Treff der Tramper und Rucksacktouristen.

Nefta Orientierung

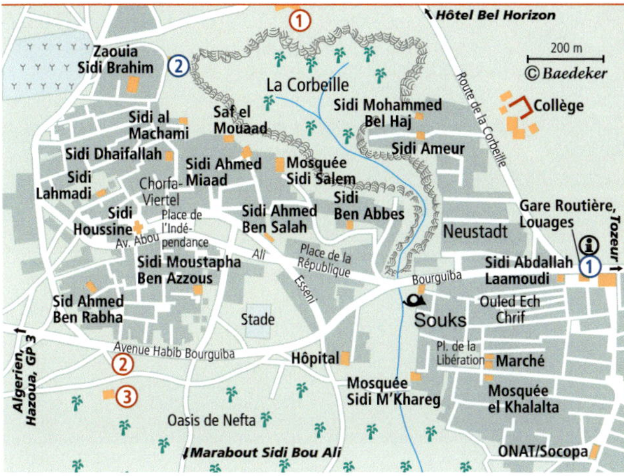

Essen
① Les Sources
② Café und Restaurant la Corbeille

Übernachten
① Sahara Palace
② Marhala
③ Caravanserail

lige brachte im 13. Jh. eine Dattelpalme aus dem algerischen Touggourt hierher. Am nördlichen Rand der Oase, in der Nähe des Soukviertels, befindet sich gegenüber der Moschee Sidi M'Khareg ein Oasencafé sowie etwa 100 m südlich davon die berühmte **Oasenbar**.

Marché des Roses de Sable

◄ Sandrosen

Wer sich für Sandrosen interessiert, sollte dem **Sandrosenmarkt** knapp 10 km westlich von Nefta in Richtung algerischer Grenze einen Besuch abstatten. Die schönen Exemplare stammen aus dem Grand Erg Oriental. Sandrosen entstehen durch Ausscheiden von Gips aus aufsteigendem sulfatreichem Grundwasser, das nahe der Erdoberfläche verdunstet. Dabei verklebt der Gips mit dem Quarzsand zu jenen blättrig-rosettenartigen Gebilden, die gelblich bis rötlich und äußerst zerbrechlich sind. Sie liegen großenteils im Sandboden versteckt, werden aber auch durch Erosion freigelegt.

Weitere Ziele in der Umgebung von Tozeur

★ **Onk Djemel**

Tozeur ist ein guter Ausgangsort für Ausflüge. Eine reizvolle Tour führt am Flughafen vorbei an den Südrand des Chott el Gharsa (die ca. 75 km lange Rüttelpiste ist mit einem robusten Pkw zu bewältigen, jedoch zur eigenen Sicherheit mit Führer). Die Landschaft beeindruckte bereits George Lucas und Anthony Minghella, die hier Szenen ihrer Filme »Star Wars« und »Der englische Patient« drehten. Namensgeber ist ein steinernes liegendes Kamel. Je näher man kommt, desto deutlicher wird es zu einem Berg, dessen Spitze von der Natur zu einer Steinskulptur geformt wurde. Ein paar Kilometer weiter steht mitten in der Wüste der Heimatort von Anakin Skywalker, ►Baedeker Special S. 390.

Aussicht vom Café la Corbeille auf Nefta und auf die Oase

El Hamma du Djerid In der Oase El Hamma du Djerid (ca. 9 km nördlich von Tozeur an der GP 3) gibt es vier kleine Dörfer, El Erg, Mhareb, Msâaba und Nemlet, mit zusammen rund 3500 Einwohnern. Die etwa 80 000 Dattelpalmen werden von 20 Wasserquellen versorgt. Dazu gehören sechs chlor-, kochsalz- und schwefelhaltige, 37 bis 40 °C heiße Thermalquellen, die bereits von den Römern für Heilzwecke benutzt wurden (1 km von Nemlet entfernt sind noch spärliche Reste der alten Römersiedlung zu sehen) und auch heute zur Behandlung von Dermatosen, Neuralgien und Arthritis besucht werden. Dort gibt es einen Complexe touristique mit einer kleinen Kuranlage.

El Ouidane Die Oase El Ouidane (9 km östlich von El Hamma du Djerid) besteht aus mehreren kleinen Dörfern mit insgesamt etwa 40 000 Einwohnern; die beiden wichtigsten sind Degache und Kriz, 16 km und 32 km von Tozeur entfernt. Sie sind entweder über die GP 3 oder direkt über die MC 106 zu erreichen. In Ouled Majed (bei Degache) gibt es eine kleine, alte Lehmziegelmoschee, deren Minarett auf römischen Grundmauern stehen soll. Der Marabout des Sidi Mohammed Kriz, kurz hinter dem Dorf in Richtung Kriz, und der Marabout des Sidi Bou Hillal in Seddada sind bekannte Wallfahrtsziele.

✶✶ Bergoasen Midès, Tamerza und Chebika

Die drei Bergoasen am Rand der Wüste (9000 Einw., bis zu 220 m ü. d. M.) sind ehemalige römische Wachposten. Von Tozeur führt der geologisch wie landschaftlich reizvolle Ausflug zunächst durch eine topfebene Steinwüste zum Rand der so genannten Roten Berge. Der wüstenhafte, bis zu 900 m hohe Gebirgszug **Djebel en Negueb** gehört gerade noch zum Atlasgebirge. In Jahrmillionen haben sich Flüsse in das Gestein gegraben. Sie führen allerdings nur nach Winterregen Wasser; dann können sie sich innerhalb kürzester Zeit in reißende Ströme verwandeln. Wo bereits die Römer entlang des Limes Tripolitanus, der das »zivilisierte« Afrika Proconsularis gegen Angriffe aus der Wüste verteidigte, verschiedene Kastelle errichtet hatten, liegen die drei vor allem von Berbern bewohnten Bergoasen Chebika, Tamerza und Midès. Ihre Fruchtbarkeit verdanken sie den kleinen Bergbächen, die im Boden versickern und als Quellen am nördlichen Rand des Chott el Djerid wieder hervortreten.

Chebika

Chebika liegt an der Stelle des ehemaligen römischen Militärpostens Ad Speculum. Der alte Ort mit seinen aus Lehmziegel gebauten Häusern direkt am Bergabhang, wurde 1980 nach starken Regenfällen und einem Bergrutsch aufgegeben. Die Bewohner leben seither am Fuß des Gebirges. Die **Oase** erstreckt sich in einen wilden Canyon hinein, vegetationsloses Gebirge aus bröselndem roten Gestein erhebt sich darum herum. Am Ende der malerischen Schlucht entspringt die Leben spendende salzfreie, etwa 30 °C warme Quelle. Ihr Wasser wird durch ein weit verzweigtes System von Kanälen zu den etwa 1500 Dattelpalmen geleitet. Der Boden ist Gemeineigentum, die Bäume gehören den Familien, die ihre Ernte an den Staat verkaufen. Das Wasser reicht für die hier sonst übliche Drei-Etagen-Wirtschaft (► S. 50) nicht aus. Früher besaßen die Berber noch riesige Viehherden, aber die Trockenheit der letzten Jahrzehnte, geschlossene Grenzen, feste Straßen und immer weniger Weidegründe sorgten für das Aus. Der Fremdenverkehr stellt eine zunehmende Erwerbsquelle dar. Weiter geht es auf der am Fuß des Berges entlangführenden Straße, die vom deutschen Afrikakorps im Zweiten Weltkrieg gebaut wurde. Sie passiert die **Oase El Khanga**, klettert steil bergauf und gelangt nach 10 km über einen kurvigen Weg ins Tal des Oued Khanga.

? WUSSTEN SIE SCHON ...?

- Chebikas römischer Name Speculum, Spiegel, verrät, wie sich die römischen Soldaten über das Geschehen entlang der hier verlaufenden Karawanenroute zwischen der Colonia Tacapae, dem heutigen Gabès, und dem algerischen Tebessa verständigten: Tagsüber wurden die Nachrichten mit Spiegelsignalen, nachts mit Feuern weitergegeben.

Tamerza

Tamerza, die größte und malerischste der drei Bergoasen, liegt an der Stelle des römischen Ad Turres: ein fruchtbarer schmaler Grüngürtel inmitten der kargen, unwirtlichen Berglandschaft. Heute leben hier rund 3000 Einwohner in einem modernen Dorf. Der alte, nach heftigen Regenfällen Ende der 1960er-Jahre aufgegebene Ort mit seinen teils verfallenen, teils für touristische Zwecke restaurierten Lehmhäusern zieht sich über einen lang gestreckten Hügel zwischen zwei ausgetrockneten Oueds und bildet mit den weißen Marabouts

BERGOASEN ERLEBEN

ANFAHRT

Von *Tozeur* auf der GP 3 Richtung Gafsa durch die Oase El Hamma du Djerid. Unmittelbar hinter der Oase führt eine asphaltierte Straße Richtung Nordwesten (ausgeschildert) durch den Chott el Gharsa nach Chebika (52 km), Tamerza (weitere 15 km) und Midès (noch 8 km). *Busverbindungen* gibt es zwischen Tozeur, Chebika und Tamerza sowie nach Redeyef und Metlaoui.

GUT ZU WISSEN

Die bis zu 800 m hohen, zerklüfteten Negueb-Berge sind ein Paradies für Wanderer und für Mineraliensammler; in Tamerza gibt es schöne Stücke zu kaufen. Eine besonders reizvolle Wanderung verläuft von Tamerza nach Midès (siehe S. 387).

ÜBERNACHTEN

► **Günstig**

Hôtel les Cascades
Tel. 76 48 53 32
Eine sehr einfache Unterkunft für ganz bescheidene Ansprüche im neuen Dorf. Von hier kann man bis zum Wasserfall spazieren.

Baedeker-Empfehlung

► **Luxus**

Tamerza Palace
Tel. 76 48 53 44
Fax 76 48 53 22
www.tamerza-palace.com
Das Hotel steht wie eine Festung in achthundert Metern Höhe auf einem Hügel gegenüber von Alt-Tamerza. Von der Terrasse und aus den Zimmern hat man einen Traumblick auf Alt-Tamerza, den Oued, die Oase und die umliegende Berglandschaft. Das Haus (130 Betten), mit viel Geschmack und landestypischen Materialien eingerichtet, bietet allen erdenklichen Komfort und ein großes Freizeitprogramm mit Sahara-Spezialitäten sowie Kontakte zu örtlichen Führern für Ausflüge in die Umgebung.

Tamerza Palace

Canyon de Midès

eine prächtige Kulisse. Unterhalb des sehr einfachen Hotels »Les Cascades« bestaunt man den etwa 8 m hohen Wasserfall. Von hier lassen sich Spaziergänge in die Palmenhaine unternehmen, die sich am häufig von ockerfarbenen Felsen gesäumten Oued entlangziehen.

Midès

Wenige Kilometer hinter Tamerza in Richtung Redeyef zweigt eine Straße zur kleinen Oase Midès ab. Sehr viel schöner ist jedoch die **Wanderung** von Tamerza über einen Bergsattel (einfache Strecke ca. 2,5 Std.). Den Ausflug kann man auch auf einem Esel machen (Auskunft u. a. im Hotel Tamerza Palace). Mit dem Pkw passiert man zunächst Neu-Midès. Dann geht es kurz durch die Oase, auch hier wird in drei Etagen gewirtschaftet. **Alt-Midès**, die ehemalige römische Grenzfeste Mades, liegt am Rand von ursprünglich drei tief eingeschnittenen Schluchten, von denen eine schon vor langer Zeit aufgeschüttet wurde. Bunt gemasertes Gestein und einzelne Bäume setzen Farbtupfer. Das alte Midès wurde Ende der 1960er-Jahre aufgegeben, gewährt aber noch Einblick in die traditionelle Architektur: Wohn- und Nebenräume sind um einen Innenhof angelegt, die Dächer mit lehmverputzten Palmstämmen gedeckt.

Alt-Midès ist der Ausgangs- bzw. Endpunkt für eine Wanderung durch den grandiosen **Canyon de Midès** bis nach Tamerza, in dem einige Szenen des Films »Der englische Patient« gedreht wurden (► Baedeker Special S. 390).

Ralph Fiennes als Graf Almasy in dem oscargekrönten Film »Der englische Patient«, der der Region den Durchbruch als »Filmkulisse« brachte. Im Hintergrund die Felsformation Onk Djemel.

FILMKULISSE TUNESIEN

Die Schauplätze liegen in Ägypten, in Rom oder im Weltraum, die Bilder aber, die Millionen Kinobesucher bewegten, stammen aus Tunesien, nicht dem Tunesien der feinen Sandstrände und Ferienhotels, sondern dem Tunesien der Salzseen, Bergoasen, Dünen und mittelalterlichen Medinas.

Starregisseure wie Bertolucci, Zeffirelli, Lucas und Minghella ließen sich von der Tunesiens Landschaften und Medinas verzaubern und siedelten die Abenteuer ihrer Helden aus »Der Messias« (1975), »Himmel über der Wüste« (1990), »Jesus von Nazareth« (1977) und »Krieg der Sterne« (1977 – 2005) hier an. Den Durchbruch brachte Minghellas oscargekröntes Weltkriegsepos »Der Englische Patient« (1997). Eine Reise zu den Schauplätzen ergibt eine interessante Route, entweder organisiert als Tagesausflug von Tozeur aus oder auf eigene Faust. Oft reicht ein Mietwagen oder ein Zugticket und eine Auskunft im Fremdenverkehrsbüro.

Star Wars

Nur rund 36 km von Tozeur liegt **Desert City**, die Stadt des Wüstenplaneten Tatooine aus dem 1999 fertiggestellten Film »Die dunkle Bedrohung« (dem vierten Teil von »Krieg der Sterne«). In der Hochburg der Jedi-Ritter, dem quirligen Weltraumbahnhof und intergalaktischem Piratennest im Alderan-Sternensystem, wuchs Anakin Skywalker auf, der Vater des späteren Helden Luke Skywalker. Seit dem Ende der Dreharbeiten ist die aus Holz, Schaumstoff und Mörtel gebaute Weltraumstadt, die an die Speicherburgen der Berber erinnert, wieder Wind, Wetter und der Sahara überlassen.

Die **unterirdischen Wohnhöhlen**, in denen George Lucas bereits vor über 20 Jahren Szenen für den ersten Teil von »Krieg der Sterne« drehte, in denen Luke Skywalker lebte und die Roboter R2-D2 und sein Blechkumpan C-3PO durch die Mondlandschaft rumpelten, sind in **Matmata**, u. a. im Hotel Sidi Driss zu sehen, die

Speicherburgen in **Ksar Haddada** und **Ksar Ouled Soltane**, in der Gegend zwischen Médenine und Tataouine. Tataouine ist übrigens Namensgeber für den fast gleichnamigen Planeten »Tatooine«, der in den ersten Skripts noch »Aquilae« hieß.

Der englische Patient

Originalkulissen sind noch bei der Felsformation **Onk Djemel** am Chott el Rharsa zu bestaunen, die aus der Ferne an ein liegendes Kamel erinnert, ca. 45 km von Tozeur. Hier stand das Zeltlager der Almasy-Expedition; hier landeten die Cliftons mit ihrem Doppeldecker und Katharine trug das Gleichnis von Gyges und dem Gattenmord vor. Andere Aufnahmen entstanden in den roten Schluchten beim Marabout des **Sidi Bou Hellel** (bei El Mahassen bzw. Dghoumes). Ein weiterer Drehort liegt in der Nähe der **Bergoase Tamerza**. Bei einer Wanderung in die Ruinenstadt Midès passiert man die »Absturzstelle« des Grafen Almasy am trockenen Flusstal Oued el Khanga. In diesem tief eingeschnittenen Ausläufer des Atlasgebirges trug er seine schwer verletzte Geliebte Katharine in die Höhle der Schwimmer, bettete sie auf einen Fallschirm und machte sich auf, Hilfe zu holen. Die Höhle sucht man vergeblich, das Original befindet sich in der libyschen Sahara. Aber die Naturkulisse ist grandioser als jedes Filmset. Die Bahnstrecke, wo Almasy vom fahrenden Zug sprang, wird heute noch vom legendären **Lézard Rouge** (S. 284) befahren und die Altstadtszenen entstanden in Tunis, Mahdia und Sfax.

Passende Kulisse

Tunesiens landschaftliche Vielfalt hat schon viele Filmemacher angelockt. So entstanden hier Szenen u. a. für »Jesus von Nazareth« (Franco Zeffirelli, 1977) und »Quo Vadis« (Mervyn LeRoy, 1951). Han Solo alias Harrison Ford hat es nicht nur für »Star Wars« in den Süden Tunesiens verschlagen, auch Spielbergs »Indiana Jones, Jäger des verlorenen Schatzes« (1981) entstand zum Teil hier. Die Altstadt von Monastir bildete die Kulisse für Monty Pythons »Das Leben des Brian«, 1979, und die Küste nördlich von Sousse für Polanskis »Piraten«, 1986.

★ Tunis

K 2

Landeshauptstadt
Einwohner: 800 000
(mit Vororten rund 1,7 Mio.)

Höhe: Meereshöhe bis 88 m ü. d. M.

Tunis ist die Hauptstadt Tunesiens und das unbestrittene Kultur- und Wirtschaftszentrum. Orientalisches Flair erlebt man in der labyrinthischen Welt der Medina. In der Ville Nouvelle fühlt man sich dagegen fast wie in Frankreich. Im Bardo-Museum sind die schönsten Mosaiken aus römischer Zeit zu bewundern. Und vor den Toren der Stadt laden das bezaubernde Städtchen Sidi Bou Saïd und die Ruinen Karthagos zu Ausflügen ein.

Minarette und Wolkenkratzer in friedlicher Eintracht

Tunis liegt auf einem Landrücken, der den Lac de Tunis (See von Tunis), arabisch El-Bahira genannte flache Lagune im Osten und Nordosten von dem ebenfalls sehr flachen Salzsee der Sebkha Es Sedjoumi im Südwesten trennt. Im Norden wird die Stadt vom sog. Belvédère, im Süden durch die Hügel von Sidi Bel Hassan geschützt. Der See von Tunis ist durch einen schmalen Kanal mit dem Meer verbunden, hier liegt La Goulette, der Außenhafen von Tunis (► S. 414). Damit auch Schiffe mit größerem Tiefgang den Innenhafen anlaufen konnten, wurde 1888 – 1893 durch die Lagune ein Kanal gebaggert, der Aushub für eine über den See führende Dammstraße vom Stadtzentrum nach La Goulette verwendet. Den historischen Mittelpunkt von Tunis bildet die **Medina**, die im Osten vom Hafen und im Norden und Süden von der Neustadt, der **Ville Nouvelle**, umringt wird. Darum herum liegt ein halbkreisförmiger Kranz von Vororten, dessen Schwerpunkt in Küstennähe liegt. Die Eckpunkte dieses Großraum Tunis genannten Gebietes sind **Gammarth** im Norden, **Hammam-Lif** am Südzipfel des Golfs von Tunis und **La Manouba** im Westen.

? WUSSTEN SIE SCHON ...?

- Tunis gehört mit Rom zu den ältesten Städten des gesamten Mittelmeerraumes.

Tunis gestern und heute

Das Gebiet um Tunes war schon vor der Gründung Karthagos (814 v. Chr.) von Numidern besiedelt. Im 7. Jh. v. Chr. geriet es unter die Herrschaft Karthagos und teilte dessen Schicksal. So wurde es 146 v. Chr. ebenfalls restlos zerstört und unter Cäsar und Augustus wieder aufgebaut, stand aber weiterhin im Schatten der Schwesterstadt. Erst nach der endgültigen Zerstörung Karthagos 698 n. Chr. durch die Araber begann der Aufstieg. Die Lagune wurde zum Hafen der arabischen Kriegsflotte. 894 verlegten die Aghlabiden ihre Residenz

← *Innenhof der Großen Moschee Djamâa ez Zitouna. Sie liegt in der Medina und ist der religiöse Mittelpunkt der Stadt.*

Tunis: Metropole Nordafrikas ▶

von Kairouan nach Tunis. In der Folgezeit, besonders unter den Hafsiden (1228 – 1574), entwickelte sich die Stadt zur Metropole Nordafrikas mit rund 100 000 Einwohnern und zu einem der führenden geistigen Zentren des Islam.

1270, während der Kreuzzüge, wurde Tunis vom Heer des französischen Königs Ludwig IX. belagert. Er starb jedoch in Karthago an der Pest. 1534 raubten türkische Piraten die Stadt aus. Bereits 1535 wurde Tunis von den spanischen Truppen Karls V. erobert, die Verwaltung blieb jedoch in den Händen der Hafsiden. 1574 übernahmen die Türken endgültig die Herrschaft. Auch die späteren Beys oder Deys der Türken sowie die 1705 durch einen Aufstand an die Macht gekommenen Husseiniden residierten in Tunis. 1871 erklärte sich der türkische Bey Hussein von Konstantinopel unabhängig. Noch einmal setzte ein Aufschwung ein. Das Wachstum der Stadt beschleunigte sich mit der Machtübernahme durch die Franzosen 1881. Zwischen Medina und Lac de Tunis entstand die Neustadt mit repräsentativen Bauten und Wohnviertel für die Europäer und der Stadthafen. Die Vorherrschaft Frankreichs endete am 20. März 1956. 1957 wurde Tunis Hauptstadt der Tunesischen Republik.

Hauptstadt der Tunesischen Republik ▶

Nachdem die Europäer größtenteils Tunis verlassen hatten, zogen die wohlhabenden Tunesier aus der Medina in die Europäerviertel. Dafür wechselten sozial schwächere Familien in die Altstadtwohnungen. Heute zählt die Medina noch rund 200 000 Bewohner. Die traditionellen Handwerker wie Schmiede, Sattler und Färber sind jedoch fast verschwunden, dafür haben sich die Souvenirhändler ausgebreitet. In den Außenbezirken entstanden moderne Wohnsiedlungen.

Highlights Tunis

Medina

Die Medina mit ihren schmalen, von winzigen Läden und Werkstätten gesäumten Gassen, Sackgassen und Plätzen gehört zu den größten und schönsten orientalischen Altstädten Tunesiens und zum UNESCO-Weltkulturerbe.

► Seite 401

Musée du Bardo

Das archäologische Museum in einem ehemaligen Palast ist weltberühmt für seine Sammlung römischer Mosaiken. Es zeigt aber auch Schätze aus punischer und frühchristlicher Zeit sowie griechische Kunstwerke aus einem vor Mahdia entdeckten Wrack.

► Seite 406

Ville Nouvelle

Die Franzosen setzten im 19. Jh. vor die mittelalterliche Medina eine Neustadt mit großzügigen Boulevards und prächtigen Häusern in Jugendstil und Art déco.

► Seite 400

Sidi Bou Saïd

Ein Ausflug führt in das malerische Städtchen, das schon 1914 die drei Künstlerfreunde Klee, Macke und Moilliet faszinierte.

► Seite 414

Karthago

Einst war Karthago die berühmteste Stadt Nordafrikas – eine Spurensuche in dem wohl schönsten Vorort von Tunis.

► Seite 210

TUNIS ERLEBEN

AUSKUNFT

Office de Tourisme
1, Av. Mohammed V/
Ecke Av. Habib Bourguiba
Tel. 71 34 10 77
www.tourismtunisia.com
Büros im Bahnhof und Flughafen

VERKEHR

Flughafen

Der internationale Flughafen Tunis-Carthage liegt 8 km nordöstlich an der GP 1 in Richtung Bizerte und ist mit Taxi oder Bus (ab Station Tunis Marine, beim TGM-Bahnhof, über Av. Habib Bourguiba, Rue du Rome und Av. Habib Thameur) erreichbar.

Bahnhof und Busbahnhof

Der Hauptbahnhof/Gare liegt an der Place de Barcelone.
Überlandbusse in Richtung Süden starten am Busbahnhof/Gare Routière du Sud/Bab El Fellah, in Richtung Norden am Gare Routière du Nord/ Bab Sâadoun.

Innerstädtischer Verkehr

Die Vorortschnellbahn *TGM* (= Tunis-Goulette-Marsa) verbindet das Zentrum von Tunis mit den nordöstlich gelegenen Vororten La Goulette, Karthago, Sidi Bou Saïd und La Marsa. Von ihrem Bahnhof (Station Tunis Marine) am Ostende der Av. Habib Bourguiba fährt sie über den Damm durch den Lac de Tunis.
In der Stadt verkehren verschiedene Straßenbahnen (*Métro*). So kommt man mit der Linie 4 u. a. zum Bardo-Museum. Wichtige Stationen sind der TGM-Bahnhof Tunis Marine (Linie 1 und 4) und Place de Barcelone (beim Hauptbahnhof).

Schiffsverkehr

Von La Goulette gibt es Fährverbindungen nach Europa (Marseille, Genua, Neapel, Sardinien, Malta und Sizilien).

GUT ZU WISSEN

Um die wichtigsten Sehenswürdigkeiten von Tunis zu genießen, sollten mindestens zwei Tage zur Verfügung stehen. Für die berühmten nahe gelegenen Vorstädte Karthago (► Carthage) und Sidi Bou Saïd (► S. 414) wird ein weiterer Tag benötigt. Das Zentrum von Tunis erkundet man am besten zu Fuß. Das Bardo-Museum erreicht man mit Bus, Métro 4 oder Taxi (billig), Karthago und Sidi Bou Saïd mit der TGM (► links).
Sonntags sind die meisten Läden und Restaurants in der Medina geschlossen, sonst beginnt das bunte Treiben bereits in den Morgenstunden.
Zahlreiche Baudenkmäler wie Medresen (Koranschulen), Zaouias, Moscheen, Mausoleen und Paläste sind nicht öffentlich zugänglich, entweder weil Nichtmoslems der Zutritt verboten ist oder weil sie sich in Privatbesitz befinden.
Zu den häufig angebotenen Fremdenführungen ► S. 134.
Das Hauptpostamt (PTT) befindet sich unweit westlich des Bahnhofs in der Rue Charles de Gaulle. Das Telefonamt liegt in der Rue Gamal Abdel Nasser (24 Std. geöffnet).
Der Zentralmarkt Fondouk el Ghalla liegt mitten in der Stadt (tgl. 7.30 bis 13.30 Uhr). Sonntags ist Vogelmarkt.
Eine Riesenauswahl an Teppichen gibt es bei Les Frères Mnouchi, 31–33 Souk El Leffa, Tel. 71 56 68 64), untergebracht in einem ehem. Bey-Palast mit schöner Dachterrasse (von hier Blick zur Ölbaum-Moschee).

Tunis Orientierung

Essen
5 L'Orient
6 Ez Zitouna
7 Café Faičal

Übernachten (Siehe auch Medina-Plan)
1 Abou Nawas
2 Africa
3 El Mechtel
4 Hôtel du Lac
5 Carlton
6 Transatlantique

ESSEN

► Fein & teuer

① ***Dar El Djeld***
5–10, Rue Dar el Djeld
Tel. 71 56 09 16
Fast wie in 1001 Nacht isst man in Tunis' bester Adresse. Tunesische Küche mit arabischer Musik (tgl. außer So.; im Juli und während des Ramadan nur abends geöffnet; im August geschl.).

⑤ ***L'Orient***
Tel. 71 24 20 58
Dieses Restaurant finden Sie in einer Seitenstraße zur Av. Habib Bourguiba in der Nähe der katholischen Kathedrale. Auch hier überwiegen Fischgerichte und Meeresfrüchte, die allerdings sehr fein abgeschmeckt werden. Die Getränkekarte ist reichlich und der Pfefferminztee zum Ausklang ein Muss: Er wird mit Pinienkernen in vergoldeten Gläsern gereicht.

► Erschwinglich

② ***M'Rabet***
Souk et Trouk (Medina)
Tel. 71 26 17 29
An einigen Abenden finden hier folkloristische Darbietungen statt. Das Lokal befindet sich im ersten Stock eines alten maurischen Caféhauses neben der Großen Moschee. Erlesene Weine, die allerdings entsprechend teuer sind.

⑥ ***Ez Zitouna***
Av. de Carthage
An der Außenfarbe Grün leicht zu erkennen. Rustikales Interieur. Gut angerichtete Speisen. Spezialität sind Couscous-Variationen mit Beilagen vom Hammel über Fisch bis hin zu süßen Beilagen. Sehr ruhig im Gegensatz zu den anderen Restaurants in der Umgebung.

► Preiswert

③ ***Mahdaoui***
Rue Djamâa ez Zitouna
Das einfache, auch von Tunesiern gern besuchte Lokal mitten in der Medina, bei der Großen Moschee, ist für seine guten typischen Mittagsgerichte bekannt (11.00–16.00 Uhr tgl. außer So.).

④ ***Sémaphore***
Rue de la Commission
(Place de France)
Sehr, sehr einfach ist hier das Kantinenessen, das jeder Gast erhält. Man spart sich die Speisekarte, weil eine Kreideschrift anzeigt, was es heute gibt. Reichlich, sauber. Ideal für Rucksacktouristen.

⑦ ***Café Faiçal***
93, Av. Jughurta
(neben der Deutschen Botschaft)
Tel. 22 51 37 48
Sehr sauberes, kleines Stehlokal, wo man belegte Brötchen, Crêpes oder

Straßencafé auf der »Bourguiba«

auch eine Pizza essen kann. Kaffee wird ebenso serviert wie jede Art von alkoholfreien Getränken.

ÜBERNACHTEN

► Luxus

① ***Abou Nawas***
355, Place des Droits de l'Homme/
Av. Mohamed V
Tel. 71 35 05 55
www.abounawas.com.tn
Ein Hotel der absoluten Spitzenklasse (638 Betten). Zentral gelegen, bietet es alle Annehmlichkeiten; beliebt bei Geschäftsreisenden.

② ***Africa***
50, Av. Habib Bourguiba
Tel. 71 34 74 77
www.mouradihotels.com.tn
Das große, blaue Hochhaus (328 Betten) war es der Staatsbank wert, auf den alten 5-Dinar-Scheinen verewigt zu werden. Auf insgesamt 20 Etagen verteilen sich die luxuriös eingerichteten Zimmer, gespeist wird in 2 Restaurants im fünften Stock. Mit eigenem Kino, Konferenzzentrum und Schwimmbad.

③ ***El Mechtel***
Tel. 71 78 32 00
www.mouradihotels.com.tn
Ein Hotel fast ausschließlich für Geschäftsleute. Es liegt mitten in der Stadt, nicht weit vom zoologischen Garten. Berühmt ist die gute Küche, gelegentlich kulinarische Schlemmerwochen mit Spezialitäten aus Kuwait, wo der Investor der Abou-Nawas-Gruppe herkommt. Großzügig ausgestattete, aber leider nicht geräuschisolierte Räume.

⑦ ***Dar El Medina***
64, Rue Sidi Ben Arous
Tel. 71 56 30 22
Fax 71 56 35 20
www.darelmedina.com
Wunderschönes kleines Hotel (24 Betten) in einem ehemaligen Palast mitten in der Medina; hier gibt es außerdem einen Salon de thé, ein Café maure und eine Terrasse mit Blick über Tunis.

► Komfortabel

④ ***Hôtel du Lac***
2, Rue du Sindbad
Tel. 71 25 83 22
dulac@planet.tn
Man sieht es schon von Weitem, selbst vom Flugzeug aus: eine auf dem Kopf stehende Pyramide. 1972 von einer schwedischen Gesellschaft errichtet, ist das Haus für viele Reisende die erste Station auf der Weiterreise in den Süden. Einfache Küche, einfache Zimmer, moderate Preise, immer überfüllte Bar.

⑤ ***Carlton***
31, Av. Habib Bourguiba
Tel. 71 33 06 44
www.hotelcarltontunis.com
Das zentral gelegene Hotel fällt durch seine Fassade im Art-déco-Stil auf. 80 angenehme, z. T. sehr kleine Zimmer. Die Zimmer nach hinten sind ruhig, die nach vorne haben schallschluckende Fenster.

► Günstig

⑥ ***Transatlantique***
106, Rue de Yougoslavie
Tel. 71 24 06 80
Fax 71 24 06 80
Hinter dem etwas hochtrabenden Namen verbirgt sich die Erinnerung an die Zeit, als Tunis durch einen regelmäßigen Dampfschiff-Linienverkehr noch direkt mit Amerika verbunden war. Hier stiegen die Passagiere ab, die sich feinere Häuser nicht erlauben konnten. 83 Betten in sehr einfachen Zimmern, angenehme

Eine der vielen Dachterrassen in der Medina; hier mit Blick auf das Minarett der Großen Moschee

Speisen und fast klassischer Service im Stil der »Belle Epoque«.

⑧ ***Hôtel de France***
8, Rue Mustapha M'Barek
Tel. 71 32 62 44
hotelfrancetunis@yahoo.fr
Riesige Zimmer mit hohen Decken in dem Hotel aus der Kolonialzeit. Aus der gleichen Periode scheint auch die Anweisung zu stammen, dass unverheiratete Paare nicht in einem Zimmer schlafen dürfen. Riesig ist auch die Geldscheinsammlung aus aller Welt, die in der Eingangshalle zu bewundern ist. Sehr sauber, sehr ruhig. Selbst die Zimmer sind sehr unterschiedlich. Suchen Sie sich das schönste aus.

⑨ ***Marhaba***
Place de la Victoire
neben dem Bab el Bhar/
Porte de France
Tel. 71 32 76 05
Fax 71 32 54 52
In diesem Hotel können bis zu 5 Personen in einem Zimmer schlafen, so groß sind sie. Und wem es zu heiß wird im Sommer, der legt sich auf den Balkon. Etwas Lärm dringt von der Straße herauf. Ansonsten sauber. Wieso also nicht mal so etwas probieren?

⑩ ***Du Soleil***
32, Rue de la Kasbah
Tel. 71 32 30 65
Fax 71 32 30 65
Sehr kleines Hotel in der Medina. Wer keine allzu großen Ansprüche stellt und sich an den gemeinsam genutzten Duschen und Toiletten auf der Etage nicht stört, kann hier, wie zu Kolonialzeiten, seinen Kopf auf ein sauberes Kissen legen. Wer mal hier war, empfiehlt es gern weiter.

Sehenswertes in der Ville Nouvelle · Neustadt

»Bourguiba« – tunesische Champs Elysées

Mittelpunkt der im 19. Jh. unter französischer Kolonialherrschaft entstandenen Ville Nouvelle ist die Avenue Habib Bourguiba. Sie beginnt an der Place de l'Indépendance, wenige Meter außerhalb der Altstadt, und führt 1250 m schnurgerade nach Osten zum Hafen, wo sie in die Schnellstraße übergeht, die auf dem Damm den Lac de Tunis durchquert und nach La Goulette führt. Hier befindet sich auch der Bahnhof Tunis Marine der TGM-Schnellbahn. Etwa in der Mitte der Avenue Habib Bourguiba, an der Kreuzung mit der nach Norden zum Parc du Belvédère verlaufenden Av. Mohamed V, liegt die **Place d'Afrique** mit einem Uhren-Standbild, Symbol für die »Nach-Bourguiba-Zeit«. Dies ist ein geeigneter Ausgangspunkt für einen Stadtrundgang. Auf der rechten Straßenseite (von der Place d'Afrique aus) lenkt der an eine auf dem Kopf stehende Pyramide erinnernde Bau des **Hôtel du Lac** die Blicke auf sich. Unmittelbar davor befindet sich das Gebäude des Tunesischen Fremdenverkehrsamtes (ONTT; hier erhält man eine sehr gute Medina-Karte). Man folgt der »Bourguiba« stadteinwärts, vorbei an Modegeschäften, Banken, Straßencafés, Reisebüros, Restaurants, Nachtlokalen und Hotels, u. a. dem blauen Hochhaus des Hotels Africa.

TGM-Bahnhof Tunis Marine ►

Tunesisches Fremdenverkehrsamt ►

Vor der Kathedrale die Statue Ibn Khaldouns

An der nächsten Kreuzung treffen sich die nach Norden zum Belvédère-Park führende Avenue de Paris sowie die zum **Bahnhof/Gare** (Place Barcelone) führende Avenue de Carthage. Ein beliebter Treffpunkt ist das **Café de Paris**. Stadteinwärts folgen das staatliche Ausstellungs- und Verkaufsbüro **Socopa/ONAT**, in dem tunesisches Kunsthandwerk angeboten wird, sowie das **Theater** (Théâtre Municipal) mit seiner Jugendstilfassade.

Die Av. Bourguiba mündet in die Place de l'Indépendance. An ihrem nördlichen Ende erhebt sich die neoromanische **Kathedrale St-Vincent de Paul** (1882), deren wuchtige Fassade vor den Toren der orientalischen Altstadt wie ein Fremdkörper wirkt. Die Kathedrale ist das größte aus der Kolonialzeit übrig gebliebene Bauwerk von Tunis (Grabmal des Unbekannten Soldaten; täglich eine, sonntags zwei Messen). Gegenüber steht die **Französische Botschaft** (Ambassade de la France), einst Sitz des französischen Generalresidenten. Zwischen diesen Zeugnissen französischer Kolonialpräsenz in Tunesien erinnert eine Statue an **Ibn Khaldoun**, den wohl berühmtesten Bürger dieser Stadt (1332 – 1406; ►Berühmte Persönlichkeiten).

Hauptpost

◄ Musée des Timbres

Jenseits des Platzes führt Av. de France direkt in die Medina. Wer hier links in die Rue Charles de Gaulle biegt, erreicht den mächtigen Kolonialbau des **Hauptpostamtes** (PTT, Grande Poste) mit dem sehenswerten Musée des Timbres, einer Sammlung historischer Postutensilien und Briefmarken (Eingang in der Rue Gamal Abdel Nasser; Mo.–Fr. 8.00 – 12.00, 15.00 – 18.00, Sa. 8.00 – 12.00 Uhr). An der Kreuzung mit der Rue d'Allemagne befindet sich der **Fondouk el Ghalla**, die Großmarkthalle (Marché couvert) im Kolonialstil, wo man vormittags buntes Treiben beobachten kann.

✶✶ Medina

Bab el Bhar Porte de France

Das 1848 auf der Place de la Victoire erbaute Bab el Bhar (auch Porte de France genannt) war das östliche Stadttor in die Medina. Die Stadtmauern selbst sind längst verschwunden, auf ihren Fundamenten verläuft die Ringstraße. Seinen Namen, Meerestor, erhielt es, weil bis zur Trockenlegung bzw. dem Bau der Neustadt im 19. Jh. der Lac de Tunis fast bis an die Stadtmauern reichte. Die Altstadt hat die Form eines Ovals und erstreckt sich über 1,5 km Länge und 800 m Breite. Sie ist damit nicht nur Tunesiens größte, sondern auch eine der schönsten orientalischen Altstädte des Landes und **UNESCO-Weltkulturerbe**. Ursprünglich stammt sie aus dem 9. – 11. Jh., erhielt jedoch ihr heutiges Aussehen weitgehend unter den Hafsiden (13. Jh.) und während der Türkenzeit (17. – 18. Jh.). Die Franzosen beseitigten lediglich die Medinamauer. Seit 1974 wird sie unter Leitung der »Vereinigung zur Rettung der Medina« (Association de Sauvegarde de la Médina, ASMA) verschönert und restauriert. In dem Labyrinth aus engen, verschlungenen Gassen gibt es zahlreiche Moscheen und überdachte Souks mit einem schier überwältigenden Angebot an Keramik, Stoffen, Gewürzen, Parfums, Schmuck und Messingwaren.

◄ ASMA

Rue Djamâa ez Zitouna

Wir empfehlen, zunächst die Rue Djamâa ez Zitouna, die linke der beiden Soukhauptstraßen, hinaufzusteigen und den Rundgang über die rechte Soukstraße, die Rue de la Kasbah, zu beginnen. Die Läden hier sind ausschließlich auf Fremde eingestellt und entsprechend hoch die Preise. Benannt ist die Rue Djamâa ez Zitouna nach der ehem. Heilig-Kreuz-Kirche (**Eglise de Ste-Croix**; nach wenigen Metern links, Haus Nr. 14), die 1662 vom französischen Kaplan Jean Le Vacher in einem Fondouk (= Lager, Herberge für Kaufleute) eingerichtet wurde. Rechts (Haus Nr. 55) folgt die um 1813 von den Türken errichtete Sidi-El-Mordjani-Kaserne, heute Nationalbibliothek mit über 2 Mio. Büchern und Schriften.

◄ Nationalbibliothek

Grande Mosquée Djamâa ez Zitouna Die auch Ölbaummoschee genannte Große Moschee ist nach der Sidi-Oqba-Moschee in Kairouan das bedeutendste Gotteshaus Tunesiens. Zwar darf ihr Gebetssaal von Nichtmoslems nicht betreten

Medina Orientierung

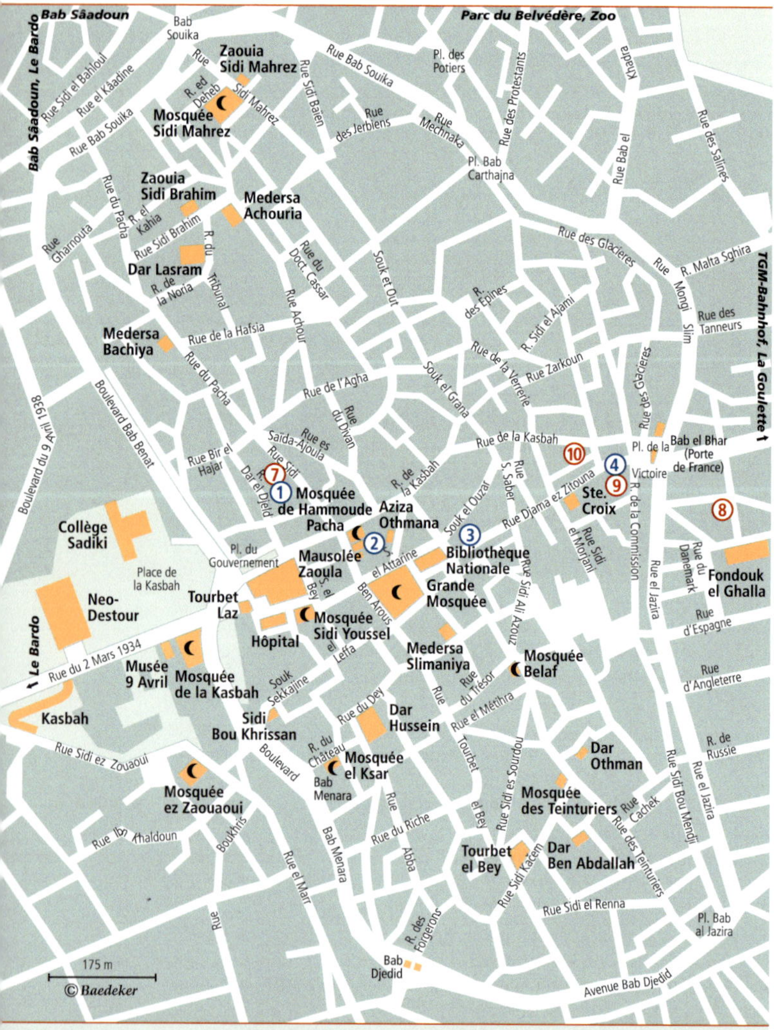

Essen
① Dar El Djeld
② M'Rabet

(Siehe auch Tunis-Plan)
③ Mahdaoui
④ Sémaphore

Übernachten
⑦ Dar El Medina
⑧ Hôtel de France
⑨ Marhaba
⑩ Du Soleil

werden, ein Besuch des Innenhofs ist trotzdem empfehlenswert (tgl. außer freitags 8.00 – 12.00 Uhr).

Baubeginn war 732. Bereits 864 wurde die Moschee vermutlich aus Platzgründen vollkommen neu errichtet und in den folgenden Jahren immer wieder erweitert. Die vieleckige Kuppel über dem mittleren Joch kam 991 hinzu und 1419 ein Bibliotheksanbau. 1637 bauten die Türken die Vorhalle und 1782 erneuerten sie die Decken im Innern. Im 19. Jh. wurde das **Minarett** auf 44 m erhöht – von seiner Spitze hat man einen herrlichen Blick über die Dächer der Medina.

◄ Gebetssaal

Die 15 Schiffe des Gebetsraumes sind jeweils sechs Joche tief. Meist antike Säulen tragen schöne Hufeisenbögen, auf diesen ruht eine bemerkenswerte Holzdecke. Ein Meisterwerk orientalischer Schnitzkunst ist der Mihrab, über dessen Joch sich die schöne Kuppel aus der ziridischen Ära wölbt. Den Boden bedecken Halfagrasmatten. Die großen Kristallleuchter stammen aus Murano (Italien).

In der Nähe liegen die Bauten der theologischen und juristischen Hochschule. Einst zählte sie neben der Azhar- (Kairo) und der Kairaouine-Universität (Fès) zu den bedeutendsten islamischen Lehrstätten. Seit Gründung der neuen Universität 1960 hat sie jedoch an Bedeutung verloren.

Souks

Die Moschee ist an drei Seiten von Souks umschlossen. Die größtenteils überdachten und labyrinthischen Einkaufspassagen sind meist nach Warengruppen getrennt. Besonders empfehlenswert ist es, in einem der Teppichläden auf die mit alten Fliesen geschmückten Dachterrassen zu steigen, um den schönen Blick über die Medina zu genießen, z. B. bei den Frères Mnouchi (im Souk el Leffa; ehem. Bey-Palast) oder im Palais d'Orient (Souk el Leffa und Souk et Trouk).

◄ Dachterrassen

◄ Souk el Attarine

Im Norden der Großen Moschee verläuft der aus dem 13. Jh. stammende Souk el Attarine mit den Läden der Parfümhändler. Sehenswert ist das von zwei Säulen getragene Moscheeportal Bab el Bouhour von 1081. Entlang der gegenüberliegenden Qiblamauer verläuft der **Souk de la Laine** (Wollmarkt). Sehenswert ist hier das vermutlich älteste Moscheeportal aus dem 9. Jh. mit römischen Friesteilen. Vom Souk de la Laine zweigt die Rue des Libraires zum Souk der Buchhändler ab. An ihrem Ende liegen drei Medresen (Koranschulen) aus dem 18. Jh.; zugänglich ist die hübsche **Medersa es Slimaniya** mit sehenswertem Eingang und Innenhof. Im Westen der Moschee liegt der Souk el Koumach (Stoffhändler; Etoffes) aus dem 15. Jahrhundert. Die Verlängerung des Souk el Attarine ist der Souk et Trouk, der ehemalige Türken-Souk mit dem traditionsreichen Café M'Rabet. Einen Besuch lohnt auch das benachbarte **Ed Dar** (Souk et Trouk/Rue Sidi Ben Arous), eine Mischung aus Museum und Laden mit seinem fast überwältigenden Angebot an Kunsthandwerk.

◄ Souk et Trouk

◄ Souk el Leffa

Die Verlängerung der Djamâa ez Zitouna bildet der Souk el Leffa (Teppich- und Deckenhändler), von dort geht in nördlicher Richtung der Souk el Berka zum ehemaligen Sklavenmarkt (Platz mit rot-grünen Säulen) ab.

Moschee der Kasbah Über die Rue du Château gelangt man auf die Ringstraße Bab Manara und folgt ihr bis zum quadratischen Minarett der ehem. Moschee der Kasbah, auch Almohaden-Moschee genannt, von 1235 mit der typischen andalusisch-maurischen Flechtbandornamentik. Der Moscheeturm stammt noch von der Hafsiden-Kasbah, die im 13. Jh. errichtet und erst kurz nach der Unabhängigkeit geschleift worden war. Die Moschee ist meistens geschlossen. An der Place de la Kasbah erhebt sich das mächtige **Parteihaus der »RCD«** (Rassemblement Constitutionnel Démocratique). Das Musée du 9 Avril unterrichtet über die Unabhängigkeitsbewegung Tunesiens.

! *Baedeker* TIPP

Medina-Festival

Während des Ramadan finden nachts in einigen Palästen der Medina sowie im Theater Musik-, Theater- und Tanzveranstaltungen statt.

Place du Gouvernement Das kleine Gebäude mit einer ziegelgedeckten Kuppel gegenüber der Kasbah-Moschee ist das **Tourbet Laz**, ein Mausoleum aus dem 17. Jh. Hier öffnet sich die mit Bäumen bestandene schöne Place du Gouvernement, an der mehrere Ministerien liegen. Der Dar el Bey, ein ehem. Stadtpalast von 1800, der 1876 zur Residenz der Beys von Tunis umgebaut wurde, ist heute Sitz des Ministerpräsidenten und des Außenministeriums. Südöstlich steht die Sidi-Youssef-Moschee (1616) mit einem schlanken, achteckigen (hanafitischen), grün gekachelten Minarett. Zur Moschee gehört das mit einem Pyramidendach gekrönte Mausoleum ihres Stifters, des Hafsiden-Bey Sidi Youssef. 1622 erhielt die Moschee eine Medersa (Koranschule). Das benachbarte Aziza-Othmana-Krankenhaus (Hôpital), die größte Frauenklinik der Stadt ist nach der heute noch verehrten Tochter des Bey Othman benannt (►unten).

Dar el Bey ►

Sidi-Youssef-Moschee ►

Souk des Chechias Von dem östlich des Dar el Bey gelegenen Souk el Bey zweigt in nordöstlicher Richtung der Souk ech Chaouachiya oder Chechias ab, Sitz der Wollmützen-(= Chechia)Macher. Anfang des 17. Jh.s hatten aus Andalusien geflohene Muslime dieses Handwerk nach Tunesien gebracht. Der Souk des Chechias stößt auf die Rue Sidi Ben Arous, benannt nach dem Begründer einer puritanischen Bruderschaft, der 1463 in der Zaouia (Nr. 23) beerdigt wurde.

Mosquée de Hammouda Pacha Darauf folgen das Mausoleum des Hammouda Pacha mit einem grün glasierten pyramidenförmigen Dach von 1655 und nebenan die ebenfalls nach ihm benannte Moschee (um 1665). Das Gebetshaus besitzt ein achteckiges Minarett im syrischen Stil, das zu den schönsten Moscheetürmen von ganz Tunis gehört.

Mausolée Aziza Othmana Am Ende des Rundgangs lohnt ein kurzer Abstecher zum Mausoleum der Aziza (= Vielgeliebte) Othmana (Tombeau de la Princesse Aziza Othmana; Rue Sidi Ben Arous). Die um 1643 verstorbene

Die Medina von Tunis: ein einladendes Gewirr aus Gassen, Plätzen und Souks

Tochter des Bey Othman war wegen ihrer Frömmigkeit und Wohltätigkeit bei den Einwohnern von Tunis sehr beliebt. Heute liegt das Mausoleum im Vorhof eines Hauses und ist gegen eine kleine Eintrittsgebühr zu besichtigen.

Rue de la Kasbah

Über den Souk el Blaghjia (Schuhhändler; Babouches) gelangt man zur Rue de la Kasbah und zum Ausgangspunkt der Medina-Besichtigung, dem Bab el Bhar (Porte de France), zurück.

Im Norden der Medina

Sowohl im Norden als auch im Süden der Medina befinden sich weitere Sehenswürdigkeiten.
Möglicher Ausgangspunkt für den Besuch der nördlichen Medina ist die Place Bab Souika, einst Hinrichtungsplatz der Hauptstadt, heute Zentrum eines ausgedehnten Neubaugebietes. An der in südöstlicher Richtung führenden Rue Sidi Mahrez befindet sich die mit neun weißen Kuppeln versehene Moschee des Sidi Mahrez, die um 1675 nach osmanischem Vorbild erbaut wurde. Der im 10. Jh. verstorbene Gelehrte Mohammed Mahrez es Seddiki (= der Asket), der in der gegenüberliegenden Zaouia (1862) bestattet ist, gilt als Schutzpatron der Stadt. Nachdem Tunis 944 im Auftrag von Abou Yazid geplündert worden war, soll er seine Mitbewohner ermuntert haben, die niedergerissene Stadtmauer zu erneuern und den Handel wieder aufzunehmen. In der rechtwinklig abbiegenden Rue el Monastiri steht ein gleichnamiger Palast aus dem 18. Jh. mit einem sehenswerten Portal. An der Ecke Rue Achour/Rue Sidi Ibrahim befindet sich die Medersa Achouria mit einem Vierkantminarett, ebenfalls mit einem schönen Eingangstor. In der gleichnamigen Straße liegt die innen schön verzierte **Zaouia Sidi Ibrahim** (Nr. 11; Mitte 19. Jh.) und in

◄ Mosquée de Sidi Mahrez

◄ Medersa Achouria

Dar Lasram ► der unmittelbar davor abbiegenden Rue du Tribunal das Dar Lasram, ein Palast aus dem 18. Jh.; heute beherbergt er die für die Restaurierung der Medina zuständige Vereinigung ASMA. Die Rue Sidi Ibrahim stößt auf die Rue du Pacha. Einst residierte hier der türkische Pascha und die Straße wurde Hauptstraße des feinen Wohnviertels (schöne Eingangstore). Die **Medersa Bachiya** (Nr. 40) wurde 1756 erbaut. Die Rue du Pacha geht in die Rue Sidi Ben Arous über und führt geradewegs zum Mausoleum des Hammouda Pacha (►S. 404).

ASMA ►

Im Süden der Medina

Die Rue des Teinturiers (Färberstraße) führt zur Moschee Djamâa el Djedid, der Färbermoschee (**Mosquée des Teinturiers**). Sie wurde 1716 von dem Begründer der Husseiniten-Dynastie nach dem Vorbild der Sidi-Youssef-Moschee mit angeschlossener Medersa errichtet und besitzt wie diese ein schlankes, achteckiges Minarett. Innen hat sie sehr schön geschnitzte Wände. Gegenüber befindet sich der Othman-Bey-Palast, der um 1600 von Bey Othman als Stadtpalast errichtet wurde und einen hübschen Innenhof besitzt.

Dar Othman ►

Musée Dar Ben Abdallah ►

Das Volkskundemuseum (Musée des Arts et Traditions Populaire, Rue Sidi Kacem/Rue Ben Abdallah) ist in einem Palast aus dem 18. Jh. untergebracht. Ausgestellt sind Fayencen, Stuckarbeiten, Trachten und Möbel (Mo.–Sa. 9.30–16.30 Uhr).

Tourbet el Bey ►

An der Kreuzung zwischen Rue Sidi Kacem und Rue Tourbet steht links das wuchtige Gebäude des Tourbet el Bey von 1758, über dem sich eine riesige Kuppel wölbt. Hier wurden beinahe alle Husseiniten-Herrscher (1705–1957) begraben. Die Besichtigung des Innenraumes ist möglich (tgl. 8.30–12.45, 15.00–17.45 Uhr).

Im Haus Nr. 33 der Rue Tourbet soll der Gelehrte Ibn Khaldoun 1332 geboren worden sein (►Berühmte Persönlichkeiten). Über die Rue du Persan und die Rue des Juges gelangt man in die Rue des Forgerons (Schmiede) und schließlich zum Bab Djedid, dem ältesten Stadttor von 1276.

Bab Djedid ►

★★ Musée National du Bardo · Bardo-Museum

Öffnungszeiten:
Di.–So.
Mai–Okt.
9.00–17.00,
sonst 9.30–16.30

Das Bardo-Museum besitzt weltweit die größte Sammlung römischer Mosaiken und ist neben dem Ägyptischen Museum in Kairo das bedeutendste Museum Nordafrikas. Es befindet sich in einem ehemaligen Palast im gleichnamigen Vorort, etwa 4 km westlich vom Stadtzentrum, erreichbar mit dem Taxi oder mit der Métro der Linie 4. Der zum Bardo führende Boulevard du 20 Mars 1956 wird ein kurzes Stück von den Ruinen eines Aquäduktes begleitet, welches im 2. Jh. n. Chr. errichtet und im 17. Jh. restauriert wurde und Karthago mit Wasser versorgte.

Vor dem Museum steht das Parlamentsgebäude (17. Jh.), Sitz der tunesischen Nationalversammlung, dessen von zwei marmornen Löwen flankierte Eingangstreppe ständig von uniformierten Vertretern der Nationalgarde gehütet wird. Die Zufahrt in das Nationalmuseum erfolgt über die Rue Mongi Slim (Parkplatz).

Musée National du Bardo Orientierung

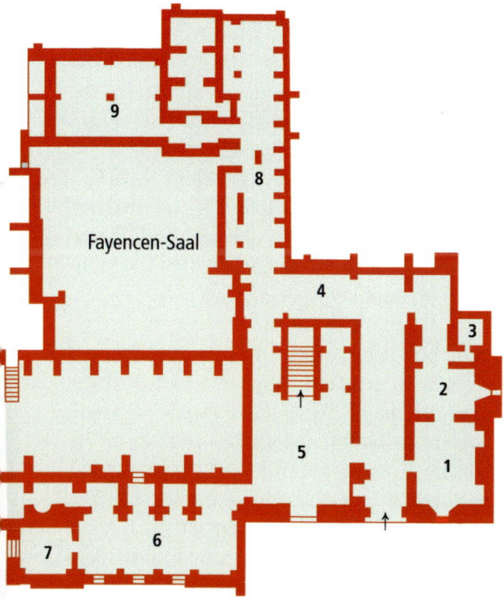

ERDGESCHOSS
REZ-DE CHAUSSEE

1 Frühgeschichte
2 ,3 Funde aus punischer Zeit
4 Grabstelen, Sarkophage aus punischer Zeit
5 Frühchristliche Epoche (hier Treppe in 1. Stock)
6 Bulla-Regia-Saal
7 Kaiserbüsten (1.-3. Jh. n. Chr.)
8 Grabstelen und Sarkophage
9 Thuburbo-Majus-Saal

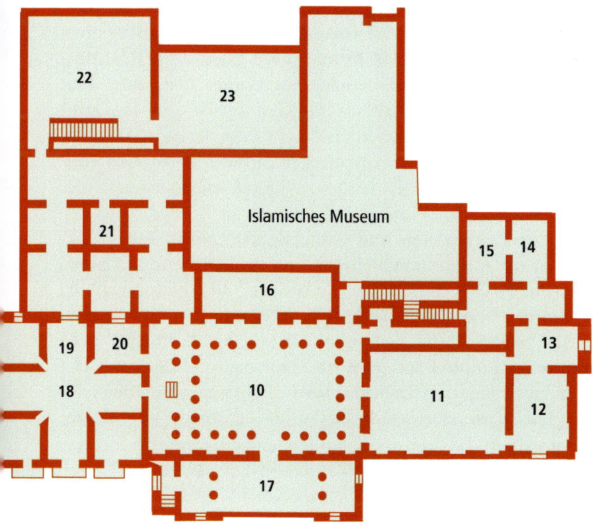

ERSTER STOCK
PREMIER ETAGE

10 Karthago-Saal (Patio)
11 Sousse-Saal (Festsaal)
12 Dougga-Saal
13 El-Djem-Saal
14 Odysseus-Saal
15 Ellès-Saal
16 Oudna-Saal (Speisesaal)
17 Althiburos-Saal (Musiksaal)
18 Vergil-Saal (Harem)
19 Münzen
20 Punischer Schmuck
21 Unterwasserfunde aus Mahdia
22 Römischer Garten
23 Römisches Mausoleum

ZWEITER STOCK
DEUXIEME ETAGE (ohne Plan)
Acholla-Saal
Mosaiken
Grabbeigaben in den
Schaukästen der Galerie

Geschichte Bereits die Hafsiden ließen sich im 13. Jh. an dieser Stelle, unmittelbar vor den Toren der Hauptstadt, eine Residenz errichten. Auch ihre Nachfolger schätzten seine ausgezeichnete Lage. Im Laufe der Jahrhunderte entstand so eine weitläufige »Palaststadt«. Das Nationalmuseum selber ist seit 1888 in dem sog. Kleinen Palast sowie in den ehemaligen Festsälen des Großen Palastes untergebracht. Die gegenüberliegende **Moschee** stammt aus dem 15. Jahrhundert.

Sammlung Die Sammlung aus frühgeschichtlicher, phönizischer, römischer, christlicher und arabischer Vergangenheit ist chronologisch und nach Fundorten geordnet (Hintergrundinformationen zur Geschichte der Mosaikkunst ►S. 76 und ►Baedeker Special S. 78).

Erdgeschoss

Funde aus punischer Zeit ►

Nach Saal 1 mit der Vorgeschichte Tunesiens geht es in **Saal 2 und 3** um Funde aus punischer Zeit, u. a. aus dem Tophet von Karthago, dem Ort der Kinderopfer (► Carthage). Ausgestellt werden Urnen, Cippen und Votivstelen (Gedenksteine) aus dem 6. bis zum 2. Jh. v. Chr.; die ältesten Stelen besitzen noch pyramidenförmige Dächer (6. Jh.), die späteren ähneln mehr griechischen Tempeln (3. Jh.), schließlich nehmen sie die Gestalt von Obelisken an (2. Jh.). Viele Stelen sind mit Zeichen der Göttin Tanit (Dreieck mit Querbalken und darüber einer Scheibe) oder des Gottes Baal-Hammon (Sonnenscheibe) sowie punischen Inschriften versehen. Eine Stele hinter Glas trägt die geritzte Darstellung eines Priesters, der auf dem linken Arm ein Kind trägt (4. oder Anfang 3. Jh. v. Chr.). Eine Baal-Hammon gewidmete Votivtafel trägt die älteste bisher bekannte punische Inschrift (6. Jh. v. Chr.). In den Vitrinen sind punische Grabbeigaben ausgestellt, darunter sehenswerte kleine, meist Bärte tragende **Maskenköpfchen** aus dem 5./4. Jh. v. Chr. aus bunter Glaspaste. Ihre Aufgabe war es, Unheil abzuhalten. Die Keramik ist teils korinthischen (7./6. Jh. v. Chr.), etruskischen (6. Jh.) sowie kampanischen (6. – 2. Jh. v. Chr.) Ursprungs. Ägyptischer Einfluss ist in den **Tonmasken** spürbar, die entweder Unheil abhalten (Grimassen) oder Glück anziehen (lächelnde Frauen) sollten.
Die neopunischen Grabstelen und Götterstatuetten aus Ton (1. Jh. v. Chr.) im Flur 4 erinnern an Obelisken und sind teilweise mit punischen Inschriften, Götterbildnissen (Tanit oder Baal-Hammon) sowie Darstellungen von Fischen, Vögeln, Halbmond und Früchten versehen. Sie zeigen, dass nach dem Untergang Karthagos (146 v. Chr.) punischer Einfluss zunächst noch fortdauerte, der römische Einfluss sich aber langsam breitmachte (Verehrung von Dionysos, Aphrodite, Zeus und Hermes). Die Funde stammen aus Korba, Dougga, Makthar und Thuburbo Majus. Der hellenistische Einfluss geht auf die Numider zurück.

Frühchristliche Epoche **Saal 5** ist der christlichen Frühzeit gewidmet (4. – 7. Jh.). Auf den Mosaik-Grabplatten werden u. a. die Verstorbenen mit christlichen Symbolen wie Kreuz, Taube und Fisch dargestellt. Auf anderen Ab-

Dieser Saal ist der frühchristlichen Epoche gewidmet.

bildungen tauchen Figuren aus dem Alten Testament wie Daniel und Jonas auf. Sie stammen aus frühchristlichen und byzantinischen Kirchen sowie Grabmälern. Das in den Boden eingelassene kreuzförmige Marmortaufbecken (6. Jh.) stammt aus Meninx (El Kantara, ► Djerba). Auf einigen Sarkophagen sind die Namen der Bestatteten zu lesen.

Weitere Sehenswürdigkeiten

Die Mosaiken in **Saal 6** stammen aus der Blütezeit Bulla Regias (2. und 3. Jh. n. Chr.); das Mosaik »Perseus und Andromeda« schmückte einst den Speisesaal einer römischen Villa (3. oder 4. Jh.). Die Statuen von Apollon, Ceres und Äskulap in den Nischen standen in dem der Göttertrias geweihten Apollontempel.
Im **Flur 8** stehen neopunische Grabstelen sowie reich geschmückte Sarkophage aus dem 2. und 3. Jh.; beachtenswert ist der Sarkophag gleich zu Beginn des Ganges: In Symbolen wird die Weisheit des Verstorbenen dargestellt (Karthago, Beginn 4. Jahrhundert). Sehenswert ist auch die überlebensgroße Statue eines älteren Mannes mit einem ausdrucksvollen Gesicht. Er hält ein Büschel Ähren und Mohnblüten, Zeichen für seine Mitgliedschaft in einem Ceres-Kult (Ende des 3. Jh.s). Die in Saal 8 ausgestellten Mosaiken und Skulpturen sind aus Thuburbo Majus. Die Marmorstatue des Herkules war einer Inschrift zufolge eine Stiftung der Sagarii, der Mantelmacherzunft der Stadt (sagum = Mantel, ein ursprünglich aus Gallien stammendes Kleidungsstück).

Erster Stock

◄ Karthago-Saal (Plan siehe S. 407)

Über eine Treppe in Saal 5 erreicht man den ersten Stock des Museums. **Saal 10** war ursprünglich der Patio des Palastes. Hier sind die Funde aus dem römischen Karthago ausgestellt (den schönsten Blick genießt man von der im zweiten Stock gelegenen Galerie (►Abb. S. links). In der Mitte befindet sich ein mit schönen Flachreliefs verzierter Altar der Gens Augusta, der auf dem Byrsa-Hügel gefunden wurde. Auf einer Seite des Altars flieht der Stammvater Aeneas mit seinem Vater Anchises und Sohn Ascanius aus Troja (um die Zeitenwende). Die beiden großen Bodenmosaiken stammen aus Oudna, dem antiken Uthina. Sie schmückten ursprünglich die Böden des Landgutes einer wohlhabenden Familie (2. Jh.). Auf einem Mosaik sind Szenen aus dem Landleben abgebildet, das andere erzählt die Sage des attischen Königs Ikarios, der von Dionysos die Kunst des Weinmachens erfährt. Die ringsum stehenden Statuen und Statuenfragmente aus dem Odeon sowie dem Theater von Karthago stellen u. a. Herkules, Hermes und Venus dar (2. und 3. Jh. n. Chr.).

Saal 11 bis 15

Die Funde aus Sousse, dem alten Hadrumetum, sind im **Saal 11**, dem ehem. Festsaal des Palastes, ausgestellt. Beachtenswert ist die feinziselierte, kuppelförmige Decke, eine Arbeit tunesischer Künstler. In der Mitte des 10,25 x 13,50 m großen Fußbodenmosaiks »Triumph des Neptun« (Ende 2. Jh.) steht der Meeresgott in seinem Streitwagen, ringsum reiten in runden und sechseckigen Medaillons Sirenen, Nereiden, Tritonen und Nymphen. Die Mosaiken an den Wänden (4./5. Jh.) geben Einblick in das römische Alltagsleben. Sie zeigen verschiedene Landhäuser, Darstellungen der damals äußerst beliebten Wagenrennen und Gladiatorenkämpfe aus Karthago und Gafsa. An der Rückwand stehen Kopf und Füße (in Sandalen) einer ehemals 7 m hohen Jupiterstatue aus dem Kapitoltempel von Thuburbo Majus (3. Jh.).

Das Mosaik der Blitze schmiedenden Zyklopen Brontes, Steropes und Pyracmon (3. und 4. Jh.; **Saal 12**) stammt aus dem Frigidarium der Thermen in Dougga. Sehenswert ist auch die Darstellung des siegreichen Eros im Zirkus. Die Fischfangszene schmückte einst die Thermen in Karthago (2. Jh.). Links der Tür zum Saal 13 hängt ein Mosaikausschnitt: Eros lenkt einen Wagen. Die Namen zweier Pferde, Amandus und Frunitus, wurden ebenfalls festgehalten. Beachtenswert sind auch die Gipsmodelle des Kapitols und des Theaters von Dougga.

Unter den Mosaiken im El-Djem-Saal (3. Jh.; **Saal 13**) sind der »Triumph des Bacchus« und eine Treibjagd-Darstellung, die sich über drei Mosaikreihen erstreckt, besonders beachtenswert.

Der Odysseus-Saal (**Saal 14)** ist nach dem in vier Fragmenten erhaltenen Mosaik aus Dougga benannt. Ein Teil zeigt den an einen Mast festgebundenen und den Sirenen lauschenden Odysseus (3. Jh.). Ein

← *Im ehemaligen Patio des Palastes sind heute die Funde aus dem römischen Karthago ausgestellt.*

aus El Djem stammendes Mosaik zeigt den musikalischen Streit zwischen Apollo und dem Satyr Marsyas (2. Jh.), ein weiteres den Triumph der Venus (3. Jh.; Kasserine). Im anschließenden **Saal 15** sind verschiedene Mosaike mythischen Inhalts sowie Jagd- und Zirkusszenen aus Ellès, Karthago und El Djem zu sehen.

Weitere Säle

Die Decke von **Saal 17**, dem ehem. Musiksaal des Palastes, ist in italienischem Stil überreich bemalt. Vom Balkon rechts des Eingangs konnten die Prinzessinnen des Beys Konzerte und andere Vorführungen verfolgen. Eine Treppe verband den Harem des Palastes mit diesem Balkon. Der Balkon links des Eingangs war für das Orchester reserviert. Auf dem großen Mosaik (3. Jh.) in der Mitte aus Althiburos (bei El Kef) sind in einem fischreichen Meer über 20 verschiedene in der Antike gebräuchliche Schiffe zu sehen. Jedes ist mit seinem griechischen und lateinischen Namen versehen.

Über den Hauptsaal 10 gelangt man in den Vergil-Saal, **Saal 18**, einst Mittelpunkt des Harems, der Privaträume des Herrschers. Von hier gingen die einzelnen Wohnräume (heute Museumsbüro) ab. Auffällig sind der kreuzförmige Grundriss sowie seine dekorative Ausstattung (19. Jh.). Die zentrale Kuppel ist mit reicher Stuckatur verziert, die Wände mit typischen Fayencefliesen aus dem 19. Jh. geschmückt. Das Mosaik an der Wand aus Hadrumetum (Sousse) zeigt **Vergil zwi-**

Zug des jugendlichen Dionysos im Tigerwagen (Bardo-Museum)

schen den Musen Clio (Geschichte) und Melpomene (Tragödie), die ihn zu seiner Dichtung »Aeneis« anregen. Auf der Papyrusrolle auf seinem Schoß steht zu lesen: »Musa mihi causas memora, quo numine laeso, quidve ...« (Muse, nenne mir die Gründe, wodurch die Gottheit verletzt, oder wodurch ...; 1. Gesang, Vers 8 und 9; 3. Jh.). Auf dem sechseckigen Mosaik in der Mitte des Saals (Gegend von Zaghouan; 3. Jh.) sind die sieben Planeten- und Wochentagsgötter abgebildet. Im ehem. Speisesaal (**Saal 16**) sind Mosaiken aus dem 2./3. Jh. aus Uthina/Oudna, 25 km südwestlich von Tunis, zu sehen, u. a. »Venus bei ihrer Morgentoilette« sowie der auf einem Felsen sitzende Orpheus, von wilden Tieren umgeben. Eine Signatur überliefert den Namen des Künstlers »Masurus«.

Mahdia-Saal 21

Hier befinden sich die Funde des berühmten **»Mahdia-Schiffes«**, das um 80 v. Chr. vor der Küste Mahdias sank und 1906 von Schwammtauchern entdeckt wurde, ►Baedeker Special S. 306. Ausgestellt sind Teile der reichen Ladung, Statuen, Vasen, Bronzefiguren u. v. m. aus Griechenland (3. – 2. Jh. v. Chr.), Wrackteile des 25 m langen und 10 m breiten Holzschiffes sowie Teile der Schiffsausrüstung.
Das Mausoleum in **Saal 23** ist eine Rekonstruktion aus dem 2. Jh. und stammt aus Karthago.

Zweiter Stock

Die Mosaiken an den Treppenwänden stammen aus Kourba (2. Jh.). In den Vitrinen der Emporengalerie sind römische Kleinkunst (Terrakotta-Statuetten, Bronze-Statuetten), Vasen, Gläser und Keramik ausgestellt. Sehr schön ist der Blick hinab in den Karthago-Saal (Saal 10). In den übrigen Räumen sind weitere Mosaiken zu sehen, u. a. Theseus tötet den Minotaurus (Thuburbo Majus; 3./4. Jh.), Bacchus mit einem Gecko an der Leine inmitten wilder Tiere (4. Jh.; El Djem), die jagende Diana aus Utica (2. Jh.) sowie eine aus Thuburbo Majus (3./4. Jh.). Im sog. Acholla-Saal sind Funde aus Acholla ausgestellt, dem heutigen Ras Boutria, rund 40 km nördlich von Sfax. Die Mosaiken gehören zu den ältesten Mosaiken Tunesiens (2. Jh.). Herausragend ist die Darstellung »Triumph des Dionysos«. Die sog. Säle der Fresken zeigen v. a. Mosaiken mit Zirkusmotiven (Dougga), Jagdszenen (El Djem) sowie Freskenreste aus Gightis.

Islamisches Museum im Bardo

Das Islamische Museum verteilt sich über mehrere Räume im Erdgeschoss und ersten Stock. Zu sehen sind wertvolle Stoffe, die teils aus Ägypten importiert sind. Bei den frühislamischen Grabplatten sind die in kufischer und kursiver Schrift gehaltenen Inschriften zu beachten. Ein Saal ist dem hochmittelalterlichen islamischen Tunesien gewidmet. Hier sind Keramik, Schmuckstücke, Münzen verschiedener Herrscherdynastien, kunstfertig ausgemalte Koranschriften sowie Koraneinbände ausgestellt. In Nebenräumen eines kleinen **Innenhofs** im ersten Stock sind Kupferstiche von Stadtansichten aus dem 16. und 17. Jh., ein traditioneller Empfangsraum der Beys (Ende 19. Jh.s), jüdische Kultgegenstände und eine kleine Küche zu sehen. Zwei

Thronstühle des Beys von Tunesien sind ein Geschenk Napoleons III. In weiteren Räumen sind außerdem Truhen, Musikinstrumente mit Perlmuttintarsien, verzierte Waffen sowie schöner Schmuck und traditionelle Kleidungsstücke ausgestellt.

Weitere Sehenswürdigkeiten in Tunis

Parc du Belvédère

Im Norden von Tunis erstreckt sich an den Hängen eines bis zu 88 m hohen Hügels der Parc du Belvédère. Hier wachsen Aleppokiefern, Johannisbrotbäume, Ölbäume, Feigen und natürlich Palmen. Von den beiden Gipfeln genießt man bei guter Sicht einen schönen Blick über die Stadt, den See, Karthago und den Doppelgipfel des Bou Kornine bis zum Cap Bon. Im südlichen Teil des Parks befindet sich der **Zoo** (Parc Zoologique; tgl. 9.00 – 19.00, im Winter nur bis 17.00 Uhr). Beachtenswert ist hier eine **Midha** (= Brunnenanlage zur Reinigung vor dem Gebet) aus dem 17. Jh., die aus dem Souk et Trouk, Türkensouk, hierher versetzt wurde. Auf einem Hügel in der Mitte des Parks steht eine **Koubba**, ein eleganter Pavillon, mit herrlichen Stuckaturen und Muschelgewölben. Sie stammt aus dem 17. Jh. und stand ursprünglich in einem Palastbezirk von La Manouba. Das ehem. Casino im Park beherbergt heute ein **Museum** für moderne Kunst (tgl. 9.30 – 12.00, 15.00 – 18.00 Uhr).

Sehenswertes im Norden und Osten von Tunis

La Goulette

Hafen von Tunis ►

Nordöstlich von Tunis liegt La Goulette, die Hafenvorstadt (62 000 Einw.; Anreise u. a. mit der TGM, ►S. 395; hier legen fast alle Fähren nach Frankreich und Italien ab). Unter Karl V. wurde La Goulette zur wichtigsten spanischen Besitzung im östlichen Maghreb; ab 1574 erweiterten die Türken die von den Spaniern errichtete **Festung**. Hafenstadt wurde La Goulette erst während der Kolonialzeit, als der Lac de Tunis immer stärker versandete. 1888 – 1893 wurde der 10 km lange, 45 m breite und 7,7 m tiefe Kanal durch den See von Tunis gebaut. Während der Sommersaison lohnt ein Bummel durch die Avenue Franklin Roosevelt, die **»Schlemmerstraße«**. Besondere Spezialität der ungezählten Grillrestaurants sind neben Hammelwürsten, Koteletts und Hähnchen vor allem schmackhafte Fischgerichte. Der Sandstrand jenseits des Fischereihafens ist trotz der Hafennähe ein beliebtes Ausflugsziel der Hauptstadtbewohner.

Karthago

17 km östlich von Tunis ►Carthage

★★ Sidi Bou Saïd

Blauweißes Künstlerdorf

Das malerische Städtchen (5000 Einw.) liegt 20 km nordöstlich von Tunis auf einem Felsen des Cap Carthage, der hier über 100 m tief zum Mittelmeer hin abfällt. Châteaubriand, Flaubert, Lamartine weilten u. a. hier. Seine Bekanntheit verdankt es jedoch den drei jun-

SIDI BOU SAID ERLEBEN

ANFAHRT · GUT ZU WISSEN

Mit der TGM von Tunis über Karthago (►S. 395), einem Taxi oder dem eigenen Fahrzeug entweder über die Dammstraße oder über die GP 9 am Flughafen vorbei.

Im Dorf selber herrscht Fahrverbot; der kleine Parkplatz ist in den Sommermonaten häufig überfüllt.

Im August findet das religiöse Kharya-Fest statt, zu dem aus ganz Tunesien viele Gläubige anreisen.

Ein langer Treppenweg führt hinunter zum Strand und Jachthafen, Zugänge gibt es beim Café Sidi Chabâane und beim Restaurant Le Chergui.

Tagsüber kann es in dem Städtchen sehr voll werden. Am schönsten ist es frühmorgens oder abends, wenn die Touristenbusse wieder abgefahren sind. Dann spürt man noch etwas von der Atmosphäre, die das Städtchen so berühmt werden ließ.

ESSEN

► Fein & teuer

Bon Vieux Temps
56, Rue Hédi Zarrouk, gegenüber vom Hotel Dar Saïd
Tel. 71 77 47 33 oder 71 74 77 88
Schöner Rahmen mit Gartenterrasse, Piano-Bar, gute europäische Küche; mittags und abends geöffnet.

Le Pirate
Am Jachthafen unterhalb von Sidi Bou Saïd
Tel. 71 74 82 66
Gepflegtes Restaurant mit schöner Terrasse; mittags und abends geöffnet.

► Preiswert

Le Chergui
Im Herzen von Sidi Bou Saïd, neben dem Café des Nattes. Große Terrasse. Einfache Küche, v. a. Grillgerichte.

ÜBERNACHTEN

► Luxus

Dar Saïd
Rue Toumi
Tel. 71 72 96 66
www.darsaid.com.tn
Himmliche Ruhe mitten im rummeligen Stadtzentrum findet man in dem kleinen Hotel (24 Zimmer) hinter schneeweißen Mauern und Blütenvorhängen aus Bougainvilleen.

Sidi Bou Saïd/Sidi Dhrif
Sidi Bou Saïd
Av. Sidi Dhrif
Tel. 71 74 04 11, Fax 71 74 51 29
www.catgen.com/sidibousaid

Das schön an einem Hang mit Blick auf Tunis und das Meer gelegene Hotel (24 Zimmer) untersteht dem Tourismusministerium. Zu den Annehmlichkeiten gehören u. a. ein großzügiges Schwimmbad, eine Bar mit schöner Terrasse sowie ein Restaurant. Von hier gelangt man zu Fuß (und den Berg hinauf) in 10 Minuten ins Zentrum von Sidi Bou Saïd.

»Studienreise nach Tunesien« überschrieb Paul Klee jenes Kapitel seiner Tagebücher, in dem er die später legendär gewordene Reise der drei Künstlerfreunde nach Nordafrika beschrieb.
Aus dem Fotoalbum August Mackes: August Macke auf dem Esel und Paul Klee mit Fremdenführer vor der Barbiermoschee in Kairouan

DIE »TUNISREISE«

Zwölf Tage nur reisten die drei befreundeten jungen Maler Paul Klee, August Macke und Louis Moilliet im Frühjahr 1914 gemeinsam durch Tunesien, doch es waren zwölf Tage, die als die »Tunisreise« Kunstgeschichte schrieben.

Am 6. April 1914 schifften sich die drei Freunde in Marseille ein, am folgenden Tag erreichten sie auf der »Carthage« den Hafen von Tunis. »Die Sonne von einer finsteren Kraft. Die farbige Klarheit am Lande verheißungsvoll«, schrieb Paul Klee noch an Bord in sein Tagebuch. »Macke spürt das auch. Wir wissen beide, daß wir hier gut arbeiten werden.«

Faszination Orient

Der Orient war für Europa immer besonders faszinierend. Im 19. Jahrhundert stilisierten Schriftsteller und Maler den Orient zu einer Region des Reichtums und der Pracht, der Sinnlichkeit und der Erotik, der Grausamkeit, der Abenteuer und der Gefahren, der Ursprünglichkeit und der Reinheit. Doch tatsächlich war der Orient für die Künstler weit weniger ein realer geografischer Ort als vielmehr eine Region, in die europäische Hoffnungen und Ängste projiziert wurden, die mehr über die Befindlichkeit des damaligen Europa aussagten als über die Gegebenheiten im Morgenland. Als das romantisierende Wunschdenken vom Orient in Europa schon weitgehend abgeflaut war, unternahmen die beiden Schweizer **Paul Klee** (1879 – 1940) und **Louis Moilliet** (1880 – 1962) sowie der Deutsche **August Macke** (1887 bis 1914) im April 1914 ihre gemeinsame Reise nach Tunesien.

Sowohl Klee als auch Macke beschäftigten sich seit Langem mit dem Orphismus von **Robert Delaunay** (1885 – 1941). Dieser Künstler war in erster Linie an der Farbe interessiert; in den bildparallel angeordneten Farbdreiecken, -rechtecken und -trapezen seiner Fensterbilder, die für die Einsicht in die Möglichkeiten der Farbe innerhalb der Entwicklung der Malerei des 20. Jahrhunderts den Weg

wiesen, war das Motiv das Licht und seine Quelle die Sonne. Inspiriert von Delaunays Werk, hoffte Paul Klee unter der Sonne Tunesiens zu abstrakten Kompositionen zu gelangen. August Macke hingegen versprach sich in Nordafrika nicht nur neue künstlerische Anregungen, er erhoffte sich auch eine Erneuerung der Malerei. In seinem Beitrag zum Almanach »Der Blaue Reiter« hatte er 1912 geschrieben: »Auch Stile können an Inzucht zugrunde gehen. Die Kreuzung zweier Stile ergibt einen dritten, neuen Stil ... Europa und der Orient«. Lediglich Louis Moilliet, mehr Genuss- als Studienreisender, sollte sich in Tunesien mit Pinsel und Stift zurückhalten. Er war der Einzige im Maler-Trio, der das nordafrikanische Land bereits kannte.

Arbeit wie im Rausch

Klee und Moilliet wohnten in **Tunis** bei dem Schweizer Arzt Dr. Jäggi, den Moilliet während eines Tunesien-Aufenthalts kennengelernt hatte; Macke wurde im »Grand Hôtel de France« einquartiert. Und nun folgten Tage heiteren Lebens und allmählichen menschlichen und künstlerischen Einlebens. Die drei Freunde faulenzten im Landhaus der Jäggis am Strand von St. Germain, machten Kissenschlachten, lagen in der Sonne und badeten. Sie spazierten auch durch das Bordellviertel von Tunis und sahen sich die »Dinger« an; von Moilliets Scherzen (»Où peut-on acheter une négresse?«) fühlte sich Paul Klee dabei genervt.

Doch dazwischen arbeiteten Klee und Macke wie im Rausch. »Wir sitzen hier mitten in der afrikanischen Landschaft, zeichnen, schreiben, Klee aquarelliert«, schrieb Macke an seine Frau und Klee notierte am 8. April in sein Tagebuch: »Den Kopf voll von den nächtlichen Eindrücken des gestrigen Abends. Kunst – Natur – Ich. Sofort ans Werk gegangen und im Araberviertel Aquarell gemalt. Die Synthese Städtebauarchitektur – Bildarchitektur in Angriff genommen.«

In **Sidi Bou Saïd** – »Die Stadt liegt so schön da oben und blickt weit ins Meer, das hoch aufatmend mit uns hinaufsteigt« (Klee) – malte Macke eines der wenigen Aquarelle mit wiedererkennbarem Sujet: »Blick auf

Es war keine angestrengte Bildungsreise, vielmehr verbrachten die Künstler kurz vor Ausbruch des Ersten Weltkriegs zwei sorglose, aber auch von intensiver Arbeit gekennzeichnete Wochen in Tunis, Hammamet und Kairouan. Ihre Eindrücke hielten sie auf Aquarellen und Skizzen fest: August Macke, »Kairouan III«, 1914

eine Moschee« mit dem Eingang zum Café des Nattes und dem dahinter aufragenden Minarett. Dieses Café, von dem aus die drei Künstler bei einer Tasse Pfefferminztee über die Dächer des Ortes blickten, existiert immer noch und ist ein beliebter touristischer Anziehungspunkt geworden. Nächstes Ausflugsziel war **Hammamet**, heute die Hochburg des tunesischen Badetourismus. Klee zeigte sich von dem damals verschlafenen Örtchen begeistert: »Die Stadt ist fabelhaft, am Meer gelegen, winklig und rechtwinklig und wieder winklig ... Viel gemalt und geschlendert.«

»Die Farbe hat mich. Ich brauche nicht nach ihr zu haschen. Sie hat mich für immer, ich weiß das.«

In **Kairouan**, der vierten heiligen Stadt des Islam mit einer der am besten erhaltenen Altstädte Tunesiens, fühlte sich Klee überglücklich: »Die Farbe hat mich. Ich brauche nicht nach ihr zu haschen. Sie hat mich für immer, ich weiß das. Das ist der glücklichsten Stunde Sinn: ich und die Farbe sind eins. Ich bin Maler.«

Kreativ

Quantitativ am meisten gemalt in Tunesien hat **August Macke**. Neben den 38 bekannt gewordenen Aquarellen, in deren transparenten Farbflächen sich Figur und Gegenstand im Licht aufzulösen scheinen, schuf er über 110 Feder-, Bleistift- und Pinselzeichnungen. »Ich habe heute schon sicher 50 Skizzen gemacht. Gestern 25. Es geht wie der Teufel und ich bin in einer Arbeitsfreude, wie ich sie nie gekannt habe«, schrieb er am 10. April an seine Frau. Nur wenige Monate später, am 26. September 1914, fiel er kurz nach Ausbruch des Ersten Weltkrieges in einem Gefecht an der Westfront bei Perthes-les-Hurlus in der Champagne.

Wie bei Macke verstärkte die Tunisreise auch bei **Paul Klee** die Sensibilität für Lichteffekte. Die auf der Reise entstandenen Aquarelle dieses Künstlers, der in Nordafrika vom Grafiker zum Maler avancierte, verarbeiten die starken Licht- und Farbreize in der

Art eines Cézanne und die kubistische Formauffassung eines Delaunay. Hierbei waren nicht Nachahmungen der Natur, sondern Gestaltungen analog den Formprinzipien der Natur sein Ziel, wie »In den Häusern von St. Germain« oder »Tunesische Skizze«. Lediglich **Louis Moilliet** erlangte durch die Tunisreise keine bekannt gewordenen neuen Einsichten. Er malte während der zwölf Tage in Tunesien nur drei Aquarelle – zwei davon in Kairouan – und hinterließ einige Skizzen und Zeichnungen, deren Zuschreibung jedoch nicht gesichert ist. Frau Jäggi erzählte, er habe keinen Finger zum Zeichnen oder Malen gerührt, Klee nannte ihn »verträumt«. Moilliet kannte das Land bereits; ihm fehlte somit, anders als Klee und Macke, der Reiz des Neuen. Auch war er mit der Aquarelltechnik weniger vertraut; sein Aquarellwerk entstand erst in der Zeit zwischen den beiden Weltkriegen; nach 1945 entwarf er Kirchenfenster.

Europäische Optik

Für Klee und Macke dagegen bot Tunesien neue künstlerische Anreize, hier konnten sie sich mit Farbe und Form, Abstraktion und Gegenständlichkeit auseinandersetzen und ihre in Europa gewonnenen Einsichten und Techniken erweitern. Doch es war die europäische Optik, durch die sie das nördliche Afrika und dessen Alltagsleben sahen, denn **sie blieben Touristen** in der Welt des Orients. In einer Tagebuchaufzeichnung Klees, die den Fußmarsch der Künstler von Hammamet zur Eisenbahnstation von Bir Bou Rekba schildert, schrieb er: »Auf diese Weise kamen wir nun selbst in die Lage, mit unserem europäischen Äußeren das Landstraßenbild zu beleben; natürlich nur in dümmster Nichtanpassung. Denn was wir schon vom Zug gestern gesehen hatten, war so einzigartig zeitlos gewesen, daß es einen erbarmen wollte, mit seiner Mode Anfang zwanzigstes Jahrhundert hier hereinzuzeiteln.«

! *Baedeker* TIPP

Fast wie im Traum

Einen prachtvollen Blick auf den Jachthafen und aufs Meer hat man von der Terrasse des Café Sidi Châabane, auch Café des Délices genannt. Es liegt ca. 500 m vom Café des Nattes in einem kleinen Seitensträßen, das rechts hinunter führt.

gen Malern Paul Klee, August Macke und Louis Moilliet, die während ihrer **Tunisreise** (► Baedeker Special S. 416) 1914 sein Ortsbild auf berühmt gewordenen Bildern festhielten: frisch geweißte Häuser mit strahlend blauen Tür- und Fensterläden, schöne schmiedeeiserne Fenstergitter sowie das Café des Nattes mit einem Minarett im Hintergrund. Mittlerweile gehört Sidi Bou Saïd in den Sommermonaten zu den am häufigsten besuchten Orten Tunesiens.

An der Stelle des heutigen Leuchtturms befand sich ursprünglich ein Ribat (Klosterfestung), das im 9. Jh. kurz nach der arabischen Eroberung Karthagos errichtet wurde. So war es auch kein Zufall, dass sich hier um 1207 der Sufi-Orden des Abu Saïd al-Baji niederließ. In späteren Zeiten erfuhr der Ordensgründer eine neue Verehrung durch Andalusienflüchtlinge, die sich nach dem Ende der spanischen Herrschaft (1535 – 1574) hier als Seeräuber niederließen. Als sich im 18. Jh. Angehörige der Husseiniten-Dynastie in Sidi Bou Saïd niederließen, hatten sie in ihrem Gefolge auch zahlreiche namhafte Musiker und Dichter. Damit war der Grundstein für den Ruf eines **Künstlerdorfs** gelegt. Im 19. Jh. siedelten sich Europäer hier an.

Baron Rodolphe d'Erlanger

Dazu gehörte auch der britische Bankier und Musikfreund Baron Rodolphe d'Erlanger (1872 – 1932), Verfasser einer sechsbändigen Enzyklopädie über die arabische Musik. Seinem Einfluss verdankt Sidi Bou Saïd, dass sein damaliges Ortsbild unverändert erhalten blieb. Aufgrund seines Engagements wurde es 1915 unter Denkmalschutz gestellt. In seinem ehem. Palast befindet sich heute ein Zentrum für arabische und mediterrane Musik (Centre des Musiques Arabes et Méditerranéennes; Di. – So. 9.00 – 12.00, 14.00 – 17.00 Uhr). Besichtigt werden kann auch das Dar el Annabi (18, Rue Docteur Habib Thameur), der ehem. Sommersitz eines reichen Mufti aus dem 18. Jh. (Di. – So. 9.30 – 19.00 Uhr).

Eine von Souvenirgeschäften gesäumte Straße führt vom modernen Ortsteil hinauf. Sie endet vor den Treppen des berühmten Café des Nattes, dessen Fassade August Macke in seinem Gemälde »Blick auf eine Moschee« (1914) festgehalten hat. Seit der damaligen Zeit hat sich weder am äußeren Erscheinungsbild noch an der Einrichtung dieses klassischen maurischen Caféhauses Grundlegendes verändert.

Café des Nattes ►

Auf verschiedenen kopfsteingepflasterten Straßen kommt man zum höchsten Punkt des Dorfes. Unterhalb des Leuchtturms befindet sich

Ausblick ►

Sidi Bou Saïd begeistert mit seinen strahlend weißen Häusern, den blauen Tür- und Fensterläden und dem Treppenaufgang zum Café des Nattes bis heute.

die Zaouia (Mausoleum) des Ortsheiligen und ein kleiner Friedhof. Von hier oben bietet sich ein unvergleichlicher Blick über den Golf von Tunis, das Cap Bon, zum in der Ferne aufragenden Djebel Zaghouan, nach Karthago, La Goulette und nach Tunis.

La Marsa und Gammarth · Die Strände von Tunis

Villen- und Badeorte der Landeshauptstadt

Etwa 22 km nordöstlich von Tunis und 6 km nördlich von La Goulette liegen die Villen- und Badeorte La Marsa und Gammarth, mit ihren zahlreichen guten Hotels und Restaurants, palmengesäumten Küstenstraßen und dem langen Sandstrand beliebte Ausflugsziele der wohlhabenden Hauptstadtbewohner (Anfahrt von Tunis mit der TGM bis nach La Marsa, Endstation der TGM, von hier mit dem Bus oder Taxi weiter nach Gammarth, ►S. 395, oder über die zum Flughafen führende GP 9).

◄ La Marsa

Seinen Namen erhielt La Marsa im Mittelalter, als der damalige Küstenort Marsa Roum (= Hafen der Fremden) genannt wurde. Die Bezeichnung bezog sich auf die zahlreichen aus Ägypten eingewanderten Kopten. Im Mittelalter lebte und starb der Gelehrte Sidi Mahrez, Schutzpatron der Stadt Tunis, in La Marsa. Im 19. Jh. entdeckte dann die Oberschicht die Badeorte. Sehenswert ist der Marktplatz in La Marsa mit seinen hafsidischen Bauten, an dessen Ende rechts der Eingang zum Café Saf-Saf liegt, das um einen ebenfalls hafsidischen Brunnen herumgebaut ist.

Gammarth ► Unterhalb des Marktplatzes führt die palmenbestandene Uferpromenade Avenue de la Corniche nach Gammarth. Kurz vor dem Ort liegt ein französischer Soldatenfriedhof, von dessen höchster Stelle man einen wunderschönen Ausblick über den Golf von Tunis, bei guter Sicht bis zum Cap Bon genießen kann. Nordwestlich vom Kap Gammarth schließt sich der endlose Strand von Raouad an.

✶ Utica

Karthagos ältere Schwester

Vermutlich um 1101 v. Chr. gründeten aus Tyros stammende phönizische Seefahrer Utica, die älteste phönizische Handelsniederlassung in Nordafrika. Die heute 15 km landeinwärts gelegene Siedlung befand sich einst unmittelbar am Meer nördlich der Bagrada/Medjerda-Mündung. Schwemmsande haben die Mündungsbucht immer mehr in nordöstlicher Richtung hinausgerückt. Der größte Teil der

Vor über 3000 Jahren betraten hier phönizische Seefahrer erstmals nordafrikanischen Boden. Heute ist das Meer 15 km von den Ruinen Uticas entfernt.

Bislang wurde nur ein kleiner Teil freigelegt. Für den archäologisch Interessierten ist ein Besuch des knapp 40 km nördlich von Tunis gelegenen Ausgrabungsgeländes auf jeden Fall lohnend.
Bis ins 5. Jh. v. Chr. erhielt sich Utica seine Unabhängigkeit, geriet aber dann zunehmend unter den Einfluss der benachbarten Großmacht Karthago. Nach dessen Zerstörung wurde es Hauptstadt der römischen Provinz Africa, verlor diese Aufgabe jedoch unter Augustus 14 n. Chr. an das mittlerweile neu gegründete Karthago. Als Handelsstadt erlebte es einen raschen Aufstieg. Zur höchsten Entfaltung im 2. Jh. n. Chr. setzte eine enorme Bautätigkeit ein. Bereits im 3. Jh. n. Chr. begann der Hafen zu versanden und im frühen Mittelalter wurde er endgültig unter den Ablagerungen des Oued Medjerda begraben. Zwischen dem 3. und 8. Jh. war die Stadt Bischofssitz. Von den arabischen Zerstörungen erholte sie sich jedoch nicht mehr, diente stattdessen jahrhundertelang als Steinbruch. Im frühen 19. Jh. fanden die ersten Ausgrabungen, die Hauptarbeiten 1948 – 1958 statt. Dennoch wurde bislang erst ein kleiner Teil freigelegt.

Museum

An der Zufahrtsstraße, noch vor dem Eingang zum Ausgrabungsgelände, steht linker Hand ein kleines **Museum** mit Ausgrabungsfunden (Di. – So. 8.00 – 12.00, 14.00 – 17.30 Uhr).

Ausgrabungen

Gleich am Eingang des **Ausgrabungsgeländes** (tgl. 8.00 – 19.00, im Winter nur bis 17.30 Uhr) stößt man auf die Grundmauern der einmal direkt am Meer gelegenen Thermen. Von den öffentlichen Gebäuden der Römerzeit gibt es nur spärliche Reste, so von zwei Theatern sowie dem Forum mit einem nordwestlich davor gelegenen Tempel. Das ausgegrabene Stadtviertel umfasst einige Gebäude, v. a. Wohnhäuser, die in einer sog. Insula zusammengefasst sind. Die hier gefundenen Mosaiken gehören mit denen im Bardo-Museum zu den ältesten Mosaiken des römischen Afrika.

Haus des Wasserfalls

Am besten erhalten ist das sog. Haus des Wasserfalls (Maison de la Cascade), benannt nach einem hier gefundenen Mosaik. Über einen kleinen Salon, Oecus, gelangt man zum säulenumstandenen Peristyl. In dessen Mitte befinden sich ein mosaikgeschmückter Brunnen sowie eine nachträglich hier aufgestellte Sonnenuhr. Westlich schließt sich ein großzügig angelegtes Esszimmer, Triclinium, mit einem schönen Bodenmosaik an. Vermutlich wurde ein benachbartes Wohnhaus irgendwann dazugekauft und zu einem Getreidelager umgebaut. Hier fand man einen kleinen Münzenschatz, daher auch sein Name: Schatzhaus (Maison du Trésor).

Haus der Figurenkapitelle

Mittelpunkt des Hauses der Figurenkapitelle (Maison des Chapiteaux Historiés) war ein zweistöckiges Peristyl, dessen Säulen mit reich verzierten korinthischen Kapitellen geschmückt waren. Das Haus der Jagd (Maison de la Chasse) wurde nach einem hier gefundenen Mosaik benannt.

Punische Nekropole Die aus punischer Zeit (6. Jh. v. Chr.) stammende Nekropole wurde teilweise in römischer Zeit überbaut. Von der höher gelegenen römischen Straße erkennt man einfache, in den Stein gehauene Vertiefungen, in denen die Toten bestattet wurden, einige monolithische Sandsteinsarkophage und Gräber aus Ziegel- oder Sandstein. Die Grabbeigaben sind im Museum (siehe oben) ausgestellt.

Sehenswertes im Süden von Tunis

Hammam-Lif Hammam-Lif, 19 km südöstlich von Tunis (Anfahrt: GP 1 Richtung Hammamet) ist ebenfalls ein beliebtes Ausflugsziel der Tunisbewohner (Sonntagsmarkt). Die Thermalquellen wurden bereits von den Römern benutzt. Ab dem 18. Jh. hatten hier die Beys ihre Winterresidenz und während der Kolonialzeit entwickelte sich der Ort zu einem Seebad. Das ehemalige Badehaus der Beys, heute Hôtel des Thermes, erinnert an frühere Glanzzeiten. Hammam-Lif ist ein Ausgangspunkt für eine Besteigung des schön geformten Djebel Bou Kornine, dem »Hörnerberg«, dessen beiden Gipfel 576 und 493 m hoch sind. Nochmals rund 2 km südlich der GP 1, etwas westlich

Soldatenfriedhof ►

von Soliman Plage (► Cap Bon), liegt die türkische Festung **Bordj Cedria**. In der Nähe des gleichnamigen Dorfes ruhen rund 8600 bei den Kämpfen zwischen November 1942 und Mai 1943 in Tunesien gefallene oder in Gefangenschaft verstorbene deutsche Soldaten.

El Mohammedia In dem Dorf El Mohammedia (etwa 15 km südlich von Tunis, an der GP 3) sind Überreste der Palastanlage von Ahmed Bey (1842 – 1847) erhalten, der sich hier ein tunesisches Versailles errichten lassen wollte. Sein früher Tod bereitete den Arbeiten ein jähes Ende. Nur etwa

*

Hadrian-Aquädukt ►

2 km südlich des Dorfes begleiten die Ruinen des gewaltigen Hadrian-Aquädukts (120 – 131 errichtet) die GP 3 auf einer Länge von rund 5 Kilometern. Die Leitung verlief auf 20 m hohen, mit Bogen verbundenen Pfeilern und versorgte Karthago mit Wasser vom 124 km entfernten Djebel Zaghouan (► unten). Nach dem Niedergang Roms wurde die Wasserleitung weiterhin benutzt und instandgehalten. Große Teile werden heute noch genutzt.

Oudna/ Uthina Ein Abstecher nach Oudna, an der Stelle, an der das Aquädukt einen Knick nach links macht (ausgeschildert), lohnt sich. Einst von Augustus für seine Veteranen errichtet, sind in der einsamen Siedlung römische Villen, Bäder, Zisternen und das Amphitheater zu besichtigen. Im Bardo-Museum wurde für die herrlichen Mosaiken eigens der Oudna-Saal eingerichtet.

Zaghouan Der kleine Ort Zaghouan (11 000 Einw.) liegt am Fuß des 1295 m hohen Djebel Zaghouan, der höchsten Erhebung der nördlichen Dorsale. Vom römischen Ziqua ist außer einem restaurierten Torbogen am unteren Ende der Hauptstraße nichts erhalten. Sehenswert ist die hübsche Medina mit ihren vielen verwinkelten Gassen. In der mit grünen Ziegeln bedeckten Zaouia am oberen Ortsende wird Sidi Ali Azouz verehrt, der Schutzpatron der Stadt. Rund 2 km oberhalb des Ortes liegt das römische Nymphäum, arabisch Aïn el Kasbah, französisch Temple des Eaux (Wassertempel). Mittelpunkt des Heiligtums war eine kleine, quadratische Cella, unter der die Hauptquelle hervortrat. Rechts und links schließt sich ein halbkreisförmiger Portikus an, der sich nach Nordwesten öffnet und gleichsam eine Terrasse bildet. Hier liegt, der Cella gegenüber, ein großes Wasserbecken in Gestalt einer Acht. Es war Ausgangspunkt des bis nach Karthago führenden Aquädukts.

✶ ◄ Nymphäum

Thuburbo Majus

65 km südlich von Tunis ►Thuburbo Maius

Glossar zu Geografie, Religion und Kultur

Abou, Bou Vater, Besitzer von ...
Adan Ruf zum Sonnenuntergangsgebet
Aghlabiden Arabische Dynastie; Herrschaft in Tunesien 800 – 900
Agora Einst Mittelpunkt des öffentlichen Lebens einer griechischen Stadt
Aïd Fest. Aïd es Seghir = kleines Fest am Ende des Ramadan; Aïd el Kebir = großes Fest (Hammelfest)
Aïn Quelle; oft Teil des Ortsnamens; Plural Aioun
Akanthus Distel, Bärenklau-Blattform als Schmuckform für Kapitelle
Alfagras, Halfagras Binsenartiges Steppengras, aus dem Schiffstaue, Flecht- und Korbwaren gemacht werden
Allah Arabisch: Gott
Allahu Akbar Gebetsformel: »Gott ist der Größte«
Ambre Schwarzes Ebenholz, riecht leicht würzig
Amphitheater Ringsum geschlossene Anlage für Tier- und Gladiatorenkämpfe mit ansteigenden Sitzreihen
Amphora Zweihenkliger, bauchiger Krug
Ante Vorgezogene Seitenwände der der Tempelvorhalle (Cella)
Apodyterium Auskleideraum in römischen Thermen
Apotheose Vergöttlichung eines Menschen
Apsis Meist halbrunder Raum am Ende einer Kirche
Aquädukt Über der Erde geführte Wasserleitung
Arabeske Plastisch geformtes Pflanzenornament
Architrav Auf Säulen aufliegender waagerechter Steinbalken
Archivolte Laibung eines Rundbogens
Artesisches Wasser Heißes (daher unter Druck stehendes) Grundwasser, das selbstständig aufsteigt
Artisanat Laden für Kunsthandwerk
Asr Nachmittag, Nachmittagsgebet
Atérien Nach dem Fundort Bir al Ater benannte altsteinzeitliche Kultur Nordafrikas
Atrium 1. Hauptraum des römischen Hauses
2. Vorhof einer altchristlichen Basilika
Aziz, Aziza Liebling, Geliebte
Baal Hauptgott der phönizischen Religion (semitisch Baal = Herr), entspricht Zeus (Griechen), Jupiter (Römer); Gatte der Tanit
Bab Tor, Eingang; Plural Biban
Balnea Privatbad in einem römischen Haus
Baptisterium Frühchristliche Taufkapelle
Baraka Von Gott verliehene segensreiche Kraft
Barga Große Düne
Basileus König (griech./byzant.)
Basilika 1. Königshalle; öffentlichen Zwecken dienende Stätte des Handels oder der Gerichtsbarkeit

2. Im 4. Jh. n. Chr. ausgebildete drei- oder fünfschiffige Grundform christlichen Kirchenbaus mit überhöhtem Mittelschiff, niedrigeren Seitenschiffen und halbkreisförmiger Chornische

Behar, Baher, Bhar Meer, See

Ben Sohn; wird dem Stammes- oder Familiennamen vorangestellt, Sohn des ...

Bent Tochter des ...

Bey Beamtentitel der türkischen Verwaltung (türkisch Bey = Herr)

Bir Brunnen

Bled, Blad Landschaft, auch Ortschaft

Blendarkade Ein aus ästhetischen Gründen einer Mauer vorgeblendeter Bogen

Bordj, Borj Festung, Fort

Bou Siehe Abou

Boukha Feigenschnaps

Burnus Kapuzenmantel

Cadhi Richter

Caldarium Heißbaderaum römischer Thermen (caldus = warm)

Capsien Nach der Oase Gafsa (dem antiken Capsa) benannte mittelsteinzeitliche Kultur Nordafrikas

Cardo Nord-Süd-Achse des römischen Castrums und römischer Stadtanlagen, verläuft quer zum Decumanus

Cavea Muschelförmiger Raum der Sitzreihen eines Theaters

Cella Innenraum eines Tempels (Naos)

Chechia, Scheschia, Sheshiya Traditionelle weinrote Filzkappe der Männer

Cheikh Geistlicher Würdenträger; Weiser, bei dem man Rat einholt, der unbedingt befolgt werden muss

Chicha Wasserpfeife (aus Ägypten übernommen), wird auch Nargile genannt und mit Honiktabak geraucht

Chor Raum zwischen Langhaus bzw. Querschiff und Hauptapsis einer christlichen Kirche

Chorbogen, Triumphbogen Bogen, der Langhaus bzw. Querschiff vom Chor trennt

Chott Arabische Bezeichnung für Strand, Ufer und Salzsee

Colon Französische Bezeichnung für Neusiedler

Curia Rathaus

Dahar Bergrücken, Bergkamm

Dar, Diar Haus, Häuser

Decumanus Ost-West-Achse eines römischen Castrums und einer römischen Stadtanlage, verläuft quer zum Cardo

Derbouka Kelchförmige Trommel aus Ton

Destour Verfassung

Destrictarium Raum in römischen Thermen zum Entfernen der Körperhaare

Dey Türkischer Befehlshaber (türkisch Dey = Onkel)

Djebel Berg, Gebirge (siehe auch Dahar)

Djebeli Bergbewohner

Djellaba Leichter Übermantel mit Kapuze

Djemâa, Djamâa Freitag, Versammlung, Freitagsmoschee

Djerba Insel im Golf von Gabès

Djerbi Einwohner der Insel Djerba

Djinn Guter oder böser Geist
El, al Arabischer Artikel für alle drei Geschlechter, manchmal nach dem Anlaut des folgenden Wortes zu esch, ed, es, et, er und ez verändert
Elaeothesium Raum zum Einsalben in römischen Thermen
Epistyl Auf den Säulen aufliegendes Gebälk eines Tempels; oben außen ein Fries
Erg Düne, Sandwüste
Fantasia Reiterspiel
Fassade Schauseite eines Bauwerkes
Fayence Ornamental oder figürlich bemalte Keramikfliese
Fisch Fruchtbarkeits- und Glückssymbol
Foggara Unterirdische Wasserleitung (►S. 50)
Fondouk Lagerhalle, Herberge, Rasthaus, Karawanserei
Forum Einst Haupt- bzw. Marktplatz römischer Städte
Foum Schlucht, Öffnung; Mund
Fries Flächenband zur Gliederung und zum Schmücken von Wänden und Fassaden; leer oder mit z. B. skulptierten Figuren und Ornamenten besetzt
Frigidarium Kaltbaderaum römischer Thermen
Ghaita Arabische Flöte
Ghar Höhle
Ghorfa Tonnengewölbter berberischer Vorratsraum (►S. 364)
Gourbi Strohhütte; Plural Queraba
Griechisches Kreuz Kreuz mit vier gleich langen Armen
Gymnasion Anlage für sportliche Übungen sowie für die Erziehung überhaupt (von griechisch »gymnós« = nackt). Ein rechteckiger oder quadratischer Hof wird von Säulenhallen umgeben, an die sich Räume verschiedener Größe und Zweckbestimmung anschließen.
Hadith Mündlich überlieferte Aussprüche des Propheten Mohammed und seiner Gefährten
Hadj, Hadsch, Haddsch Wallfahrt nach Mekka
Haik 1,40 bis 1,80 m langes Tuch, das sich Frauen, wenn sie ausgehen, überwerfen
Hammada Stein- und Felswüste
Hammam Maurisches Dampfbad; Plural Hammamet
Hanafija Moscheebrunnen für rituelle Waschungen
Hanafiten, Hanefiten Von Abu Hanifa († 855) begründete islamische Rechtsschule
Hara Ghetto, jüdisches Wohnviertel einer Stadt
Harem Privaträume im Palast eines osmanischen Herrschers
Harissa Scharfe Paste aus roten Peperoni, Knoblauch, Kümmel und Olivenöl
Henchir Bauernhof, kleines Gut
Henna Strauchpflanze; aus ihren getrockneten Blättern und Stengeln wird der Farbstoff gewonnen, mit dem sich Frauen Haare, Fuß- und Handflächen färben.
Houmt Viertel
Hypokausten Antike Warmluftheizung, bei der Heißluft durch ein unter dem Fußboden und in den Wänden verlegtes Kanalsystem geleitet wurde, besonders für Bäder oder Wohnräume.
Ibéromaurusien Nordafrikanische Kultur der Jungsteinzeit

Imam Vorbeter, Leiter einer islamischen Gemeinde; bei den Schiiten Ehrentitel des Kalifen
Inkrustation Verkleidung einer Wand mit u. a. Marmor
In situ In Fundlage; vor Ort
Insula Das von rechtwinklig sich schneidenden Straßen gebildete Wohnviertel einer antiken Stadt
Janitscharen Elitetruppe osmanischer Sultane
Jebel Siehe Djebel
Joch Abstand zwischen zwei Säulenachsen
Kaaba Hauptheiligtum der Muslime in Mekka
Kaftan Langes Gewand mit besticktem Halsausschnitt für Frauen
Kalâa Festung (Bordj)
Kalif Nachfolger des Propheten Mohammed; oberster weltlicher Herrscher bis zur Abschaffung des Kalifats 1924 durch Atatürk
Kapitell Kopf einer Säule oder eines Pfeilers
Kapitol Nach dem Tempelhügel Roms genannte Tempelanlage in römischen Städten
Kasbah Festung, Zitadelle
Kasha Weicher, flanellartiger Mantel- und Kleiderstoff
Katakombe Unterirdische Begräbnisstätte, benannt nach der Flurbezeichnung Catacumbas an der Via Appia bei Rom
Kathedrale Kirche mit Bischofsthron, Bischofskirche
Kef Fels, Klippe
Khalif Nachfolger des Propheten Mohammed; oberster weltlicher Herrscher im osmanischen Reich bis zur Abschaffung des Kalifats 1924 durch Atatürk
Khammes Pächter, der 4/5 der Ernte abgeben muss, den fünften Teil für sich behalten darf; Khamsa = fünf
Khol Schwarzes Pulver, das mit einem Stift um die Augen herum aufgetragen wird
Kibla Gebetsrichtung nach Mekka (Kiblawand, -mauer)
Kolumbarium (Lateinisch = Taubenhaus) Römische Grabkammer mit Wandnischen für Aschenurnen
Koran, Qur'âan Heiliges Buch des Islam, enthält das Glaubensbekenntnis der islamischen Religion
Kore Mädchen, Mädchenstatue; auch Bezeichnung für Persephone
Koubba Überkuppeltes Mausoleum
Kreuzkuppelkirche Byzantinischer Kirchenbautypus mit einer Zentralkuppel über dem Schnittpunkt von vier gleich langen Kreuzarmen
Krypta Unterkirche
Ksar, Plural Ksour Befestigter Ort; mehrere zu einer Festung zusammengeschlossene Dörfer, Speicherburgen (►S. 82)
Kufi Archaisch-monumentale Form der arabischen Schrift, nach Kufa in Mesopotamien benannt
Laconicum Schwitzbad in römischen Thermen
Laghmi Saft aus dem Stamm der Dattelpalme
Lalla, Lla Heilige Frau
Lateinisches Kreuz Kreuz mit einem längeren und drei kurzen Armen
Laterne Kleines Licht spendendes Türmchen auf Kuppeln

Lisene Flache Wandvorlage, die die Mauerfläche gliedert
Louage Sammeltaxi
Mâalouf Klassische andalusische Musik
Mäander Bandornament, benannt nach dem kleinasiatischen Fluss Maiandros (heute türkisch Menderes)
Maghreb Sonnenuntergang, Gebet zum Sonnenuntergang, Bezeichnung für den westlichen Teil der arabisch-muslimischen Welt
Mahdi Von Gott Gesandter
Maksura, Maqsura Trennwand in der Moschee, hinter welcher der Herrscher ungesehen dem Gebet beiwohnen kann
Malekiten (Auch Malakiten oder Melikiten) Von Melik Ibn Anas († 795) begründeter islamischer Ritus
Marabout Islamischer Heiliger und/oder sein Grabmal
Maschrabija Gitter aus gedrechselten Holzstäben, oft vor Fenstern
Maßwerk Geometrische Dekoration gotischer Zeit zum Schmuck von u. a. Fenstern und Brüstungen
Medersa, Medrese Höhere Koranschule; Medresen in der Mehrzahl
Medina (Plural Medount) Arabische Stadt; heute v. a. Bezeichnung für Altstadt
Medjez Furt
Mehari Schnelles Reitkamel
Menzel 1. Siedlung; 2. Hausform auf Djerba
Midha Anlage für die kultische Reinigung
Mihrab Gebetsnische, die die Gebetsrichtung nach Mekka, Kibla, anzeigt
Minarett Turm der Moschee
Minbar Treppenkanzel in der Moschee
Molek Phönizische/punische Kinderopfer, Baal/Tanit gewidmet; die Bezeichnung stammt aus dem Hebräischen.
Moschee Aus dem Haus Mohammeds entwickeltes Gebetshaus der islamischen Religion
Mouled Geburtstag des Propheten
Moussem Volksfest für einen Lokalheiligen
Muezzin, Muezzim Gebetsausrufer
Mufti Oberster geistlicher Rechtsgelehrter eines Landes
Municipium Einheimische Gemeinde mit eingeschränktem Bürgerrecht
Muqarnas Stalaktitengewölbe
Muslim Anhänger des islamischen Glaubens
Nador Meist Rundturm, auch Leuchtturm
Naos Tempelraum, in dem das Götterbild stand
Narthex Schmale Vorhalle altchristlicher Basiliken
Natatio Freischwimmbecken in römischen Thermen
Nefzaoua Oasen am südlichen Rand des Chott el Djerid
Nekropole Totenstadt, Begräbnisplatz, Friedhof
Neolithikum Jungsteinzeit
Noria, Nouria Brunnen mit Göpelwerk
Nymphäum, Den Wassergottheiten, Nymphen, geweihter Bezirk; Brunnenanlage
Odéon, Odeion Gebäude für musikalische Aufführungen und deklamatorische Vorträge; in der Regel überdacht

Oecus Empfangsraum, Prunksaal im antiken römischen Haus
Oktogon Achteckiger Bau
ONTT Fremdenverkehrsamt
Opus Africanum Bereits den Phöniziern bekannte Art des Mauerbaus, unserem Fachwerk vergleichbar: Monolithische Pfeiler werden in gewissem Abstand voneinander aufgerichtet, die Mauerstücke dazwischen mit Bruchsteinen oder anderem Material gefüllt.
Opus Caementitum Aus Kalk und Vulkanasche bestehender römischer Mörtel
Opus Recticulatum Mauerwerk mit netzförmiger Anordnung der Steine
Opus Sectile Mehrfarbige Marmorplättchen werden zu einfachen geometrischen Motiven angeordnet.
Opus Spicatum Mauerwerk mit fischgrätförmiger Anordnung der Steine
Opus Tessellatum Technik, bei der die geometrischen Formen des Rahmens eines Mosaiks aus einfachen quadratischen Steinchen zusammengesetzt werden
Opus Vermiculatum Mosaiktechnik, bei der sehr fein geschnittene Steinchen entsprechend den Linien des Motivs so angeordnet werden, dass »weiche« Übergänge entstehen (wie in der Malerei)
Orchestra Tanzplatz des Chores; runde oder halbrunde Fläche zwischen Bühne und Zuschauerraum im Theater
Oued, Wadi Nur nach starken Regenfällen Wasser führendes Trockental, Flussbett; Plural Oudiane
Palästra, Gebäude für sportliche Übungen (Ringkampf u. a.); oft auch Teil der Thermenanlagen
Papyrus Beschreibstoff in Blatt- oder Rollenform, gewonnen aus dem Stängelmark der Papyrusstaude; in Ägypten seit dem 3. Jt. v. Chr. nachzuweisen
Pascha (Arabisch Pacha, ausgesprochen: bäjja) Türkisch-osmanischer Titel für den obersten Beamten oder Offizier
Patio Innenhof
Pavimentum Punicum Streumosaik (auch Opus signium genannt)
Peripteros Allseitig von einem Säulengang umschlossener Tempel, Ringhallentempel
Peristyl Von Säulen gesäumter rechteckiger Hof, Säulenumgang, Säulenhalle, Säulenhof
Pilaster Pfeiler, der einer Wand vorgelegt ist
Pipelinepiste Diese Strecke verbindet die Öl- und Gasfördergebiete in Südtunesien mit Skhira, dem nördlich von Gabès gelegenen Verladehafen.
Piscina Schwimmbad römischer Thermen
Pronaos Meist von Säulen umgebene Vorhalle eines Tempels
Quibla Siehe Kibla
Ramadan Islamischer Fastenmonat, 9. Monat des islamischen Kalenders
Ras Kopf, Kap, Gipfel, Landzunge
Reg Kiesel- und Geröllflächen in der Sahara
Riadh Innenhof
Ribat Befestigtes Kloster islamischer Mönche
Risalit In seiner gesamten Höhe bis zum Dach vorspringender Gebäudeteil
Sahel Randzone der Sahara, in Tunesien fruchtbares Gebiet zwischen Wüste und Küste

Salam Arabische Begrüßung (Friede)
Salat Fünfmal täglich zu verrichtendes Gebet in der islamischen Religion
Säulenbasilika Basilika, die von Säulen gestützt wird
Scheschia Siehe Chechia
Schiiten Islamische Glaubensrichtung, Anhänger der Partei Alis
Schischa Wasserpfeife
Schola Treffpunkt von Lehrern und Schülern (griechisch = Muße)
Schott Küste, Ufer, Salzsee, arabisch = Chott
Sebkha Salztonsenke; unter dem Meeresspiegel
Sefsari Traditioneller Umhang der Frauen
Seguia Bewässerungskanal
Serual Weite Männerhose
Sharia Auf dem Koran fußendes Recht
Sidi Meister, Herr; meist ein Teil des Namens eines islamischen Heiligen
Socopa Staatliche Einrichtung zur Förderung des Handwerks
Souk Markt, Marktstraße
Spolien Wiederverwendete Bruchstücke älterer Bauten
Stalaktitengewölbe Islamisches Gewölbe mit Zierwerk, das tropfenförmig herabhängt
Stele Freistehender Pfeiler, meist mit Inschrift oder Relief versehen
Sudatorium Schwitzbad in römischen Thermen
Sufi Mystiker der islamischen Religion (Suf = Wolle), Einwohner des Grand Erg Oriental
Sufet Höchster, für ein Jahr ernannter Beamter der karthagischen Verwaltung
Sunna Die gesamten überlieferten Aussprüche und Handlungsweisen des Propheten Mohammed
Sunniten Islamische Glaubensrichtung; im Gegensatz zu den Schiiten erkennt sie auch die nicht direkt von Mohammed abstammenden Kalifen als rechtmäßige Nachfolger an.
Sure, Sura Kapitel im Koran; die insgesamt 114 Suren des Koran sind der Länge nach geordnet.
Syndicat d'Initiative Lokales Tourismusbüro
Tablinum Zwischen Atrium und Peristyl liegendes Geschäftszimmer und Archiv im römischen Haus
Tafsir Kommentare zum Koran
Talent Antike Gewichts- und Geldeinheit
Tambour Zylindrisches Bauglied, trägt eine Kuppel und dient zu ihrer Belichtung
Tambourkuppel Kuppel über einem Tambour
Tanit, Tinit Phönizische Göttin, Gattin des Baal
Tepidarium Warmbad in römischen Thermen
Thermen Badeanlagen der römischen Antike, bestehend u. a. aus Auskleideraum (Apodyterium, Vestiarium), Kaltbad (Frigidarium) mit einem Schwimmbad (Piscina), lauwarmem Bad (Tepidarium), Heißwasserbad (Caldarium). Daneben gab es Salbräume (Aleipterion), Schwitzbad (Sudatorium) und eine Reihe weiterer Sport- und Erholungsräume. Die Heizung erwärmte Luft, die durch unterirdische Kanäle(Hypokausten) und in Wandkanälen (Zubuli) weitergeleitet wurden.

Tophet Heiliger Opferplatz
Triclinium Esszimmer in einem römischen Haus
Triumphbogen 1. Ein- oder mehrbogiges Monumentaltor der römischen Antike;
2. Chorbogen einer christlichen Basilika
Troglodyten Bewohner von Höhlenwohnungen im Raum Matmata
Tympanon 1. Flacher Dreiecksgiebel des griechischen Tempels
2. Bogenfeld über einem Kirchenportal
Ulama, Ulema Islamischer Rechtsgelehrter
Vestibulum Vorhalle
Vierung Raumquadrat, das durch die Überkreuzung von Lang- und Querhaus einer Kirche entsteht
Villa Landsitz mit Garten
Wadi Siehe Oued
Zakat Gebot der Wohltätigkeit in der islamischen Religion
Zaouia, Zawija Sitz einer religiösen Bruderschaft, Kloster
Zentralbau Gebäude, dessen Hauptachsen gleich lang sind, z. B. Achteck- oder Rundbau (Oktogon bzw. Rotunde)
Zitouna Olive, Olivenbaum

REGISTER

VERZEICHNIS DER KARTEN & GRAFISCHEN DARSTELLUNGEN

BILDNACHWEIS

AKG 97, 98, 219 (oben)
AP 68
Aubert 242, 317, 370
Baedeker-Archiv 220 (die punischen Häfen im 2. Jh. v.Chr., nach einer Zeichnung von Jean-Claude Golwin), 307
Fremdenverkehrsamt Tunesien 13 (unten), 93, 116, 122, 127, 145, 147, 159, 173, 178, 267 (unten), 350, 355, 397, 405, 409
Friedrichsmeier/D. Renckhoff 379
gettyimages 6, 9, 110/111
gettyimages/Carol Kohen 262
HB Verlag/Werner Gartung 5, 7, 8/9, 33, 42, 49, 131, 142, 174/175, 205, 282, 386
hemispheres/laif/Barbier 277; Frances 247, 376; Frilet 381; Guiziou 320; Wysocki 14 (unten), 166 Huber 176; Schmid 13 (oben, Mitte), 16, 35, 54, 104/105, 115, 185 (oben), 231, 241, 270, 315, 330; Spila 319; Limmatdruck 118; Zoom 237
laif/Hoa-Qui 82, 128
laif/Eid 153; Gartung Umschlag vorne innen; Thomas Goisque 285; Huber 180 (oben innen), Keystone 56
Nja Mahdaoui 102
Mauritius/Torino 15, 245; Colin Sinclair 25; René Mattes 155, 229
Picture Alliance 66 (Gemälde von Jan Cornelisz Vermeyen; 1546/47), 100
Picture Alliance/dpa 59, 88, 89, 96, 99 (Holzstich, um 1880), 278, 391
Hans-Georg Roth 24, 37, 368
Anja Schliebitz 1, 8, 9, 14 (oben), 21, 53, 75, 76, 79, 80, 84, 134, 141, 143, 161, 177, 180 (links oben und unten), 183 (oben), 188/189, 189 (Mosaik in Bulla Regia), 193, 194, 197, 201, 203, 207, 209, 218 (unten), 219 (unten), 224, 226, 259, 266, 267 (3 x oben), 268, 269, 288, 289, 291, 294, 299, 303, 306, 311, 321, 325, 333, 334, 341, 348, 351 (4x), 354, 358, 359, 360, 365, 372, 388, 389, 412, 415, 420, 421, 422, Umschlag hinten außen
Wolfram Schleicher 8, 12, 14 (Mitte), 20, 23, 27, 39, 43, 61, 72, 74, 87, 89 (links oben und rechts unten), 90, 91, 101, 175, 183 (unten), 211, 215, 216, 218 (oben), 221, 223, 250, 253, 256, 264, 273, 297, 336, 349, 352, 392, 399, 400, 410, Umschlagklappe hinten innen
Tunisair 106
Westfälisches Landesmuseum für Kunst und Kulturgeschichte Münster 417 (Macke-Archiv), 419 (August Macke, Kairouan III, 1914, Inv.Nr. KdZ 2119 LM)

Titelbild: laif/Hoa-Qui (Nabeul)

IMPRESSUM

Ausstattung:
204 Abbildungen, 66 Karten und grafische Darstellungen, eine große Reisekarte
Text:
Anja Schliebitz mit Beiträgen von Jochen Klinckmüller, Achim Bourmer und Reinhard Zakrezewski
Aktualisierung: Jochen Klinckmüller
Bearbeitung:
Baedeker Redaktion
(Anja Schliebitz und Leonie Adam)
Kartografie:
Franz Kaiser, Sindelfingen; MAIRDUMONT/Falk Verlag, Ostfildern (Reisekarte)
3D-Illustrationen:
jangled nerves, Stuttgart
Gestalterisches Konzept:
independent Medien-Design, München
(Kathrin Schemel)

Sprachführer in Zusammenarbeit mit Ernst Klett Sprachen GmbH, Stuttgart, Redaktion PONS Wörterbücher

Chefredaktion:
Rainer Eisenschmid,
Baedeker, Ostfildern

9. Auflage 2008

Urheberschaft:
Karl Baedeker Verlag, Ostfildern

Nutzungsrecht:
MAIRDUMONT GmbH & Co KG; Ostfildern

Printed in China
Gedruckt auf 100% chlorfrei gebleichtem Papier

BAEDEKER VERLAGSPROGRAMM

- Ägypten
- Algarve
- Allgäu
- Amsterdam
- Andalusien
- Athen
- Australien
- Australien • Osten
- Bali
- Baltikum
- Barcelona
- Belgien
- Berlin • Potsdam
- Bodensee
- Brasilien
- Bretagne
- Brüssel
- Budapest
- Bulgarien
- Burgund
- Chicago • Große Seen
- China
- Costa Blanca
- Costa Brava
- Dänemark
- Deutsche Nordseeküste
- Deutschland
- Djerba • Südtunesien
- Dominikanische Republik
- Dresden
- Dubai • Vereinigte Arabische Emirate
- Elba
- Elsass • Vogesen
- Finnland
- Florenz
- Florida
- Franken
- Frankfurt am Main
- Frankreich
- Fuerteventura
- Gardasee
- Golf von Neapel
- Gomera
- Gran Canaria
- Griechenland
- Griechische Inseln
- Großbritannien
- Hamburg
- Harz
- Hongkong • Macau
- Indien
- Irland
- Island
- Israel
- Istanbul
- Istrien • Kvarner Bucht
- Italien
- Italien • Norden
- Italien • Süden
- Italienische Adria
- Italienische Riviera
- Japan
- Jordanien
- Kalifornien
- Kanada • Osten
- Kanada • Westen
- Kanalinseln
- Kenia
- Köln
- Kopenhagen
- Korfu • Ionische Inseln
- Korsika
- Kos
- Kreta
- Kroatische Adriaküste • Dalmatien
- Kuba
- La Palma
- Lanzarote
- Lissabon
- Loire
- London
- Madeira
- Madrid

- Malediven
- Mallorca
- Malta • Gozo • Comino
- Marokko
- Mecklenburg-Vorpommern
- Menorca
- Mexiko
- Moskau
- München
- Namibia
- Neuseeland
- New York
- Niederlande
- Norwegen
- Oberbayern
- Oberitalienische Seen • Lombardei • Mailand
- Österreich
- Paris
- Peking
- Piemont
- Polen
- Polnische Ostseeküste • Danzig • Masuren
- Portugal
- Prag
- Provence • Côte d'Azur
- Rhodos
- Rom
- Rügen • Hiddensee
- Sachsen
- Salzburger Land
- St. Petersburg
- Sardinien
- Schottland
- Schwäbische Alb
- Schwarzwald
- Schweden
- Schweiz
- Sizilien
- Skandinavien
- Slowenien
- Spanien
- Spanien • Norden • Jakobsweg
- Sri Lanka
- Stuttgart
- Südafrika
- Südengland
- Südtirol
- Sylt
- Teneriffa
- Tessin
- Thailand
- Toskana
- Tschechien
- Tunesien
- Türkei
- Türkische Mittelmeerküste
- Umbrien
- Ungarn
- USA
- USA • Nordosten
- USA • Südwesten
- Usedom
- Venedig
- Vietnam
- Weimar
- Wien
- Zypern

LIEBE LESERINNEN, LIEBE LESER,

ein herzliches Dankeschön, dass Sie sich für einen Baedeker Allianz Reiseführer entschieden haben. Er wird Sie zuverlässig auf Ihrer Reise begleiten und Sie nicht im Stich lassen.
Natürlich beschreibt er die wichtigen Sehenswürdigkeiten Tunesiens, aber er empfiehlt auch die schönsten Strände, dazu Hotels für den großen und kleinen Geldbeutel, gibt Tipps für Restaurants, Shopping und für vieles mehr, was eine Reise zum Erlebnis macht. Dafür hat die Autorin Anja Schliebitz Sorge getragen. Sie ist für Sie regelmäßig nach Tunesien gereist und hat all ihre Erfahrungen und Kenntnisse in diesen Reiseführer gepackt.

Trotzdem: Die Erfahrung zeigt, dass Fehler und Änderungen nach Drucklegung, für die der Verlag keine Haftung übernehmen kann, nicht ausgeschlossen werden können. Für Kritik, Berichtigungen und Verbesserungsvorschläge sind wir Ihnen außerordentlich dankbar. Schreiben Sie uns, mailen Sie uns oder rufen Sie an:

► **Verlag Karl Baedeker GmbH**
Redaktion
Postfach 3162
D-73751 Ostfildern
Tel. (0711) 4502-262, Fax -343
E-Mail: info@baedeker.com

Besuchen Sie uns auch im Internet unter www. baedeker.com. Hier finden Sie jeden Monat den aktuellen Reisetipp der Redaktion und das gesamte Verlagsprogramm. Hier können Sie auch lesen, wer Karl Baedeker war und wie er seinen ersten Reiseführer geschrieben hat. Mit seinen über 175 Jahren ist der Karl Baedeker Verlag der älteste Reiseführer-Verlag der Welt.

www.baedeker.com

ZU GEWINNEN: STADTREISE NACH LONDON

Unter allen Einsendungen verlost der Verlag am Jahresende – unter Ausschluss des Rechtswegs – eine Städtekurzreise für zwei Personen nach London.
Freuen Sie sich auf ein spannendes Wochenende in London. Natürlich ist ein Baedeker Allianz Reiseführer London auch dabei!